Gerhard Rohlfs

Drei Monate in der libyschen Wüste

weitsuechtig

Gerhard Rohlfs

Drei Monate in der libyschen Wüste

ISBN/EAN: 9783956560101

Auflage: 1

Erscheinungsjahr: 2013

Erscheinungsort: Bremen, Deutschland

Cover: Foto © Klaus Schlenstedt (Wikipedia)

weitsuechtig

Drei Monate

in der

libyschen Wüste.

Von

Gerhard Rohlfs.

Mit Beiträgen von **P. Ascherson**, **W. Jordan** und **K. Zittel**

sowie

einer Originalkarte von **W. Jordan**,
16 Photographien nach **Ph. Remelé**, 11 Steindruck-Tafeln und
18 Holzschnitten.

CASSEL,
Verlag von Theodor Fischer.
1875.

Inhalt.

[1]) S. 139—143 verfasst von K. Zittel.

---

[1]) Verfasst von W. Jordan.

[2]) Verfasst von P. Ascherson.

Berichtigungen.

Seite	8,	Zeile	13 v. u.	lies Mühlburg statt Mühlberg.
„	30,	„	1 v. u.	„ Smich statt Smioh.
„	35,	„	11 v. o.	lies 7 statt 19.
„	36,	„	9 v. u.	lies 7 statt 8.
„	53,	„	3 v. u.	„ *Cornulaca* statt *Corymulaca*.
„	70,	„	4 v. o.	„ VI statt VII.
„	71,	„	16 v. o.	„ VII statt VI.
„	82,	„	11 v. o.	„ vermeintlich statt vermuthlich.
„	83,	„	13 v. o.	„ auch statt auf.
„	85,	„	5 v. o.	„ füge am Schlusse hinzu: N. Br.
„	88,	„	6 v. u.	„ saftiggrüne statt saftige grüne.
„	104,	„	11 v. o.	„ schalte nach „und" ein: ist.
„	119,	„	7 v. u.	„ vom statt von.
„	130,	„	15 v. u.	„ schalte nach „Wasserkrüge" ein: (Fig. 11)
„	208,	„	15 v. u.	„ N. W. statt S. W.
„	257,	„	2 v. u.	„ II statt VI.
„	259,	„	7 v. u.	zu Anfang lies: sie statt die.
„	264,	„	9 v. o.	lies Botanische statt Lotanische.
„	276,	„	1 v. o.	schalte zu Anfang ein: einen.
„	290,	„	3 v. o.	lies 18 statt 13.
„	315,	„	2 v. u.	lies 4 statt 3.
„	321,	„	14 v. o.	lies dort eine statt hier dort.
„	327,	„	15 v. u.	schalte nach „allgemeine" ein: Consulat.
„	333,	„	2 v. u.	lies zu statt in.

Erstes Kapitel.

Beginn der Expedition. Reise von Alexandrien bis Siut.

Mitte November bis 17. December 1873.

Veranlassung und Zweck der Expedition. Personal Ausrüstung. Eiserne Wasserkisten. Ueberfahrt nach Alexandrien. Aufenthalt in Cairo. Audienz beim Chedive. Sitzung des Institut égyptien. Die Behar-bela ma-Frage. Abreise von Cairo. Die eingeborenen Diener. Eisenbahnfahrt nach Minieh. Dampfschifffahrt von Minieh nach Siut. Siver-Effendi. Beni-Hassan. Ankunft in Siut. Verhandlungen wegen des Wüstenmarsches. Die amerikanische Mission. Die Stadt Siut und ihre Umgebung. Zusammensetzung der Karawane. Erstes Lager zu Rumelah bei Siut. Abschied von der europäischen Gesellschaft.

Als ich auf meiner Reise von Tripolis nach Alexandrien im Frühjahr 1869 in jene südlich der Cyrenaica und vom libyschen Küstenplateau gelegene Depression gelangte, deren ungeheure Ausdehnung von der grossen Syrte bis in die Nähe des Nil-Delta's ich damals zuerst erkannte, musste ich mir sagen, wie wünschenswerth es sein würde das Land südlich von dieser Depression, die libysche Wüste genauer zu erforschen.

Von ganz Nordafrika war in der That dies der unbekannteste Theil, von dem nur die Ränder geographisch einigermassen erforscht waren, der aber sonst in geologischer, botanischer und zoologischer Beziehung zu den unbekanntesten Gegenden der Erde gehörte, und von dessen Höhenlage man so wenig wusste, dass Niemand angeben konnte, ob die libysche Wüste über oder unter dem Meeresniveau liege. Letztere Frage beschäftigte namentlich seit dem Nachweis der grossen Längenausdehnung der Depression lebhaft verschiedene Geographen. Namentlich war es aber ein Aufsatz von Herrn Zenker[1]), welcher bei mir aufs Neue den Wunsch anregte eine Reise zur Untersuchung der libyschen Wüste zu unternehmen. Der Verfasser bezeichnete mit grosser Klarheit die noch zu lösenden Fragen, betonte ebenfalls die grosse Wichtigkeit einer Erforschung der Depression und damit in Verbindung der sogenannten „Behar bela ma".

Aber die Schwierigkeiten, eine Expedition zur Erforschung der libyschen Wüste zu Stande zu bringen, waren keineswegs gering. Vor allen Dingen kam in Frage, wer die Kosten einer solchen Reise tragen sollte, welche abgesehen von den angedeuteten Gesichtspunkten, nur dürftige wissenschaftliche Ausbeute zu versprechen schien, da ihre Aufgabe sein sollte, nur die Wüste und zwar nur einen bestimmten Theil der Sahara zu erforschen? Wer sollte den Aufwand für eine Reise bestreiten, die noch weniger praktische Resultate in Aussicht stellte, die sich durch Gegenden ziehen sollte, die so arm, so leer zu sein schienen, dass selbst Geologen die Achseln zuckten, von Botanikern und Zoologen ganz zu schweigen?

Nur ein Mann konnte specielleres Interesse für die Erforschung der libyschen Wüste haben, der alleinige Eigenthümer derselben: der Chedive von Aegypten. Aber wie ihn für eine solche wissenschaftliche Erforschungsreise interessiren? Wo waren die Kohlenlager, die Gold- und Diamantenfelder, die man in Aussicht stellen konnte? Nicht einmal auf früher bekannt gewesene Smaragdgruben, wie die von Sabarah oder Charabah, oder auf

[1]) Ueber das Depressionsgebiet der Libyschen Wüste und den Fluss ohne Wasser (Bahr-bela-ma). Zeitschr. der Ges. für Erdkunde in Berlin 1872. p. 209 ff.

Kupferbergwerke wie in Fertit konnte hingewiesen werden; höchstens konnte man auf die in nebelhafter Entfernung liegende Oase Kufara weisen und vielleicht ihre Erwerbung als Lohn der Exploration hinstellen. Aber würde dieser problematische Gewinn den Chedive bestimmt haben, die immerhin unverhältnissmässig grossen Kosten einer solchen Reise zu tragen? Ich glaube kaum, zumal ohne den Besitz von Audjila und der Cyrenaica diese Eroberung doch nicht zu behaupten gewesen wäre.

Es wäre deshalb wohl jedenfalls vom Chedive eine abschlägige Antwort zu erwarten gewesen, zumal ich demselben persönlich unbekannt war. Denn obschon ich dreimal vorher in Aegypten gewesen war, hatte ich niemals Gelegenheit gefunden, mich dem Fürsten des Landes vorstellen zu lassen.

Aber ich fand bald einen warmen, und was mehr sagen will, einen einflussreichen Förderer meiner Absichten und Pläne: unsern deutschen Generalconsul in Aegypten, den Dr. von Jasmund. Ich unterbreitete ihm bei seiner Anwesenheit in Berlin im Sommer 1872 meine von den ersten geographischen Autoritäten Deutschlands gutgeheissenen Vorarbeiten und hatte die Freude zu sehen, wie Herr von Jasmund sich gleich des Unternehmens bemächtigte, als ob es sein eigenstes gewesen wäre. Sobald ich die Angelegenheit in seinen Händen wusste, durfte ich keinen Augenblick mehr zweifeln, dass die Expedition zu Stande kommen werde, nur über das „wann“ herrschte noch Ungewissheit.

Allein auch diese Frage der Zeit erledigte sich rascher als ich gehofft hatte, denn schon im Mai 1873 schrieb mir Dr. von Jasmund, dass nach einer eingehenden Unterredung mit dem Chedive derselbe zur Ausführung der Expedition eine Summe von 4000 £ bewilligt habe und ich somit unverzüglich mit der Organisation derselben beginnen könne.

Von dem Augenblicke an widmete ich mich ganz und gar den Vorbereitungen, für die mir nur noch 5 Monate blieben. Und wenn ich hinzufüge, dass ich diese Vorbereitungen ganz allein zu machen hatte, so kann man sich denken, dass meine Zeit in nicht geringem Masse in Anspruch genommen war. Allein die Correspondenz zur Beschaffung des Personals erheischte täglich eine beträchtliche Zeit, denn es hatten sich mehrere Hundert gemeldet, welche an der Expedition Theil zu nehmen wünschten. Gewiss eine Anerkennung für mich, denn aus allen Schreiben der Petenten ging das unbedingteste Vertrauen zu mir hervor. Und da waren Meldungen aus allen Ländern. Da erboten sich Männer jeglichen Berufes und jeglichen Standes, sowie jeglichen Alters. Da waren Knaben von 12—16 Jahren, noch den Schulen angehörend, da waren alte verheirathete wohl situirte Herren, da waren Aerzte, Theologen, National-Oekonomen, Kaufleute, Schriftsteller, Musiker, Schneider, Schuster, Zimmerleute — hätte ich Alle mitnehmen wollen, so hätte ich gleich in der libyschen Wüste eine Colonie einrichten können — eine Colonie in der libyschen Wüste! — Freilich war die Auswahl der wissenschaftlichen Begleiter mit der grössten Umsicht zu betreiben; da indess bewährte Freunde und Gelehrte mich mit ihrer Einsicht unterstützten, so hatte ich nach einigen Monaten einen Stab zur Seite, wie vielleicht wenige geographische Expeditionen von ähnlicher Anlage sich rühmen können, ihn gehabt zu haben.

Durch unsern berühmten Geographen in Leipzig, Professor Peschel wurde ich auf den Palaeontologen Zittel in München aufmerksam gemacht, zu meiner grossen Freude sagte er seine Theilnahme an der Expedition zu. Dr. Georg Schweinfurth, mein langjähriger College in Afrika empfahl den mir schon von früher her befreundeten Botaniker Ascherson, und dieser Gelehrte, wie wenige ausser ihm besonders in der Flora Afrikas bewandert, entschloss sich ebenfalls die Reise mitzumachen. Und ebenso glücklich konnte ich mich schätzen, dass Professor Jordan in Karlsruhe, Lehrer der Geodaesie am dortigen Polytechnikum und Redakteur der Zeitschrift für Vermessungswesen sich an dem Unternehmen betheiligte. Durch Professor Vogel, den Präsidenten des photographischen Vereins in Berlin wurde mir Herr Remelé, Verfasser eines Handbuchs der Landschafts-Photographie als Photograph empfohlen. Bei den Bildern eines Malers darf der Geograph, auch der Ethnograph Zweifel hegen, ob sich nicht die individuelle Auffassung zu sehr geltend gemacht habe. Solche Zweifel durften bei einer Expedition nicht gestattet sein, die es sich zur Aufgabe gestellt hatte, Gegenden zu erforschen, in welche muthmasslich nach einer langen Reihe von Jahren, niemals eine Expedition oder auch einzelne Reisenden gelangen würden. Hier musste die Photographie eintreten und um alle Schwierigkeiten, welche theils die Natur der durchreisten Landstrecken, theils die von den Erfordernissen einer Wüstenreise unzertrennlichen Hindernisse den Aufnahmen darboten, zu besiegen, bedurfte es eines nicht nur künstlerisch und wissenschaftlich durchgebildeten sondern auch praktisch erfahrenen Vertreters dieser Kunst. Das inzwischen erschienene Album der libyschen Expedition ist der glänzendste Beweis für die Tüchtigkeit des Herrn Remelé, dem es unter so ungünstigen Umständen dennoch gelungen ist, Bilder herzustellen, welche mit den besten Erzeugnissen grossstädtischer Ateliers den Vergleich nicht zu scheuen haben.

Als vorzüglichstes Hinderniss unserer Reise war, so weit man muthmassen durfte, der absolute Wassermangel in der libyschen Wüste zu bekämpfen und als wirksamstes Mittel diesem Uebel mit Erfolg zu begegnen hatte ich die Mitnahme von eisernen Wasserkisten ins Auge gefasst. Wenn auch die Franzosen in Algerien bei ihren Expeditionen in die Sahara geglaubt haben, wieder von diesem schon bei ihnen eingeführten Transportmittel abstehen zu müssen, weil das Wasser im Sommer eine unerträglich hohe Temperatur annimmt, so konnte dieser scheinbare Grund für mich nicht massgebend sein, denn es handelte sich nicht um kaltes oder warmes Wasser, sondern um das Vorhandensein von Wasser überhaupt. Ebensowenig konnte mich das Schicksal der beklagenswerthen Alexandrine Tinne abschrecken, welche hauptsächlich dem Wahne der räuberischen Tuareg, dass ihre Wasserkisten mit Gold gefüllt seien, zum Opfer fiel. Eine unter dem Schutz des Chedive reisende Expedition hatte dies Loos so leicht wohl nicht zu fürchten.

Die mittelst einer Schraube verschliessbaren Kisten wurden von Stieberitz und Müller in Apolda aus dickem Eisenblech, das eine genügende Festigkeit gewährte, angefertigt. Die viereckige Form ermöglichte überall ein bequemes Aufstellen und bot ausserdem den Vortheil, dass man Wände und Schutzmauern aus ihnen aufrichten konnte; der inwendig angebrachte Lack hinderte, dass das Wasser einen Eisengeschmack annahm, und das Gewicht war so berechnet, dass ein Kamel zwei (im Nothfall auch drei) volle oder zehn leere Kisten tragen konnte. Eine leere Kiste sollte 25 Pfd., eine volle 125 Pfd. wiegen, jede Kiste sollte also fünfzig Liter Wasser enthalten. Es ist dies das Quantum, dessen ein Mensch beim fortwährenden Marschiren in der heissesten Jahreszeit in der Wüste für etwa 5—6 Tage benöthigt ist.[1]) Obwohl eine Zahl von 500 Wasserkisten voraussichtlich nicht erfordert wurde, so konnten doch durch ein Zusammentreffen der ungünstigsten Umstände so viele nöthig werden und deshalb liess ich 500 anfertigen. Bei der Ausrüstung hielt ich überhaupt den Grundsatz fest, stets auf den schlimmsten Fall gefasst zu sein und verfuhr so bei allen übrigen Reisebedürfnissen.

Die übrigen Ausrüstungsgegenstände als Zelte, Feldbetten, Tische, Stühle, Küchenapparate etc. besorgte ich selbst in Paris, während die Waffen in Deutschland gekauft wurden, wobei sich leider die bei Meisner in Leipzig verfertigten Lefaucheux-Revolver als höchst mangelhaft erwiesen. An metereologischen Instrumenten besorgte ich selbst in London und Paris bei Casella, Baudin und Breguet verschiedene Aneroids, Thermometer, Hygro-

---

[1]) In der heissesten Jahreszeit, wo die Wüstenluft fast absolut trocken ist, bedarf der Mensch, um die durch Transpiration verloren gegangene Feuchtigkeit des Körpers zu ersetzen, täglich 25 Pfd. Wasser.

meter. Die Anschaffung der übrigen Instrumente überliess ich den Fachgelehrten der Expedition.

An Instrumenten und sonstigen wissenschaftlichen Ausrüstungsgegenständen besass die Expedition überhaupt:

für astronomische Ortsbestimmung: einen Theodolit von Sickler in Karlsruhe, einen Spiegelsextanten von Kinzelbach in Stuttgart mit Glashorizont, einen Taschenchronometer von Kutter in Stuttgart, eine Aequatorialsonnenuhr,

für barometrische Höhenmessung und Meteorologie: einen Quecksilber-Reise-Barometer von Mollenkopf in Stuttgart, 8 Aneroide verschiedener Construction (Casella, Goldschmid, Naudet, Secretan) etwa 12 Schleuderthermometer, 2 Pinselthermometer, 4 Maximum- und Minimumthermometer, 1 Psychrometer, 3 Haarhygrometer, 1 Kyanometer [1]) und den Schönbein'schen Apparat zur Bestimmung des Ozongehaltes der Luft,

für topographische und Local-Messungen: 6 Taschenbussolen (Grosse Bussole am Theodolit), 1 Messrad von Casella, Stahlmessbänder und Maassstäbe,

für physikalische und chemische Untersuchungen: ein von Dr. Edelmann in München construirtes Elektrometer [2]), eine Kiste mit Glasröhren zum Auffangen der Bodenluft (von Professor v. Pettenkofer in München) [3]),

einen vollständigen photographischen Apparat mit mehreren Hunderten von Glasplatten,

für den Botaniker drei Gitterpflanzenpressen von Kessner in Schlema (Sachsen), 10 Ries Löschpapier,

für zoologische Ausbeute die nöthigen Insektenkasten, Spiritusgefässe und Flaschen.

Aus den aufgezählten Gegenständen ersieht man, dass auf alle Zweige der Naturwissenschaften möglichst Rücksicht genommen

---

[1]) u. [2]) kamen nicht in Gebrauch.

[3]) Vgl. über die Ergebnisse: Pettenkofer Sitz. der phys. math. Classe der Münchener Akademie. 5. Dec. 1874.

war, soweit solche von einer wandernden Gesellschaft überhaupt wahrgenommen werden können. Es ist dies um so mehr hervorzuheben, weil beim Transport der Instrumente in die Sahara besondere Rücksichten und Vorsichtsmassregeln zu beobachten waren. Bei einer Seereise erleidet z. B. ein Barometer, ist dasselbe einmal in seine richtige Lage gebracht, kaum noch Gefahr des Lufteintritts oder sonst einer Beschädigung. Einerlei ob das Schiff stampft oder rollt, das Instrument bleibt immer in seiner vertikalen Lage. Bei unserer Reise musste das Quecksilberbarometer beständig von Leuten getragen werden und zwar von den zuverlässigsten. Im Ganzen hat die Expedition an Instrumenten keinen erheblichen und namentlich keinen unersetzlichen Verlust gehabt. Durch einen besonders glücklichen Zufall konnte, als die in einer Oase zurückgebliebenen Expeditionsmitglieder alle Thermometer verloren hatten, die Lücke in der Beobachtungsreihe durch Benutzung eines einem intelligenten Eingeborenen, dem später rühmlich zu nennenden Hassan-Effendi gehörigen Instruments ausgefüllt werden.

Mitte November verliess ich Weimar, nachdem ich meinen dort engagirten Diener Walther aus eben dieser Stadt direct über Wien nach Triest geschickt hatte, von wo er sich in Gesellschaft der übrigen deutschen Diener, Morlock aus Mühlberg bei Karlsruhe, Seckler aus der Gegend von Ellwangen, Korb aus München und Taubert aus Apolda und unter Leitung von Professor Jordan und Remelé per Lloyd-Dampfer nach Alexandrien begeben sollte. In meiner Begleitung befand sich nur der Afrikaner Henry Noël; allen denen, welche meine früheren Erlebnisse in Afrika verfolgt haben, eine wohlbekannte Persönlichkeit.[1]) Da er das Klima Nord-Deutschlands nicht ertragen konnte, hatte S. M. der Kaiser

[1]) Henry Noël, mir als ein Geschenk in Fesan von einem Sklavenhändler gegeben und in Lokaja am Niger getauft, hatte seit 1867 in Berlin auf Kosten des Kaisers eine sehr sorgfältige Erziehung erhalten, aber zu alt nach Deutschland gekommen, hatte er im Laufe von 6 Jahren sich kaum mehr positive Kenntnisse angeeignet, als die eines Gymnasial-Quartaners.

bei der Abschiedsaudienz in Berlin mich beauftragt, ihn mit nach Aegypten zu nehmen und dort für ihn ein bleibendes Unterkommen zu suchen.

Schnell führte der Eilzug uns bis zu den Alpen, in einem Postschlitten wurde der Splügen überflogen, und ohne uns lange durch die verlockenden Ebenen Italiens fesseln zu lassen, erreichten wir fast ohne Aufenthalt Brindisi.

Dort stiessen die Professoren Zittel und Ascherson, welche die Route über Florenz, Rom und Neapel genommen hatten, zu uns und im letzten Augenblicke kam auch noch Dr. Schweinfurth, der sich die Aufgabe gestellt hatte, die Oase Chargeh zu erforschen. Wir verliessen Brindisi am 24. November früh und erreichten den Hafen von Alexandrien am 27. desselben Monats.

Leider gingen uns hier zwei Tage durch die ebenso unnütze wie vexirende Quarantäne verloren, welche Jordan und Remelé, die einige Stunden später mit dem österreichischen Lloyd-Dampfer angekommen waren in der recht unbequemen Anstalt zu Gabari, wir indess am Bord unseres Dampfers zu überstehen hatten. Wann werden die Regierungen zu der Einsicht kommen, dass Quarantänen, so wie sie jetzt gehalten werden, vollkommen unnütz sind, und überhaupt bei dem jetzigen Riesenverkehr nur schaden, ohne gegen Einschleppung ansteckender Krankheiten eine hinreichende Garantie zu bieten!

In Alexandrien blieb die nun vereinte Expedition wenige Tage, um einige geschäftliche Angelegenheiten zu erledigen, wobei ich durch die liebenswürdige Gefälligkeit des deutschen Hauses Menshausen unterstützt wurde, welches ohne sich sonst mit Detailhandel oder Commissionen zu befassen, dennoch für uns alle Besorgungen und viele Einkäufe übernahm.

In Cairo hatten wir einen etwas längeren Aufenthalt, theils um die Expedition ganz felddienstfähig zu machen, theils weil wir vom Chedive in Audienz empfangen werden sollten und ausserdem eine Sitzung des Institut égyptien unseretwegen anberaumt worden war. In der Chalifenstadt lässt es sich im Winter schon leben; der Aufenthalt im hübschen Hotel du Nil bei Herrn Friedmann gehört gewiss bei allen Reisenden zu den angenehmsten Erinnerungen. Die Physiognomie des Landes und namentlich der Hauptstadt hat sich in den letzten Jahren auf das Wesentlichste verändert. Ismaël Pascha ist bei Bautenausführungen in seiner Capitale Napoleon III. und Haussmann in Einer Person.

Die Mitglieder der Expedition wurden durch den deutschen Generalconsul, welcher ebenfalls nach Cairo herübergekommen war, dem Chedive vorgestellt.

Seine Hoheit bewohnt nicht die Kasbah (Citadelle) von Cairo sondern hat sich ein eigenes Palais erbaut, welches von Aussen stil- und schmucklos, im Innern durch eine elegante und mit Geschmack angeordnete Dekoration sich auszeichnet. Trotz allem europäischen Luxus sieht man indess sofort, dass man sich in der Wohnung eines orientalischen Herrschers befindet. Nicht etwa, dass an den Wänden der Salons breite, niedrige und schwellende Divans herumliefen, dass die Abwesenheit europäischer Tische daran erinnerte, dass die Orientalen auf grossen Platten ihre Mahlzeit einnehmen, und dass gleich die Pfeifenträger und Kaffeebereiter an der Hand wären. Nichts von alledem. Was in dem Palais des Chedive an den Orient mahnt, ist die Abwesenheit der Bilder und Sculpturen, der wirklichen Kunstwerke, welche bei uns selbst der mässig begüterte Privatmann als Schmuck der Räume anwendet. Der Fanatismus der heutigen Mohammedaner ist allerdings nicht mehr so gross, dass er an künstlich geschnitzten Möbeln, woran ja häufig genug Figuren angebracht sind, Anstoss nähme, aber wie schmerzlich berührt es den Europäer, wenn man zwar die kostbarsten Möbel von schwerster Seide strotzend in den Salons findet, die grössten venetianischen Trumeaux an den Wänden erblickt, über die reichsten persischen Teppiche dahin schreitet, aber nirgends das Auge ausruhen kann auf dem Meisterwerke eines Malers, auf der plastischen Figur eines Bildhauers. Soweit hat sich der Chedive doch noch nicht von seinen Imam's und Muftis emancipirt, obwol er es sonst mit den Vorschriften des Korans nicht gerade genau nimmt.[1])

In der Audienz war natürlich die Rede fast nur von der bevorstehenden Expedition und ich konnte mich überzeugen, wie gut der Chedive über den geistlichen Orden der Senussi, welcher in den Uah-Oasen eine grosse Rolle spielt, Bescheid wusste.

Der Beherrscher Aegyptens versprach alle unsere Wünsche zu erfüllen; dass eine militärische Begleitung der Expedition nicht beigegeben werden sollte, wie es im Anfang projectirt worden war, war mir im Grunde genommen sehr lieb. Dieser Vorschlag war ursprünglich von der aegyptischen Regierung ausgegangen, welche sich inzwischen aber von der Unrathsamkeit seiner Ausführung selbst überzeugt hatte. Welche Schwierigkeiten wären noch zu überwinden gewesen, wenn wir auch nur 25 Soldaten bei uns gehabt hätten.

Am nächsten Tage war sodann die Sitzung des Institut égyptien. Diese gelehrte Gesellschaft knüpft nicht an jene an, welche zur Zeit der französischen Invasion unter Bonaparte errichtet wurde, sondern ist eine erst unter Said-Pascha begründete Schöpfung neuerer Zeit. Da die Culturelemente in Aegypten vorzugsweise von Frankreich genährt werden und Aegypten durch seine Lage zunächst auf innige Beziehungen mit dem am Mittelmeere gelegenen Ländern hingewiesen ist, so sind die Mitglieder des Institut vorzugsweise Franzosen und Italiener, doch fehlen auch die Eingeborenen nicht. Die Gesellschaft ernennt ausserdem Ehren- und correspondirende Mitglieder. Ausser einem wirklichen Präsidenten hat sie in dem um die aegyptischen Kunst- und Alterthumssammlungen so hochverdienten Mariette Bey einen Ehrenpräsidenten.

---

[1]) Freilich erheben sich bereits — im grellen Widerspruch mit diesem strengen Verbote des Islam — in Alexandrien die Bildsäule seines Grossvaters Mohammed Ali und in Cairo die seines Vaters Ibrahim.

Auf Aufforderung des Vorsitzenden, Mariette Bey, setzte ich in dieser Sitzung den von mir nach reiflicher Erwägung mit meinen Reisegefährten festgestellten Reiseplan auseinander. Von Oberaegypten aus wollte ich die Expedition zunächst nach den Uah-Oasen leiten und eine derselben (das am weitesten gegen Westen vorgeschobene Farafrah erschien uns damals der geeignetste Punkt) zur Operationsbasis für das weitere Vordringen machen. Das Ziel derselben sollte die noch von keinem Europäer erreichte, auf der von Audjila gerade südwärts nach Uadai führenden Strasse gelegene Oase Kufara sein, deren Entfernung von den Uah-Oasen etwa 20 Tagemärsche beträgt. Ich muss hierbei bemerken, dass so wünschenswerth es auch für die innerafrikanische Geographie gewesen wäre, diesen Punkt zu erreichen, dies doch keineswegs der alleinige oder auch nur der wichtigste Zweck dieser Expedition gewesen ist. Ich wählte vielmehr die Richtung auf Kufara deshalb, weil auf diesem Wege das unerforschte Innere der libyschen Wüste, jener weisse Fleck auf den Karten in seiner grössten Ausdehnung durchschritten worden wäre. Wenn sich also auch der Erreichung dieses Ziels Hindernisse in den Weg stellten, die wir nicht überwinden konnten, so ist doch keineswegs deshalb der Zweck der Expedition, Erforschung der libyschen Wüste, verfehlt worden. — Unter den sonst noch von der Expedition zu lösenden Aufgaben stellte ich die Frage über die Ausdehnung der Depression von Siuah gegen das Nilthal hin in den Vordergrund.

Da für den Verlauf unserer Expedition, welche ja im Auftrage des Chedive und auf dessen Kosten ausgeführt wurde, die Beziehungen mit dem höchsten Gelehrtentribunal in Aegypten nicht ausser Acht gelassen werden durften, und die Wünsche und die etwaigen Aufgaben des Institut für unsere Expedition massgebende Gesichtspunkte sein mussten, führe ich aus der sich an meinen Vortrag anknüpfenden Discussion an, dass man uns besonders an's Herz legte, die Behar-bela-ma Frage zu lösen und namentlich zu constatiren, ob der Nil, falls ein Bahr-bela-ma als leeres Flussbett nachgewiesen würde, darin in vorgeschichtlicher Zeit seinen Lauf gehabt haben könne. Ferner wurde unsere Aufmerksamkeit auf von Menschen bearbeitete Steintrümmer und auf die versteinerten Wälder gelenkt. Auch wurde uns Auftrag gegeben einer etwaigen Steinkohlenformation besondere Beachtung zu schenken. Ich bemerkte hierzu, dass Bahr bela ma nur ein geographisches Appellativum sei wie etwa Uadi, oder Thal oder Flussbett, dass daraus aber keineswegs eine Vermuthung über das frühere Vorhandensein eines grossen Flusses zu entnehmen sei. [1])

Mariette Bey meinte sodann, dass die Behar-bela-ma Frage sich eng an die der Entstehung das Fajum anschliesse. „Diese Provinz", fuhr Mariette Bey fort, „war in den That vollkommen vom gegenwärtigen Nilthal durch die Natur getrennt und ist erst durch einen von Menschenhand gegrabenen Canal damit in Verbindung gesetzt, aber nach dem Bachr-bela-ma zu ist sie offen und es wäre nicht unmöglich, dass sie ursprünglich von dieser Seite her die Gewässer des Nil bekommen hätte, wenn der Nil zu anderer Zeit diese Richtung gehabt hätte."

Herr Mariette meinte ferner, dass da das jetzige Nilthal von bedeutend jüngerer Entstehung sei als das des Bahr bela ma, man darin keine prähistorischen Funde entdecken könne, sondern dass man diese im alten Nilthal, im Bahr bela ma zu suchen habe, worauf Herr Gaillardot erwiderte, dass diese Bemerkung keineswegs auf die arabische und libysche Bergkette Bezug haben könne, da zu jener Zeit, wie der versteinerte Wald beweise, dieselben ein anderes Klima gehabt hätten und für Menschen bewohnbar gewesen seien. Auch Herr Gaillardot

[1]) p. 178 du Bulletin de l'institut égyptien: Mr. Rohlfs fait observer que du reste chez les Arabes toute dépression du terrain, tout ouadi est souvent designé comme un bahr bela ma (fleuve sans eau) et qu'ainsi ce nom ne préjuge rien sur la nature et l'état ancien de ces sortes de vallées.

glaubt übrigens, der Nil habe damals die Gebirge nicht getrennt, wie hätte man sonst Steintrümmer von feuriger Entstehung aus der arabischen Kette auf dem linken Nilufer finden können.

Endlich wurde den Reisenden noch empfohlen Schädel und typische Abbildungen von Menschen mitzubringen.

Jetzt wo die geographische Seeschlange des Bahr bela ma als altes Nilbett glücklich für immer beseitigt ist, ist es wohl von Interesse dem Ursprung derselben nachzuforschen. Der Name Bahr (in der Mehrheit Behar) bela ma ist arabisch und bedeutet sowohl Fluss ohne Wasser als auch Meer ohne Wasser. Ein arabischer Schriftsteller, der sich dieses Namens bedient, ist nicht zu ermitteln, von den klassischen arabischen Geographen wird er nicht gebraucht.

Die Theorie vom Bahr bela ma scheint zuerst aus einer missverstandenen und einer unrichtigen Angabe Herodot's entstanden zu sein, indem von Andréossy als er den Bachr bela ma westlich von den Natron-Seen besuchte, die Stellen im 2. Buch 99 und 149 und 150 so gedeutet wurden, dass Herodot einen westlicheren Lauf des Nils durch die libysche Wüste angenommen habe. Dies ist aber keineswegs der Fall. Herodot sagt nur an der ersten Stelle „der Nil sei ganz längs dem sandigen Gebirge gegen Libyen hingelaufen", das heisst doch nichts anderes als dass er an der westlichen Seite, etwa da wo heute der Josephs-Canal ist, floss und nicht wie jetzt in der Mitte des Thales, welches mittlere Bett König Menes von Aegypten künstlich habe herstellen lassen. Sodann sagt Herodot II, 149 und 150 bei der Beschreibung des Moeris-Sees: [1]) „das Wasser nun in diesem See hat nicht dort seinen eignen Ursprung, denn hier ist das Land sehr wasserlos, sondern es ist aus dem Nil durch einen Rinngraben hineingeleitet" und weiter: „und noch sagten mir die Eingeborenen, dass dieser See sich in die libysche Syrte ergiese,

[1]) Herodot's Geschichte, deutsch von Schöll.

(der Moeris-See konnte also nicht von dieser Seite, wie Mariette Bey glaubte, aus dem Bahr bela ma Wasser erhalten, sondern höchstens an ihn abgeben) indem er sich unter der Erde, längs dem Gebirge hinter Memphis gegen Abend in das Binnenland hineinziehe." Deutlich genug geht hieraus hervor, dass der Moeris-See nach der Meinung von Herodot's Gewährsmännern denen der Vater der Geschichte übrigens selbst nicht unbedingt Glauben geschenkt zu haben scheint, nach Libyen zu einen Abfluss gehabt habe. Martin hat aber durch eigene Nachforschungen ermittelt, dass die libysche Bergkette, welche das Fajum im Westen begrenzt, an keiner Stelle unterbrochen ist.[1]) Hingegen ist das Ostende des Sees bei Tamieh nicht geschlossen und nach dieser Richtung hin mögen ehemals die Moeris-Wasser abgeflossen sein, um Unterägypten zu bewässern. Wie im Fajum und im Moeris-See Nilschlamm vorhanden ist, so musste auch im Bahr bela ma des Fajum solcher zu finden sein, in der That hat er sich dort wie im Bachr el uadi meterhoch abgesetzt. Aber dies ist auch der einzige Bachr bela ma mit Nilschlamm und der wirklich mit dem Nil in Verbindung gebracht werden kann.

Es ist dann noch die Vermuthung aufgetaucht, dass der Nil bei Abusir eine Mündung gehabt haben könne, aber dies ist unmöglich, weil ein ununterbrochenes Felsufer von Alexandrien bis, nach der Cyrenaica sich hinerstreckt und dass der Nil nicht durch einen Bahr bela ma und durch den Moeris-See in die Depression geflossen, dafür sollten wir auf unserer Reise durch eigene Anschauung den Beweis erhalten, indem wir das östliche Ende der Depression constatirten. Was nun die übrigen Behar bela ma anbetrifft, so wird aus dem vorstehenden Reisebericht zur Genüge hervorgehen, dass die Verbindung des Bahr bela ma in der Oase Dachel mit den von Cailliaud und Pacho in der Nähe der kleinen Oase berührten, wie wir sie noch auf den neuesten Karten finden,

---

[1]) Description hydrogr. des provinces Benysoueyf et du Fayoum (in Descr. de l'Egypte. État moderne. II. p. 215.)

eine rein theoretische Construction ist, welcher kein Object in der Wirklichkeit entspricht und dass die geologische Beschaffenheit und die Höhenlage für jedes einzelne dieser Wüsten-Uadis die Möglichkeit eines früheren Zusammenhanges mit dem Nillaufe ausschliessen.

Nach dieser vorläufigen Auseinandersetzung über die Behar bela ma, hervorgerufen durch die Verhandlungen im Institut égyptien, fahre ich in meinem Berichte über die Expedition fort.

Am Morgen des 7. December begaben wir uns von Cairo aus nach Giseh um dort die Bahn zu besteigen, die uns nach Oberägypten führen sollte. Siut war zum Ausgangspunct der Expedition gewählt worden, weil diese Stadt die meisten Vortheile bot. Hier waren am leichtesten Kamele zu beschaffen, hier konnten wir uns am besten verproviantiren und von hier führen nach den Uah-Oasen die begangensten Carawanenstrassen. Auch bot Siut neben Minieh, welches auch in Betracht gezogen worden war, noch den Vortheil, dass wir daselbst einen deutschen Consularagenten fanden, und zwar einen äusserst thätigen und umsichtigen Mann. Durch ihn konnten wir stets mit dem Generalconsul in Verbindung bleiben, was um so nothwendiger war, als die telegraphische Verbindung zwar bis Chartum südwärts existirt, aber nur in arabischer Sprache geschriebene Telegramme befördert und ausserdem, wie ich später zu meinem Schaden erfuhr, der Localbehörde missliebige Depeschen einfach zurückgewiesen werden. Ob der Chedive von diesem Unfuge Kenntniss hat, weiss ich nicht, ich halte es aber für meine Pflicht, das was tadelnswerth ist an die Oeffentlichkeit zu bringen, denn nur dies ist der Weg um Abhülfe zu schaffen. Leider hat der Chedive kein Organ, durch welches ihm die Wahrheit verkündet wird, und doch ist dort so manches und so vieles abzustellen, und so vieles wäre mit leichter Mühe zu ändern. Geht man indess die ägyptischen Zeitungen durch, so findet man selten Aufsätze über das Wohl und Wünschenswerthe für's Volk und Land geschrieben. Rücksichtslos in diesen Blättern die Wahrheit zu sagen, würde auch deshalb unmöglich sein, weil keine vollkommene Pressfreiheit besteht, die mit der heutigen Organisation des Landes und der Regierung unvereinbar wäre, denn der orientalische Fürst ist nach der Auffassung der Orientalen der Inbegriff alles Guten, folglich müssen auch alle seine Handlungen gut sein.

Ja, wenn es nur am Chedive läge die Missstände abzuschaffen! Wenn nur er in Betracht käme! Aber da ist das ganze Beamtenheer und das ganze Volk. Erstere sind mit wenigen Ausnahmen ihrer Aufgabe nicht gewachsen und das Volk ist noch dasselbe wie vor zweitausend Jahren oder mehr.

In Giseh, im Angesicht der Pyramiden, hielt ich Musterung. Da waren die mich begleitenden Herrn der Expedition mit ihren deutschen Dienern, sodann die eingeborenen Diener, welche ich in Cairo engagirt hatte. Dieselben waren meist Nubier, schlechtweg in Aegypten Berberiner [1]) genannt. Um derartige Subjecte zu bekommen, ist es am besten sich an den Schich der Berberiner in Cairo zu wenden, oder will man z. B. Marokkaner in Dienst nehmen, an den Schich der Morharba. Denn wie jede Innung, Zunft oder Handwerk in Cairo und den übrigen grossen Städten unter einem Zunftmeister (Schich) steht, so sind auch alle Fremden mohammedanischen Glaubens, je nach ihrer Nationalität einem Vorsteher (Schich) zugewiesen. Im Allgemeinen erwiesen sich die eingeborenen Diener, für deren gute Aufführung der Schich derselben, sowie die Saptieh (Polizei) in Cairo bürgen wollten, als brauchbar. Da waren folgende Dongolaner: Mohammed Daūd, den ich zum Schich unserer eingeborenen Diener machte, ein fleissiger, sehr nützlicher Mensch, der französischen und italienischen Sprache mächtig, sehr geizig, aber im Ganzen ehrlich, er betete gern wenn er gesehen wurde; da war Beschīr Ali ein

[1]) Arab. Berbĕri, pl. Barābrah.

brauchbarer Mann; Mohammed Ali ebenfalls geschickt, aber feige; Said, ein stattlicher Jüngling, etwas trotzig, aber sehr brauchbar; sodann Abd-Allah Mohammed, Doctor der Theologie, stets den Rosenkranz drehend und fromme Lieder singend, den ganzen Tag betend und ein Erzspitzbube, der später weggeschickt werden musste, und Mohammed Achmed, sehr willig und immer freundlich.

Dazu kam ein echter Neger vom Volke der Kanuri Bu Bekr. In Tripolis, wohin er als Sclave verkauft worden war, entlief er seinem Herrrn im Jahre 1868 und flüchtete sich zu mir. Ich behielt ihn und nahm ihn auf die Reise nach Cyrenaica und Alexandrien mit. Später hatte er bei Europäern in Aegypten gedient und von allen vorzügliche Zeugnisse erhalten. Er war sehr brauchbar und für mich von hingebender Treue. In Siut wurden dann noch drei Neger in Dienst genommen, Mabruk, ein sehr hässlicher Dinka, recht fleissig aber sehr schmutzig; Mordjän, (auf Deutsch Koralle) ebenfalls ein Dinka, ein ausgezeichneter Mensch, dann Ssaleh aus Fertit, pechschwarz, ein kleiner, netter Mensch, Professor der Theologie, aber trotzdem er fleissig betete, ein guter brauchbarer Mensch, voll Anhänglichkeit für seine Herrn.

Wenn man hieraus einen Begriff erhält wie zahlreich das Personal der Expedition war, so wird man denken können, wie viel Zeit, zumal bei dem ungeheueren Material, dazu gehörte den ersten Abgang von Giseh zu organisiren. In der That verspätete sich unseretwegen die Abfahrt um mehrere Stunden. Dazu kam noch, dass im letzten Moment der Chedive eine seiner Reiseküchen schickte, deren Geschirr, Nahrungsmittel und Getränke in mehreren Wagen von Cairo angefahren kam. Da war aber auch alles Nöthige um auf der Reise mit allem europäischen Comfort zu speisen. Ein ganzes Silberservice, Porzellan, Glas und Krystall und eine vollkommene Küche. Da waren Schafe, Puter und grosse Käfige mit Hühnern, da waren Hunderte von

Büchsen mit eingemachten Pasteten, Gemüsen und Leckereien, da waren Champagner, französische, deutsche und spanische Weine, Liqueure und Bier, da waren Kaffee, Thee, Chokolade und Cigarren und endlich Befehl, alles zu erneuern, falls es verbraucht sei und jeden unserer Wünsche in Bezug auf materielle Bedürfnisse zu befriedigen.

Fast bedauerte ich diesen Luxus und Aufwand, den der Chedive unseretwegen machte; wir alle, das glaube ich versichern zu können, wären mit einer bescheideneren Bewirthung zufrieden gewesen. Der Chedive ist übrigens nicht selten in der Lage derartigen Aufwand zu machen. Nicht nur Prinzen aus regierenden Häusern, sondern auch sonstige hochgestellte Persönlichkeiten, wie sie Aegypten jeden Winter zu bereisen pflegen, werden als Gäste des Chedive mit königlicher Freigebigkeit aufgenommen und erhalten gewöhnlich einen Dampfer mit entsprechender Verpflegung auf Wochen und Monate zu ihrer Disposition. Da der Chedive Speisen und Getränke nicht in natura liefert, hat er zu dem Behuf mit europäischen Restaurateurs einen Vertrag abgeschlossen, denen er für jeden zu bewirthenden Reisenden eine bestimmte Summe zahlt. So erfuhren wir z. B. dass der Chedive für jedes Mitglied der Expedition täglich £ 5, also circa 100 Mk., für unsere deutschen Diener £ 2, also 40 Mk. und für die eingeborenen Diener 4 Mk. zahle. Man denke sich 100 Mk. bloss für Essen und Trinken. Dass 80 Mk. bei dieser Summe zu viel sind, kann man ohne weit von der Wahrheit zu sein behaupten, ich glaube für 20 Mk. Ausgabe wäre jeder von uns, wie es dort geschah, zu beköstigen gewesen. Aber wenn dies die grössten Summen wären, um die der Chedive täglich betrogen wird, dann wäre nicht viel zu beanstanden.

Als endlich alles verladen war und das ganze Personal Platz genommen hatte, erreichten wir ohne grösseren Halt Minieh, die letzte an der Bahn gelegene ansehnliche Stadt und begaben uns noch am selben Tage auf das unserer Ankunft harrende chedivische Dampfboot. Der Chedive hatte die Güte gehabt uns einen Beamten seines Hofhaltes mitzugeben, welcher im Verkehr mit der aegyptischen Bevölkerung oder mit den Behörden uns so lange zur Seite stehen sollte, bis wir unseren eigentlichen Marsch in die Wüste anträten. Sivēr Effendi, so hiess der Beamte, bekleidete im Haushalt des Chedive die Stelle eines Privat-Secretärs und Dragomans und stand seinen Auslassungen nach zu urtheilen im besonderen Vertrauen des Fürsten. Er verband mit einem verbindlichen Wesen, wie es den meisten Aegyptern eigen ist, eine gewisse Offenheit, so dass man gern mit ihm plauderte und aus seinen Gesprächen manches lernen konnte. Zwar betete er vorschriftsmässig fünf mal des Tages, war aber kein Fanatiker und nahm es mit der Beobachtung der übrigen Vorschriften des Islam nicht allzu genau. Er trank Mittags sein Glas Wein wie wir und mitunter schien es ihm schwer zu werden wenn er aus religiösen Scrupeln sich einer mit Schweineschmalz angemachten Pastete enthalten zu müssen glaubte. Und sei es nun Schadenfreude oder Geiz; der mit unserer Versorgung beauftragte Restaurateur verfehlte nie Siver-Effendi darauf aufmerksam zu machen, sobald ein Gericht gereicht wurde, welches mit dem Fette jenes bei den Mohammedanern so verpönten Thieres zubereitet war.

Unser Dampfer, Namens Nassīf Chēr, war keins der grösseren Nildampfschiffe und auch nicht mit übermässiger Eleganz ausgestattet, bot aber hinlänglich Raum für uns alle. Zittel und ich hatten jeder eine Cabine, Ascherson, Jordan und Remelé zu Dritt die grosse und hinterste Kajüte und sodann war noch ein gemeinsamer Salon vorhanden. Die im vorderen Theile des Schiffs angebrachte zweite Kajüte nahmen unsere deutschen Diener ein, während die eingeborenen oben auf dem Verdeck sich einrichteten. Da auf dem Hinterdeck ein Zelt gespannt war, hielten wir uns dort meistens auf und nahmen daselbst auch die Mahlzeiten ein.

Am 8. December liess ich unsere deutsche Flagge aufhissen

und nach Mittag dampften wir südwärts. Es wurde nur ein längerer Aufenthalt unterwegs gemacht um die Hypogeen von Beni-Hassan auf dem rechten Nilufer gelegen zu besichtigen. Man erreicht die zahlreichen Höhlengräber vom Landungsplatze innerhalb einer halben Stunde. Natürlich mit dem Gefolge der anwesenden Fellahin, die ihr ewiges Bakschisch, Bakschisch ja Chawagah! zu schreien nicht müde wurden. Für uns war die Begleitung dieser Naturkinder aber insofern nützlich als wir hier Gelegenheit hatten unsere Sammlungen zu bereichern. Gegen kleine Kupfermünzen wurden Jung und Alt nicht müde uns Käfer, Scorpione, Pflanzen und Steine zu bringen, so dass wir unter den zahlreich gebrachten Gegenständen eine Auswahl halten konnten.

Ich unterlasse es selbstverständlich die von jedem Nil-Touristen besuchten Gräber von Beni Hassan zu beschreiben, sondern führe den Leser gleich nach Siut, wo wir am 10. December gegen Sonnenuntergang ankamen. Mit grosser Zuvorkommenheit eilte noch am selben Abend unseres deutschen Consularagenten Sohn, Herr Hennîn Uassif-el-Chajjât[1]) (der Consularagent selbst war erkrankt) an Bord, auch von den Beamten der Stadt kamen noch einige um uns zu begrüssen. Am folgenden Morgen kam auch der Mudir der wegen eines plötzlichen Todesfalles in seiner Familie verhindert worden war vorher mit den andern zu erscheinen.

Dank der unermüdlichen Thätigkeit unseres deutschen Generalconsuls, des Herrn von Jasmund, fanden wir alles vorbereitet und sämmtliche Kamele zur Stelle. Aber trotzdem war an ein sofortiges Abmarschiren nicht zu denken. Es erforderte noch mehrere Tage ehe die Lebensmitteleinkäufe für Menschen und Thiere beendet waren. Denn wenn wir uns auch mit aufbewahrungsfähigen Nahrungsmitteln für uns zum Theil in Cairo versehen hatten, so fehlte noch manches andere, namentlich war für die eingeborenen Diener noch nichts angeschafft worden. Und

[1]) Die Familie schreibt sich selbst Khaiat.

dann musste eine ganz andere Schwierigkeit besiegt werder, welche vorher gar nicht in Erwägung gezogen war.

Auf keiner früher von mir durchreisten Strecke der Sahara mit Ausnahme weniger Tagemärsche südlich von Tedjerri (Fesan) wo wir auf meiner Reise nach Bornu 1866 die Kamele mit Datteln ernähren mussten, war es mir vorgekommen, dass für die Kamele Futter mitgenommen werden musste. Ich hatte auch nie gelesen, dass andere Reisende in diese Lage gekommen wären; weder ältere, wie Lyon, Denham und Clapperton, noch neuere wie Barth, Vogel, Richardson, Duveyrier, von Beurmann u. a. erzählen von Futtermangel. Ebenso wenig hatte ich von den die Wüste durchziehenden Eingeborenen gehört, dass es längere, ganz vegetationslose Strecken in der Sahara gäbe. Und doch schien dies hier der Fall zu sein und zwar gleich vom Beginn der libyschen Wüste an musste dieselbe aller Vegetation entbehren, denn nach dem einstimmigen Ausspruch aller Bewohner Siuts und der Araber, welche uns begleiteten, mussten wir Kamelfutter mitnehmen, da unterwegs auf nichts zu rechnen sei. Man kann sich denken wie unangenehm ich durch die Nothwendigkeit überrascht wurde zu allem übrigen Gepäck noch circa 50 Centner Kamelfutter verladen zu müssen. Doch auch diese Unannehmlichkeit wurde beseitigt.

Es handelte sich nun darum, welchen Weg wir zunächst einzuschlagen hatten. Dass sich Farafrah, welches ich Anfangs im Hauptquartier bestimmt hatte, trotz seiner weit nach Westen vorgeschobenen Lage in keiner Weise dazu eignete, wurde mir bald klar. Abgesehen von dem Mangel einer Regierungsbehörde in dieser abgelegenen kleinen Oase bietet dieselbe auch so wenig Hülfsquellen dar, dass die Ernährung einer grösseren Anzahl Menschen dort die erheblichsten Schwierigkeiten verursacht hätte. Dagegen erschien das viel reicher bevölkerte Dachel, auch als Sitz einer vom Chedive bestellten Verwaltung in jeder Hinsicht geeignet. Dennoch beschloss ich nicht auf dem schon 1819 von

Edmonstone zurückgelegten Wege direct nach Dachel zu gehen, sondern entschied mich für den Weg über Farafrah, obschon die Araber grosse Schwierigkeit machten uns dorthin zu begleiten. Die Route nach Farafrah ist nämlich für grössere Carawanen jetzt verlassen, vielleicht auch, weil dieser Ort so unbedeutend, nie stark frequentirt worden. Auch wusste nur ein einziger Araber, der Hadj Solimān, den Weg dorthin, und ausserdem wurde die lange wasserlose Strecke, um uns abzuschrecken, besonders hervorgehoben. Ich hatte aber diesen Weg deshalb gewählt, weil wir hier gleich auf jungfräuliches Gebiet kamen und ausserdem den Bahr bela ma, der ja auf allen Karten verzeichnet stand, nothwendigerweise, falls er existirte, überschreiten mussten.

Allerdings hat vermuthlich bereits ein halbes Jahrhundert vor uns ein europäischer Reisender, der kühne und verdienstvolle, aber unglückliche Pacho diesem Weg zurückgelegt. In dem seinem bekannten Werke Rélation d'un voyage dans la Marmarique etc. vorangeschickten, von Larenaudière verfassten Lebensabriss heisst es p. III., nachdem seine Erforschung der Oasen Chargeh und Dachel im Sommer 1824 angedeutet worden: „Il reprit la route du nord qui le conduisit à Farafrah, puis à Siout.“ Es ist hiernach wohl anzunehmen, dass Pacho von Farafrah direct nach Siut zurückkehrte und nicht etwa nur von Dachel aus einen Abstecher nach ersterer Oase machte, wie man aus seinen eigenen Worten (a. a. O. Avant-propos. p. II) „à mon retour de Dakhel“ etwa schliessen könnte. Es ist indess über Pacho's Reise nach den aegyptischen Oasen ausser den dürftigen Angaben Larenaudière's nichts bekannt geworden, für deren Genauigkeit es nicht gerade spricht, dass in den den ersten Theil der Reise betreffenden Sätzen (a. a. O. p. II) das Fajum zweimal, die Kleine Oase aber nicht genannt wird, obwol doch aus Pacho's Karte zu ersehen ist, dass er letztere auf der Hin- und Rückreise nach Siuah berührte, das Fajum aber nur einmal (vermuthlich auf der Hinreise, während ihn die Rückreise direct von Uah-el-Beharīeh nach Behnesah führte).

Da nun in Farafrah wenig an Lebensmitteln und sicher kein Kamelfutter zu haben war, mussten wir für 15 Tagemärsche, d. h. bis wir Dachel erreichten, Futter mitnehmen. Der Chedive hatte 35 Kamele für mich durch das Mudirat in Siut kaufen lassen und auch die Sättel, das Tauwerk und die nothwendigen Säcke dazu geliefert. Für diese Kamele hatte ich auf 15 Tage gerechnet 50 Centner Bohnen (*Vicia Faba*) als Futter nöthig, welche 15 Kamelslasten bildeten. Ausserdem hatte ich zur Fortschaffung der leeren Wasserkisten und besonders schweren Bagage 65 Kamele zur Disposition, welche die Regierung für mich bis Dachel gemiethet hatte. Nach der ursprünglichen Versicherung des Mudirs sollten diese 65 Kamele, während der Dauer der ganzen Expedition zu meiner Verfügung stehen, aber diese Disposition wurde später geändert.

Während der Zeit unseres Aufenthaltes in Siut verblieben wir an Bord des Dampfers auf ausdrücklichen Wunsch des Chedive, welcher, wie Siver Effendi uns mittheilte, uns so lange das Boot zur Verfügung stellte, bis wir unsere Reise in die Wüste anträten. Aber keineswegs wurde das Dampfboot mit seinen lucullischen Diners für uns ein Capua. Im Gegentheile es wurde fleissig von allen Expeditionsmitgliedern gearbeitet. Remelé hatte seinen photographischen Apparat zusammen gestellt und fixirte fleissig die sehenswerthesten Puncte der Gegend, auch Characterköpfe auf die Glasplatte. Jordan hatte von der Militärschule Homrah aus ein Nivellement begonnen, aber wir überzeugten uns bald, dass es unmöglich sein werde, dasselbe wie ich Anfangs beabsichtigt hatte, bis zu den Uah-Oasen fortzusetzen, da diese Arbeit bei der Marschgeschwindigkeit, welche die Karawane innehalten musste, nicht ausgeführt werden konnte und die Detachirung einer eigenen geodaetischen Colonne auf einem so schwierigen Terrain zu gewagt gewesen wäre. Dafür versäumte aber Jordan nicht die Lage Homrah's astronomisch zu bestimmen und Beobachtungen über die magnetische Declination anzustellen.

Ich selbst begann von diesen Tagen an ein genaues meteorologisches Tagebuch zu führen, worin ich viermal täglich barometrische, hygrometrische und thermometrische Beobachtungen nebst der Himmelsbeschaffenheit und Windrichtung eintrug. Ascherson machte mit seinem Diener Korb, einem jungen Handlungscommis, der aus entomologischem Sammeleifer in die Dienste der Expedition getreten war, täglich botanische Excursionen und Zittel setzte die paläontologischen Sammlungen fort, für welche schon Cairo, Minieh und Beni-Hassan reichliches Material geliefert hatten.

Erwähnen muss ich noch, dass ich hier auch den vom Kaiser mir anvertrauten jungen Neger Henry Noël unterbrachte. Da er die arabische Sprache, welche er völlig vergessen, wieder gründlich erlernen sollte, so hatte mir Prediger Trautvetter in Cairo die amerikanische Mission in Siut, als vorzüglich dazu geeignet, bezeichnet und mir für den Prediger und Vorsteher dieser Mission einen Empfehlungsbrief mitgegeben. Mit grosser Bereitwilligkeit nahm ihn denn auch Dr. Johnston, der Arzt der Mission, ein Schotte, zu sich, was mir um so angenehmer war, weil derselbe etwas Deutsch verstand.

Die amerikanische Mission hat sich die Aufgabe gestellt, die Kopten zu Protestanten zu machen. Welcher specieller protestantischen Fraction dieselbe angehört, ob der lutherischen, der wesleyanischen oder reformirten vermag ich nicht zu sagen. Es scheint aber, dass diese „innere Mission," so kann sie füglich wohl genannt werden, ziemlichen Erfolg unter den Kopten hat, unser deutscher Consularagent, Herr Chajjät, ist z. B. übergetreten. Wir besuchten auch am Sonntage den Gottesdienst, entfernten uns aber nachdem wir anderthalb Stunden arabisch hatten singen und predigen hören, ohne dass der Schluss nahe zu sein schien. Rev. Hogg, der amerikanische Prediger, hinterliess bei uns allen den Eindruck eines gewaltigen Redners. An den Arbeiten unserer Expedition hat sich derselbe in sehr dankenswerther Weise betheiligt, indem er auf Jordan's Wunsch während unseres Wüstenmarsches täglich mehrmalige Barometer- und Thermometer-Ablesungen übernahm und mit der grössten Gewissenhaftigkeit durchführte.

Siut liegt nach Nouet unter 27°10′ 14″ Nördl. Breite, 28° 48′ 49″ O. Länge von Paris, nicht unmittelbar am Nil, sondern 2 K. M. vom Ufer entfernt) der Landungsplatz Homrah hat nach Nouet die Breite 27° 11′ 0″ und die Länge 28° 50′ 13″ von Paris) und von der Stadt selbst bis zum Steilufer des libyschen Plateaus, welches die wahre Grenze des Flussthales bildet, beträgt die Entfernung noch 1 K. M. Ein Mittel die Jahrestemperatur anzugeben ist nicht möglich, da wir nur wenige Tage in Homrah beobachteten und auch Herrn Hogg's Aufzeichnungen nur die Wintermonate umfassen. 16 Beobachtungen ergaben vom 13—17. December eine Temperatur von 15,2° C. als mittlere Tageswärme (auf dem Nil unter dem Schatten des Zeltes der Zugluft ausgesetzt) wobei ich übrigens bemerke, dass unter diesen Beobachtungen 4 vor Sonnenaufgang, 4 nach Sonnenuntergang, 4 um 9 Uhr Morgens und 3 um Nachmittags zwischen 2 und 3 Uhr gemacht wurden. Die Mitteltemperatur des Decembers in Siut dürfte sich also wohl nicht weit von 16° C. entfernen.

El-Homrah, der Hafenort von Siut, besteht nur aus einigen Wohnungen, enthält aber eine Militärschule, deren Zöglinge äusserlich keinen üblen Eindruck machen. Auf der Schwelle des Eingangsthores dieser Militärschule befindet sich ein Fixpunct des von der ägyptischen Regierung ausgeführten Nil-Nivellements, dessen Höhe über dem Mittelmeere nach Mahmud-Bey 53,104 Meter beträgt. Die Breite von Homrah wurde von Jordan [1])

---

[1]) Alle astronomischen und Höhenangaben, bei denen kein anderer Autor genannt ist, beruhen auf Mittheilungen von Jordan (es sind die auf der beigegebenen Karte zu Grunde gelegten Bestimmungen angenommen), die geologischen auf solchen von Zittel und die botanischen auf denen von Ascherson.

zu 27°11', also überstimmend mit der alten Angabe, die magnetische Declination zu 5,7° W. bestimmt. Auf einem breiten gewundenen Damm gelangt man von Homrah nach Siut, dem alten Lykopolis (Wolfsstadt), indess steht das heutige Siut nicht genau auf der Stätte der alten Stadt, sondern die Schutthügel derselben finden sich zwischen dem Steilrand der libyschen Wüste und dem heutigen Orte. Schon im Alterthum war dieser Platz wichtig; nach Diodor war hier ein militärischer Posten um die Strassen in die Wüste und nach Oberägypten zu bewachen. Siut hat jetzt eine Einwohnerschaft von 25—30000 Seelen [1]), für eine ägyptische Stadt ist es nicht übel gebaut und von weitem gesehen inmitten des üppigsten Grüns, mit der zerklüfteten Felswand im Hintergrunde gewährt es eine überraschend schöne Ansicht. Der inmitten der Stadt gelegene Bazar ist wohl versorgt, schattig und kühl. Man findet auch zahlreiche europäische Buden, wo man Kramwaaren und allerlei spirituöse Getränke erstehen kann. Das Mudirat, am Eingange der Stadt von Homrah aus gelegen, das deutsche zugleich amerikanische Consulat, die Post, deren Direction von einem Italiener trefflich geleitet wird, die amerikanische Mission sind die hervorragendsten Gebäude. Die Bevölkerung besteht zu einem Drittel aus Kopten, die übrigen sind Mohammedaner und Juden, die wenigen Protestanten und Katholiken kommen kaum in Betracht. Fanatismus ist nirgends zu bemerken, wie überhaupt in Aegypten, wo die ganze Verwaltung einen europäischen Anstrich hat und jeder Winter Schwärme europäischer Touristen sehr beträgtliche Geldsumme ins Land bringen, der sonst den

Für den Fachmann ist es selbstverständlich dass, alle diese Mittheilungen vor endgültigem Abschluss der Bearbeitung des vorliegenden Materials nur vorläufige sein konnten und in den später zu veröffentlichenden wissenschaftlichen Ergebnissen noch manche Abänderungen erleiden dürften. Insbesondere gilt dies, wie ich hier gleich bemerken will, von den astronomischen Längenbestimmungen und den Höhenangaben.

[1]) Nach dem neuesten guide annuaire d'Egypte.

Mohammedanern eigenthümliche Christenhass ganz in den Hintergrund tritt.

In dieser Jahreszeit gewähren die Weizen-, Gersten- und Klee- (Bersîm, *Trifol. alexandrinum*) Aecker durch das zarte Grün der hervorsprossenden Keimpflänzchen den lieblichsten Anblick; ihr Smaragd-Grün contrastirt mit der dunkleren Farbe der Zuckerrohrfelder. Die Durrahernte war soeben vorüber. Ausserdem werden auf Aeckern noch Mohn, Zwiebeln, Bohnen (*Vicia Faba*, arab. Ful) und Linsen gezogen; in Gärten Tomaten, Eierpflanze oder Aubergine (*Solanum Melongena*, arab. Badingân) rother Pfeffer, Gulgâs (*Colocasia antiquorum*), Koriander, Dill, Bammiah, Basilicum, Luffagurken (*Luffa aegyptiaca*). Ein besonderer Schmuck der Landschaft um Siut sind die zahlreichen Frucht- und Alleebäume; neben der Dattelpalme findet sich nicht selten die Dumpalme, die einige Tagereisen unterhalb Siut die Nordgrenze erreicht; Orangen- und Citronenbäume sind mit duftenden Blüthen und glänzenden Früchten geschmückt; auch Feigen-, Maulbeer-, Nabak (*Zizyphus Spina Christi*) und Granatbäume finden sich in den Gärten; neben der im Nilthal seit dem frühesten Alterthum gepflanzten Akazie, deren perlschnurähnliche Hülsen auf Hieroglyphen-Inschriften dargestellt sind, und welche noch heut ihren der altägyptischen Sprache entlehnten Namen Ssant [1]) führt (*Acacia nilotica*) findet sich die aus Amerika eingeführte *A. Farnesiana* (arab. Fitn) mit ihren veilchenduftenden goldenen Blüthenköpfen. Der Lebbek-Baum (*Albizzia Lebbek*) spendet dichten Schatten; auch die hässliche Sycomore mit ihrem krätzigen Stamm, mit ihren weitauseinandergehenden Zweigen deren Laub so zweifelhaften Schatten verbreitet, fehlt nicht. Das cultivirte Land von Siut beträgt, das von Girgeh mit eingerechnet, 219000 Feddân [2]),

[1]) Dieser Baum wird auch im Alten-Testament unter dem Namen Schittah erwähnt; Plinius nennt ihn Spina Aegyptia.

[2]) Kremer hat dieselben Angaben, woraus wohl hervorzugehen scheint, dass die Angaben des officiellen Guide immer wieder von der ersten Ausgabe abgedruckt wurden.

ein Feddan ist gleich 4,200 □ Meter und producirt das Land 89000 Ardeb (zu 80 Liter) Getreide, ausserdem 78500 Cantar (à 4 Kilogr.) an Leinsamen, Safran, Indigo, Tabak und Mohn. In neuester Zeit hat indess der Zuckerbau einen grossen Theil des Culturbodens eingenommen und vor demselben, während des amerikanischen Bürgerkriegs, die Baumwolle.

Siut ist berühmt wegen der dort fabricirten hübschen Thongefässe, welche an Anmuth der Form und geschmackvollen Verzierung sich mit den antiken Fabrikaten messen können. Auch die Bäder in Siut stehen in gutem Rufe, doch kann ich nicht bestätigen, dass sie besser als die in Cairo und Alexandrien sind. Der Handel mit dem Sudan ist nicht mehr sehr bedeutend, die Zufuhr von Straussfedern und Elfenbein wird überhaupt geringer oder hat, was wahrscheinlicher, eine andere Richtung eingeschlagen.

An der Felswand der libyschen Wüste findet man zahllose Gräber, welche zum Theil recht bedeutend und mit Malereien und Hieroglyphen geschmückt sein sollen. Aus Zeitmangel war es mir leider nicht vergönnt sie zu sehen. Von unseren Expeditionsmitgliedern hat sie nur Zittel besucht.

Die europäischen Bewohner, sowie auch die einheimische Bevölkerung benahm sich während der ganzen Zeit unseres Aufenthaltes mit der grössten Liebenswürdigkeit und wenn ja mit den Arabern, welche natürlich exorbitante Miethpreise verlangten und auch sonst noch hie und da Bedingungen zu machen versuchten, ein ernsteres Zerwürfniss auszubrechen drohte, war der Mudir oder Siver-Effendi, oder auch Herr Chajjât gleich bei der Hand die Schwierigkeit zu ebenen. Endlich war man mit den Arabern Handels einig geworden, aber das hatte Mühe und Schwierigkeiten gekostet. Besonders that sich ein einäugiger Lump hervor, der jede Anordnung, jede Vereinbarung, auch wenn sie ihm direct gar nichts anging, zu benörgeln hatte und dabei auf die widerlichste Art brüllte und zähnefletschte.

Da in der Umgegend von Siut, an der westlichen Nilseite, nicht genug Kamele besitzende Araber aufzutreiben gewesen waren, so hatte man auch vom rechten Ufer solche und zwar zwangsweise herüberkommen lassen. Diese gewaltsam Geworbenen wurden indess eben so gut wie die übrigen bezahlt.

Die mitgenommenen Araber vom linken Ufer waren vom Stamme der Ameim mit 14 Kamelen und ebensoviel Leuten, vom Stamme der Tarhonah mit 10 Kamelen und 10 Treibern und vom Stamm der Djeheneh mit 10 Kamelen und 10 Treibern. Die östlichen Araber hatten vom Stamme der Birdj 11 Kamele und 6 Mann, vom Stamme der Ataulah 8 Kamele mit 4 Leuten und vom Stamme Ataiat 14 Kamele und 7 Treiber gestellt. Ausserdem hatten wir 3 „Führer", von denen aber nur der Hadj Solimān Abu-Chaschm den Weg vom Nil nach Faráfrah kannte, die übrigen beiden Hammed Abu Rīsch und Hadj Madjub Abu Gadūrah hatten sich verdingt, ohne Bescheid zu wissen. Es waren sodann 3 Kamelfütterer und Kamelbelader, auf Arabisch: „Ssaharin" genannt, sie hiessen Abd-el-Djelil-ibn Abd-Allah, dann Nschaui-ibn-Sif-en-Nassr und Schahad-Djehēni. Sie hatten noch 6 Gehilfen. An Wächtern, rhafir, für die Nacht hatten wir 12 Mann [1], die ihre Zeit aber des Nachts mehr mit Schlafen als mit Wachen verbrachten. Man kann sich denken, von welchem Tross wir begleitet waren.

Am 16. December schickte ich die Miethkamele von Homrah nach Rumēlah, dem Karawanenlagerplatz von Siut, wo die Gesellschaften lagern, welche in die Sahara reisen wollen. Rumelah (auf Deutsch kleine Sandebene) liegt an der nördlichen Seite des Gräberberges von Siut, der Lagerplatz stösst hart an die Culturen und an die heutige mohammedanische Nekropolis.

---

[1]) Sie heissen Abu'l Kāsim-ibn-Hamūdah; Omar-Hasanēn el-Schich; Machmūd-abd-en-nebi; Mohammed-Ramadhān; Madjub-Mohammed-Sekerān; Machmûd-Abû-Hölēgah; Abd-er-Rachmān-Büschi; Arisch-Bichatro; Shala-ben-Hassēn; Aid-Omar; Auad Abd-es-Smioh; Ali-Bu-Menāfir.

Am folgenden Tage brachen wir selbst auf, aber Stunden waren erforderlich ehe Alles geladen war und es wurde Abend ehe wir den Lagerplatz erreichten. Ich hatte vorher noch eine längere Auseinandersetzung mit dem Schiffskapitän, welcher auf das unverschämteste ein Bakschisch verlangte, nämlich für sich und seine Mannschaft einen einmonatlichen Sold. Durch Siver Effendis Vermittelung gelang es mir ihn mit 500 Frcs. Trinkgeld zu befriedigen, welche unter die ganze Mannschaft des Dampfboots vertheilt wurde. Bei dieser Gelegenheit machte ich die Erfahrung, dass der aegyptische Telegraph keineswegs unbedingt dem Publicum zur Verfügung steht. Ich wollte nämlich bei Herrn von Jasmünd telegraphisch anfragen, ob es nothwendig sei ein so hohes Trinkgeld zu geben, als mir von der Telegraphen-Station die Antwort wurde, ein solches Telegramm dürften sie nicht befördern, da der Chedive überhaupt den Beamten die Annahme von Bakschisch verboten habe, eine solche Depesche aber zu seiner Kenntniss kommen würde. Wie wunderlich! Der Chedive verbietet den Beamten Bakschisch anzunehmen; diese nehmen und fordern solche trotzdem, und Beamte einer anderen Abtheilung begünstigen diese Unsitte insofern, als sie nichts darauf bezügliches an die Oeffentlichkeit gelangen lassen wollen. Natürlich möchte ich nicht in der Lage eines ägyptischen Beamten sein, der sich dem Befehle des Chedive widersetzt.

Das Lager war schnell errichtet, schneller als ich bei der Unerfahrenheit der Diener erwarten konnte. In diesen letzten Tagen war meine Thätigkeit wahrhaft aufreibend gewesen. Alles musste ich selbst besorgen, überall selbst mit eingreifen und mit welchen Weitläufigkeiten man zu thun hatte, davon sollte ich auf dieser Reise erst einen Begriff bekommen. Kleinlichere Leute als die uns begleitenden Araber giebt es nicht. Hundert Worte um nichts, ewiges Lärmen und Schreien, ein beständiges Zanken, so dass man meinen sollte sie würden gleich zum Messer oder zur Flinte greifen. Kommt aber ein Effendi, ein aegyptischer

Beamter, dann kriechen sie im Staube, um die hündischste Unterwürfigkeit zu bezeugen. Und das wollen Araber sein! Vom stolzen Blute ihrer Verfahren scheint wenig mehr in ihren Adern zu fliessen, obgleich sie sich in ihren Körperformen wesentlich von den Fellahin unterscheiden. Wir hatten unter unserer Eskorte wahrhaft schöne Leute, aber so stattlich sie aussahen, so taugte der eine so wenig wie der andere. Mit der unverschämtesten Prahlerei verbanden sie eine auffallende Feigheit, mit der affectirten Grossmuth, kleine Geschenke von Milch oder Butter an den Mann zu bringen, verbanden sie den schmutzigsten Geiz und die gierigste Habsucht. Mit fester Hand und unerbittlicher Strenge weiss die ägyptische Regierung diese Bestien zu zügeln, welche durch die äusserlich beobachteten Vorschriften ihrer Religion in nichts gebessert werden. Würde man die Strenge des Gesetzes bei diesen Menschen indess durch guten Schulunterricht unterstützen, so würde man bei ihrer unleugbaren geistigen Begabung wohl erfreuliche Resultate erzielen.

Als endlich die hundert Kamele befestigt und abgefüttert waren und die Mannschaft sich gruppenweise um hochlodernde Feuer gelagert hatte, versammelten wir uns zum ersten Male in meinem Zelte zu einem gemeinsamen Mahle. Herr Uassif el Chajjât war so freundlich gewesen uns ein höchst opulentes koptisches Abendessen hinauszuschicken, welches leider auf dem langen Wege etwas kalt geworden war. Der Consul und sein Sohn, welche uns zum Lager hinaus begleitet und treulich im Einrichten desselben beigestanden hatten, blieben nicht zum Essen, versprachen aber noch am nächsten Morgen herauszukommen um Abschied zu nehmen. Die erste Nacht im eigenen Zelte gewährte uns eine treffliche Ruhe, was wir umsomehr empfanden, als wir am Bord des Dampfers der Mückenplage halber nicht besonders geschlafen hatten.

Zweites Kapitel.

Wüstenmarsch von Siut nach Farafrah.

18—30. Dec. 1873.

Aufbruch. Die Firmane der ägyptischen Regierung. Begräbnissplätze der heutigen Aegypter. Zeltdörfer der ansässigen Araber. Beni-Ahdi. Samum. Der-el Maragh. Feierlicher Empfang. Das Innere eines koptischen Klosters. Abendmahlfeier. Eintritt in die Wüste. Gebel Isamaïl. Nummulitenthal. Blinder Lärm. Sanddünen. Tropfsteinhöhlen. Auswanderung der Nilthal-Araber nach Barkah und Rückkehr derselben unter Omar-el-Masseri's Führung. Sogenannte östliche Araber. Benennungen des Kamels bei den Arabern. Tagesordnung des Wüstenmarsches. Scheitelpunkt zwischen dem Nilthal und Farafrah. Talch Akazien. Steiler Abstieg in die Oasen-Einsenkung. Bir Mürr. Vergeblicher Versuch Wasser zu erbohren. Bitterwasserquelle Bir Keraui. Anblick des Felsenufers.

Der Aufbruch konnte am 18. December erst sehr spät erfolgen, obschon ich vor Sonnenaufgang hatte wecken lassen. Da waren wieder mit den uns begleitenden Arabern viele Dinge zu ordnen; der eine wollte diese Kiste nicht, der andere jene, diesem war dieser Gegenstand zu schwer, dem anderen ein anderer. Dem herausgekommenen Consul war ich nochmals zu grossem Dank verpflichtet, dass er mit so vielem Takt und so grosser Geschicklichkeit die keifenden Bestien in Ordnung zu bringen wusste. Und so nahmen wir Abschied, zwar nicht vom Nilthal, aber doch von der letzten Stadt, wo Menschen wohnten, welche fühlten und dachten, wie wir selbst. Wir waren jetzt ganz auf uns selbst angewiesen und sollten schon nach wenigen Tagen über einen Boden schreiten, der kaum je von Europäern war betreten worden. Aber wir wussten, dass wir unter mächtigem Schutz standen, deshalb traten wir Alle frohen Muthes und mit voller Zuversicht diese Reise in die Wüste an. Wir liessen die Sorge unserer Angelegenheiten in den Händen unseres Generalconsulats und wussten, dass die starke und geordnete Regierung des Chedive alles gethan hatte, um Unternehmungen der Eingeborenen gegen uns von vornherein unmöglich zu machen. Wir hatten überdiess zwei Firmâne, einen grossen oder firman ali (d. h. direct vom Chedive herstammend) und einen kleinen vom Ministerium ausgefertigten. Der Firman ali [1]) lautete [2]):

„Die Ausfertigung dieses Firman muss in Empfang genommen und befolgt werden als eine Ansprache an sämmtliche Unterthanen und Behörden und Aelteste der Dörfer und Städte, sowie der arabischen Stämme, welche herumziehen in dem Umkreis unseres Gebietes, des chedivischen.

Es sei zu wissen bei ihnen insgesammt, dass der Träger dieses Firmans, Herr Rohlfs (musju Rohlfs) einer der Unterthanen Sr. Majestät des Kaisers von Deutschland (imperator Alemaniah) sich in die Gegend der Sahara von El Barkah auf dem Wege über El-Uahat begiebt mit Genossen, vier Personen, deutschen Gelehrten im Fache der Geographie, dem Herrn Zittel (musju Zitl) und Herrn Ascherson (musju Arschsun) und Herrn Jordan (musju Jurdân) und Herrn Remelé (musju Rmlh) von wegen einer Expedition in selbige Sahara und die Uadi's, um manche Pflanzen zu entdecken, welche in der Pharmacie angewendet werden und noch genauere Bestimmungen herauszubringen im Fache der Geographie.

---

[1]) Ali heisst hoch.

[2]) übersetzt von Prof. Stickel in Jena.

So wird verordnet, dass bei ihrem Umher- und Durchziehen und ihrem Aufenthalte, an welchem Orte es sei, ihnen Lastthiere (gestellt) und eine höfliche Behandlung und Unterstützung zu Theil werde in Allem, was ihren Unterhalt erleichtert und zur glücklichen Ausführung ihres Vorhabens dient bei ihrem Aufbruche und ihrem Marsche.

Dieser Firman ist ihnen behändigt worden, damit er, wo es nöthig ist, vorgezeigt werde zur Einsicht und zur Befolgung des Inhalts.

Ausgefertigt am 17. Tage des Monat Schawal im Jahre eintausend zweihundert und neunzig (19. December 1873). Hoher Firman.

Dieser vom Chedive ausgehende Firman hatte oben das grosse Staatssiegel, welches als Unterschrift dient. Es enthält im Felde den Namen Ismaïl, darunter die Jahreszahl 1279 der Hidschrah 1862/63, welches das Jahr des Regierungs-Antritts des Chedive ist. Die Umschrift des Siegels lautet „Er“ (Ismaël) ladet die Gläubigen zu Gott, die an ihn haltenden, halten an einer Kraft, die nicht weicht.

Der kleine Firman, Cheiry Pascha [1]), unterschrieben lautet: [2])

1) Herr (musju) Rohlfs zu den Unterthanen des Gebietes des Kaisers von Deutschland (Alemaniah, denn jetzt ist im Orient nicht mehr Nemsah, welches Oesterreich bezeichnet für Deutschland gebräuchlich) gehörig; er ist der Chef der Ausgesendeten.

2) Herr Zittel Chodjah (ein Ehrentitel für Gelehrte und andere angesehene Personen, eigentlich Alter, Schich) im Fache der Wissenschaften in München.

3) Herr Ascherson Chodjah in der Stadt Berlin.

4) Herr Jordan Chodjah an der Medresch (hohe Schule) des Polytechnikum in der Stadt Carlsruhe.

---

[1]) Cheiry Pascha ist Siegelbewahrer des Chedive.

[2]) Die Namen waren wegen des arabischen Alphabets ebenso mangelhaft wie im hohen Firman wiedergegeben.

5) Herr Remelé, Maler und Bildnissfertiger.

Kundmachung an alle Behörden und Aelteste (Schichs) und Autoritäten der Gegenden der Sahara von El-Barkah und El-Uahat in östlicher[1]) Richtung nach Seite der Kabilen,

dass Herr Rohlfs zu den Unterthanen des Reichs Sr. Majestät des deutschen Kaisers gehörig sich aufgemacht hat und mit ihm angesehene Personen, deren Namen hochgeehrt sind unter den Gelehrten der Geographie und der Ingenieur- und Zeichenkunst, in der Absicht eine Expedition zu unternehmen in der Richtung der Sahara von El-Barkah und El-Uahat, um zu erweitern die Entdeckung und Beschreibung in der geographischen Wissenschaft.

Darum ist's nothwendig, dass dem Bezeichneten, ihm und seinen Begleitern gestattet werde, zu allen Gegenden des Gebietes hinzugelangen. Man beweise Zuvorkommenheit und Befriedigung in Allem durch Beschaffung zu ihrer Verproviantirung, was sie verlangen, zu dem was ihnen zukömmt in Bezug auf die Beschaffung der Zugehörigkeiten ihrer Reise, damit sie, so Gott der Höchste, will, ihre Expedition ausführen und getreulich vollbringen ihren Auftrag und zurückkehren als dankbare und zur Dankbarkeit Verpflichtete wegen der ihnen zu Theil gewordenen Zuvorkommenheit und Darbietungen, die ihnen gewährt wurden während ihrer Reise.

Mit Untersiegelung versehen, um den Ursprung (dieses Firmans) darzuthun im Jahre 1290 am 17. Schawal (8. Dec. 1873).

Unten links hatte Cheiry Pascha das Siegel gedrückt, welches die Namen Cheir Achmed und eine undeutlich ausgedrückte Jahreszahl als Legende enthält.

Als endlich an jenem 18. December die Karawane im Gange war ging der Marsch besser von Statten als ich hoffen durfte. Bekannt ist ja, wie sonst am ersten Tage alle Reisenden die schlimmsten Erfahrungen machen und ich selbst war von der-

---

[1]) offenbar sollte dies „westlicher“ heissen.

artigen Unfällen des Reiseantritts auf meinen früheren Expeditionen nie verschont geblieben. Heut aber ging alles glatt und ohne Aufenthalt.

Im Nilthal weiter abwärts gehend, hielten wir uns ausserhalb der Culturen, doch waren uns die grünen Felder stets ganz nahe. Dieses nicht zur Cultur benutzte Land bestand aus kiesigem Boden, war gross gewellt und nahm vom Saum des angebauten Landes bis zum Anstieg, dem wahren Felsufer, eine Breite von durchschnittlich 4 Kilom. ein. — Gegen Mittag kamen wir mitten durch den interessanten Kirchhof der Kopten von Masrah, interessant insofern, als fast alle aegyptischen Christen ihren Todten grosse Gewölbe bauen, in denen sie deren sterbliche Reste bestatten. Der Todtencultus der alten Aegypter ist bei ihren Nachkommen nicht ganz erloschen; auch nachdem sie das Christenthum angenommen hatten, behielten die Kopten den Gebrauch des Einbalsamirens noch Jahrhunderte hindurch bei und bekunden noch bis auf den heutigen Tag ihre fromme Verehrung der Dahingeschiedenen durch die Sorgfalt, mit welcher sie ihre Grabstätten errichten.

Aber nicht nur den Kopten ist diese Sitte, ihren Todten ein geräumiges und gutgebautes Grabmal zu errichten eigen, sondern auch den Mohammedanern. Die moderne Nekropolis von Siut, von der ein Bild beigegeben ist, zeigt dies auf's Deutlichste. Man findet hier so grossartige Bauten, wie man sie sonst bei den Arabern und Berbern in Nordafrika vergebens sucht. Weder in Fes noch in Algier oder Tunis und Tripolis sah ich je eine Begräbnissstätte, welche an Zahl der stattlichen Grabmäler mit den Todtenstädten Aegyptens sich hätte messen können. Und in Aegypten thut sich die Siuter Gräberstadt besonders hervor. In der That sind die Dome der Todten bedeutend sorgfältiger gearbeitet, als die elenden Hütten oder Häuser der Lebendigen. Sauber geweisst stechen sie von den roh aus Thonklumpen aufgebauten Wohnungen der Lebendigen aufs Vortheilhafteste ab.

Ehe wir nach Beni-Ahdi kamen, wo wir an diesem Tage

lagern wollten, sahen wir zu unserer Linken in den Kalkufern zahlreiche Grotten und Gräber, welchen wir aber der bedeutenden Entfernung wegen leider keinen Besuch machen konnten. Legh hat eine genaue Beschreibung davon gegeben. Und Abends erreichten wir das genannte Dorf, welches aus drei Ortschaften Beni-Ahdi-behari, Beni-Ahdi ustani und Beni-Ahdi gebli, d. i. dem nördlichen, mittleren, südlichen besteht. Diese Dörfer, zum grössten Theil aus Strohhütten „Chuss" bestehend werden von Arabern bewohnt, auch einige Zelte, welche man in Aegypten Bit [1]) nennt, sind eingemischt. Aber am linken Nilufer haben die Araber fast ganz die nomadisirende Lebensweise aufgegeben und sich sesshaft gemacht; das sieht man am besten daraus, dass so wenige das Nomadenzelt beibehalten haben. Sie haben jedoch nicht wie die Fellahin eine Behausung von Stein oder Ziegeln oder Thonklumpen adoptirt. Ein Araber würde darin ersticken, die vier Wände, das schwere Dach würden ihn wie ein Alp drücken. Statt dessen haben sie sich leichte Hütten aus Durrahstroh und Holzstäben errichtet, welche billiger als ein Zelt und, da die Besitzer das Wandern aufgegeben haben, jedenfalls zweckentsprechender sind. Nur die Uled-Ali, welche westlich von Alexandrien bis zur Cyrenaica wohnen, haben das Zelt noch beibehalten. Man findet diese Vorliebe für eine leichte Wohnung übrigens nicht bloss bei den Arabern auf dem linken Nilufer, sondern überall, wo immer dies Volk aus einer wandernden zu einer sesshaften Lebensweise übergegangen ist. So beobachtete ich sie in Tafilet und im Ued Draa, so sah ich sie in Fesan und in Bornu wohnen.

Die fest angesiedelten Araber verlieren immer schneller die ihnen eigenen Gewohnheiten und Gebräuche als die nomadisirenden, obschon auch sie mit den Fellahin sehr ungern eine eheliche Verbindung eingehen. Indess unterscheiden sie sich auch jetzt noch sprachlich von den letzteren. Bekanntlich unterscheiden die

---

[1]) pl. Biut.

Orientalisten in der arabischen Sprache ausser dem jemenischen, welcher als die beste Mundart angesehen wird, einen syrischen, maghrebinischen und aegyptischen Dialekt. Die drei ersten sprechen das ج Djim aus, während die Aegypter statt dessen Gim sagen. Ich beobachtete nun, dass die uns begleitenden Araber, einerlei ob sie vom West- oder vom Ostufer waren, keineswegs an dieser aegyptischen Eigenthümlichkeit participirten. Allerdings sprachen sie das ج nicht scharf promoncirt wie die Jemener oder Marokkaner aus, aber sie sind weit davon entfernt, wie die Fellahin oder Kopten, daraus ein g zu machen. Sie sprachen das Dj oder dschetwa wie unser j aus. Ich erkläre mir die Eigenthümlichkeit der aegyptischen Aussprache dadurch, dass die Fellahin als Abkömmlinge der alten Aegypter, da weder in der altägyptischen, also in der Hieroglyphen-Sprache, noch in der koptischen Sprache ein dem ج ähnlicher Laut vorkommt, das dj durch g wiederzugeben suchen.

Unsere Transportkamele waren schon früher als wir angekommen, so dass wir schnell mit dem Aufschlagen unseres Lagers fertig wurden und wir uns häuslich einrichten konnten. Die Zelte waren sehr praktisch eingerichtet. Jeder von uns hatte einen Feldstuhl mit Lehne, einen Schemel ohne Lehne und ein Feldbett. Alles dies fand Platz im Zelte und konnte beim Nichtgebrauch zusammengelegt werden. Ausserdem konnten noch die Kamelkisten (mit auszuziehenden Schubladen) in das Zelt genommen werden. Mein Zelt war so gross, dass es zu den gemeinsamen Mahlzeiten benutzt werden konnte.

Ueber Beni-Ahdi ist sonst nichts zu bemerken. Es liegt an der äussersten Westgränze der Culturen des linken Nilufers in gleicher Höhe mit Monfalut. Die Araber ernähren sich hauptsächlich durch das Vermiethen ihrer Kamele bei Fortschaffung von Lasten im Nilthal oder beim Waaren- und Datteltransport nach Dachel. Von hier aus ist die Hauptverbindung mit dieser Oase.

Früh am Morgen weckte uns das klägliche Gebrüll der Kamele, welche man mit angehender Morgenröthe zu beladen angefangen hatte. Wer diese unnachahmlichen Jammertöne, die manchmal wuthkrächzend sich hinaufschrauben, zum ersten Mal hört, sollte glauben es handle sich um den Tod der Thiere. Wenn nun schon ein einzelnes Kamel beim Laden sein widerliches Gebrüll minutenlang erschallen lässt, so kann man sich vorstellen, welche Höllenmusik wir morgens auszustehen hatten beim „Hammeln" von hundert Kamelen. „Hammeln" das war von jetzt an der technische Ausdruck für's Beladen, wie denn überhaupt nach und nach unter uns Deutschen eine Menge arabischer Kunstausdrücke während der Expedition in Aufnahme kamen.

Wenn wir auch noch gar nicht in der Wüste waren, so sollten wir am 19. December doch schon den Kampf mit den Schrecknissen derselben aufnehmen. Morgens hatte sich eine starke West-Nord-West-Brise fühlbar gemacht; als wir kaum unterwegs waren, gegen neun Uhr, steigerte sich dieselbe so, dass ringsum Staub aufwirbelte und Nachmittags war die Luft mit Sand erfüllt es war ein tüchtiger Simum.

Allerdings war die Temperatur nicht sehr hoch, aber ein Simum, ob kalt oder warm, überschüttet den Reisenden derart mit einem alles durchdringenden Staub, dass es schwer wird unter so lästigen Empfindungen den Marsch fortzusetzen; an Beobachtungen ist selbstredend gar nicht zu denken. Es war dies auch die Ursache, dass wir eine Pyramide, welche am Rande des Kalkufers gelegen ist, nicht wahrnahmen, wie denn überhaupt von der ganzen Gegend nichts zu sehen war.

Es war ursprünglich unsere Absicht bis Mer zu gehen; wenigstens hatte der uns begleitende Effendi, welcher uns vom Mudirat in Siut mitgegeben war die Instruction uns bis zu diesem Orte zu begleiten. Aber angesichts eines hochummauerten Platzes wurde ein anderer Entschluss gefasst. Der Effendi meinte, wir sollten dort lagern, da die koptische Gemeinde, welche dort wohne, uns gern bewirthen wolle und wir unter den Mauern von Maragh, so hiess das Kloster, besser aufgehoben seien, als in Mer. Uebrigens befand sich Mer nicht unmittelbar an unserem Wege, während Maragh, so zu sagen, auf der Strasse lag.

Unser Entschluss hier zu bleiben wurde noch dadurch bekräftigt, dass wir, kaum beim Kloster angekommen, eine lange Procession sich nahen sahen. Galt es uns? Es war kein Zweifel. Der Prior voran mit der Monstranz, die Diakonen und Prälaten und circa 50 Mönche, die angesehensten des Klosters, nahten in ehrerbietiger Haltung, uns zu begrüssen. Was sie an Kostbarkeiten in ihrer Kirche besassen, hatten sie mitgebracht, um uns ihre Freude über unseren Besuch zu bekunden. Da trug der eine ein grosses Heiligenbild, der andere die liebliche Jungfrau Maria, die gebenedeite Mutter Gottes oder den elfenbeinernen Thurm, wie sie auch genannt wird, der dritte hatte eine seidene Fahne, wiederum ein anderer ein Banner mit irgend einem frommen Emblem, kurz was das Kloster von imponirenden Besitzthümern hatte, brachte man herbei, uns freundlich willkommen heissend. Der „Reis“ [1]) hielt eine Ansprache in arabischer Sprache, die etwa folgendermassen lautete:

Gesegnet sei der Tag, o Effendi, der Dich und Deine christlichen Begleiter zur Stätte unseres heiligen Klosters geführt hat. Kommt alle und ziehet ein in unsere heiligen Mauern, welche der Höchste geschützt hat inmitten der Ungläubigen, die unseren Herrn Jesum nicht bekennen. Erquicket Euch auf der Stelle, wo einst die lieblichste Frau auf Erden lebte, die wahrhaftige Mutter Gottes, die allein unsere Seelen in den Schoss der ewigen Seligkeit einführt. Kommt Christen, und erquicket Euch durch Speise und Trank!

Obgleich es mir gar nicht recht war sogleich nach der Ankunft

---

[1]) Dieser eigentlich Abt bedeutende Titel wurde dem Prior des Klosters von den Kopten und Mohammedanern gegeben, auch „Consul“ nannten sie ihn. Reis bedeutet sonst auch bekanntlich Schiffskapitän. Der Prior führt eigentlich den Titel الاوّل في الرهبان el aual fi'r ruchban, der erste unter den Mönchen.

der Karawane, statt die Anordnungen beim Lagern zu treffen, meinen Pflichten entrissen zu werden, mochte ich es doch nicht den Klosterleuten abschlagen, ihrem Heiligthum meinen Besuch abzustatten, zumal sie ängstlich auf meine Antwort warteten. Angesichts der uns umgebenden Mohammedaner, denen es vielleicht keine geringe Schadenfreude bereitet hätte, wenn wir die Mönche barsch zurückgewiesen hätten. Ich sage „vielleicht“, glaube es aber kaum, da es sich um „Essen“ handelte.

Ich zauderte daher nicht lange und bat Zittel, welcher von den mich begleitenden Herren gerade in der Nähe war sich mir anzuschliessen und fort gings sodann in feierlicher Weise, um durch das einzige Nordthor Einzug zu halten. Welch grosses Gewicht der Prior und seine Klosterbrüder auf unseren Besuch legten, geht am besten daraus hervor, dass sobald wir uns in Bewegung setzten sämmtliche Glocken der Kirchen geläutet wurden; freilich keine grosse Arbeit und kein sehr volles Geläut, denn die beiden Kirchen besassen nur je eine Glocke.

Es war in der That ein seltsamer Zug als wir, Zittel, der Prior und ich voran, an der Spitze dieser Fahnen und Standarten, Kreuze und Monstranzen führenden Mönchsprocession unsern Einzug in's Kloster Maragh hielten. Ueber das Kloster und seine sagenhafte Gründung wurde uns vom Prior folgende schriftliche, vom Professor Stickel in Jena übersetzte Nachricht nach Dachel nachgesandt:

„Dieses Kloster wird das Kloster El-Maragh genannt, bekannt als Djebel Gusgam, auch wird es Kloster unserer Frau (setina, Herrin) Maria, Gebärerin unseres Herrn des Messias, genannt. Der Grund der Benennung dieses Klosters nach ihrem Namen ist, weil es sich begab, dass in der Zeit, da sie mit ihrem Sohne und Joseph, dem Zimmermann, aus dem Lande Syrien in das Land Aegypten floh, sie zu selbiger Stätte sich flüchteten und daselbst verblieben bis zu der Zeit da Herodes starb, der König, welcher darauf versessen war, den Messias, der ein Kind war, zu tödten.

Und dies begab sich gemäss dem, was ihnen der Engel Gottes im Traum verkündet hatte, sowie es berichtet ist in dem heiligen Evangelium über ihr Hinabziehen nach Aegyptenland. Und sie kehrten dann wieder in ihr Land zurück. Solchermassen haben es vordem die Chronisten berichtet. Von der Zeit in welcher das Kloster entstand wurde es mit dem Namen „Unserer Frau Maria“ benannt. Dies war im vierten Saeculum nach der Menschwerdung (Jesu) nach Annahme aller Mönche bis auf diesen Tag.

Und es (das Kloster) gehört zur Provinz Monfalut in der Dioecese Assiut und der Name des Priors des erwähnten Klosters ist El-Coms Mikaïl el-Abutigi. Was das Wort Dēr betrifft, das bedeutet in anderer Sprache Monastir und von wegen der Belehrung ist das angeführt worden.“

Als wir den Zugang des Klosters, ein befestigtes Thor, durchschritten hatten, stand rechts am Eingange eine weitere Deputation angesehener Mönchsbeamter, der Arif (d. i. etwa Dekan) die Siegelbewahrer, der Hauptschreiber und die obersten Schriftgelehrten der Ruchbān (Mönche, ruchban ist pl. von rahīb, der Mönch) um uns durch tiefe Verbeugungen zu empfangen. Ueber einen geräumigen aber äusserst schmutzigen Platz ging es dann weiter durch eine Gasse, auf die rechts und links niedrige Thüren kleiner Häuser mündeten, so dass man sich in einem echten Ksor oder Gassr (Wüstenort) zu befinden schien. Durch einen engen Gang, unter einer Zugbrücke durchgehend, welche einen festen Thurm mit dem Hauptgebäude verband, erreichten wir die Thür dieses letzteren und mittelst einer sehr steilen und unbequemen Treppe kamen wir in den grossen Empfangssaal, welcher nur bei feierlichen Gelegenheiten benutzt wird.

Der Saal etwa 50 Fuss lang und halb so breit, hatte an zwei Seiten breite Divans, während an der dritten Seite Stühle standen, an der vierten aber die Eingangsthür sich befand und allerlei Gegenstände als Gestelle, um die Tassen, Gläser und Schüsseln aufzubewahren. Sobald Zittel und ich Platz genommen hatten, verbeugten sich der Prior und die anwesenden Mönche noch einmal um uns zu bewillkommen und um für unseren Besuch zu danken und sodann wurden Tschibuks, Kaffee und Scherbet herumgereicht, ganz wie es bei den türkischen Paschahs zu geschehen pflegt.

Wir blieben dieses erste Mal nicht lange im Kloster, da unsere Gegenwart beim Lagereinrichten zu nothwendig war. Wir hofften, die Mönche würden nun vorläufig befriedigt sein, aber daran war nicht zu denken. Wie wir eingeholt waren, so wurden wir auch wieder zurückgebracht, ja bis in die späte Nacht hinein hielt der ganze Stab dieser religiösen Gemeinschaft, der Prior an der Spitze, es für Pflicht, als Ehrenwache bei unseren Zelten sitzen zu bleiben.

Mit ihnen kamen dann die Geschenke der Gastfreundschaft, zwei Hammel, Truthähne, Eier, Butter, Honig und ein grosser Korb voll recht schmackhaftem Brode, auch für die Kamele wurde durch reichliches Bohnen- und Strohfutter gesorgt und nicht nur meine eigenen 35 Thiere, sondern auch die der Araber wurden bedacht, welche auch für ihre Person die verlockenden Gerichte aus der Küche des Klosters nicht verschmähten. Bis in die Nacht wurde gebraten und geschmaust.

Es galt hier für den Vormarsch in die Wüste Alles vorzubereiten; da waren die Wasserkisten zu füllen, einige schlechte mussten ausgemerzt und sodann manche Kiste, welche sich vorläufig entbehrlich erwies, direct nach Dachel gesandt werden. Es war mir ganz lieb, dass ich sie in dem Kloster der mir befreundeten Mönche zurücklassen konnte, von wo aus sie dann abgeholt werden sollten.

Am folgenden Morgen wurde, da sich das Wetter aufgeklärt hatte, ein recht gelungenes Bild unseres Lagers, eines grossen Theils der Mönche und des Klosters aufgenommen, dann wurden wir abermals abgeholt um dasselbe eingehender zu besichtigen.

Das ganze Gebäude liegt eigentlich schon ausserhalb des Culturbodens, doch so, dass die östliche Seite noch auf dem vom Nil überschwemmten Schlammboden steht; es ist fast viereckig und so orientirt, dass die Längseiten ziemlich nach S. und N. gehen. Man bemerkt, dass die circa 30 Fuss hohen Mauern ein aus grossen Quadern errichtetes Fundament haben; diese Steine, sowie Säulen im Innern des Klosters, welche als Schwellen oder sonst benutzt wurden, endlich Steine mit Hieroglyphen, welche man in manchen Wänden eingemauert findet, deuten an, dass man alte Baulichkeiten, die vielleicht nicht weit vom Kloster Maragh standen, plünderte, um damit das Gebäude aufzuführen. Sonst sind die Mauern aus ungebrannten Ziegeln aufgeführt. Um die äussere südliche Wand des Forts, denn so kann man füglich diese Burg der frommen Mönche nennen, sind zahlreiche kleine überhängende Ausbauten, sie dienen zum Theil zum Herauswerfen flüssiger Gegenstände, zum Theil zur Vertheidigung.

Im Innern zerfällt Maragh in zwei Theile. Der vom Eingang rechts gelegene, der westliche, enthält die Wohnung des Priors, der Mönche, die Kirchen, den Vertheidigungsthurm, die Vorrathshäuser, Mühlen, Bäckereien, Schweineställe etc., während der vom Eingang links gelegene Theil in Hofraum und Garten zerfällt. Im Hofraum hätten wir eigentlich nach der Meinung der Mönche campiren sollen. Gott sei Dank, dass wir die Rücksicht für sie nicht soweit zu treiben brauchten, denn dieser Hofraum war nichts als eine grosse Mistgrube.

Von dem früher schon beschriebenen Empfangszimmer gelangt man über ein Vorhaus zur ebenfalls erwähnten Zugbrücke und über diese in den Thurm. Ein jedes koptische Kloster hat einen solchen Thurm und in früheren Zeiten, als die Christen in Aegypten täglich und stündlich allen möglichen Vexationen der Mohammedaner ausgesetzt waren, spielte der Thurm eine wichtige Rolle im Leben des Klosters. Hierher flüchtete man nicht nur die Kirchenschätze, Monstranz, Kelche, Crucifixe, Standarten, Reliquien und Geld, hierher zog man sich auch zurück und trotzte tagelang der Belagerung einer fanatischen Menge, bis endlich durch Geld und gute Worte ein Vergleich zu Stande kam oder die Belagerer müde waren die standhaften Mönche zu bedrängen, oder aber — und oft genug ist dies vorgekommen — Hunger und Durst oder Gewalt die Mönche auf Gnade und Ungnade in die Hände der Mohammedaner brachte und diese nun siegesfrohlockend ihre harten Bedingungen dictirten. Eine starke Brandschatzung folgte in der Regel, selten wurden alle getödtet.

Mit Ehrfurcht betrachteten wir daher den Thurm, der alles enthält um eine längere Belagerung aushalten zu können. Wir bewunderten die darin sich befindende Kirche mit gothischen Spitzfenstern, dann stiegen wir auf das flache Dach des Thurmes, von dessen Plattform man eine entzückende Aussicht geniesst. Da dringt wie ein Keil im Süden der Todtenberg bei Siut in die Palmengärten der Hauptstadt Oberaegyptens ein, der Nilstrom biegt dort um die Ecke und schlängelt sich dann in graziösen Windungen anscheinend bis zum Kloster heran. In Wirklichkeit ist indess Maragh noch durch einen circa 2 Km. breiten Streifen cultivirten Landes von den Fluthen des heiligen Stromes getrennt. Herrliche Linien bilden die gegenüberliegenden Berge des rechten Ufers, coquett lugen die schlanken Minarets der grösseren Ortschaften aus den sie umgebenden dunkelgrünen Palmengärten hervor, düster winkt uns das steile und zerrissene Ufer der libyschen Wüste, die senkrecht abfallenden Kalkwände scheinen jedes Eindringen unmöglich zu machen. Man erblickt dort keinen Weg, keinen Aufstieg — und doch haben wir die Gewissheit, dass wir am folgenden Tage oben sein werden. Diesem herrlichen Nilthal sagen wir Lebewohl für lange Zeit, für immer vielleicht, denn wer vermag zu sagen, was die Zukunft verbirgt! Das waren die Gedanken, die mich beim Anblick dieser Landschaft erfüllten.

Wir stiegen wieder von unserer luftigen Höhe herab, und mussten nun dem Prior folgen zur Besichtigung der inneren Einrichtung des Klosters. Es war da in der That für alles gesorgt, was zum Lebensunterhalte von Männern gehört, die ihr ganzes Glück und ihre Befriedigung darin suchen und finden:

wenig zu arbeiten, viel zu beten und sich selbst für die besten Menschen zu halten.

Die Mönchszellen unterscheiden sich in nichts von den Räumlichkeiten, welche ich früher in andern Ländern Nordafrikas und auch in Aegypten zu sehen Gelegenheit hatte. Wie in den Funduks sind es kleine Kämmerchen, ohne alle Einrichtung, welche wir in unseren bescheidensten Wohnräumen finden. Da findet man keine Stühle, Tische oder Betten, keine Kleiderschränke oder Bücherborde. Alle diese Bedürfnisse sind den modernen Kopten des Landes oder gar den koptischen Mönchen heute noch ebenso unbekannt, wie sie es in der grauen Vorzeit waren und wie sie es den Mohammedanern desselben Landes sind. Nicht einmal ein Bettgestell nahm ich in den Mönchszellen wahr, ja auch die Heiligenbilder fehlten an den rohen Wänden, wenn man nicht einige Fratzen, roh auf die mit Thon beworfene Wand gekritzelt, so nennen will, aber sie waren so unschön, dass man sie ebenso gut für den Teufel und seine Gesellen hätte halten können.

Die grosse Kirche wurde sodann besucht, uns war sogar erlaubt das Allerheiligste zu betreten; ausser einigen Bildern bei denen aber nur das Alter Interesse erregte, fand ich nichts bemerkenswerthes darin. Interessant war das hölzerne Altargitter, von ähnlicher Art wie man die Gitter der Muschrabieh's (Fenstergitter) in den orientalischen Städten herzustellen pflegt. Auch ein anderes kleines Gotteshaus, speciell der reizenden Jungfrau Maria gewidmet, wurde uns noch gezeigt, so dass auch in diesem Kloster drei Kirchen sich befanden, was, wenn ich recht berichtet bin, in allen grösseren Klöstern der Kopten der Fall ist.

Nachdem wir die heiligen Gebäude besucht, ging es zu den Profanbauten und wenn uns auch nicht die Solidität und die Grösse derselben besonders imponirten, so bezeugten doch die Anzahl und die Spuren langen Gebrauchs, dass die Mönche nicht nur nicht arm sind, sondern trotz der Fasten für ihres Leibes „Nothdurft und Nahrung“ zu sorgen wissen. Zwei von Büffeln getriebene Mühlen sprachen für den Reichthum des Klosters an Getreide, wie die grossen Backöfen, welche gerade jetzt in Thätigkeit waren, den Beweis lieferten, welche grosse Menge Brod hier auf einmal gebacken werden kann. Denn ausser dem gewöhnlichen Klosterbedarf wurde für unsere Karawane auf mehrere Tage im Voraus Brod hergestellt. Wir bewunderten auch die grossen Kessel zum Kochen, so gross wie bei uns die kupfernen Waschkessel, wir mussten die Brunnen besehen, die grossen Getreide- und Strohmagazine — kurz alles. Wir hatten es mit einem der reichsten Klöster Aegyptens zu thun.

Sodann wurde ein Gang durch den Garten gemacht, der fast die eine Hälfte des ummauerten Raumes einnimmt, und nach unserem Masse gewiss eine Grundfläche von 2 Hektaren enthält. Palmen, Oelbäume, Granaten, Orangen, Mandeln und Feigen bildeten den Hauptbestand an Bäumen, Gemüse wurde dort nicht cultivirt und Blumenzucht wie bei uns ist unter den Eingebornen Oberägyptens fast unbekannt. Dieser kleine Garten innerhalb der Klostermauern ist aber keineswegs der alleinige Grundbesitz des Klosters, dessen Fluren sich bis an den Nil erstrecken.

Nach diesem Rundgang mussten wir abermals in's Refectorium zurück, um Erfrischungen zu uns zu nehmen, man zeigte uns eine 518 Jahr alte Bibel, ein Manuscript, das die vier Evangelien in arabischer und koptischer Sprache enthält, auch noch einige andere Bücher, aber ohne besonderen Werth. Damit will ich indess keineswegs behaupten, dass das Kloster keine solchen besitze; es ist ja bekannt wie sehr die koptischen Mönche diese ihre Schätze hüten.

War es doch schon wunderbar genug und zeugte es von einem ganz bedeutenden Nachlass fanatischer Gesinnung, dass man uns so freundlich empfing und bewirthete. Denn gegen europäische Christen haben sich bis in die Neuzeit herein die Kopten nicht nur zurückhaltend gezeigt, sondern gerade gegen sie waren sie von fanatischem Hasse erfüllt. Es ist das ein Beweis, dass sie zur Einsicht gekommen sind wie viel sie den europäischen Mächten und europäischen

Einfluss zu verdanken haben. Während sie früher jeder Vexation und jeder Plünderung täglich ausgesetzt waren leben sie jetzt, nachdem in Aegypten europäische Ideen Eingang gefunden haben, unbehelligt ihrem Cultus. Sie zahlen dieselben Steuern wie ihre Brüder, die mohammedanischen Bewohner des Landes und kein Mensch denkt daran ihnen willkürlich ausserordentliche Abgaben aufzuerlegen. Sie wissen, dass sie dies vor allem den Christen Europas zu danken haben. Aber bei ihnen selbst ist von einem Einlenken in civilisatorische Bahnen nichts zu bemerken, sie leben noch ganz so wie vor Jahrhunderten, und wer das byzantinische Christenthum in seiner ursprünglichen Gestalt sehen will, findet es jedenfalls am reinsten erhalten bei den Kopten in Aegypten, bei den Christen in Abessinien.

Der-el Maragh wird wird von 500 Mönchen bewohnt und die Bedeutung des grossen Klosters geht auch daraus hervor, dass dasselbe zwar zur Dioecese von Siut gehörig aufgefasst wird, dass aber der Prior direct vom Bathrik (Patriarch) von Cairo seine Befehle empfängt. In der Tracht unterscheiden sich die Mönche nicht von den übrigen Kopten und diese wiederum nicht von den Fellahin (Bauern) Aegyptens. Nur ziehen sie den dunkeln meist blauen Turban dem weissen als Kopfbedeckung vor, in Erinnerung jener Jahrhunderte der Bedrückung, in welchen den Kopten als Unterschied von den Rechtgläubigen dunkle Kleidung und Kopfbedeckung anbefohlen war.

Auch am zweiten Tage unseres Aufenthaltes beim Kloster Maragh hielten die Mönche es für ihre Pflicht, stets in unserer Nähe zu bleiben. Ich hatte gehofft sie durch diesen langen Besuch abgefunden zu haben, um so mehr als ich das Geschenk eines Schweinchens von ihnen angenommen hatte, wodurch ich ja auf die eclatanteste Weise gegenüber den Mohammedanern documentirte, dass wir Eines Glaubens mit ihnen seien, aber nichts desto weniger hockten sie den ganzen Tag in unserer Nähe. Der Prior selbst, dem man einen Stuhl angeboten hatte, gab sich stundenlang, vor meinem Zelte sitzend, seinen frommen Betrachtungen hin.

Da derselbe für die uns bewiesene grosse Gastfreundschaft durchaus keine Bezahlung annehmen wollte, so überreichte ich ihm ein Geldgeschenk für die Armen seiner Kirche, welches denn auch angenommen wurde und womit die Mönche sichtlich zufrieden waren. Besonders aber freuten sie sich als wir ihrer Aufforderung am Morgen unseres Anfbruchs mit ihnen das Abendmahl zu nehmen nachzukommen uns bereit erklärten. Wie weit sind diese unwissenden Mönche vor jenen bornirten lutherischen Fanatikern voraus, denen ihr Gewissen nicht einmal die Abendmahlsgemeinschaft mit einem Gliede der unirten Kirche gestattet!

Schon um 5 Uhr Morgens stellte sich am 21. December, an welchem Tage wir das Nilthal verlassen wollten ein Mönch, mit einer mächtig grossen Laterne versehen, im Lager ein, um uns zur Hauptkirche des Klosters zu geleiten, wo die heilige Ceremonie vor sich gehen sollte. Die Mönche wollten noch einmal unsern mohammedanischen Begleitern gegenüber documentiren, dass wir, die vom Chedive Abgeschickten und Begünstigten ihre Glaubensgenossen seien. Mir war es leider unmöglich der Handlung beizuwohnen, so sehr der Prior auch gerade auf meine Anwesenheit gerechnet hatte, denn mit Tagesanbruch fing das Laden der Kamele an und es musste dies mit besonderer Sorgfalt geschehen, da wir heute aus dem Bereiche des Lebens, der Menschen, in die todte leblose Wüste einziehen sollten.

Ein Abendmahl bei koptischen Mönchen ist jedoch keine Kleinigkeit, denn als ich nach zwei Stunden, welche mit dem Laden der Kamele verbracht waren in die Kirche schickte, um die dort weilenden Begleiter vom Abmarsch der Karawane zu benachrichtigen, kamen sie zwar gleich und augenscheinlich froh von der kirchlichen Ceremonie so leichten Kaufes erlöst zu sein, aber das eigentliche Abendmahl hatte noch gar nicht stattgehabt. Dazu brauchen die Kopten lange Zeit, das Schwingen der Weihbecken, das Klingeln der Glocken, das Ablesen der Litaneien, das Herleiern ganzer Bibelcapitel, das Singen frommer Lieder, das Taktschlagen mit Blechtellern etc. erfordert eine geraume Zeit und an dem Tage sollte alles mit besonderer Feierlichkeit vor sich gehen, damit die Frömmigkeit der Mönche uns ja recht klar werden möchte. Arme Mönche! Euer tägliches Abendmahl, euer streng vorgeschriebenes siebenmaliges tägliches Gebet, euer ewiges Fasten, euer Nichtsthun, wozu dient es? Ist es glaublich und wird man es in späteren Jahrhunderten begreiflich finden, dass 500 kräftige Männer sich der Arbeit, dem werkthätigen Leben entziehen, dass sie sich lebendig begraben und der Ueberzeugung leben damit ein verdienstliches Werk zu thun? Angesichts der Eisenbahn, welche in der nächsten Zeit die Klostergründe durchschneiden wird, Angesichts des Telegraphendrahtes, der schon jetzt über die Liegenschaften des Klosters gezogen ist, sollte man es da für möglich halten, dass es Banden solcher Faullenzer giebt, welche nur auf Kosten ihrer Mitmenschen sich den Wanst füllen und damit noch glauben ein Gott wohlgefälliges Werk zu thun?

Wenn ich mir diese Frage stellte, so musste ich sie für Aegypten allerdings dahin beantworten, dass Klöster in diesem Lande, wohin bis vor Kurzem die Civilisation noch nicht gedrungen war, keineswegs als eine Abnormität anzusehen seien; aber in Europa wo man sich mit Civilisation und Aufklärung brüstet, ja im Herzen dieses Erdtheils, in Deutschland, wo noch eben solche vorsündfluthliche Einrichtungen bis auf den heutigen Tag bestehen und neu gegründet werden können, da gehören sie zu jenen psychologischen Räthseln, wie sie jedes Zeitalter und alle in die Culturgeschichte der Länder eingreifende Völker aufzuweisen haben und vielleicht auch immer aufweisen werden.

Aber leicht war das Beladen an diesem Morgen nicht gewesen. Fast versagt mir die Feder, wenn ich an die Auftritte denke, mit der sich jeder Araber das Beladen der Kamele zum Nachtheil der anderen leicht zu machen suchte. Ein grässlicheres Durcheinander hatte ich nie mit angesehen. Jener Abtheilung waren diese Kisten zu schwer, andere beneideten Jemand, dessen Kamel leichter belastet schien. Dazu das fromme Geschrei von den entsetzlichsten Flüchen untermischt: „Allāh el ali el asīm“, bei Gott dem Höchsten und Erhabenen! „Allah ihark-buk uadjeddek“ Gott verbrenne deinen Vater und deinen Grossvater! „Ssalha alā ennebi“ Gruss für den Propheten (eine Beruhigungsphrase, etwa wie bei uns: Um Gottes Willen!) so brüllten sie fortwährend durcheinander, dass einem Hören und Sehen verging. Was sind da unsere Vatikanflucher dagegen, dachte ich, hierher sollen sie kommen, bei den Arabern sollen sie fluchen lernen. Wie viel wirksamer ist es doch, statt eines einzelnen Individuums gleich alle seine Vorfahren und die Nachkommen mit zu verfluchen und zu verbrennen. Dies Aufladen, Fluchen, Lästern und Brüllen dauerte von Sonnenaufgang bis $9^1/_4$ Uhr. Dann endlich war alles was mitgenommen werden sollte bereit. Ehe wir uns jedoch in Bewegung setzten sprach der Prior und mit ihm die Mönche, die uns umstanden ein feierliches Gebet für den glücklichen Ausgang unseres Unternehmens, dann noch von beiden Seiten ein herzliches Lebewohl und zurück gingen sie in ihre dumpfen Zellen, in ihre kalte Kirche, um von Neuem gedankenlosen geistlichen Uebungen obzuliegen, während wir muthig vorwärts einem unbekannten Ziele entgegeneilten.

Wir blieben nicht mehr lange im eigentlichen Nilthale, westlich ziehend erreichten wir nach einer Stunde den Fuss des Dongolanerberges, welcher von vielen Katakomben und Gräbern ganz durchlöchert ist und den eigentlichen Rand des Nilthals bildet. Hier ist der Aufstieg einer Strasse nach der Oase Dachel, und in gerader Linie liegt Mer östlich, der Ort, bei welchem wir ursprünglich lagern sollten. An diesem Punkte verabschiedete sich von uns Hammed Effendi, der Beamte welcher uns vom Siuter Mudirat als Vermittler mitgegeben worden war, ein energischer

Mann, der gern jede von der seinen verschiedene Willensäusserung der Beduinen mit dem Stocke ausgeglichen hätte. Von jetzt an waren wir nur auf unsere eigene Energie angewiesen. Nach abermals einer Stunde betraten wir durch den eigentlichen Erköbt-el-Mer (Aufstieg vom Mer) das libysche Wüstenplateau und befanden uns während wir bis jetzt über kiesigen mit Feuersteintrümmern bedeckten Boden gegangen waren auf dem aus älterer Nummulitenbildung zusammengesetzten Kalkplateau. Zunächst zogen wir über grossgewellten Sserirboden d. h. die Oberfläche war mit Kieselknollen und groben, nicht fliegendem Sande bedekt, während rechts und links sich Kalkhügel am Wege zeigten.

Um drei Uhr Nachmittags, wir waren fortwährend im Marsche geblieben, hatten wir gerade südlich vor uns einen bedeutenden Bergrücken, und da auf meine Fragen die uns begleitenden Beduinen versicherten derselbe sei ohne Benennung so taufte ich ihn Djebel Ismaïl zur Erinnerung an den Chedive, unter dessen Auspicien unsere Expedition unternommen wurde. An anderen Orten [1]) habe ich darauf aufmerksam gemacht, wie wenig zweckmässig es sei Gegenstände mit Namen zu beglücken, welche sich jeden Augenblick wiederholen. Namentlich in den vereinigten Staaten von Amerika ist man widersinnig zu Werke gegangen. Man wird mich aber keiner Inconsequenz zeihen können, wenn ich hier ein Object taufte, das noch gar keinen Namen besass. Und wenn im aegyptischen Reiche der Name Ismaïl schon mehrere Male vertreten ist, so war so weit mir bekannt ein Berg Ismaïl noch gar nicht vorhanden. Am schon benannten Gor-el-melha (Salzhügel) vorbeikommend, lagerten wir dann in einer kesselartigen Einsenkung, welche nicht ganz von Vegetation entblösst war. Es fanden sich auf dem Wüstenplateau verbreitet: *Fagonia arabica* [Taf. I], *Anabasis articulata* (Belbel) [Taf. II], *Corynulaca monacantha* [Taf. III], *Traganum nudatum* und *Salsola* spec. (beide

---

[1]) Petermann's Mittheilungen, Ergänz. Heft 34.

Domrān genannt), und das zierliche Federgras *Aristida plumosa* [Taf. V]; nur an einzelnen Stellen *Farsetia aegyptiaca, Helianthemum Lippii, Calligonum comosum* (Risso), [Taf. IV], *Ephedra alata* und eine andere, nach Ascherson neue Art *Aristida*.

Der Pflanzenwuchs war indess so spärlich, dass nicht daran gedacht werden konnte, die Kamele weiden zu lassen. Sie wurden mit Stroh (welches uns die Mönche von Maragh mitgegeben, hatten) und Saubohnen allabendlich abgefüttert. Von ersterem bekam jedes Thier etwa 6—8 Pfd., während die Ration der Bohnen auf circa 10 Pfd. normirt war. Ein nicht genügendes Futterquantum, wenn man bedenkt, dass die Thiere den ganzen Tag unterwegs waren und einige von ihnen 4 Centner zu tragen hatten. Dazu kam noch dass der Mudir in Siut aus Sparsamkeit sehr schlechte Kamelsättel besorgt hatte, so dass wir gleich beim Beginn unserer Reise mit wund gedrückten Kamelen zu thun und ehe wir nur Farafrah erreichten schon einige verloren hatten. Freilich sind die Kamelsättel (hauiāt pl. von hauīah arab.) an und für sich äusserst unpraktisch. Der ursprünglich arabische Sattel, in Form und Gestalt seit Jahrtausenden unverändert, ist eigentlich nichts anderes, als ein um den Höcker gelegtes mehr oder weniger dickes Polster, nach vorn offen und oben vor dem Höcker durch eine starke hölzerne Gabel zusammengehalten. Nur nach hinten wird dieser Sattel durch ein Band, welches unter dem Schwanz des Kameles durchgezogen wird, gehalten. Ein Leibgurt fehlt oder ist doch so lose, dass er nicht als Befestigungsmittel dienen kann. Vorn haben die Sättel kein Tau. Der Sattel balancirt also eigentlich um den Höcker, der demselben auch den eigentlichen Halt giebt. Gerade dies Balanciren ist der Grund des Wundreibens. Häufig genug kommt beim Aufwärtsgehen es vor, weil der Sattel vorn nicht befestigt ist, dass die ganze Ladung sammt dem Sattel nach Hinten herabrutscht, oder dass, weil kein Leibgurt vorhanden ist, die eine Seite der Ladung die andere überwiegt und seitwärts heruntergleitet.

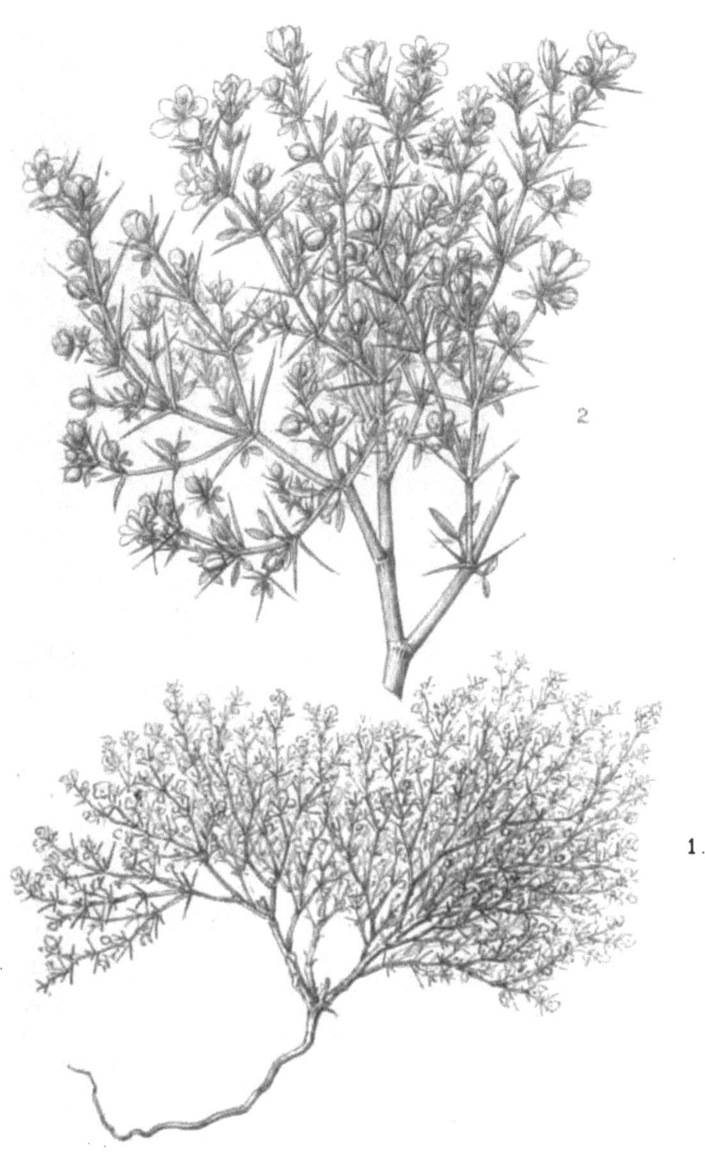

W. A. Meyn. ad. nat. lith.

AGOL-EL-RHASAL.

Fagonia arabica L.

1. Die ganze Pflanze, verkleinert.
2. Ein Zweig in natürlicher Grösse.

BELBEL.

Anabasis articulata Moq.-Tand.

1. Ein Zweig in natürlicher Grösse.
2. Ein Fruchtkelch, 5 mal vergrössert.

W. A. Meyn, ad. nat. lith.

HAD.

Cornulaca monacantha Del.

1. Ein Zweig, verkleinert.
2. Ein Seitenzweig, in natürlicher Grösse.

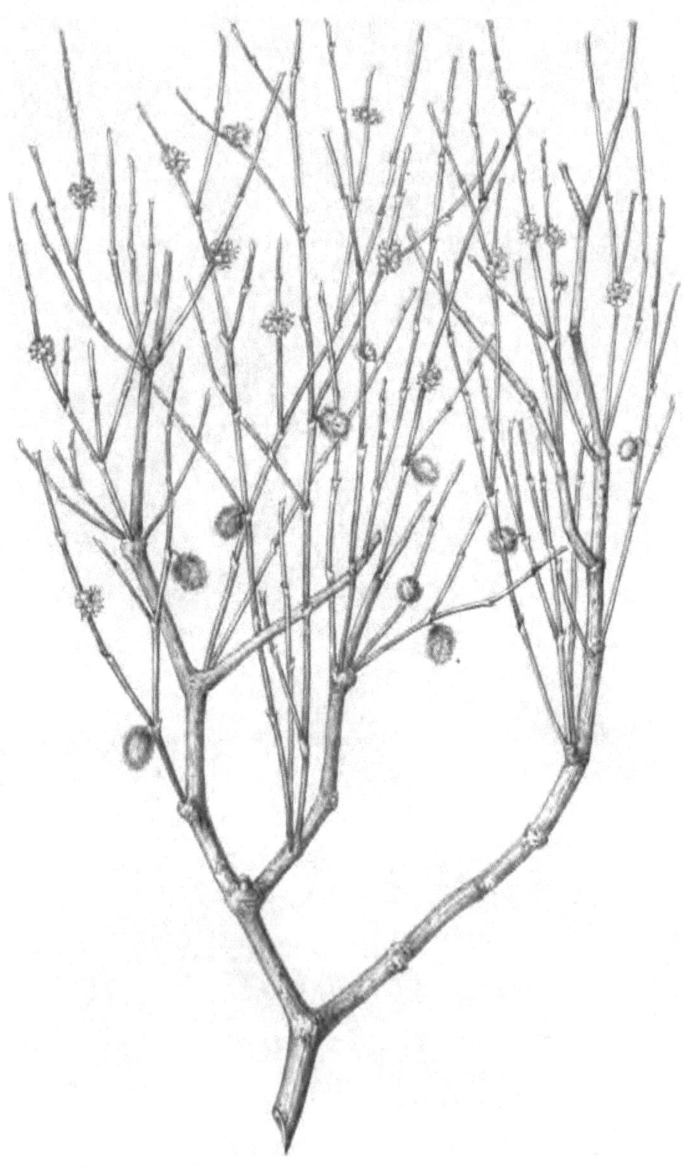

RISSO.
Calligonum comosum L'Hér.

W. A. Meyn, ad nat. lith.

Aristida plumosa L.

1. Die Pflanze in natürlicher Grösse.
2. Ein Aehrchen, vergrössert.

Trotzdem haben die Araber nie an Verbesserung gedacht; so wie sie den Sattel von seinem ersten Erfinder überkommen haben, so wird er fort und fort wieder nachgemacht, ohne die geringste Veränderung.

Es ist dies um so auffallender als die viel lernbegierigeren Fellahin in Aegypten seit langem gezeigt haben, welcher Verbesserung der Sattel fähig ist; in der That liesse sich am Sattel der Nilthal-Bewohner, der bedeutend leichter ist und das Thier nur mit vier Polstern berührt, wenig mehr verbessern. Auch ist er beim Laden weit vortheilhafter. Trotzdem schimpfen die Araber auf einen solchen Sattel, nennen ihn „städtisch" und würden sich nie bequemen ihn bei ihren Kamelen anzuwenden.

Die Sáharin (Kameltreiber) und Rhafīr (Wächter) machten sich übrigens besser als sie einmal unterwegs waren, als ich nach ihrem Schreien und Zanken vermuthet hatte, nur die sogenannten Schichs blieben in ihrer Unverschämtheit und Prahlerëi stets dieselben.

Eins jedoch muss man bei den Arabern hervorheben, dass sie in der Behandlung der Kamele unübertrefflich sind. Kein anderes Volk weiss das Kamel so gut zu beladen, zu pflegen, zu treiben, zu füttern wie die Beduinen, welche übrigens von Jugend auf mit dem Thiere zusammenleben.

Dass uns dieser Theil der Wüste nicht viel Abwechselung bieten würde, wurde mir gleich am ersten Tage klar und bestätigte sich auch in der Folge, denn die Gor (Hügel) so zahlreich sie sich auch am Wege zeigten, waren in der Gestalt zu einförmig, zu wenig imponirend, als dass sie die Eintönigkeit der Landschaft wirksam unterbrechen konnten.

Höchst merkwürdig war mir, dass am zweiten Tage unseres Marsches einer unserer Sáharin der aus Slitten in Tripolitanien war, mich fragte ob ich auch zum Lande der Garamant gekommen wäre. Als ich fragte, welches Land er meinte erwiderte er das Gebirge südlich von Tripolitanien, also in der That die Gegend, welche von den Alten den Garamanten zugewiesen wird. Dieser Mann, der mit Europäern nie in Berührung gekommen war, kannte also den Namen Garamant für die Djebel-Bewohner Tripolitaniens, was höchst merkwürdig ist und einer weiteren Nachforschung in jenen Gegenden würdig erscheint. Es ist dies einzige Mal, dass mir der Name Garamanten in Afrika auf diese Weise überliefert wurde. Dort wo man am ersten auf ihn zu stossen berechtigt gewesen wäre, habe ich ihn früher nie gehört. Im Uebrigen ist ja bekannt, wie viele Namen sich fast unverändert aus der alten Zeit, trotz der verschiedenen Völker, die sich derselben bedienten, uns überliefert worden sind.

Auch der folgende Tag bot ebenso wenig Abwechslung wie der erste unseres Marsches auf dem Plateau, nur kamen wir, nachdem wir schon einigemal ausgedehnte Nummulitenfelder passirt hatten, gegen Abend an ein Uadi (Rinnsal) das derartig mit diesen kleinen Kalkschalen bedeckt war, dass es auch von die Beduinen mit dem Namen Uadi Mesīl el Fluss benannt wurde. Wie der wissenschaftliche Name der Aehnlichkeit dieses Schalthieres mit einer Münze entnommen ist, so haben die Araber aus gleichem Grunde dies Muschelchen Fils [1]) pl. Fluss, was wörtlich Münze heisst, genannt.

Eine aufregende Scene ereignete sich an diesem Tage. Unsere Führer hatten die Fussspuren von drei Männern und zwei Eseln entdeckt. Die verschiedensten Vermuthungen wurden laut, Sand wurde in die Luft geschleudert um die am hinteren Ende der Karawane Gehenden aufmerksam zu machen, die alten rostigen Steinschlossgewehre wurden untersucht und in Stand gesetzt, kurz man glaubte jeden Augenblick sich auf einen Kampf gefasst machen zu müssen und das Alles um 3 Mann! Aber ich glaube gerade diese geringe Anzahl machte unsere Beduinenbegleitung so kampfesmuthig, wer weiss wie sie sich gezeigt haben würden,

---

[1]) فلس

falls sie von einer grösseren Zahl angegriffen worden wären. Denn dass ihre Tapferkeit nicht weit her sei, davon sollten wir in der Folge Beweis genug haben.

War doch im vergangenem Jahr eine Rhasia, ein Raubzug, von Barkah aus über Siuah und Uah el Beharīeh bis zum Nil zu den Arabern vorgedrungen und hatte ihnen sämmtliches Vieh weggetrieben ohne dass sie, die viel stärker an Zahl waren, es wagten sich den Barkensern zu widersetzen. Erst als Omar Masseri, ein bedeutender Araber-Schich, welcher in der Gegend des Fajum sein Zelt hat, die Räuber verfolgte, gelang es ihm, ihnen nicht nur das Vieh wieder abzujagen, sondern alle in der Oase Uah el Beharīeh gefangen zu nehmen. Diese fremden Plünderer sitzen augenblicklich noch im Gefängniss zu Siut und bei der landesüblichen Rechtspflege werden sie wohl bis zu ihrem Tode in Haft bleiben müssen. Denn Niemand ist da der ihre Sache führen möchte, keine Regierung reclamirt sie und eigentlich haben diese gesetzlosen Räuber es auch nicht besser verdient, als dass man sie für immer der menschlichen Gesellschaft entrückt.

Bei der erwähnten Mobilisirung unserer kriegerischen Begleiter hatte einer unserer braunen Diener Abd-Allah das Unglück, eins unserer besten Kamele durch einen Schuss zu verwunden. Das kriegerische Feuer der Beduinen hatte ihn angesteckt, er wollte seine Doppelflinte laden und jagte bei der Gelegenheit einer Nagah (weibliches Kamel) eine Kugel durch den Hinterschenkel. Man kann sich denken, dass dieser Vorfall die allgemeine Aufregung noch vermehrte. Einige von uns die hinten oder vorn an der Spitze der Karawane sich befanden, sahen die grosse Verwirrung, welche sich der ganzen Karawane bemächtigt hatte; es fällt ein Schuss, eine Gruppe bildet sich, sie eilen herbei im Glauben einer von uns sei aus dem Hinterhalte von Feinden verwundet worden. Es war nichts. Nur den Verlust des Kamels hatten wir zu beklagen, denn es war vorauszusehen, dass unterwegs keine Heilung erzielt werden konnte.

So kam der Weihnachtstag heran, wir hatten uns aber versagen müssen ihn durch einen Rasttag zu feiern, da uns der geringe Futtervorrath für den langen Marsch keinen Aufenthalt gestattete. Zudem war die Gegend zu einem solchen wenig einladend: steiniges Terrain in dem viele einzelne Gor, „Zeugen“ einer ausgewaschenen oder verwitterten Kalkformation stehen geblieben waren. Unsere Strasse führte uns allmälig bergan, obschon die Steigung sehr schwach war. Ich sage absichtlich „Strasse“ denn obschon uns die Führer in Siut gesagt hatten, es führe gar kein Weg nach Farafrah, so hatten wir doch einen oft aus zwanzig und mehr tief ausgetretenen Pfaden bestehenden Weg zur Verfügung. Manchmal hörte allerdings jede Spur früherer Karawanen auf, denn in Dünen und Sandboden verwischen sich oft schon nach einigen Stunden die Eindrücke, welche der Fuss des Kamels zurücklässt. Auch fanden wir überall Wegweiser d. h. aufgerichtete Steine, oder zusammengesetzte Steinhaufen Allamat, pl. von Allem, genannt. Allein es ist oft sehr schwer sich durch diese Wegweiser, welche zuweilen in einer Breite von 2 Stunden errichtet sind, durchzufinden.

Am 24. December erreichten wir auch zum ersten Male wirkliche Dünenformation, hier im Osten der Sahara Rhart[1] genannt. Ich vermuthe da wir später die Erfahrung machten, dass alle Sandketten von Nord nach Süden strichen, dass auch dies eine lange von Norden nach Süden (mit geringer Abweichung von Osten nach Westen) streichende Dünenkette war. Ich schliesse das daraus, weil man, zöge man auf der Karte[2]) vom Allem mat oder Gor el Rhasen auf unserer Route nach dem Rhart der Hammadah el Uauodj zwischen Beni Ahdi und Dachel im Süden eine gerade Linie und eine andere nach dem Norden in die Gegend wo beim Stein Snetā auf der Strasse von Dalgeh nach der Oase

[1]) Man nennt Sanddünen im Westen und in der Mitte der Sahara Areg, Erg (arabisch) und Igidi (berberisch).

[2]) Siehe Karte Tafel 9 Jahrgang 1874 Peterm. Mittheilungen.

Beharîeh Rhart verzeichnet ist, man eine mit dem Rhart von Farafrah sowohl wie mit dem des libyschen Sandmeers parallel laufende Sandkette erhalten würde. Ja sieht man auf derselben Karte auf dem Wege von Siut nach Chargeh bei Abu-Alili die Namen Rimmel (Sand) und Rimmel sserhir so ist man wohl berechtigt anzunehmen, dass auch diese Sandmassen noch eine Fortsetzung der oben beschriebenen Dünenkette ist. Der Dünenzug war indess nicht sehr breit und gefährlich, in einigen Stunden hatten wir die Sandmassen überwunden. Nach Zittel's Aussage kamen wir nur je mehr wir uns vom Nilthal entfernten und je höher wir stiegen, auf um so ältere Schichten. Die Nummuliten verlieren sich, liegen wenigstens nicht mehr offen zu Tage; aber interessant waren die glänzend glatt geschliffenen Oberflächen der Kalkfesten, welche an die Gletscherschliffe unserer Alpen erinnerten. Es ist dies die Wirkung des seit Jahrtausenden darüber hingewehten Sandes.

Schon am Tage vorher hatte unser Hauptführer der Hadj Solimân fortwährend von einer Höhle gesprochen, welche am Wege sein solle, sowie von einem Brunnen dicht daneben und dabei die abenteuerlichsten Muthmassungen laut werden lassen. Es war keine Lüge, denn am Nachmittag desselben Tages führte er uns etwas abseits vom Wege zu einem offenen Loche zu ebener Erde, durch welches wir zu einer geräumigen Höhle hinabstiegen, deren Inneres an Schönheit und Ausdehnung unsere Erwartung bei Weitem übertraf.

Wir fanden eine Tropfsteinhöhle mit so herrlichen 3 bis 4 Fuss von der Decke herabhängenden Stalactiten, wie man sie reiner und durchsichtiger nirgends antrifft. Der zugängliche Theil zur Höhle zeigte noch verschiedene, aber sämmtlich durch hineingewehten Sand verstopfte Nebenhöhlen, die sich wohl weit unter der Erde fortzogen. Wie räthselhaft waren diese aus Süsswasser-Durchsickerung entstandenen Hängesäulchen inmitten der wasserlosen Wüste. Etwas weiter hin trafen wir denn auch auf ebenem

Boden jene Oeffnung, welche uns der Führer als einen alten Brunnen bezeichnete, die aber auch weiter nichts als der Eingang zu einer ähnlichen Höhle war, vielleicht gar mit der eben beschriebenen Tropfsteinhöhle communicirte. Diese hatte den Namen Djara.

Trotz des Weihnachtstages lagerten wir erst nach Sonnenuntergang, aber dann wurde dieses deutsche Fest auch würdig begangen. Unsere deutschen Diener bekämen jeder ein Geldgeschenk und eine Flasche Wein und wir selbst feierten den Tag mit deutschem Rebensaft vom Rhein bei unserem gemeinsamen Mahle. Es wurden Gedichte vorgelesen, wir toasteten auf das Wohl unserer Frauen, unserer Freunde daheim und blieben ungeachtet wir einen anstrengenden Marsch hinter uns hatten bis spät in die Nacht zusammen. Erwähnen muss ich noch, dass ich der einzige war der beschenkt wurde: durch meinen Diener hatte meine Frau mir ein paar selbstgestickte Pantoffeln und andere Kleinigkeiten mitgeschickt. Ach, der Pantoffel meiner Frau verfolgte mich sogar bis in die libysche Wüste!

Immer steigend kamen wir dann am ersten Weihnachtstag auf ein nacktes vollkommen vegetationsloses Gebiet von Hammadah-artigem Character. Die Region der témoins war hinter uns. Eine trostlosere und mehr von allem Schmuck entblösste Gegend kann sich die Phantasie nicht vorstellen und immer mehr lernte ich den Unterschied der libyschen Wüste von der übrigen Sahara, aber nur zu Ungunsten der ersteren kennen. Die vorher erwähnten Spuren der drei Leute mit ihren Eseln bemerkten wir auch in der Folge, aber wir fanden nun verschiedene Male das Zeichen *L* und hieraus wussten unsere Beduinen, mit Leuten welchen Stammes sie es zu thun hätten. Alle arabischen Triben und auch viele Berber-Stämme haben ein eigenes Zeichen, welches nur von der bestimmten Stammesgruppe gebraucht wird. So haben die einen ein Kreuz † die anderen ein H, die Dritten einen Haken ⌐ etc. etc.

Diese Zeichen, welche gewissermassen unsere Wappen ersetzen, dienen auch dazu das Eigenthum zu merken. So werden z. B. die Kamele mit diesen Zeichen gebrannt. Denn jedes Thier ist bei den Arabern durch irgend ein eingebranntes Zeichen gemarkt. Auch die 35 mir vom Chedive überlassenen Kamele trugen ein Zeichen am Halse aber schon in etwas civilisirterer Form, sie trugen die arabischen Buchstaben I. P.[1])

In der Nacht war eine aus Farafrah kommende Karawane einen weiten Bogen um unser Lager beschreibend, unbemerkt an uns vorübergezogen. In welcher Angst mögen jene Leute gewesen sein als sie plötzlich unser grosses Lager erblickten und dann flüchtigen Fusses von der Strasse abbogen um uns aus dem Wege zu gehen. Unsere Araber waren aber keineswegs zufrieden, sondern hätten gewünscht irgend etwas von dieser vermuthlich Datteln führenden Carawane zu erpressen. Denn ausserhalb des bewohnten Gebiets glauben sie sich alles erlauben zu dürfen. Nur das eiserne Regiment, welches innerhalb der aegyptischen Provinzen seit Mohammed Ali's Zeit mit so unerbittlicher Strenge jede Auflehnung gegen das Gesetz straft, hat es vermocht, dass diese sonst nur ihrem eigenen Willen folgenden Stämme sich bequemten, das Eigenthum Anderer zu respectiren. Wissen sie sich aber zeitweise unerreichbar, dann lassen sie ihren nur schlummernden Leidenschaften freien Lauf.

Sie unternahmen deshalb, des gesetzlichen Lebens müde, unter dem Vicekönig Said eine Massenauswanderung. Die vornehmsten und zahlreichsten Araberstämme am linken Nilufer wollten es sich nicht mehr gefallen lassen, dass einer einfachen Karawanenplünderung auf der Stelle die Strafe folgte, oder dass sie nicht mehr, wie es früher Brauch gewesen war, die koptischen Klöster und Dörfer in Contribution setzen durften, oder dass sie von ihrer Blutrache abstehen, dass sie ihre Streitigkeiten nicht

---

[1]) P wird in der Regel durch ج ausgedrückt.

mehr unter sich, sondern vor dem betreffenden Mudiratsgerichte zum Austrag bringen sollten. Und was sie am meisten empört, sie mussten mit ansehen, dass den verfluchten Juden und Christen, ja sogar den einheimischen Nazarenern, den Kopten gleiche Rechte mit den Bekennern des allein wahren Glaubens waren eingeräumt worden. Sie bedachten nicht oder wussten es wohl nicht einmal, dass sie selbst Eindringlinge in Aegypten waren, oder wenn sie es wussten, waren sie, wie alle Menschen deren ganzes Leben und Streben sich nur um religiöse Vorstellungen dreht, so von der Vortrefflichkeit ihres allein selig machenden Glaubens und ihres damit verbundenen persönlichen Vorzugs überzeugt, dass sie es als das schreiendste Unrecht ansahen, mit anders Denkenden gleiche Gesetze, gleiche Pflichten und gleiche Strafe ertragen zu müssen.

Sie beschlossen auszuwandern und zwar nach dem gelobten Lande Rharb. Unter Rharb versteht man heute noch, wie vordem die arabischen Geographen es thaten, alles Land westlich vom Nilthal, im Gegensatz zum Schirg, den östlich vom Nilthal gelegenen Ländern. Eigentlich waren sie also schon im Rharb, wie denn ja auch die auf dem linken Nilufer sich aufhaltenden Araber im Gegensatz zu den auf dem rechten Ufer befindlichen, die westlichen genannt werden. Aber sie wollten weiter nach El-Barkah, dem Lande des Segens, nach dem Djebel achdar, dem immergrünen Gebirge. Ein Theil der das libysche Wüstenplateau innehabenden Uled Ali hatte sich angeschlossen und geführt wurden sie von dem thatkräftigsten Manne, Hadj Omar Masseri.

Ich weiss nicht, ob irgend ein Taleb sich bei dieser grossen Völkerwanderung befunden hat, der die Schicksale dieser grossen Karawane, deren Anzahl nach Tausenden bemessen werden muss, aufzeichnete. Die uns begleitenden Araber, welche fast alle diesen merkwürdigen, fast unbekannt gebliebenen Zug mitgemacht hatten, erzählten mir, dass sie allerdings bis Barkah gekommen seien, dass sie aber nirgends eine freundliche Aufnahme fanden, ja die Kämpfe mit ihren Brüdern in Cyrenaica hätten sie bald decimirt. Fünf lange Jahre harrten sie dort aus, bald weideten sie hier ihre Heerden, bald dort, zum Ackern konnten sie gar nicht kommen, bald waren sie Sieger, bald wurde ihnen ihre Habe, ihre Frauen und Kinder genommen. Das von Anfang an sich regende Heimweh wurde immer mächtiger und als dann die Kunde kam, Ismaïl habe die Regierung von Aegypten angetreten, wurde Omar el Masseri abgeschickt, um beim Chedive die Erlaubniss zur Rückkehr zu erwirken. Diese wurde ertheilt und den Heimkehrenden ihre alten Wohnsitze angewiesen. Indess nahm der Vicekönig so gut seine Massregeln, dass weitere Ausschreitungen gegen das Gesetz innerhalb des Nilthals von den Beduinen nicht mehr zu fürchten sind; Omar Masseri aber ist beim Chedive noch heute eine einflussreiche hochangesehene Persönlichkeit.

Uebrigens besteht ein bedeutender Unterschied zwischen den westlichen und östlichen Arabern Aegyptens. Letztere, welche zwischen dem Nil und dem rothen Meere ihr Gebiet haben, sind schon seit Menschengedenken vollkommen unterworfen und zeigen bei Weitem nicht jene kühne und unabhängige Haltung der Bewohner des linken Nilufers. Natürlich, die letzteren konnten sich, falls sie irgend etwas begangen hatten, der Strafe leicht entziehen, indem sie in die Wüste zogen, namentlich als die libyschen Oasen noch nicht unterworfen waren. Die östlichen Araber waren aber in jedem Augenblicke zu erreichen. Sie sind bedeutend dunkler von Hautfarbe als ihre westlichen Brüder, deren semitische Gesichtsbildung sie keineswegs besitzen. Keiner der uns begleitenden östlichen Araber hatte die gebogene jüdische Nase, alle zeigten mehr oder weniger negerartige Physiognomien. Auch in ihren Sitten und Trachten unterschieden sie sich wesentlich von den Arabern des linken Nilufers. Sie tragen meist weder Hemd noch Hosen, hatten nur ein baumwollenes, kittelartiges Kleid und gingen meist barhäuptig, gegen die Kälte schützten sie sich wie die Tebu durch ein umgeworfenes Schaf- oder Ziegenfell, höchstens hatten die Aelteren unter ihnen einen schmutzigen Fetzen turbanartig um den Kopf geschlungen. Sie hielten sich immer streng abgeschieden von den westlichen Arabern und obschon ihnen das Arabische die gemeinsame Sprache, der Islam die gemeinsame Religion war, mieden sie sich, und die östlichen wurden von den westlichen Arabern bei jeder Gelegenheit bedrückt, oder doch nicht für voll angesehen.

Wenn ich sie daher bis jetzt auch Araber genannt habe, so möchte ich doch hier an ihrer semitischen Abkunft meine Zweifel aut werden lassen, vielmehr die Vermuthung aussprechen, dass sie als allerdings mit arabischem Blute gemischte Ureinwohner jener Gebirgsgegend zwischen dem Nil und dem rothen Meere zu betrachten sein möchten. Es ist möglich, dass die heutigen Bewohner des Gebirges zwischen Siut und dem rothen Meere Abkömmlinge der Blemmyer und Bedjas sind, welche im Laufe der Zeit mit dem Islam die arabische Sprache angenommen haben.

Ein Individuum zeichnete sich namentlich unter diesen östlichen Beduinen aus. Zittel hatte ihn den Heuler genannt, weil er bei jeder Gelegenheit wie ein altes Weib weinte. Zerlumpt in seiner braunen Kleidung, von mittlerer Grösse, circa 60 Jahre alt, hatte er ein eigenthümliches Gesicht, dessen Ausdruck einer gewissen Gutmüthigkeit nicht entbehrte, aber doch von abschreckender Hässlichkeit war. Er war nur einige Schatten heller als ein Vollblutneger. Sein Kamel war von den westlichen Arabern welche, wie schon gesagt, die Herrscher spielten, ungerechter Weise zu schwer beladen worden, es trug verschiedene eiserne abessinische Brunnenröhren und eiserne Klötze zum Einrammen. Das Kamel war „batāl“ geworden, d. h. es konnte kaum noch tragen. Durch meine Intervention gelang es allerdings die Last seines Kameles anderen aufzubürden, aber trotzdem musste das Thier einige Tage später in Farafrah abgestochen werden. Um den Besitzer, dessen Augen den ganzen Tag nicht trocken wurden, einigermassen zu entschädigen, schenkte ich ihm 100 Frcs. (ebensoviel hatte er ungefähr aus dem Fleische des geschlachteten Kamels gelöst), aber einer der Schichs der westlichen Araber nahm ihm einfach die Hälfte des Geldes unter irgend einem nichtigen Vorwandte fort und diese Summe war natürlich von ihm nicht wieder herauszubekommen. Ein ächter Araber würde mit Mord und Todtschlag geantwortet haben, unser Birdj, dies war sein Name, hatte nur Thränen und Wehklagen gegen den Räuber. Auch die Kamele der östlichen Araber unterschieden sich durch dunklere und mehr röthliche Färbung der Haare, und was sehr bemerkenswerth war, sie hatten nicht die arabischen Sättel, sondern die im Nilthal üblichen. Im Uebrigen behandelten die östlichen Araber die Thiere wie die westlichen, nur in der Benennung derselben wichen sie in Kleinigkeiten ab.

Kein Thier hat nämlich bei den Beduinen so viel Bezeichnungen, als das Kamel, und eigenthümlicher Weise der Name Djemel, von dem das Wort Kamel abstammt, ist obschon nicht unbekannt, bei ihnen am wenigsten in Gebrauch; dies Wort scheint mehr schriftarabisch zu sein. Das männliche Kamel heisst hingegen Baër, während das weibliche Nagah benannt wird. Im Westen von Afrika bezeichnet man aber mit Baër ohne Unterschied das männliche und das weibliche Kamel, und im östlichen ist das nämliche mit Nagah der Fall. Im Deutschen haben wir ja auch eine Menge derartiger Beispiele, so wenden wir die Hyäne, die Katze ohne Unterschied auf das männliche und weibliche Thier an und der Franzose sagt ebenso gut la panthère vom männlichen wie vom weiblichen Thier. Kamele in der Mehrzahl werden Bill genannt; z. B. die Kamele sind draussen: el bill alā berrā. Hat eine Nagah einmal geworfen, so wird sie Nagah bikrah genannt und das jung geworfene Kamel hat den Namen Lebeni hoār. Ist ein Kamel ein Jahr alt, so heisst es el Aschar, ist es zwei Jahre alt, so heisst es Bilbun, ist es drei Jahre alt el Hegg, im vierten Jahre bekommt es den Namen el Djidda. Im fünften Jahre heisst ein Kamel Tenī (d. h. welches 2mal geworfen hat) und ein sechs-

Jahr altes, wird wie ein sechs Spannen hoher Sclave (in Bornu) ein Sedässi genannt. Mit dem siebenten Jahre bekommt das Kamel den Namen den es nun behält, so lange es tragfähig bleibt, es wird Pilger, el Hadj genannt. Die Beduinen unterscheiden noch, das aus den oberen Nilgegenden kommende Kamel, welches Annafi heisst, von dem in den Steppen des nördlichen Sudan geborenen, welches Berri genannt wird. Die im Nilthal selbst geborenen heissen Ssedari und die Fellahin (die Nilthalbewohner) nennen solche Thiere Muëled. Endlich hat das Reitkamel noch im Osten von Afrika den besonderen Namen Hegīn, Araber und Tuareg haben dafür den bekannteren Mehëri. Im Allgemeinen sind auch für Kamele noch die Ausdrücke „Hamul“ Ladung, „Merkeb“ Schiff oder Fahrzeug, „Dahar“ Rücken oder Buckel zu erwähnen.

Wir legten in der Regel 8—9 Stunden täglich zurück, ohne irgendwo einen Halt zu machen. Natürlich nahm das Laden so vieler Kamele durchschnittlich eine Stunde in Anspruch, während welcher Zeit wir unseren Milch-Kaffee[1]) tranken und unsere auf dem Marsche mitzunehmenden Instrumente und Bücher ordneten. Alle waren mit Aneroids und Schleuderthermometern versehen, so dass uns ausser den meteorologischen Erscheinungen eine wirkliche Hebung oder Senkung des Bodens nicht entgehen konnte.

Gegen 10 Uhr Morgens wurde in der Regel ein kaltes Frühstück vertheilt, es bestand zu der Zeit aus Biscuit, kaltem Hühnerfleisch, etwas Chocolade, Käse und Datteln. Im übrigen war jeder, während des Marsches beschäftigt. Zittel hatte die anstrengendste Arbeit, da oft ein eine halbe Stunde vom Wege entfernt liegender Gor (Hügel) Aussicht auf neue paläontologische Funde bot und unser Freund dann mit Riesenschritten von seinem treuen Diener Seckler begleitet auf ihn lossteuerte. Aber so langsam sich im Allgemeinen die Karawane fortbewegte, auf dieser Tour bis Farafrah nie über $3^1/_4$ K. M. in der Stunde, so schwer war

[1]) Wir hatten einen grossen Vorrath condensirter Milch mitgenommen und haben einen grossen Genuss von diesem köstlichen Extracte gehabt.

es dann doch sie wieder einzuholen. Später brauchte unser fleissiger Geolog dann auch immer die Vorsicht sein Kamel dorten zu lassen und überliess es nach vollbrachter Untersuchung diesem, durch doppelt verlängerte Schritte, die vorangeeilte Karawane wieder einzuholen. Auch Jordan verliess nicht selten sein Kamel, theils um mit grösserer Sicherheit Peilungen zu nehmen, theils um den Gang des Messrades, welches von Negern geschoben wurde, zu controliren. Ascherson dagegen, welcher schon nach einigen Tagen der gewandteste Kamelreiter geworden war, kam nicht oft in Verlegenheit, seinen hohen Sitz zu verlassen und da er unter dem Namen Abu Haschisch (Vater des Krauts) bald der allgemeine Liebling der Beduinen geworden war, wurde ihm überdies, zeigte sich hie und da eine vereinsamte Pflanze, solche auf's Kamel hinaufgereicht. Remelé, welcher in seinem eigentlichen Fache natürlich unterwegs nichts zu thun hatte, beschäftigte sich meist mit meteorologischen Beobachtungen, und hatte ausserdem die Inspection des Proviants und der Küche übernommen. Ich selbst hatte immer genug zu thun mit Eintragen der topographischen Verhältnisse, mit den meteorologischen Aufzeichnungen und mit der Führung des Ganzen, denn bei der streitsüchtigen Natur der Araber gab es täglich, ja stündlich etwas zu ordnen.

Ja am 26. December entstand sogar ein ernstlicher Streit zwischen unsern eingebornen Dienern und den uns begleitenden westlichen Arabern und nur mein schnellstes und energisches Dazwischenspringen verhinderte Blutvergiessen, welches für den Verlauf der ganzen Expedition von den schlimmsten Folgen hätte werden können.

Gewöhnlich marschirten wir bis eine Stunde vor Sonnenuntergang. Es war dies schon deshalb besser als den ganzen Tag auszunutzen, weil es vortheilhafter war, die Kamele bei Tageslicht abzufüttern, weil die Zelte im Dunkeln sich nicht gut aufschlagen liessen, weil die Vorrichtungen zur Mahlzeit besser getroffen werden konnten und vor Allem, weil Jordan dann die benöthigte Zeit hatte seinen Theodolit zur Beobachtung des Polarsterns genau zu stellen. Die Rhafir d. h. die Wächter erwiesen sich bald als ganz unnütz, und ich glaube auch nicht, dass irgend einer von ihnen des Nachts gewacht hat, sobald wir das Wüstenplateau erstiegen hatten.

Wir erreichten an dem nämlichen 26. December den höchsten Punkt zwischen den Uah-Oasen und dem Nilthal, die Wasserscheide, wenn ich mich so ausdrücken darf und wir befanden uns etwa 280 Meter über dem Nilthal. Aber nicht nur an unseren Aueroids gab sich dieser Höhenpunkt zu erkennen, sondern war auch noch durch andere Merkmale aufs Schärfste bezeichnet.

Wir nahmen jetzt, auf der westlichen Abdachung angekommen, zum ersten Male deutliche Spuren von Regen wahr. Nicht nur, dass man in den Gors scharf ausgewaschene Rinnsale, welche nur von atmosphärischen Niederschlägen herrühren können sieht, bemerken wir in Niederungen und muldenartigen Plätzen eine mehrere Centimeter dicke trockene Schlammkruste, Ueberbleibsel früherer Regenpfützen. Und als besonders auffallend constatiren wir das Vorkommen von vielen Talchbäumen (*Acacia Seyal*), sowie der schön gelb blühenden *Francoeuria crispa*.

Auf unserem Marsch bis zu diesem Höhenscheitel des Wüstenplateaus hatten wir bereits den Ort des „muthmasslichen alten Nilbettes", wie es auf allen neueren Karten angegeben steht, des „Bahr bela ma" überschritten, ohne eine Spur einer Einsenkung zu bemerken. Doch da ich bereits ausführlicher diese Frage erörtert habe, so erwähne ich nur diesen negativen Befund, um in der Schilderung des Verlaufs unserer Expedition fortzufahren.

Am 27. December hatten wir zuerst einen kleinen Abstieg, Negeb el Farudj genannt, zu passiren und erreichten dann nach 12 weiteren K. M. den Hauptabstieg oder das wahre Ufer der Depression, in welcher Farafrah gelegen ist. Nach den langweiligen und ermüdenden Märschen standen wir nun mit einem Male vor einem so jähen und zerrissenen Abfall, wie ihn die auschweifendste Phantasie nicht zerklüfteter ausmalen kann. Wie werden wir hier mit unseren Kamelen hinunterkommen? so riefen und dachten wir Alle. Senkrechte, steile Kalkwände, losgelöste Felsblöcke, herabgestürzt oder durch tief einschneidende Spalten vom zusammenhängendem Gestein getrennt, Felsen so gross, wie kleine Berge, die eine Viertelstunde Wegs vom Ufer weggerollt waren und deren Basis herausfordernd zum Himmel empor sah, während sich die Spitze tief in den weichen grünen Mergelboden des Thals eingegraben hatte, bildeten ein grossartiges unbeschreibliches Durcheinander. Man sah, dass hier noch keines Menschen Hand gearbeitet hatte, und dass wenn auch Karawanen hier hinauf- und hinabzogen dies selten und ohne Spuren zu hinterlassen geschah.

Spuren freilich nicht, aber in ihrer Stummheit beredte Zeugen sah man bei genauerem Hinsehen genug; wenn der Blick von dem Grossartigen der Natur sich nach dem Einzelnen wandte dann bemerkte man überall da, wo überhaupt der Abstieg möglich war, die weissen Gebeine der gefallenen Thiere. Wie viele Opfer hatte dieses Ufer schon gefordert! Lange standen wir da und liessen unsere Blicke vorwärts schweifen, wo die Phantasie sich aus dem spärlichen Tamarisken- und Palmengebüsch, welches in weiter Ferne im blauen Dufte zu sehen war, das liebliche Bild einer Oase ausmalte. Dann aber als die lange Reihe unserer Wüstenschiffe den Rand erreicht hatten, musste damit begonnen werden sie hinabzuleiten. Das war ein mühsames Stück Arbeit, denn zu zwei oder drei zusammengebunden mussten sie am Leitseil hinabgeführt werden. Man kann sich denken, dass trotzdem manche Ladung herabsank und dann Stockung und Aufenthalt entstand. Das Hinabbringen der Kamele an dem nur etwa 170 M. tiefen Abstiege nahm mehrere Stunden in Anspruch.

Wir konnten deshalb an demselben Abend auch nicht daran denken den Bir-Keraui zu erreichen, sondern lagerten bei Ain-

Mürr, einer, wie der Name andeutet, bitteren Quelle. In der That waren wir, sobald wir vom Ufer herabgestiegen waren in einer Art von uncultivirter Oase, aber sehr dürftig war der Bestand an Pflanzen. Agol (*Alhagi manniferum*) [Taf. VII] war allerdings genug vorhanden und hie und da Gruppen von Tamarisken, Risso (*Calligonum*) und verwilderten Palmen.

Während das Ufer selbst ältestes Eocängestein mit zahlreichen Versteinerungen, Nummuliten und Operculinen aufwies, hatten wir in der Ebene bereits zur Kreideformation gehörige Gesteine.

Ain-Mürr erwies sich übrigens als merdūm d. h. als verschüttet. Die Quelle sollte an der Seite einer Gruppe von Palmenbäumen gelegen sein und in der That fanden wir dort auch deutliche Spuren, eines ausgeräumten ehemaligen Wasserloches. Wir glaubten nun mit Erfolg einen unserer abessinischen Brunnen in Anwendung bringen zu können. Es war dunkel geworden als wir diese Stelle erreichten, trotzdem machten wir uns gleich an die Arbeit, aber so eifrig dieselbe auch betrieben wurde, so wenig sahen wir unsere Anstrengungen von Erfolg gekrönt: um Mitternacht konnten wir nur die Wahrnehmung machen, dass die Spitze des Brunnens in Fels eingetrieben war und sich weder auf- noch abwärts bewegen liess. Wir hatten die richtige Stelle, wo zweifelsohne vorher von den jetzigen Eingeborenen, oder vielleicht auch früher von den Alten durchgeschlagen worden war, verfehlt und durch den Fels mit dem abessinischen Brunnen zu dringen, war unmöglich. Es kann damit nur dann Wasser erzielt werden, wenn die wasserführende Schicht nur von lockeren Bodenarten bedeckt ist und auch dann begreiflicher Weise nur bis zu einer Tiefe von 25 Fuss. Wo aber felsiger Boden ist, sind dieselben ganz und gar unbrauchbar.

Es war dies Misslingen um so unangenehmer für uns als ich gehofft hatte am nämlichen Tage auf Wasser zu stossen und in Folge dieser Hoffnung, welche sich auf die Aussage der Beduinen

VI.

W. A. Meyn ad nat. lith.

AGOL.

Alhagi manniferum Desv.

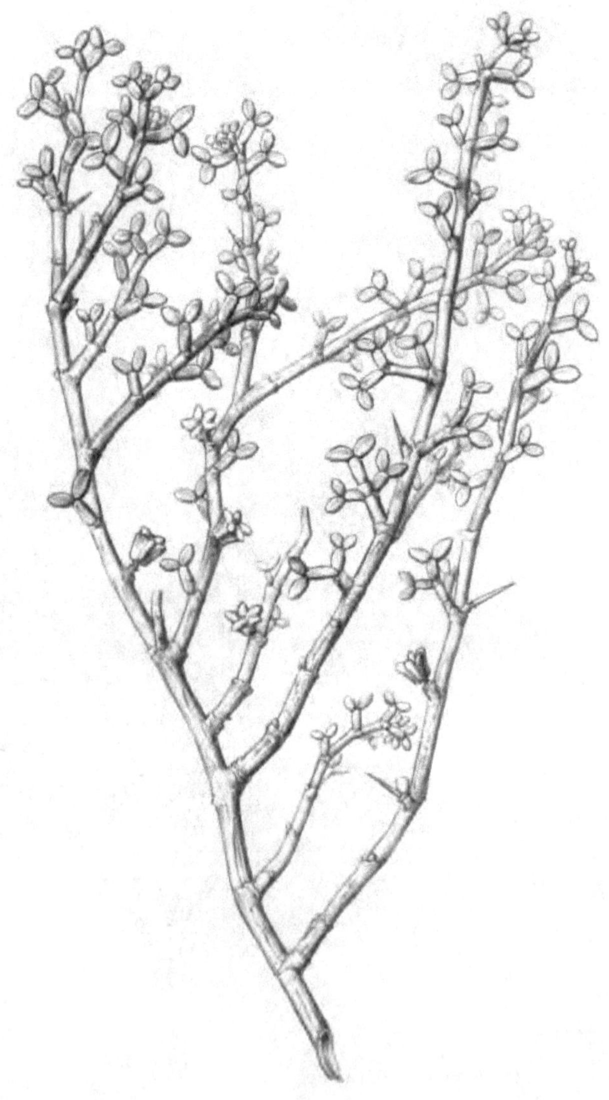

Zygophyllum album L.

stützte, denselben meinen ganzen Wasservorrath bis auf einige Kisten abgelassen hatte. Ich hatte wieder einmal auf meine Kosten erfahren müssen, wie unzuverlässig die Araber und die Eingeborenen überhaupt in ihren Aussagen sind, namentlich, wenn es sich darum handelt einen Vortheil zu erzielen.

Am folgenden Tage hatten wir übrigens nur einen geringen Marsch von circa 5 Km. Wir gingen seit wir uns in der Niederung von Farafrah fanden in gerader Westrichtung vor, während wir von Erköbt el Mer an, bis zur Oelua Fadjin west-nordwestliche, von da an bis zum Wasserloch Ain mürr west-südwestliche Richtung innegehalten hatten. Diese bogenartige Wegrichtung wird dadurch veranlasst, dass die von Mer nach Farafrah führende Strasse in den von Minieh nach Farafrah führenden Karawanenweg bei Allem mat einmündet. Der Weg zwischen Ain-mür und Bir Keraui immer durch Agol-Kraut, Büsche von *Calligonum*, von *Zygophyllum album* [Taf. VI] und Stachel-Gras (*Aristida pungens*) gehend, zeigte uns häufige Fährten von Schakalen, Fenneks, Gazellen, Raben und grossen Laufkäfern (*Pimelia*) und je näher man dem Brunnen kam, desto zahlreicher wurden diese Spuren. Uebrigens liegt etwas nördlich von dem von uns innegehaltenem Wege, noch eine andere Quelle, Ain Rhasal oder Gazellenquell. Da aber, wie unser Führer sagte, das Wasser dort für uns nicht ausreichen würde, so liessen wir selbe zur Seite liegen.

Der Lagerplatz bei Bir-Keraui (102 M. über dem Meere) war, wie dies stets in der Nähe viel benutzter Brunnen der Fall ist, kein erfreulicher. Der Platz ist nicht bloss wegen des vielen Kameldüngers unangenehm, sondern weil unzählige Mistkäfer, Feldmäuse und Nachts Musquitos eine sehr lästige Gesellschaft bilden. Wie bedauerten wir jetzt, so verschwenderisch mit dem süssen Nilwasser umgegangen zu sein, namentlich unseren Beduinen so reichlich davon mitgetheilt zu haben, da uns hier nur ein stark bittersalzhaltiges Wasser zu Gebote stand; das liess sich nun aber nicht ungeschehen machen. Es mussten hier sämmtliche Kamele, welche seit Maragh nicht getrunken hatten, abgetränkt werden und bei der eigenen Construction des Wasserlochs, denn kaum verdient Bir Keraui den Namen Bir, welcher Brunnen bedeutet, war dies keine leichte Arbeit. Da sich die Kamele alle mit grosser Gier auf ein Mal in die Nähe des Brunnens drängten, wurde auch dadurch natürlich das Abtränken erschwert.

Abends war grosser Schmaus, Wasser war ja genug vorhanden, Brennholz lieferten die trockenen Zweige der Tamarisken und Fleisch wurde in Hülle und Fülle von einem Kamel genommen, welches man abgestochen hatte, weil es die Anstrengungen des Abstiegs nicht hatte überstehen können. Auch veranlasste die Ueberanstrengung eine Nagah (Kamelstute), mitten auf dem Wege ein Junges zu werfen. Leider konnte das Thierchen nicht lange mitgenommen werden, da die Nagah selbst schon zu schwer beladen war.

Das Wasser von Bir-Keraui ist allerdings nicht gerade ungeniessbar, übt aber wegen seines Salzgehaltes, abgesehen von dem unangenehmen Geschmack, auf Menschen und Thiere eine abführende Wirkung aus. Seine Temperatur scheint von der Lufttemperatur beeinflusst zu werden. Der Pinselthermometer ergab am Grunde des Brunnens nur 19,5° C. bei einer Lufttemperatur von 18° C. um 3½ Uhr im Schatten. Als Thermalwasser, kann es mithin nicht bezeichnet werden. Um auf das Wasser zu kommen hatten die Eingeborenen eine anderthalb Fuss dicke Felsbank durcharbeiten müssen. Der Brunnen selbst, d. h. der Wasserspiegel desselben, befand sich 2 Meter tief unter der Bodenfläche und betrug der Wasserstand etwa 0,6 M., wenn sich der normale Vorrath angesammelt hatte. In unmittelbarer Nähe des Lagerplatzes hatte Zittel reiche Ausbeute an *Pecten*, Fischzähnen und anderen Kreidepetrefacten.

Als wir am 29. December in der Ebene westwärts weiter zogen, hatten wir bald die Grenze des Agol-reichen Krautlandes hinter uns und fast gewann es den Anschein, als sollten wir in der Oase selbst die ächteste Wüstennatur vorfinden. Denn schon nach 6 Km. erreichten wir nicht unbeträchtliche Sandanhäufungen, die wie alle Dünenzüge in der östlichen Sahara von N. N. W. nach S. S. O. streichen. Dieselben hatten eine durchschnittliche Höhe von 150 Meter, gehörten also zu den höchsten, welche man überhaupt in der Wüste beobachtet. Auf diese circa 10 Km. breite Düne, welche aus mehreren Parallelketten bestand, folgte abermals ein krautreiches Land und ermüdet von dem Sandwaten lagerten wir an diesem Tage schon um 4 Uhr Nachmittags etwas südwestlich von zwei sehr weit sichtbaren Hügeln, Gor-el-Hadīd (Eisenhügel) genannt.

Dieser Platz bot, wenn auch nicht von Bäumen beschattet, oder in der Nähe eines sprudelnden Brunnens gelegen, eine prächtige Aussicht dar, denn wir hatten jetzt das westliche Ufer der Oase Farafrah vor uns, welches noch viel grossartiger, zerrissener als das Ostufer wegen der blendenden Weisse einzelner Partien einen wahrhaft feenhaften Anblick gewährte. Namentlich interessirte uns im N. W. eine Zeugenstadt von schneeweissen Säulen, Thürmen, Obelisken, Häusern, Pyramiden — kurz allen möglichen Gestalten, welche die Einbildungskraft aus ihnen machen wollte. Zittel und ich sollten einige Monate später mitten durch dies sonderbarste aller Steinlabyrinthe kommen. Man konnte sich nicht satt sehen an dieser Zauberwelt, bei der man zweifeln konnte, ob man es mit einem Naturspiele oder mit menschlichen Gebilden zu thun hatte; die uns begleitenden Beduinen wussten uns keine Auskunft darüber zu geben.

Ich habe nie begreifen können weshalb uns unsere Führer so oft hinsichtlich der Entfernungen täuschten. Entweder hatten sie keine Schätzungsgabe oder sie spiegelten uns absichtlich vor, die Entfernung sei geringer (eine Ueberschätzung fand nie bei ihnen Statt), um uns ihrer Meinung nach in besserer Laune zu erhalten. Natürlich bewirkten sie gerade das Gegentheil. So war es auch am 30. December, am Tage wo wir Farafrah erreichen sollten. Schon am Tage vorher hatten die Führer behauptet, wir seien nur noch einige Stunden von Farafrah entfernt, und am Morgen des 30. selbst schwuren sie beim Barte des Gesandten Gottes, dass wir spätestens bis Mittag vor dem Gassr von Farafrah sein würden.

Aber es wurde Mittag, es wurde 2 Uhr Nachmittags und Farafrah wollte sich noch immer nicht zeigen, so sehr wir auch die Augen anstrengten und am Fusse des West-Ufers suchten, wir konnten weder mit blossem, noch mit bewaffnetem Auge etwas Dorf- oder Stadt-Aehnliches erblicken und selbst Palmen, die man doch sonst schon aus weiter Entfernung zu entdecken pflegt, waren nicht zu sehen. „Wenn Gott uns das Entfernte nähert, müssen wir gleich da sein“ meinte der Hadj Madjûb, ein lustiger, alter Führer, der fortwährend seine Spässe auf Anderer Kosten machte. „Euer gnädiger Herr Mohammed hat am Ende Farafrah verschwinden lassen“, erwiederte ich ihm, „und wir suchen den Ort nun vergebens“ — „Gott verfluche den Teufel“, sagte der Hadj Solimân, unser Hauptführer, „der Liebling Gottes hat ein Wunder gethan.“ „Aber“, sagte ich, „da hat am Ende der Teufel sie zerstört oder blendet unsere Augen, denn bis jetzt sehe ich nichts als ein grosses Meer!“ — „das ist Schrab!“ — rief ein Anderer, und in der That hatten wir im Westen eine herrliche Fata Morgana. Noch wenige Schritte und wir kamen auf eine Anhöhe und erblickten anscheinend am Fusse der Berge verschiedene Gruppen von Palmengärten. Und noch einige Schritte weiter, da tauchten auch die unförmlichen Mauern eines alten Gassr auf — wir waren im Angesicht Farafrah's.

Drittes Kapitel.

Erster Aufenthalt in Farafrah und Reise von dort nach Dachel.
30. Dec. 1873 — 7. Januar 1874.

Ankunft in Farafrah. Schrecken der Bewohner. Improvisirter Empfang. Nachtheiliger Einfluss des Senussi-Ordens. Das Innere der Burg (Gassr). Sylvester-Feier und Begrüssung des neuen Jahres. Unfreundliches Verhalten der Bewohner. Topographische Skizze der Oase. Garten- und Ackerbau. Pflanzen- und Thierwelt. Körperliche Beschaffenheit, Kleidung, Sitten, intellectueller und moralischer Zustand der Bewohner. Verzögerter Aufbruch. Bir Dikker. Sandallee. Relative Beständigkeit der Dünen. Charaschaf von Dachel, ein Felsenlabyrinth. Bab-el-Jasmund und Bab-el-Cailliaud. Abstieg in die Einsenkung von Dachel.

Vom Dorfe Farafrah aus muss unsere Karawane, wie sie sich langsam und langgestreckt über die Anhöhe daherwälzte, einen eigenthümlichen Anblick gewährt haben, denn 100 Kamele, fast ebensoviele Leute im Gänsemarsch daher ziehend, bildeten eine mehrere Kilom. lange Linie. Man war in Farafrah gar nicht auf unser Kommen vorbereitet und grosse Karawanen kommen überhaupt fast nie dahin. Aus der Richtung, in welcher wir kamen, waren in der letzten Zeit überhaupt nur vereinzelte Leute mit wenigen Thieren erschienen, denn Farafrah hat überhaupt nur Bedeutung als Zwischenstation von Dachel und Uah-el-Beharieh.

Es war daher kein Wunder, dass die Bewohner der Oase bei unserem Anblick von namenloser Furcht befallen wurden, indem sie glaubten, wir seien chedivische Soldaten und kämen um zu plündern, zu rauben und wer weiss was auszuführen.

Voran trabten auf Reitkamelen der Hadj Omar, einer unserer Araber-Schichs und sein Bruder. Die anderen Araber aber waren Alle zu Fusse und wir Deutschen hatten es grösstentheils auch vorgezogen zu gehen. Ich gab dann Ordre mit dem Schiessen zu beginnen und sofort waren alle Waffen in Thätigkeit. Wir sahen, wie zuerst einige der Einwohner ängstlich aus dem Gassr kamen, andere aber oben auf die Mauer liefen, eifrig auszulugen, in welcher Absicht wir kämen; wie ein gestörter Ameisenhaufen gestaltete sich der Ort, sobald wir zu schiessen anfingen, es bildeten sich Gruppen, einige holten Gewehre, die Weiber liefen händeringend von einem Hause zum andern und Angesichts einer so verschwenderisch mit Pulver umgehenden Truppe glaubten die Farafrenser, diesmal sei wohl ihr letztes Stündlein gekommen. Waren sie auch oft genug durch Rhasien von Berbern und Arabern beunruhigt, ja war erst im vergangenen Jahre eine Barkah-Rhasia in ihre Palmengärten eingedrungen, wie sparsam waren die mit ihren Schüssen; aber diese grosse Karawane machte einen so höllischen Lärm und die Schüsse der Radāni (Pistolen) folgten so schnell auf einander, wie sie es noch nie gehört hatten, dazu pfiffen die Kugeln (wir nahmen uns nie die Mühe für Salutschüsse blind zu laden) durch die Lüfte — es war also keine blosse „Fantasia". Und nun kam die Karawane immer näher, ohne Aufenthalt ging sie geraden Wegs auf Farafrah los.

Aber was war das? Die Farafrenser hatten endlich unsere Friedenszeichen gesehen; Hadj Solimān hatte über seinen Kopf hinaus sein weisses oder vielmehr vor langer Zeit einmal weiss gewesenes Hemd zu einer Friedensfahne verlängert, indem er von innen einen langen Palmenstock darin emporstreckte. „El Hamdullah" hörte man wie aus einem Munde rufen und dazwischen ertönte: „aber wer sind sie, was wollen sie, woher kommen sie, wohin gehen sie etc. etc.“ Am vernünftigsten benahm sich entschieden der Farafrenser Schich Abd-Allah und der Schich der Kapelle des heiligen Schich Mursuk. Sie organisirten schnell ein Empfangscomité und mit fliegendem grünen Banner kamen sie uns entgegen. „Allah ssalamatkum“ Grüss Euch Gott! ertönte es von ihren Lippen und als sie sich dann nochmals vergewissert, dass wir nur als friedliche Karawane einherzogen, fassten sie vollkommen Muth. Ja der anderen Partei in Farafrah, und welcher Ort, wenn er auch noch so klein, hat nicht seine zwei Parteien, schwoll jetzt so rasch der Kamm, dass sie uns hinsichtlich des Lagerns Vorschriften machen wollte und zwar war es ihre Absicht uns so weit wie möglich von den Gärten wegzubringen, am liebsten nördlich vom Orte. Das lag aber nicht in meiner Absicht und ich zog ruhig auf die Palmengärten los, wo wir neben diesen, etwas südwestlich vom Gassr, einen hübschen und bequemen Lagerplatz fanden.

Die Armuth des Ortes offenbarte sich aber am meisten dadurch, dass uns auch nicht das geringste Gastgeschenk geboten wurde und dass ich das, was ich für die Kamele benöthigte kaufen musste: Stroh war nur mit grossen Schwierigkeiten und zu viel theurerem Preise als am Nil zu beschaffen.

Natürlich hatte sich schon ehe wir lagerten die Nachricht verbreitet wir seien Christen und der Gegensatz der beiden vorhin erwähnten Parteien sollte hierdurch nur desto offener zu Tage treten, indem die eine Partei, die tolerante, uns freundlich aufnahm, während die andere, die streng religiöse uns zwar kein Hinderniss in den Weg legte, sich aber streng abgeschlossen gegen uns verhielt und durchblicken liess, dass wenn sie gekonnt hätte, sie am liebsten mit uns Ungläubigen kurzen Process gemacht haben würde. Wir liessen uns indess durch Nichts beirren, kauften unser Stroh, Brennholz und Victualien als wenn Nichts vorgefallen wäre und benutzten die Quelle, welche am Fusse der Sau'iah

(Kloster) der uns feindlichen Partei gelegen ist, als ob sich das von selbst verstände.

Zur Orientirung über diese böswilligen Menschen bemerke ich, dass die Farafrenser bis zum Jahre 1860 in religiöser Beziehung ein ruhiges und tolerantes Völkchen waren. Zwar hatten sie Cailliaud, als er mit Letorzec Farafrah besuchte einige Schwierigkeiten gemacht das Innere des Gassr zu betreten, aber es war damit wohl mehr auf eine Gelderpressung abgesehen und als der Dollmetsch den beiden Franzosen in der Grabkapelle des Schich's Mursuk geschworen hatte, dass sie sich des Schreibens und des Zeichnens enthalten wollten, wurden die Eingeborenen freundlich und zutraulich.

Aber das war im Jahr 1820 und seit der Zeit hatte sich viel verändert. Waren die Farafrenser früher bloss laue Mohammedaner gewesen und hatten sie als Haupttheiligen bloss ihren Schich Mursuk verehrt, so war dies seit einigen Jahren anders geworden. Vom Norden her kamen im Jahre 1860 Schüler des Ordens der Senussi[1]) und während sie zuerst als bescheidene Lehrer auftraten und sich hinter die Frauen und Kinder steckten, sehen wir sie jetzt in Farafrah im Besitze eines schönen Gebäudes, des besten in ganz Farafrah, und der besten und grössten Palmengärten. Sie, die arm gekommen sind, die nichts besassen, haben jetzt in Farafrah mehr Eigenthum als die reichsten Familien zusammengenommen.

Wiegt man das Gute, was sie den Bewohnern gebracht haben, gegen die Nachtheile ab, so ergibt sich, dass die jüngere Generation

[1]) Die Senussi sind eine neue Sekte unter den Mohammedanern; gestiftet in den vierziger Jahren von Mohammed Senussi aus Algerien. Obwohl sie sich selbst zur malekitischen Form bekennen, haben sie doch in der äusserlichen Ausübung ihrer Religionsverrichtung manches abweichende, so dass sie von vielen für Choms d. i. für solche angesehen werden, die ausserhalb den vier allein geltenden orthodoxen Bekenntnisse stehen. Der Stifter ist bereits verstorben, nach ihm folgte als General des Ordens sein Sohn Mohammed el Madhi. Das Hauptkloster ist in Sarabub, 2 Tagereisen westlich von Siuah.

allerdings lesen und schreiben gelernt hat, aber nur mechanisch; dass die älteren Leute jetzt auch beten, aber dass dies Beten in einem blossen Herleiern von Sprüchen besteht, wobei sich die Leute nichts denken, ja den Sinn dieser Koranverse nicht einmal verstehen. Also mechanisches Lesen, Beten und Schreiben ist den Farafrensern eingepaukt, aber dafür hat man ihnen ihre besten Ländereien, die schönsten Palmen- und Oelbäume und die besten Zeiten der Quellberieselung genommen, und nicht genug damit, die Leute müssen sämmtlich für die frommen Senussi-Brüder frohnarbeiten, wie es heisst freiwillig — aber wehe dem, der sich einer solchen Arbeit entziehen wollte. Was ausserdem an baarem Geld in die Hand der Pfaffen gelangt, ist sicher nicht gering anzuschlagen und beträgt mindestens eben so viel als die dem Chedive zu leistenden Abgaben.

Am Morgen nach unserer Ankunft (es war der letzte Tag des Jahres) besuchte ich das Gassr. Es gelang mir gewissermassen durch Ueberrumpelung hineinzukommen, indem ich dem Schich Abdallah mit der natürlichsten Miene der Welt aufforderte mich zum Gassr zu begleiten, da ich das Innere desselben zu besehen wünschte. Ganz als ob sich das von selbst verstände! Und richtig, der Schlüssel wurde gebracht und ehe ich es gedacht hatte war die schwere Thür erschlossen. Gassr Farafrah d. i. das Castell (vgl. Photogr. 2) ist ein unregelmässiges Viereck mit circa 30 Fuss hohen Mauern und Seiten, von denen jede etwa 500 Fuss Länge hat. Um das Castell herum liegen die Wohnungen und südwestlich davon liegt die Kapelle des Schichs Mursuk. Die Constructionen des Gassr sind unten aus Bruchsteinen gebaut, während von Manneshöhe an nur ungebrannte Thonziegel benutzt sind. An antiken Ursprung dieser Mauern ist nicht zu denken. Im Innern ist ein Gewirr von schmalen Gängen, die überbaut sind und hie und da auf einen sehr kleinen freien Platz münden. Auf die Gänge münden die Kammern der Einwohner, durch eine Thür aus Palmbalken verschlossen. Jeder Einwohner hat eine solche

Kammer, welche in gewöhnlichen Zeiten als Vorrathskammer benutzt wird, in die er sich aber selbst in Zeit der Gefahr d. i. wenn Farafrah von Araber-Rhasien angegriffen wird, zurückzieht. Da dies Gassr auf einem Hügel gebaut ist, so ziehen sich die Gänge nach oben zusammen. Ganz oben kommt man auf eine unregelmässige Plattform, von wo aus hinter rohen Crenelirungen die umliegenden Häuser vertheidigt werden können.

Im Innern sind verschiedene Fallthüren um etwaige schon eingedrungene Feinde an weiteren Vordringen zu hindern, und in einer nach Nordwesten gelegenen Abtheilung ein ziemlich tiefer Brunnen, der durch den Fels gearbeitet ist. Die Einwohner sagten sogar der Brunnen sei 500 Gamat[1]) tief, was circa 3000 Fuss ausmachen würde, aber das daneben liegende Palmtau, offenbar zum Herablassen des Eimers bestimmt, konnte nach meiner Schätzung nicht länger als 50 Fuss sein. Sie wollten nicht leiden, dass ich einen Stein hinabwürfe, wollten auch nicht Wasser heraufziehen, indem sie sagten der Brunnen sei merdum d. h. verschüttet. Aber das war offenbar eine Lüge, wahrscheinlich fürchteten sie sich vor irgend einer Zauberei. Uebrigens scheint Cailliaud der Meinung zu sein, dass der Brunnen, den er für antik hält, eine Cisterne sei, denn er sagt: „der Brunnen, welcher sich in der Mitte befindet, ist theilweise mit Holz bedeckt und durch den Felsen gearbeitet; er scheint viel Wasser zu fassen: die Einwohner betrachten ihn als einen Schatz und achten wohl darauf, dass er stets mit Wasser gefüllt sei, in Rücksicht auf den Fall, wo sie gezwungen sein sollten sich in der Feste einzuschliessen und eine Belagerung gegen die Beduinen auszuhalten.“

Am selben Abend hatten wir grosses Fest, um den uns Deutschen so bedeutungsvollen Sylvestertag zu feiern. Wir hielten um so mehr darauf, als wir wegen des Aufenthalts inmitten der Sahara das eben vergangene Weihnachtsfest so dürftig hatten

[1]) Gamat pl. von Gamah, d. h. die Länge, welche sich befindet zwischen ausgestreckten Armen und Händen eines erwachsenen Mannes, also c. 6 Fuss.

begehen müssen. Hier bot uns nun die Oase manche Hülfsmittel und Herr Remelé, unser Photograph, hatte es übernommen ein stattliches Fest herzurichten, wobei ein Puter aus Farafrah die Hauptschüssel bildete. Als es aber Mitternacht und das neue Jahr angebrochen war, ertönten hundert Schüsse und ein angezündetes Stück Magnesiumdraht erleuchtete tageshell unser Lager, die Palmgärten und Farafrah.

Was mögen die Leute von diesem Zauberlichte gedacht haben? Zuerst unser Gesang in später Nacht, dann das plötzliche Knattern unserer Gewehre und Revolver hatten Jung und Alt, Männer, Frauen und Kinder auf die Beine gebracht. Neugierig guckten die frommen Insassen der Sauïah über die Mauern ihres Klosters hervor. Von ferne umschlichen uns die Farafrenser, da übergoss alles auf einmal ein blendend weisses Licht. Von dem Augenblick waren wir in den Augen aller Zauberer, und als Djenûn (Geister) in unserem Dienste habend, namentlich den Sauïah-Bewohnern sehr bedenklich. Denn waren die uns begleitenden Beduinen aus dem Nilthale schon sehr abergläubisch, so war es wohl nicht zu verwundern, dass diese Oasenbewohner von der Aussenwelt und deren Bewohnern, von denen sie so gut wie ganz abgeschnitten sind, die seltsamsten Ideen hatten und alles das, was sie sich nicht sofort zu erklären vermochten auf überirdische Kräfte zurückführten.

Wie man in der Bildungsstätte der Sauïah über die Christen denkt, darüber sollte ich am folgenden Tage Aufschluss erhalten. Wegen unseres Vormarsches nach Kufara, wo nur Anhänger der Senussi-Secte leben, hatte ich es nämlich für nöthig oder doch sehr nützlich gehalten, möglichst gut mit diesen Leuten zu stehen und mich aufgemacht um Sidi Hassan, dem Chef der Sauïah in Farafrah, einen Besuch zu machen. Damit aber mein Besuch ein willkommener sei, hatte ich dem frommen Manne als Geschenk eine silberne Uhr (zum Preise von etwa 20 Mark) zugedacht. Aber der Gang war vergebens. Die Einwohner kamen in hellen Haufen um unser Eindringen in die Sauïah zu verhindern. So leichten Kaufes wollte ich mir aber den Segen des heiligen Mannes nicht verkümmern lassen; wir drangen vor bis zur äussersten Mauer des Gebäudes, schickten einen unserer mohammedanischen Diener hinein und baten um die Erlaubniss unser Geschenk bringen zu dürfen. Seine Heiligkeit jedoch liess uns sagen, das Geschenk wolle er gern annehmen, sich aber und sein Haus durch unseren Besuch nicht verunreinigen..

Mittlerweile war mit Ausnahme des Schichs Abd-Allah und weniger Anderer, die ganze männliche Bevölkerung von Farafrah, mit Flinten bewaffnet, herbeigelaufen, in der Absicht den von uns vermuthlich beabsichtigten Angriff auf die Sau'iah mit Gewalt zurückzutreiben. Ja, wenn wir nicht selbst gut bewaffnetgewesen, und mehrere unserer Beduinen mit Flinten herbeigekommen wären, so hätte dieser Besuch für uns eine schlimme Wendung nehmen können.

Die Aufregung dieser unwissenden Fanatiker legte sich aber den ganzen Tag nicht. Etwas später wollte ich nämlich meinen Begleitern auch den Anblick des Innern des Gassr verschaffen, aber als wir in Begleitung des Schich Abd-Allah die die Burg umgebenden Häuser erreicht hatten, stürzte eine Menge junger Farafrenser hervor, gleichfalls mit Flinten bewaffnet um unsern Eintritt mit Gewalt zu verhindern. Für so wichtig hielt ich den Besuch nicht, stand also davon ab. Später gelang es indess dem Schich, Ascherson ohne Aufsehen hineinzubringen.

Man wird aus alle diesem entnehmen können, dass unser Aufenthalt in Farafrah keineswegs angenehm war. Wenn ich nun auch, um nicht unnöthig Besorgniss zu erregen, niemals meine Befürchtungen gegen meine Gefährten laut werden liess, so war unser Leben doch stündlich bedroht, denn wo die Gewalt in den Händen einer religiösen Gesellschaft sich befindet, ist keine Sicherheit für anders Denkende. Warum hätten diese Fanatiker Bedenken tragen sollen, einem von uns eine Kugel durch den Kopf zu jagen? Nicht nur seiner jenseitigen Belohnung wäre ein Christentödter sicher gewesen, vielleicht auch hier schon im irdischen Jammerthale würde ihm von den Senussi reiche Belohnung zu Theil geworden sein. Ich begreife daher eigentlich kaum, warum sie uns nicht tödteten, oder wenigstens einige von uns. Freilich offen konnten sie es nicht wagen, wir waren numerisch zu stark, aber täglich bot sich Gelegenheit, einen von uns meuchlings zu ermorden. Da war Zittel, der den ganzen Tag allein in den Bergen oft stundenweit vom Orte entfernt, umherstieg. Da war Ascherson, er durchstöberte den ganzen Tag die Gärten der Farafrenser; freilich an ihn hätten sie sich wohl kaum gewagt, da er bald bei den Eingeborenen eine beliebte und als Hakim (Arzt) respectirte Persönlichkeit geworden war. Gegen mich hegten sie den bittersten Hass. Ich bemerkte, wenn ich allein durch die Gärten ging die stechenden Augen der Fanatiker, aber sie sahen auf meinen Revolver, sie bemerkten, dass ich immer vorbereitet war und so blieb es stets nur bei der löblichen Absicht.

Die Zeit verging indess rasch genug, wir hatten uns neu mit Stroh für die Kamele zu verproviantiren, Wasser einzunehmen, Briefe nach der Heimath zu schreiben, da ich von hier einen Courier abschickte und ausserdem war selbstverständlich Jeder in seiner Sphäre thätig. Ehe ich aber weiter in der Beschreibung unserer Reise fortfahre, betrachten wir Farafrah selbst näher. |

Es unterliegt keinem Zweifel, dass Farafrah den Alten bekannt war und Ansiedler hatte. Ein Ort mit so bedeutenden Quellen konnte der Aufmerksamkeit der Bewohner von Dachel und Beharîeh nicht entgehen, wenn auch direct vom Nilthal aus Farafrah nicht entdeckt worden sein dürfte. Indess sollen die Mohammedaner nach einer von Cailliaud erwähnten Notiz zuerst Farafrah von den Christen, welche zu der Zeit diese Wüstengegenden bewohnten, erobert haben. Die Besiedelung der Alten geht unzweifelhaft aus der Anwesenheit von in Fels gehauenen Gräbern südlich von Farafrah hervor, sowie aus der von Ascherson entdeckten Inschrift. Vielleicht dürfte auch der Brunnen alt sein. Keinesfalls aber hat Farafrah jemals die Bedeutung der übrigen Oasen gehabt.

Wir kennen die Oase erst seit der Reise von Letorzec und Cailliaud zu Anfang des Jahres 1820. Die beiden Reisenden wurden besser als wir aufgenommen, da damals noch keine Senussi existirten und die Eingeborenen derzeit vom Christen nur eine sehr vage Vorstellung hatten, jetzt ihnen aber täglich gepredigt wird: „die Christen sind so schlimm wie die Teufel, weil sie Söhne des Teufels sind.“ Ueber Pacho's Besuch im Jahre 1824 ist nichts Näheres bekannt geworden. Nach diesen französischen Reisenden war kein Europäer wieder nach Farafrah gekommen. Uebrigens hatte sich bei einzelnen älteren Leuten das Andenken an Cailliaud noch bewahrt und einer derselben zeigte mir den Ort wo sein Zelt gestanden hatte, circa 300 Schritte östlich von unserem Lagerplatz.

Wie in Siuah muss man auch in Farafrah eine engere und weitere Oase unterscheiden. Jene würde die einzelnen zerstreut liegenden Gärten und das dazwischen liegende wüste Terrain, im Ganzen etwa von einer Ausdehnung von 200 Quadrat-Kilom. umfassen. Meint man aber die ganze Depression, welche zwischen den beiden Ufern gelegen ist und die nordwärts bei Ain el Uadi und südwärts etwa bei Bir Dikker ihr Ende erreicht, dann würde die Oase wenigstens zehn Mal so gross sein.

Das westliche Ufer, welches Zittel gegenüber Farafrah untersuchte, besteht der Hauptsache nach wie das östliche aus Schichten der unteren Nummulitenformation und ist äusserst reich an Versteinerungen, besonders häufig findet sich ein wohlerhaltener Seeigel *(Periaster)*, Austern und Fragmente von Belemniten, welche den als *Bayanoteuthis* bezeichneten Resten aus dem italienischen Eocän zunächst stehn.

Der Boden der Oase ist sehr verschiedenartig, kalkiger Thonboden, grüner Mergel, Strecken die mit Quarzsand bedeckt sind, wechseln mit einander ab. Die Gärten haben fetten Thonboden, einige neuere aber Sand, der nach jeder Berieselung mit einer dünnen kalkhaltigen Thonschicht überzogen wird.

Die Hauptgartengruppe liegt in der Nähe des Dorfes Farafrah, welches nach der Bestimmung Jordan's unter 27° 3′ N. B. und 28° 9′ O. L. von Gr. (vorläufige Berechnung) gelegen ist. Die magnetische Declination beträgt 7,3° W. Cailliaud giebt als Resultat seiner Beobachtung den Ort Farafrah unter 27° 2′ 59″ und 25° 50′ 28″ östlich von Paris (28° 10′ 41″ O. Gr.) an. Die Meereshöhe wird auf der Petermann'schen Karte von Inner-Afrika zu 103 paris. Fuss angegeben, während Jordan sie aus unseren barometrischen Beobachtungen zu 85 M. berechnete. Farafrah hat mehr als eine andere Oase ein vollkommenes Wüstenklima, d. h. es participirt Winters an der grossen Nachtkälte, während es Sommers unverhältnissmässig heiss sein muss. Nicht wie Gassr Dachel durch ein Ufer in unmittelbarer Nähe im Norden geschützt, hat der Ort Farafrah eine besonders kalte Lage. So beobachtete ich auch am ersten Tage an unserem Minimum-Thermometer — 4° als nächtliche Temperatur und Mittags kam das Thermometer nicht über 20°, auch im März war die nächtliche Wärme nicht über + 2° und Mittags nicht mehr als 23°. Die Feuchtigkeit war im Winter ebenso bedeutend wie in der die Oase umgebenden Wüste, und es scheint, dass Farafrah von den Regenfällen, welche manchmal in diesem Theil der libyschen Wüste im Winter vorkommen, betroffen wird. Wenigstens ist der von uns in Regenfeld beobachtete Regen auch in Farafrah bemerkt worden und auch Cailliaud sagt schon: „à Farafrah, de même qu'à la petite oasis, il tombe quelques legères pluies dans les mois de Janvier et Février.“ Die Monate, in denen Europäer in der Oase eine behagliche Existenz führen können, sind November bis März. In der übrigen Zeit muss die Hitze unerträglich sein.

Die Hauptquelle, (Photogr. No. 3) circa 200 Schritt südlich von Farafrah gelegen, hatte eine nicht wechselnde Temperatur von + 26°. Es ist ein starker Sprudelquell, welcher ohne Zweifel der Oase den Namen verliehen hat (Farâfrah, nach Dr. Wetzstein Pl. von Farfar Sprudelquell), unmittelbar am Fusse der jetzigen Sauïah gelegen.

Obwohl die Wärme dieser Quelle vielleicht nur wenig die mittlere Jahrestemperatur von Farafrah überschreitet, dürfte sie doch demselben Thermal-Reservoir entspringen wie die Brunnen von Dachel. Das Wasser hat einen etwas metallischen Beigeschmack, wenn man es mit dem süssen Nilwasser vergleicht, gehört aber sonst zu den besten Trinkwässern in der libyschen Wüste. Diese Quelle bedingt natürlich die Existenz des schönen Gartens dicht beim Dorfe. Die zweitstärkste Quelle ist die von Hor, circa 3 Stunden vom Orte Farafrah gelegen. Dieser Ort ist nicht bewohnt, allein Katakomben in der nahen westlichen Felswand scheinen auf eine antike Besiedelung in der Nähe dieser Quelle hinzudeuten.

Der einzige bewohnte Ort ausser Farafrah ist dann noch Ain Schich Mursuk circa 7 Stunden südwestlich gelegen, welches ich auf dem Rückmarsche im März besuchte. Da aber jeder Brunnen in der Sahara seine Wichtigkeit hat, ja isolirte an der grossen Karawanenstrasse gelegene Brunnen in der Wüste mindestens dieselbe Bedeutung haben wie bei uns eine Eisenbahnstation, so werde ich hier noch die hauptsächlichsten anderen Brunnen nennen, um so mehr als die Oase Farafrah eigentlich weiter nichts ist als eine Ebene, wo hier und da ein Quell sich befindet, um den ein Garten entstanden ist.

Dicht im N. O. von Farafrah 1/4 Stunde entfernt entspringen kalkigen Hügeln die zwei Fogarat von Ain-Guschnah. Unter Fogarat versteht man jene durch Kunst hergestellten Galleriebrunnen [1]) wie sie besonders in Tidikelt (Tuat) im Gebrauch sind. Ich war sehr erstaunt diese complicirte Art von Brunnen hier in Anwendung zu finden. Da die von den Fogarat bewässerten Gärten hauptsächlich dem Chef der Sauïah gehören, so vermuthe ich wohl nicht mit Unrecht, dass derselbe zuerst die Fogarat hier eingeführt hat. Gleich nordwestlich von dieser Fogarah und nördlich von

---

[1]) Siehe **Duveyrier**, les Touareg. p. 28 und **Rohlfs** Quer durch Afrika I. p. 211.

Farafrah liegen die Quellen Ain Hadi, Bischua und Hadj Halid mit ihren Gärten. Der Quelle Hor geschah schon Erwähnung, nördlich davon liegen die Quellen Hedjar, Muferra und Bsaï oder Ibsaï, letztere ebenfalls mit einem reichlichen Sprudel versehen. Südöstlich von Farafrah liegt 10 M. entfernt Ain Kifrīn und eine gute halbe Stunde südwestlich Schimmenadah; südlich ³/₄ Stunden entfernt liegt Djillau und die südlichste Quelle ist Ain Hadik, noch etwas weiter von Farafrah entfernt. Da alle diese Quellen und Gärten, wenn auch durch vollkommen wüstes Terrain von einander getrennt, ein und dieselbe Temperatur haben (Bischua, Farafrah, Ain Guschnah, Kifrin, Schimmenadah und Hadik habe ich selbst gemessen) so scheint es dass sie ein und desselben Ursprungs sind. Dazu könnten als aus derselben Schicht entspringend noch gerechnet werden Ain Schich Mursuk und Bir Dikker im Süden, Bir-Budli und Ain-el-Uadi im Norden.

Es wäre übrigens möglich, in Farafrah durch Bohrungen so viel Wasser an die Oberfläche zu locken wie man wollte; die unterirdisch fliessende Wasserschicht scheint in der That unerschöpflich zu sein. Aber selbst die vorhandenen Quellen bewässern für die Einwohnerschaft hinlänglich Terrain, wenn nicht zwei Ursachen hindernd auf die Ernährungs-Verhältnisse der Eingeborenen einwirkten.

Die Hauptsache ist, dass die Eingeborenen von Farafrah eigentlich nur den dem Orte zunächst gelegenen Gärten mit Sorgfalt bebauen, weil sie mit einiger Gewissheit hier auf eine Ernte rechnen können. Alle vom Orte etwas entfernt gelegenen Gärten sind nämlich sehr den Rhasien nicht nur der Beduinen aus Barkah ausgesetzt, sondern haben auch unter den alljährlichen Plünderungen aegyptischer Beduinen, als der Uled Ali und selbst der Nilthal-Araber zu leiden. So war unser Führer, der Hadj Solimān, schon öfter an der Spitze einer solchen Plünderungskarawane nach Farafrah gekommen. Sie kommen meist bei Nacht in der Zeit der Dattelreife, suchen sich irgend einen

Garten aus und plündern die Bäume. Werden sie bei Tage bemerkt, so ziehen sie sich, falls sie sich zu schwach glauben, zurück, meinen sie es aber mit den Farafrensern aufnehmen zu können, dann werden manchmal systematisch alle Gärten ausgeplündert. Fast alljährlich kommen auf diese Weise die Bewohner um den grössten Theil ihrer Ernte.

Ein anderer Grund der Armuth ist, dass die besten Gärten jetzt in den Händen der Senussi sich befinden. Die frommen Leute verausgaben ihren Ueberfluss nicht etwa zum Besten des Volkes, sondern das Getreide und die Datteln werden verkauft und der Erlös wandert nach Sarabub, der geistlichen Metropole der Senussi. So wie die Sachen jetzt liegen, leiden die Farafrenser beständig Mangel, sie kämpfen fortwährend um ihr tägliches Brod, ohne die Mittel, den Hunger zu besiegen, finden zu können. Es mag daher etwas Wahres in ihrer Aussage liegen, dass sie sich nicht vermehren können, sondern ihre Bevölkerungszahl immer dieselbe bleibt.

Es liegt hier nicht in meiner Absicht eine Aufzählung der in Farafrah vorkommenden Pflanzen zu geben, ich führe nur an, dass in der Nähe der Gärten *Capparis aegyptiaca* (Schok homār d. h. Eselsdorn), *Zygophyllum coccineum* (Bauāl), *Haplophyllum tuberculatum*, Agol, die Zwergakazie (*Prosopis Stephaniana*, Schilschillau), *Rhabdotheca chondrilloides*, die Schmarotzerpflanze *Cistanche lutea* (Turfās, mit welchem Namen in Nordafrika die Trüffeln belegt werden) und *Leptochloa bipinnata* (Halfa) am häufigsten vorkommen und an Bäumen *Tamarix nilotica* und *effusa* (Atl).

Was die Gärten anbetrifft, so sind sie überaus üppig. In keiner Oase sah ich so schöne saftige grüne Oelbäume wie hier. Die Gärten, in sehr kleine Grundstücke parcellirt, sind durch eine aus Lehmklumpen errichtete Mauer ringsum geschlossen; eine niedrige Oeffnung, so niedrig, dass man durchschlüpfen muss und in der Regel durch eine aus Djerid (Palmstäben) gemachte schlossfeste Thür verschlossen, giebt Zugang. Die Mauern sind aber noch oben mit trocknen Palmblättern oder auch mit Dornzweigen versehen. Unten an einer Stelle, meist unter der Thürschwelle, läuft das zum Berieseln nothwendige Wasser hindurch.

Die Vertheilung des Wassers ist in Farafrah wie in andern Oasen nach der Zeit geregelt und geht Tag und Nacht von Statten. Das stete Berieseln ermöglicht allein die Production der Früchte, Getreide und Gemüse. An Bäumen haben sie vorzugsweise den Oelbaum, (zur Zeit als wir kamen, waren die Oliven reif) Stachelfeigen, Feigen, Maulbeeren, dann süsse und bittere Orangen, Citronen, Granaten, Johannisbrodbaum, Aprikosen und Pfirsichen, Nabak, Muchēt (*Cordia Myxa*) und natürlich vor allem Palmen, an deren ausgezeichneten Früchten wir uns erfreut haben. An Gemüsen cultivirt man Zwiebeln, Knoblauch, Rettige, Rüben und Möhren, Melonen, Wassermelonen, Bamien und Meluchīah, sowie Kümmel (*Cuminum Cyminum*); an Getreide wird Weizen, Gerste, Reis (sehr sparsam), Durrah und Dochn gebaut, meist ausserhalb der Gärten auf freien Feldern. Auch etwas Baumwolle, aber keineswegs für den eigenen Bedarf genügend, producirt die Oase.

Die Farafrenser düngen ihre Felder mit Ziegenkoth und Unrath, welcher sich um ihre Häuser ansammelt. Wenn es geregnet hat, pflegen sie die oft 1 Centimeter dicke Schlammkruste von Pfützen aufzunehmen und diese fein zerbröckelt über ihre Gärten zu streuen.

Fig. 1.

Zur Bearbeitung der Felder haben sie, wie alle Oasenbewohner, sehr kurzstielige Hacken (Fig. 1), mit denen das Erdreich nur oberflächlich bearbeitet werden kann. Zum Schneiden des Getreides bedienen sie sich einer Sichel (Fig. 2), welche wie eine Säge gezähnt ist, und am untern Ende des Holzgriffs einen Knopf hat, welch letzterer das Herausfallen beim

Fig. 2.

Tragen derselben im Gürtel verhindert. Hiermit werden das Getreide, das Viehfutter und auch kleine Aeste geschnitten.

Die einzigen Producte, die die Farafrenser zum Export bringen sind Oel und Datteln. Ersteres wird auf sehr rohe Weise gewonnen (eine Oelmühle haben die Farafrenser nicht) indem die Oliven in einem steinernen Mörser zerquetscht werden und das Oel, welches sich oben ansammelt, abgeschöpft wird. Trotz dieser rohen Zubereitung ist das Farafrenser Oel das beste und süsseste, das in allen Uah-Oasen erzeugt wird. Von Datteln werden nur in Töpfe gequetschte aber von ganz ausgezeichneter Güte verkauft. Diese beiden Gegenstände bringen allein etwas Geld nach Farafrah.

Aus dem Thierreiche nennen wir 2 Kamele (die der Sauïah gehören), etwa 100 Esel, 300 Schafe und Ziegen, dann Hühner, Puter, Tauben und einige Enten als zahme Hausthiere. An wilden Thieren kommen Wolfshunde, Schakal's und Fennek's (*Canis Zerda*), wilde Katzen sowie Mäuse, darunter auch die Springmaus, sowie Fledermäuse vor; Geier, Raben, Sperlinge, unser Rohrsänger, (*Calamoherpe phragmitis*, Bidiuh von den Eingeborenen genannt), Bachstelzen, Wachteln, Schwalben, Kibitze, wilde Enten bilden die luftige Bevölkerung. Was die niedere Thierwelt anbetrifft, so wird an anderen Orten darüber berichtet werden.

Es ist sehr schwer, so gering die Seelenzahl in Farafrah auch ist, etwas ganz Genaues darüber anzugeben. Nach ihren eigenen Aussagen können sich die männlichen Bewohner nie über 80 vermehren, weil von ihrem Schich Mursuk, der für den ersten Ansiedler in Farafrah von den Eingeborenen gehalten wird, bei seinem Tode diese Bestimmung ergangen ist. Gesetzt dass diese Zahl der Männer annähernd die richtige sei, und wir haben wohl keinen Grund daran zu zweifeln, so würde dies eine Gesammtbevölkerung von 320 Seelen ergeben. Wie bei früheren Schätzungen nehme ich nämlich auf einen rüstigen Mann ein altes Individuum, ein weibliches und ein Kind an. Cailliaud nimmt nur 180 Einwohner an, ohne aber anzugeben, worauf er seine Schätzung basirt.

Was den leiblichen Typus der Bewohner anbetrifft, so sind selbe von mittlerer Statur, die Frauen aber klein. Der einzige Mann, welcher 6 Fuss gross sein mochte ist Schich Abd-Allah. Die Hauptfarbe ist gelbröthlich und bei älteren Individuen dunkelrothbraun. Die Hände sind klein, die Füsse aber damit nicht proportionirt, sondern dem übrigen Körper angemessen. Das Haar schwarz, gekräuselt, aber nicht negerhaft kurz. Volle Formen sieht man nur im Alter von 10—20 Jahren, die kleinen Kinder und alten Leute sind auffallend mager, namentlich sind die unteren Extremitäten mangelhaft muskulirt. Die Gesichtszüge sind im Allgemeinen hässlich, wenige sieht man mit gebogener Nase, die Lippen aufgeworfen, die Augen gross aber häufig mit gelber Conjuctiva, die Backenknochen hervorstehend, das Kinn spitz, die Zähne sind wohlgeformt und blendend weiss. Das stets halb geschlossene Auge verleiht dem Gesicht einen verschlossenen und heimtückischen Ausdruck. Die meisten rasiren sich, andere lassen den schwarzen, krausen aber spärlichen Bart stehen. Die jungen Mädchen und Frauen bis zum Alter von 18 Jahren machten einen günstigeren Eindruck, zierlich in ihren Formen sind sie heller von Hautfarbe, haben wohlgeformtere Arme, einen kleinen Mund, mehr die mandelförmigen Augen der Nilthalbewohner. Aber alle diese Reize verschwinden völlig, sobald ein gewisses Alter von circa 22 Jahren erreicht ist, oder die junge Frau Nachkommenschaft bekommen hat.

Die Bekleidung ist mehr als einfach. Bei den wohlhabenderen Männern ein weissbaumwollenes Hemd, darüber eine dunkelblaue Tobe. Die ärmeren Leute tragen aber nur entweder das eine oder das andere. Die meisten sind ohne Hosen. Die Wenigen, welche einen rothen wollenen Tarbusch besitzen, bilden sich nicht wenig darauf ein, die meisten tragen eine weisse Kappe oder gehen barhaupt. Die Fussbekleidung besteht bei den gut situirten

Männern aus dem rothen aegyptischen Schuh (Fig. 3, 4) oder aus dem gelben maghrebinischen Pantoffel (Fig. 5). Die meisten aber

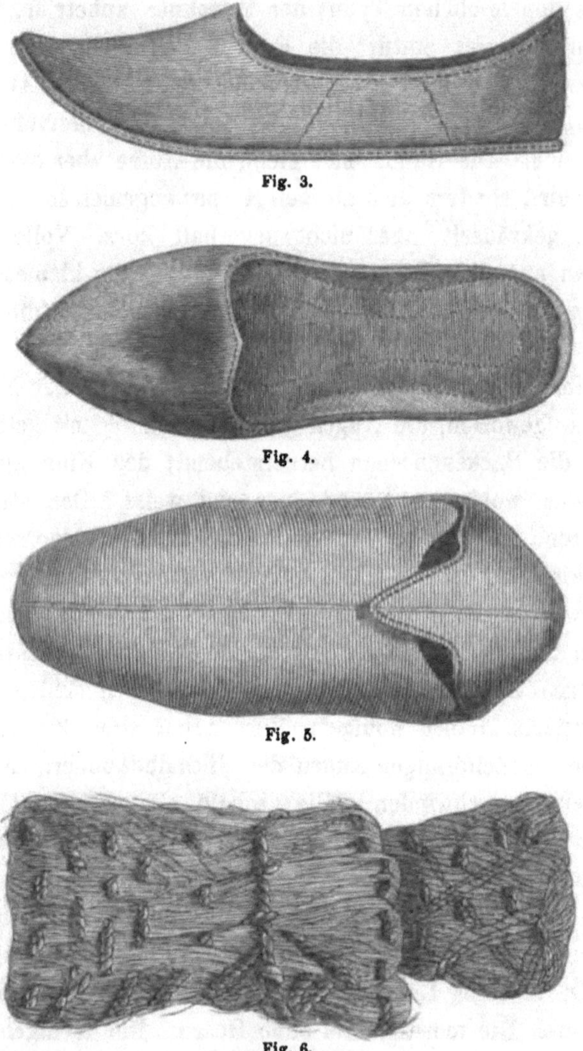

Fig. 3.

Fig. 4.

Fig. 5.

Fig. 6.

gehen gewöhnlich barfuss und bedienen sich, falls sie grössere Strecken zurückzulegen haben, aus Palmfasern angefertigter Pantoffeln, welche äusserst praktisch sind, da sie nur die Arbeit kosten und das Einsinken in den Sand verringern. Fig. 6 stellt einen solchen Pantoffel (nach einer Zeichnung von F. Kurtz) vor.

Die Frauen haben ein dunkelblaues, vorn offenstehendes Hemd mit weiten Aermeln an, sie legen ausserdem ein blaues Tuch über die Schulter, welches sie nach Bedürfniss zum Verschleiern über den Kopf ziehen können. Ihre Haare flechten sie in kleine Tressen und behängen sich Arm, Fussknöchel, den Hals und die Finger mit Ketten und Ringen. Ich bemerkte einige, welche gegen 20 Ringe auf einem Finger trugen. Bei den Frauen findet man oft Tätowirungen und namentlich ein Kreuz auf der Nasenwurzel, oder auch das Tauzeichen T der alten Aegypter und ersten Christen in den Oasen.

Aus dem oben Gesagten möchte ſich indess keineswegs den Schluss ziehen, dass die Farafrenser reine Blutsverwandte der Kopten und Fellahin in Aegypten seien. Im Gegentheil, als beim Vordringen des Islam die Träger desselben nach Farafrah vordrangen, die Oase eroberten, die Urbewohner zum grössten Theil ausrotteten, liess sich dort eine neue Bevölkerung nieder, die zwar zum grössten Theil aus Nilthalbewohnern bestand, aber sicher stark mit anderen Elementen, Arabern, Berbern und Negern untermischt war.

Was die geistigen Eigenschaften anbetrifft, so scheinen die Farafrenser auf einer niedrigeren Stufe zu stehen, als die Nilthalbewohner, wenigstens in Einer Beziehung Rückschritte gemacht zu haben, insofern als sie intolerant gegen anders Denkende geworden sind. Vor fremden Eigenthum haben sie keinen sonderlichen Respect. Diebstahl ist nicht deshalb verpönt weil derselbe wie bei uns als etwas Schlechtes an sich betrachtet wird, sondern weil der Dieb mit seinen Nebenmenschen in Collision kommen, oder weil ihn die weltliche Obrigkeit strafen könnte. Es kam uns während unseres Aufenthaltes ein grosses Bratenmesser abhanden, es war von einem Eingeborenen in einem unbewachten Augenblicke gestohlen; Alles war vergebens es wieder zu bekommen. Als Ascherson mehrere Wochen später nach Farafrah kam, wurde ihm das Messer zurückgebracht, welches der Dieb unvorsichtiger Weise einmal hatte sehen lassen, worauf Schich Abd-Allah es ihm wegnahm. Von einer Bestrafung war aber keine Rede, im Gegentheil der Schich und der Dieb hätten sich gar nicht gewundert, wenn man ihnen ein Geschenk gemacht hätte.

Ihre religiösen Anschauungen sind natürlich äusserst kindlicher Art und obwohl die eifrigsten Mohammedaner (die Farafrenser beten vorschriftsmässig fünf Mal des Tages), seitdem die Senussi bei ihnen Einzug gehalten haben, sind sie in der Auffassung von Himmel und Hölle, Prophet und Teufel, Heiligen und Wundern keineswegs sehr weit von der der ungebildeten Classen in manchen christlichen Ländern entfernt.

Vielweiberei, obschon natürlich erlaubt, herrscht bei ihnen nicht, ihre Armuth würde sie nicht zulassen. Nur ein Einziger, der fromme Sidi Hassan, Chef der Sauïah erlaubt sich nach Beispiel der Propheten mehrere Frauen und wird dieserhalb von den Farafrensern — beneidet? nein, das darf man nicht sagen, aber bewundert, er, der arm als Habenichts daher kam und nun mehrere Frauen, ein grosses Gebäude, zwei Kamele, die schönsten Gärten und das meiste Vieh besitzt. Das ist alles der göttliche Segen, der auf dem Heiligen ruht, sagen die Farafrenser.

Die Farafrenser heirathen sehr früh, ohne dass eine grosse Festlichkeit stattfände. Frauen, die mit 14 Jahren Mütter sind, sind keine Seltenheit. Die junge Frau wird insofern vom Vater des Bräutigams gekauft, als den Aeltern des Mädchens der Preis für die Kleider und Schmucksachen des Mädchens ausgezahlt werden muss. Da sich Niemand verschleiert (nur vor Fremden ziehen die jungen Frauen ein Tuch über das Gesicht, die alten Frauen und jungen unverheiratheten Damen verschleiern sich aber niemals), so kommen Liebesheirathen nicht selten vor, und da im Allgemeinen nur einige Familien etwas begüterter sind als die Mehrzahl der Bevölkerung, Aussenheirathen aber gar nicht vorkommen, so besteht kein Kastenunterschied und keine Abstufung zwischen Arm und Reich, oder Vornehm und Gering. Infibulation beim weiblichen Geschlecht ist unbekannt, die Knaben werden im 7. Jahre nach mohammedanischen Ritus beschnitten und ist mit dieser Operation der Schich der Kapelle des Schich Mursuk betraut, der zugleich auch als Arzt fungirt, soweit ihm dies sein College der Sauïah-Senussi, dessen Curen natürlich für viel wirksamer gelten, gestattet.

Die Todten werden auf Bahren zum Friedhof hinausgetragen und nackt in die Erde versenkt. Der Friedhof befindet sich gleich nordwestlich vom Gassr. Die Gräber sind schmucklos, ein Grabhügel, dem Körper des Todten entsprechend, mit einigen grossen Kalksteinstücken bedeckt, am Kopf- und Fussende eine aufrechtstehende Platte und ein oder zwei irdene Krüge von derselben Form (Fig. 7), wie man sie in altaegyptischen Gräbern findet, sind alles. Ich habe mich bei verschiedenen Gräbern überzeugt, dass alle Vasen hohl und leer waren. Schich Abd-Allah theilte mir mit, dass am Jahrestag des Verstorbenen die Vasen mit Wasser gefüllt, und ausserdem etwas Getreide und einige Datteln auf das Grab gelegt werden. Jedenfalls Gebräuche, welche aus alten Zeiten herübergekommen sind, denn bei den Mohammedanern findet man diese Sitte nicht.

Fig. 7.

In ihren Lebenseinrichtungen sind die Bewohner Farafrah's äusserst einfach; vor Tagesanbruch wird aufgestanden, die Alten verrichten ihr Gebet, während die Jungen in die Sauïah zum Absingen und Herplappern von Gebeten geschickt werden. Die Morgenmahlzeit ist mehr als frugal, eine dünne Durrahsuppe und einige Datteln bilden das gewöhnliche Essen. In die Feldarbeit theilen sich Frauen und Männer, die Berieselung liegt ausschliesslich den Letzteren ob. Während des Tags werden nur Datteln genossen, sind aber Früchte und Getreide draussen reif, so essen die Arbeitenden gleich vom Felde, eine gehaschte Maus, ein erlegter Vogel, ein gefangener Schakal werden nicht verschmäht und gehören zu Extra-Leckerbissen. Kommt aber bei einer angekommenen Karawane ein Kamel zu Fall, dann sucht sich jeder den Genuss von Fleisch zu verschaffen und nichts bleibt dann von diesen Thieren übrig. Zweimal, als wir dort waren, verschafften wir ihnen diesen Genuss. Schaafe und Ziegen werden nur der Wolle und der Milch wegen gehalten, Hühner nur der Eier halber. Nur bei höchsten Feiertagen, Hochzeiten etc. wird ein Puter oder ein altes Huhn geschlachtet. Abends geniessen alle Einwohner Basinah oder L'aisch d. h. aus Gersten- oder Durrahmehl bereitete Polenta. So leben sie während des ganzen Jahres ohne Unterbrechung.

Stundenlang hocken sie manchmal unter der Mauer ihres Gassr und stieren träumerisch in die offene und doch ihnen verschlossene Welt. Das Bisschen Arbeit, die spärlichen Mahlzeiten, die einförmige Gebetsplapperei sind die einzige Abwechslung ihres nie bewegten Lebens. Eine ankommende oder durchziehende Karawane ist ein Ereigniss, wovon noch wochenlang geredet wird; kommt aber der Herbst, die Zeit, wann eine feindliche Rhasia erwartet werden kann, dann ist Tag und Nacht Alles auf den Beinen, zum Wachen und zum Einheimsen der Früchte werden Aller Kräfte angespannt. Ist diese kritische Zeit vorüber, dann sinkt alles wieder in die alte Ruhe des ewigen Einerlei zurück.

Welch' Ereigniss war unsere Ankunft in Farafrah, wie lange werden sie noch Stoff zur Unterhaltung über uns haben!

Farafrah gehört zum District von Uah el-Beharîeh und im Orte selbst ist die Obrigkeit durch drei Schichs repräsentirt, von denen der schon oft genannte Schich Abd-Allah der angesehenste ist. Einen eigentlichen vom Chedive ernannten Beamten giebt es nicht. Die Bewohner haben daher von ihrem Landesherrn nur einen sehr unbestimmten Begriff, der Chedive, Cairo, Alexandrien und der Nil sind ihnen dem Namen nach bekannt, aber die Vorstellung möchte wohl bei den meisten Bewohnern etwas nebelhaft sein. Alljährlich kommt von Uah el-Beharîeh ein Beamter und sammelt die Abgaben, welche 20 Beutel[1]) das Jahr betragen. Es kämen demnach auf den Kopf circa 6 Mark Steuern; da die Bewohner von allen andern Abgaben frei sind, gar keine communale Steuern zahlen, jedenfalls eine geringe Summe. Trotzdem klagen die Leute, weil sie von gemeinsam für das Vaterland zu tragenden Lasten keinen Begriff haben und insofern auch zu Klagen berechtigt sind, weil die aegyptische Regierung ihnen gegen ihre Feinde keinen Schutz angedeihen lässt. Die Farafrenser sind bisher nie zum Militärdienst herangezogen worden, so dass man mit Recht sagen kann, ihre einzige Verbindung mit der Regierung des Chedive wird durch ihre jährliche Contribution aufrecht erhalten.

An eigenen Productionen haben die Bewohner nichts von Belang aufzuweisen. Allerdings verstehen sie wollene und baumwollene Zeuge zu weben, aber dieselben sind sehr roh. Ihr Töpferwerk, durch grosse Krüge zum Datteleinmachen, sowie zum Wasserholen repräsentirt, ist ohne Kunst und Schönheit, die Masse so grob und mit grossen Kalkspathtrümmern untermengt, wie bei Geschirren aus den ältesten vorhistorischen Fundstätten in Europa[2]). Die etwas feineren Geschirre, namentlich die so unentbehrlichen Gullen zum Wasserabkühlen werden aus Uah el-Baharîeh bezogen. Mit einiger Kunst und mit Geschmack gefertigt sind die Matten und kleinen Körbe, doch stehen auch hierin die Farafrenser weit hinter den Dachelanern zurück. Alles übrige Geräthe wird von auswärts bezogen.

Die Abgeschlossenheit der Farafrenser von der Aussenwelt findet hauptsächlich ihren Grund darin, dass sie keine Kamele halten, was auch den Grund der lockeren Verbindung der übrigen Oasen mit dem Nilthal ist, soweit sie nicht auf der grossen Strasse gelegen sind. Es ist Weide genug, namentlich im Norden der

[1]) 1 Beutel hat 500 Piaster = 100 Mk. oder = 130 Frcs.

[2]) Vergl. Ascherson, Verhandlungen der Berliner anthropol. Gesellschaft 1874 p. 153.

Oase vorhanden, wie wir uns später zu überzeugen Gelegenheit hatten und in der trockensten Jahreszeit könnte man die Thiere wie in anderen Oasen mit Dattelkernen und Stroh füttern.

Es sollte bestimmt am Freitag, den 2. Januar 1874 früh aufgebrochen und die Zelte abgeschlagen werden. Schon hatte sich auch eine feierliche Procession eingefunden, bestehend aus dem Schich der Grabkapelle Schich Mursuk und seinen nicht so fanatischen Freunden. Sie hatten zwei Banner mitgebracht, ein rothes und ein grünes, welche sie uns zu Ehren vor unserem Schirm entfalteten. Auf dem rothen standen in grossen weissen Buchstaben die Worte: La ilah ill' Allah, Mohammed ressul Allah, das mohammedanische Glaubensbekenntniss, auf der grünen Fahne aber stand auf der einen Seite der Name Schich Mursuk und auf der anderen die Namen Abu-Bekr, Osman, Omar und Ali geschrieben. Sie hatten das Fātĭhah[1]) schon für uns gebetet, sie hatten ihre Thaler (diese zu erlangen, war nämlich Hauptzweck der Deputation gewesen) schon bekommen, aber immer sah ich noch keinen Beginn des „Hammeln" der Kamele. „Wo sind die Ssahārīn"? fragte ich mehrere Male, denn Niemand war zu sehen.

Endlich kam der Hadj Madjub, einer der Führer, und meinte es sei doch zu gottlos, Freitags aufzubrechen, sie hätten einstimmig beschlossen, das Chotbah-Gebet in der Senussi-Sauĭah zu hören. Da war nun nichts zu machen; aus früherer Erfahrung wusste ich, dass theils die Mohammedaner, wie die meisten Christen den Freitag als einen besonderen unglücklichen Tag, um Reisen zu unternehmen, ansehen und namentlich nicht gern an diesem Tage etwas beginnen, theils aber auch, falls sie an einem Orte sind, aus religiösem Grunde nie eine Reise vor dem Chotbah antreten. Ueberhaupt treten die Araber nicht gern eine Reise Morgens, sondern den ersten Tag lieber Nachmittags an. In ächter Beduinenmanier war es aber keinem der Schichs eingefallen, dies

---

[1]) Erstes Kapitel des Koran.

uns gleich zu sagen, als wir um 6 Uhr Morgens anfingen, die Zelte abzubrechen, nein, sie glaubten durch langsames Vertrödeln der Zeit uns auf die einfachste Art bis $1\frac{1}{2}$ Uhr Nachmittags, der Zeit der Chotbah, hinhalten zu können.

Um den Tag nicht unnöthig zu zersplittern, sagte ich unseren Beduinen, sie sollten nicht um den Besuch der Chotbah kommen, liess die Zelte wieder aufschlagen und beschloss erst am folgenden Tage Farafrah zu verlassen.

Am 3. Januar 1875 begleiteten uns der Schich Abd-Allah und einige seiner Freunde ein Stück Weges aus dem Orte, dem wir für immer Lebewohl zu sagen glaubten. Neugierig guckten die Insassen der Sauïah, an deren Mauern wir dicht vorbeikamen, hervor. Was mochten sie bei unserem Dahinziehen denken! Riefen sie uns gute Wünsche nach, verfluchten sie uns? Denn dass unser Besuch diesen Herren gleichgültig gewesen, war schwerlich anzunehmen. Noch nie war so viel Geld nach Farafrah gekommen und während der Zeit unserer Anwesenheit absorbirten wir das Interesse aller Bewohner.

Wir hielten südöstliche Richtung und befanden uns offenbar auf dem Wege, den vor uns Cailliaud und Letorzec durchmessen hatten. Vorbei gings bei den Palmengärten von Kifrîn, welche wir links liegen liessen und als sie hinter uns waren, hatten wir auch die letzten Palmen des Ortes aus den Augen verloren. Zwar zeigte sich noch in der Nähe der südwestlich vom Wege gelegenen Gunnaberge etwas Grün, Tamarisken, verkrüppelte Palmen, Agol und hohes Wüstengras (*Leptochloa bipinnata*), aber bald zeigten uns die rechts und links hervorragenden Kalkzeugen, Djrenet genannt, dass wir wieder inmitten der Sahara waren. Aber keineswegs, so wüst das Terrain auch war, hatten wir die Einsenkung der Oase schon verlassen, diese erstreckt sich bis südlich vom Bir Dikker.

Ehe man diesen erreicht, hat man noch eine thalartige, von Norden nach Süden ziehende Mulde zu passiren, Uadi Smar genannt, überschreitet dann einen sandigen Rücken, in dem wir zahlreiche *Pecten* und Fischzähne antrafen, und findet endlich den Brunnen eingebettet in eine Mulde, welche westlich von 60 Meter hohen Sandketten und östlich von eben so hohen Kalkfelsen gebildet wird.

Der Bir Dikker (Cailliaud schreibt byr dakar), auf Deutsch etwa der Brunnen der männlichen Palme, liegt dicht bei einem Palmengebüsch. Das Wasser, welches nur 1½ Fuss unter der Bodenfläche steht, ist vollkommen süss, der Brunnen oder, wie man eigentlich sagen sollte, das Wasserloch, 2½ Fuss im Durchmesser und 7 Fuss tief, ist durch eine Thonschicht durchgearbeitet worden. Um den Brunnen vor dem Versanden zu schützen, ist derselbe, was auch schon von Cailliaud bemerkt wurde, mit einer Decke bedeckt, ein Trinkgeschirr in Gestalt eines noch zu gebrauchenden zerbrochenen Topfes, liegt für den Wanderer daneben. Der Ort ermangelt nicht eines gewissen Reizes. Palmgebüsch, aus dem zwei schlanke männliche Palmen majestätisch emporragen, dann *Cornulaca*- und *Zygophyllum*-Gestrüpp in der Nähe des Brunnens, am Fusse der steilen Kalkfelsen ebenfalls Palmbüsche mit einigen Tamarisken und Ssantakazien, die grossartigen Dünen — ein ächtes Wüstenbild. Denke man sich dazu unsere Karawane in verschiedenen Gruppen, hier die europäische Abtheilung mit den schönen Pariser Zelten, dort die westlichen Araber, hier die östlichen, die prasselnden Feuer, die geräuschvoll ihr Abendessen zermalmenden Kamele, dazu die wunderbaren Tinten der Abendbeleuchtung, bis die Sonne ihr letztes Licht auf dem weisslichen Gestein aushauchte und darauf im hellen Schimmer das Zodiakallicht, das den Uebergang zum dunklen Nachthimmel bildete, dunkel, aber geschmückt mit tausenden hellfunkelnder Sterne.

Und mochte die Müdigkeit vom Tagesmarsch auch noch so gross sein, der leuchtende Canopus im Süden wurde doch bewundert, man freute sich allabendlich des schönen Orion, der Plejaden, der Cassiopeja, des Sirius, des Königs der Sterne, man discutirte Angesichts des phaenomenalen Zodiakallichts, dessen Ursprung, bis der Ruf der deutschen Diener daran mahnte, der Augenblick der Abendmahlzeit sei gekommen.

Jenseit Bir-el-Dikker aber sollten wir im buchstäblichen Sinne des Wortes in eine absolut pflanzenlose Gegend kommen. Ascherson hatte vor Antritt der Reise gewettet, er würde an jedem Tage wenigstens eine Pflanze zu sehen bekommen — er hat seine Wette verloren.

Allerdings wurde er am 5. Januar durch einen sonderbaren Fund einigermassen entschädigt. Unsere Araber fanden im Sande vergraben einen kleinen Grasvorrath, welchen jedenfalls eine der kleinen mit Eseln oder Rindern zwischen Farafrah und Dachel verkehrenden Karawanen dort für die Rückkehr niedergelegt hatte. Sonst pflegen in der Wüste dergleichen Depots respectirt zu werden, auch von den räuberischen Nomaden, die sich kein Gewissen daraus machen würden, eine ihnen begegnende Karawane auszuplündern; Güter, welche ein Kaufmann in der Wüste wegen Verlust der Kamele abwirft, um sie später wieder abzuholen, sind der speciellen Obhut Gottes anvertraut und sie zu rauben wäre ein Sacrilegium. Indess unsere Beduinen, deren Vorrath an Kamelfutter ohnehin fast erschöpft war, kannten solche Bedenken nicht. Eine ansehnliche Zahl noch brauchbarer Exemplare wanderte in das Herbarium unseres Botanikers und ergab sich dieses Federgras als eine der wenigen noch unbeschriebenen Arten, welche wir auf dieser Expedition angetroffen haben. Ascherson, welcher diese Pflanze ausserdem nur ein Mal auf dem Kalkplateau am 23. December bemerkte, hat dieselbe *Aristida Zittelii* getauft.

Kann man sich etwas Trostloseres denken, etwas Langweiligeres, als die Gegend, welche wir jetzt zu durchziehen hatten? Rechts und links 80—100 Meter hohe Sanddünen, etwa ½ Stunde von einander entfernt. Und in dieser von den beiden Sandketten gebildeten Thalrinne bewegt sich unsere Karawane. Da ist kein Fels, kein Gor, kein Berg, um etwas Abwechslung in die Scenerie zu bringen. So wie die Gegend hier aussieht, so sieht sie nach 4-, nach 8-, nach 10stündigem Marsche noch aus. Der Boden der Allee, in der wir uns befanden, bestand im Norden aus grauem Kreidemergel, der Sand der Dünen aber war Quarz. Ueberstreut war der Boden mit Schwefelkies, der meist in Brauneisenstein verwandelt und von Quarz durchzogen war.

Im Norden hatte diese Sandallee den Namen „Msil-el-ain" „Zufluss zum Brunnen" erhalten. In der That muss sich von der Vogelperspective gesehen, das Sandrinnsal wie ein zum Brunnen Dikker sich ergiessender Strom ausnehmen. In der Mitte führt dieselbe den Namen Saf Saf und am südlichen Ende Hamrajah (das A'mrah el A'yn von Cailliaud).

Vom Bir Dikker an, dessen Höhe etwa 95 M. betragen mag, hat gleich eine durch den Stand der Aneroïde zu constatirende Steigung des Bodens statt. Ganz allmählich gelangt man so aus der Einsenkung, in welche wir so jäh durch den Negeb östlich vom Bir Keraui hineingekommen waren, wieder heraus, denn schon zwei Tagmärsche südlich vom Bir Dikker befanden wir uns auf gleicher Höhe mit dem steilen Rand, welcher östlich die Depression von Farafrah begränzt.

Die Sanddünen selbst haben die allgemeinen Namen: im Osten Rhart-esch-schirgi, im Westen Rhart-el-rharbi, sodann heisst die Dünenkette gleich westlich vom Bir Dikker Rhart-el-Selma und etwas weiter nach dem Süden zu trägt im Osten die Düne den Namen Rhart-es-sseba-Rûs oder Düne der sieben Köpfe. Es ist dies ein Beweis mehr, dass im Grossen und Ganzen die Dünen ihre Lage und Gestalt nur sehr langsam ändern, denn im entgegengesetzten Falle würde man ihren Ketten oder einzelnen Gipfeln keine bestimmten Namen beilegen. Wenn nun auch nicht gerade genau 7 Spitzen auf dieser Kette zu sehen waren, so liess sich annehmen, dass zu der Zeit, als der Düne der Name siebenköpfige gegeben wurde, dieselbe auch so viele gehabt habe.

Als Cailliaud dieses selben Weges zog, der sich nach seiner

Beschreibung in ganz ähnlichem Zustande befand, als zu unserer Zeit, lagerte er, wie er wörtlich mittheilt: nous campâmes ce jour là au pied d'une montagne isolée, nommée el Auara Abd-el Somat. Die Sandallee müsste allerdings, wenn Cailliaud wirklich am Fusse des Berges Abd-es-Sammâd lagerte, bedeutend weiter westlich gelegen haben als zu der Zeit, wo wir durch dieselbe zogen. Ich peilte am 5. Januar vom Gor-Mor-Guss, einem isolirten Kalkhügel in der westlichen Dünenkette gelegen, den Sammad in S. W. B. ungefähr 3 Stunden entfernt. In einem Zeitraum von ca. 55 Jahren würden die Dünen also circa 10 Kilom. weiter nach Osten gerückt sein. Dass ein solches Vorrücken der Dünen wirklich Statt haben kann, davon haben wir in unsern Tagen und in Europa der Beweise genug. In Holland ist es vorgekommen, dass ostwärts vordringende Dünen ganze Dörfer und Kirchen bedeckten, endlich nach langem Zeitraum jedoch die verlassenen Dörfer im Westen der Dünen wieder aufgedeckt wurden. Ein ähnlicher Vorgang hat auch in den Wäldern der kurischen Nehrung stattgefunden.

Ob in unserem Falle ein solcher Process vor sich gegangen ist, will ich nicht behaupten, möchte im Gegentheil eher annehmen, dass Cailliaud am Gor-Mor-Guss, den man ihm vielleicht Abd-el-Somat nannte, campirte. Denn wenn auch ein sehr langsames Fortschreiten der Dünen nicht geleugnet werden kann, so ist doch kaum anzunehmen, dass dieselben innerhalb eines Zeitraums von 54 Jahren ca. 10 Kilom. zurücklegen.

Ich habe in meinem Buche: Quer durch Afrika B. 1 p. 200 darauf hingewiesen, dass in dem mittleren Theil der Sahara sowohl, wie im westlichen, ein langsames Vorrücken der Dünen von Osten nach Westen, hervorgerufen durch die vorherrschende Windrichtung, beobachtet werden könne. Im libyschen Theil der grossen Wüste würde das Vorrücken nach Süden mit einer geringen Neigung nach O. erfolgen. Aber auch hier möchte ich betonen, wie sehr langsam die Fortbewegung solcher grossen Sandmassen sein muss. Die Seen Lueschkah, Araschïeh und

Schiatah westlich von der Oase des Jupiter Ammon, welche ich selbst besuchte, fand ich unmittelbar am Fusse grosser Sanddünen gelegen. Der Bahr-el-dūd in Fesan ist rings von Sandbergen umgeben, — und doch sind diese Seen im Laufe der Zeit noch nicht verschüttet worden. Wie sehr befürchtete man das Versanden des Kanals von Sues durch die nahen Sandhügel, es hat sich herausgestellt, dass demselben von dieser Seite keine Gefahr droht.

Der Sand, den wir jetzt durchzogen, bestand überall aus kleinen abgerundeten Quarzkörnern, untermischt mit Versteinerungen, und jedenfalls Product des Meeres, was zum Theil eben aus den Bestandtheilen desselben hervorgeht. Wie der Sandstein zunächst durch eine Verkittung von Sand gebildet wird, so ist Sand wiederum das Product einer mechanischen und chemischen Zerstörung dieses Gesteins, welche besonders im Meere vor sich geht. Wir hatten es hier überall mit Sand zu thun, welcher nicht an Ort und Stelle gebildet sein konnte, denn das anstehende Gestein, wo solches zu erreichen war, war stets Kalk.

Am selben Tage, als wir Buëb erreichten, einen vom Gor-Mor-Guss und einem gegenüberliegenden Felsen gebildeten Engpass, wurde unsere arabische Gefolgschaft wieder durch eine von Dachel kommende Karawane in grösste Aufregung versetzt. Alle Flinten wurden probirt, es bildete sich eine Avantgarde, die Vordersten warfen Sand in die Luft, es wurde gekreischt und geschrieen und das Alles um Nichts. Als man sich gegenseitig erkennen konnte, erblickten wir 3 Männer und 2 Frauen, die mit einigen Eseln und Rindern über Farafrah nach Uah el-Beharīeh wollten. Dies prahlerische Gebahren unserer Beduinen war höchst widerwärtig und immer mehr gewann ich die Ueberzeugung, dass sie in einer wirklichen Gefahr uns schändlich würden in Stich gelassen haben.

Als wir beim Gor-Mor-Guss an festes Gestein kamen, überdiess schon eine beträchtliche Höhe erreicht hatten, hatte ich gehofft, damit das Ende dieser langweiligen Allee gewonnen zu haben, aber dem war nicht so. Sie zog in derselben Richtung noch weiter, nur mit dem Unterschiede, dass der Weg zwischen den Sanddünen dicht mit dunkelblauem, stahlfarbigem Schwefelkies bedeckt war. Einen eigenthümlichen Anblick gewährte diese Farbe, schien die Sonne darauf und noch mehr bei Abendbeleuchtung; man glaubte einen geschmolzenen und dann erstarrten Eisenstrom vor sich zu sehen. Der dunkle Glanz wurde natürlich durch die weissen Dünen auf beiden Seiten gehoben.

Seit wir Bir Dikker verlassen, hatten wir auch nicht die kleinste Pflanze gesehen. Erst am 6. Januar, an dem wir um 3 Uhr Nachmittags die Sandzone verlassen hatten, campirten wir Abends zwischen blühenden *Fagonia*büschen in einer Meereshöhe von etwa 370 M. Abends vorher hatten wir aber noch den Verlust von einer Kiste mit 200 Glasplatten zu beklagen, sie war vom Kamele und so unglücklich gefallen, dass alle Platten zertrümmert waren. Auch hatten wir jetzt im Ganzen schon 6 Kamele verloren. Aber froh, aus dieser langweiligen Allee heraus zu sein, schien uns diese sonst uninteressante Gegend erträglich, und hoffnungsvoll sahen wir dem nächsten Tage entgegen, der uns nach Dachel bringen sollte. Unsere Geduld wurde auf eine um so grössere Probe gestellt, als die Führer der Beduinen mit gewohnter Virtuosität im Lügen uns den Weg als viel kürzer beschrieben hatten.

Am 7. Januar wurden wir durch die ausserordentlichsten Naturscenen entschädigt. Uns durch Kleineres zum Grossen würdig vorbereitend, hatten wir zuerst eine Anhäufung niedriger Kalkhügel zu passiren und geriethen dann nach und nach in ein wahres Felslabyrinth, Charaschaf (karachef Cailliaud's) einzelner grossartiger Zeugen. Hunderte von ungeheuren, seltsam geformten Felsblöcken thürmten sich um uns auf, und welche Gestalt die Phantasie sich schaffen mochte, man konnte sicher sein, sie bald zu finden. Da sah man Königstein und Lilienstein, Sphinxe, Büsten berühmter Männer, Dome, Thiere, kurz die Natur hatte hier auf die sonderbarste Weise Formen aus den vereinzelten Felsblöcken geschaffen. Es war übrigens schwierig, durch dies Felslabyrinth den Weg zu finden, so dass wir einmal uns ziemlich weit verliefen, obschon wir immer den Spuren einer kleinen Karawane von Farafrah gefolgt waren. Diese hatte uns bei Bir Dikker überholt, im Charaschaf aber hatte unser Führer aus Unachtsamkeit die Spuren ausser Augen gelassen. Auf unserer eigenen Spur zurückkehrend, kamen wir indess bald wieder in die gute Richtung. Wenn es schon misslich ist, mit einer ganzen Karawane vom Wege oder aus der Richtung zu kommen, so ist dies noch bedenklicher für einen Einzelnen. Einige Mal war ich in grosser Angst um Zittel, dessen grosser Eifer für die Wissenschaft ihn mitunter stundenweit von der Karawane entfernte.

Um 10 Uhr detachirte ich einen der Beduinenschichs und den ältesten der eingeborenen Diener, Mohammed-Daud; beide bestiegen Kamele, deren wir jetzt eine grosse Anzahl unbeladen mit uns führten, welche bisher Futter getragen hatten, und hatten die Weisung voran zu reiten, so schnell wie möglich, um im Gassr-el-Dachel, der Hauptstadt der Oase, unsere Ankunft zu melden. Die schnell davontrabenden Kamele entzogen sich rasch unseren Blicken.

Die Scenerie wurde immer grossartiger und staunend hielten wir gegen 2 Uhr vor einem engen Durchgange mit senkrechten Felswänden sonderbarster Form. Ich forschte bei allen Führern, ob diese Pforte keinen Namen habe und da sich herausstellte, dass sie noch unbenamst war, beschlossen wir einstimmig, denselben „Jasmund's Pass, Bab-el-Jasmund“ zu nennen, und diese Inschrift wurde mit lateinischen und arabischen Lettern an die östliche Felswand geschrieben. Herr von Jasmund hat es wohl verdient, dass wir ihm ein so bleibendes Andenken in der Erforschungsgeschichte Afrika's sicherten.

Kaum eine halbe Stunde später erreichten wir ein noch grossartigeres Thor, von so kolossalen Felsen gebildet, dass es

Blick von Bab-el-Cailliaud nach der Oase Dachel.

auch in Europa ein Touristenziel bilden würde. Die ungemeine Transparenz der Luft der Sahara liess überdiess alles grösser, die Conturen viel deutlicher erscheinen. Dazu kommt der Mangel an Vegetation, der natürlich die Formen der anorganischen Natur noch schärfer hervortreten lässt. Kurz auf uns alle machten diese Felswände den wunderbarsten Eindruck. Diesen zweiten Engpass tauften wir zu Ehren unseres Vorgängers, des Franzosen Cailliaud, „Bab-el-Cailliaud". Etwas vor Bab-el-Jasmund hatten wir den höchsten Punkt zwischen Farafrah und Dachel, ca. 444 M. über dem Meere, erreicht und von Bab-el-Cailliaud begannen wir rasch bergab zu steigen, aber keineswegs war dieser Abstieg, Negeb-el-Dachel (Akabah du Dakhel Cailliaud's) so halsbrecherisch, als der östliche Negeb, welcher nach Farafrah hinabführt. Die Seitenwände des sich nun nach Südost hinabwindenden Thales (Photogr. 4) bleiben aber immer gleich grossartig, die südliche Wand heisst in ihrer äussersten östlichen Ecke Djebel Lüfte (auf Photogr. 8 im Hintergrunde rechts).

Viertes Kapitel.

Aufenthalt in der Oase Dachel. Jordan's Aufbruch nach Westen.
7. bis 22. Januar 1874.

Empfang der Expedition in Gassr Dachel. Ein Wohnhaus in der Oase. Das Zauberwort Bakschisch. Vorbereitungen für den Weitermarsch. Unkenntniss der Oasenbewohner über die westlich angrenzende Wüste. Recognoscirungsausflug zum Edmonstone-Berge. Jordan's Aufbruch. Die Stadt Gassr Dachel. Thermalquellen. Hassan-Effendi, der Brunneningenieur, ein Wohlthäter der Oase. Handwerker und Zunftwesen. Der Tempel Dēr-el-hedjar und seine Ausgrabung durch Remelé. Hes-ab, Scherbenberge. Topf-Architectur und gestempelte Ziegel. Remelé's Aufnahmen im Negeb-el-Dachel.

Es war vier Uhr Nachmittags geworden, als wir einen Reiter, mit langer Flinte bewaffnet, begleitet von einem Sclaven, auf uns zusprengen sahen. Hätten unsere Beduinen nicht gewusst, dass ich unsere Ankunft hatte melden lassen, wäre es ihnen unbekannt gewesen, dass Gassr-el-Dachel, welches sich allerdings unseren Blicken noch entzog, nur noch eine Stunde entfernt sei, ich glaube fast, sie hätten wieder Sand in die Luft gewirbelt und unter's Gewehr gerufen. So aber verhielten sie sich ruhig und suchten im Gegentheil durch allerlei Anordnungen ihren armseligen Kleidungsstücken einen Sonntagsnachmittagsschimmer zu verleihen. Als unser Reiter nahe gekommen, präsentirte er sich als der Oberstlieutenant [1]) der Gensdarmerie, abgeschickt im Namen des Mudir's, uns zu

---

[1]) Man mache sich keine hochgespannten Erwartungen aus den nun folgenden Titulaturen der Dachelaner Würdenträger, es sind einfach die Uebersetzungen ihrer Titel, welche aber in Wirklichkeit unseren Aemtern nicht entsprechen.

5.

Churschid-Effendi, Gouverneur von Dachel.

begrüssen und uns die Versicherung zu bringen, dass wir nicht nur durch unsere Abgesandten am selben Morgen schon angemeldet, sondern dass unsere Herkunft nach Dachel auch von Siut aus schon angekündigt sei.

Endlich bogen wir dann um den letzten Vorsprung des das Thal im Süden begrenzenden Gebirges, den erwähnten Djebel Lüfte, und die grünen Palmenhaine, die Ortschaften, die Getreidefelder Dachel's lagen im schönsten Schmucke vor uns. Man denke sich aber keineswegs eine ununterbrochene grüne Fläche, nein, nur einzelne Palmengärten, einzelne grüne Aecker traten aus einer, im Allgemeinen unfruchtbaren oder doch wenigstens uncultivirten weiten Ebene hervor, welche im Westen und Süden von unendlichen Sandflächen begränzt zu sein schien.

Etwa eine halbe Stunde später, als wir schon im Angesicht der Stadt Gassr (Photogr. 6) waren, erschien ein glänzender Aufzug, um uns zu bewillkommnen, meist auf Eseln reitend, einige auch zu Pferde. Da war der Mudir [1]) von Dachel, Churschid-Effendi (Photogr. 5), mit Ausnahme des Tarbusch in europäischer Kleidung, dicht neben ihm ritt in schneeweisser Kleidung sein Neffe Achmed, so hell von Hautfarbe, dass man ihn fast für ein Mädchen halten konnte. Einige Diener umringten sie. Dann kam der Hakim oder Obermedicinalrath von Dachel, ebenfalls europäisch gekleidet, endlich der würdige Schich-el-beled, ein ächter Dachelaner und uns ein wohlgeneigter Oberbürgermeister. Der Generalsecretär, der Geheimsecretär, beide Kopten, und viele Andere aus dem Orte hatten sich angeschlossen, um die von Ferne gekommenen Fremden zu begrüssen.

Der Mudir sprang vom Esel, begrüsste jeden von uns einzeln mit Handschlag und dem schönen Gruss: „Gott sei gelobt, Gott grüss Euch“, welchem Beispiel die anderen Würdenträger und

[1]) Ich bediene mich des Ausdrucks Mudir, mit dem der Gouverneur gewöhnlich titulirt wurde, obschon Dachel kein Mudirat ist, sondern unter dem Befehl von Siut steht. Sein wirklicher Titel ist Häkim.

Honoratioren folgten. Da gab's einigen Aufenthalt. Sodann ein langes Complimentiren, weil die Dachelaner wünschten, wir sollten von unseren Kamelen steigen, um ihre Esel zu benutzen. Niemand machte aber von diesem höflichen Anerbieten Gebrauch und so ging es weiter nach der nunmehr ganz nahen Stadt.

Der ganze Ort schien einen Exodus gemacht zu haben, alle Hügel in der Nähe waren dicht besetzt mit hockenden Gestalten, namentlich fehlte von der Jugend gewiss Niemand, um den Einzug der wunderbaren Fremdlinge zu betrachten.

Der Mudir wies uns selbst einen passenden Platz an in nächster Nähe des Ortes und da er selbst mit Hand anlegte, also seine ganze Umgebung natürlich dem Beispiele folgte, standen bald unsere hübschen Zelte, um neues Staunen und Bewunderung bei den Dachelanern hervorzurufen; wir selbst aber waren recht froh, nun endlich zur Ruhe zu kommen, denn von Sonnenaufgang bis Sonnenuntergang waren wir wieder unterwegs gewesen. Wie viel herzlicher, wie viel anders war aber hier der Empfang als in Farafrah. Ohne dass die Bewohner der Oase es uns zu sagen brauchten, fühlten wir gleich, dass wir ihnen herzlich willkommen seien.

In unseren Zelten blieben wir indess nur noch einen Tag. Abgesehen davon, dass der Lagerplatz auf einem alten Friedhofe sich befand, was wir Abends übersehen hatten, war er dem Winde sehr ausgesetzt, und da wir voraussichtlich längere Zeit in Dachel zuzubringen hatten, um die Kamele ausruhen zu lassen und uns für den Weitermarsch zu verproviantiren, so waren wir sehr erfreut, dass der Mudir uns am anderen Tage eins der geräumigsten Häuser zur Verfügung stellen liess.

Dies Gebäude lag an der nordwestlichen Ecke von Gassr Dachel und war so gross, dass es unsere ganze Expedition aufnehmen konnte. Es war jedenfalls, wie übrigens alle Häuser in den Oasen, ohne Plan angelegt, indem der jeweilige Besitzer nach seinen Bedürfnissen und Launen bald hier ein Zimmer daran oder darauf bauen oder auch das Ganze durch einen Hof vergrössern liess. Durch ein grosses spitzbogiges Eingangsthor mit hübsch geschnitzter Holzinschrift (einem Koranspruch) gelangte man in einen Vorhof, auf welchen rechts ein Hofraum und die Küche der eingeborenen Diener mündete. Links führte eine Treppe auf zwei Zimmer, wo wir später Stroh und Bohnen aufbewahrten. Durch einen langen Gang kam man dann ins eigentliche Wohngebäude. Eine Treppe führte auf einen Hofraum, auf den die Küche stiess, von diesem gelangte man in drei Zimmer, von denen eins als Vorrathskammer, eins als Zittels Salon diente, während sich Remelé im dritten einquartierte. Von dem Hofraum aus führte eine dunkle Treppe nach einem zweiten kleineren, auf den sich Ascherson's und Jordan's Zimmer öffneten, welches letztere recht luftig nach Norden gelegen und von ihm deshalb gewählt war, um dort seine Instrumente am besten placiren zu können. Diese beiden Zimmer waren wohl für das Harem des Hausherrn bestimmt. Endlich führte der lange Gang durch einen anderen Hof, zu einem weiteren, eine Treppe hoch belegenen Gemach, welches ich für mich auswählte.

Zunächst machten wir nun beim Mudir unseren officiellen Besuch. Er hielt sich gewöhnlich Tags über in einem geräumigen Veranda-artigen Saale auf, der unmittelbar an einen Palmengarten stiess und mit seiner Wohnung durch einen bedeckten Gang in Verbindung stand. Hier wurde auch der Firman verlesen, die Behörde nahm Abschrift davon und die übliche Tasse Kaffee wurde geschlürft, lange Tschibuks und Cigaretten geraucht und dann über das Bakschisch mit unseren Beduinen verhandelt.

Das Zauberwort Bakschisch wird im Guide annuaire d'Egypte 1872—73 so definirt: „Im Grunde genommen, bedeutet es eine Gratification, wird aber auch noch verschiedentlich sonst gebraucht. Das einfache Trinkgeld heisst Bakschisch; auch wenn man gar keinen Grund zum Geben hat, nennt man die Gabe Bakschisch. Geben, um sich von einem lästigen Bettler zu befreien, heisst Bakschisch; einem Beamten ein Geschenk versprechen, bloss damit er seine Pflicht thue, heisst Bakschisch; ihm Geld versprechen, um ihn seiner Pflicht abwendig zu machen, oder wie man in Europa sagen würde „bestechen“, heisst einfach Bakschisch geben. Es gibt selbst gewisse Beamte, besonders im Verwaltungskreise, welche nur von Bakschisch leben und dies auch offen bekennen.“ Am besten definirte Ascherson das Wort Bakschisch. Nach ihm ist dieser Ausruf eine Reflexbewegung der Sprachwerkzeuge des Aegypters, welche ausgelöst wird, sobald er einen Europäer, besonders einen Engländer zu sehen bekommt.

Aehnliche Begriffe hatten auch unsere Beduinen vom Worte und von der Substanz des Bakschisch's, so dass ich vor dem Mudir handeln und feilschen musste, wieviel ein Jeder bekommen sollte, trotzdem Alle ihren ausgemachten Miethpreis erhalten hatten. Da eine grosse Anzahl zu befriedigen war, ausserdem die Schichs je 40 Frcs. Trinkgeld zu bekommen hatten, so kosteten uns die Bakschisch's eine beträchtliche Summe.

Auch dem Schich-el-beled (Oberbürgermeister) wurde ein Besuch gemacht, der mit seinem Bruder ein noch grösseres Gebäude bewohnte, als das, welches unsere Expedition inne hatte (Photogr. 10). Da aber alle, wenn auch ganz verschieden angelegt, doch nach ähnlichen Anordnungen und den gleichen Bedürfnissen gemäss entsprechend gebaut sind, so unterlasse ich eine specielle Beschreibung.

Es versteht sich von selbst, dass wir, nachdem wir uns, so gut es ging, häuslich eingerichtet hatten, durch Spaziergänge die nächste Umgegend kennen zu lernen suchten. Freilich ging uns viel Zeit durch die langen Besuche verloren, welche uns abzustatten die ganze Obrigkeit zweimal täglich für gebotene Höflichkeit hielt, Besuche, die ohne Veranlassung manchmal stundenlang dauerten, und wobei weiter nichts geschah, nachdem Kaffee getrunken und geraucht war, als dass jeder seinen eigenen Gedanken nachhing. Doch habe ich besonders die liebenswürdige Bereitschaft hervorzuheben, mit der die Localbehörde uns Gastfreundschaft erwies; während dreier Tage wurden wir ganz und gar vom Mudir bewirthet. Wir erhielten Hämmel, Puter, Hühner, Brod und Butter, und dass ganze Töpfe und Körbe voll Datteln gebracht wurden, versteht sich von selbst. Auch der Schich-el-beled, der Hakim und andere Privatpersonen liessen es an Gaben nicht fehlen, so dass unsere Proviantkammer bald gefüllt wurde. Ja am zweiten Tage kam von der nah gelegenen Ortschaft Galamûn eine Deputation, welche die ganze Expedition einlud, dem Ort doch einige Zeit „scherifa“, d. h. die Ehre unseres Besuches zu erzeigen.

Meine Geschenke gingen freilich auch rasch ab. Silberdraht und silberne Uhren verschwanden wie durch Zauber, obschon ich von Ersterem ein Pfund, von Letzteren ein ganzes Dutzend mitgebracht hatte. Dass bald darauf die ganze Gastfreundschaft auch noch bezahlt werden musste, brauche ich wohl kaum zu erwähnen, nicht nur durch die eben genannten Geschenke, sondern mit baarem Gelde. Ja, die Diener der Behörden erhielten noch so hohes Bakschisch, dass auch dadurch die gegebenen Lebensmittel reichlich vergütet waren. Die Sitte will es nun einmal so, und als Vertreter der deutschen Nationalität durften wir uns doch nicht „lumpen“ lassen.

Völlig uneigennützig erwies sich dagegen ein angesehener Einwohner des Ortes Mut, Namens Hassan-Effendi, ein Gentleman im wahren Sinne des Wortes. Nicht sobald hatte er erfahren, dass wir angekommen waren, als er an Lebensmitteln schickte, was nur in seinen Kräften stand, mehrere Centner Reis und Weizen, die fettesten Hämmel und Puter, und von einem Werfen mit der Wurst nach der Speckseite war bei ihm nicht die Rede. Von diesem braven Manne, dessen Verdienst um die Oase Dachel nicht hoch genug angeschlagen werden kann, wird später noch öfter die Rede sein.

Meine nächste Sorge war natürlich, den weiteren Vormarsch der Karawane zu organisiren. Wir hatten uns für den Fall einzurichten, dass auf der ganzen Strecke zwischen Dachel und Kufara weder Wasser noch hinreichende Vegetation zur Ernährung der Kamele anzutreffen war. Selbst für den Rückweg hatten wir noch unsere und unserer Kamele Nahrung zu beschaffen, denn wir konnten nicht wissen, welche Aufnahme wir in dieser Oase finden würden, wo die Senussi regieren, und zwar ohne irgendwie mit einer weltlichen Behörde, wie in Farafrah, die Herrschaft zu theilen; vermuthlich waren dort auch ebensowenig grosse Einkäufe an Nahrungsmitteln zu machen, wie in jener Oase. Dass wir nun nicht für eine so lange Zeit den nöthigen Vorrath an Wasser und Futter mit uns führen konnten, ist selbstverständlich. Es war vielmehr nothwendig, eine Anzahl Depots in geeigneten Abständen anzulegen, auf welche wir uns sowohl beim Vor- als beim Rückmarsche zu stützen hatten. Um nun die erforderlichen bedeutenden Vorräthe nach Westen zu bewegen, waren wiederholte Transporte nothwendig und da dieselben natürlich eine beträchtliche Zeit in Anspruch nahmen, war es geboten, ohne Zeitverlust damit vorzugehen. Selbstverständlich konnten die Depots nur unter Aufsicht eines Expeditionsmitgliedes angelegt werden und da ich wegen der sehr schwierigen Verhandlungen zur Beschaffung der Vorräthe Dachel nicht wohl eher verlassen konnte, ehe die Verproviantirung in der Hauptsache gesichert war, ersuchte ich Jordan, die Führung des zuerst nach dem unbekannten Westen vorgehenden Detachements zu übernehmen. Er war für diese Aufgabe noch insofern besonders befähigt, als er den von ihm zurückgelegten Weg sogleich durch astronomische Bestimmung festlegen und so für die nachfolgenden Abtheilungen die Einhaltung der zweckmässigen Richtung sichern konnte. Zu diesem Zwecke musste der Weg in passenden Abständen mit Wegezeichen versehen werden, wozu ich ausser der Verwendung von Steinhaufen hauptsächlich Palmstäbe (Djerîd) bestimmte, an welchen noch Fähnchen von dunkelgefärbtem Zeuge angebracht werden sollten. Jordan erklärte sich zu meiner Freude sofort bereit, diesen zwar ehrenvollen, aber auch ebenso schwierigen als gefährlichen Auftrag zu übernehmen und hat ihn auch rühmlich ausgeführt.

Freilich wurden wir noch 10 Tage in Gassr Dachel festgehalten, bis dieser erste Vorstoss nach Westen erfolgen konnte. Namentlich fehlte uns Kamelfutter. Ich hatte zwar schon von Farafrah aus nach Siut geschrieben, für uns 120 Säcke Bohnen zu kaufen, aber wann konnten dieselben eintreffen? So entschloss ich mich in Dachel selbst Reis einzukaufen und der Mudir ging mir damit bereitwilligst an die Hand. Zwar steckte er sans façon das Geld in seine Tasche, aber ich ermöglichte es doch binnen Kurzem eine hübsche Anzahl von Säcken Reis zu sammeln. Auch hatte ich die Freude, dass einige Tage nach unserer Ankunft in Dachel 10 frische und vorzügliche Kamele, mit Sätteln versehen, aus Siut für uns eintrafen.

Ebenso wenig wie wir in Farafrah irgendwie eine zuverlässige Auskunft über die westlichen Landstriche erlangen konnten, wussten auch die Bewohner von Dachel etwas Sicheres darüber zu berichten. Zwar kannten auch hier Alle die Namen Sersura und Kufara, aber wo die erstgenannte Oase und wie weit von Dachel entfernt, oder wie beschaffen dieselbe sei, wusste Niemand anzugeben. Der Mangel von Kamelen in der Oase ist jedenfalls der Hauptgrund, weswegen die Bewohner derselben so wenig das Bedürfniss fühlen, über die Aussenwelt sich zu unterrichten, eben weil ihnen die Mittel der Fortbewegung abgehen. Das Interesse derselben für Alles, was nicht in ihrem nächsten Bereiche liegt, ist so gering, dass die meisten Bewohner von Gassr nicht nach den nur 1½ Stunden westlich von der Stadt gelegenen monumentalen Ruinen von Dēr-el-hedjar gekommen waren, ja dass kein Einziger je den ca. 2½ Stunden im W. gelegenen Berg Edmonstone[1]) besucht hatte.

[1]) So wurde von uns dieser Berg, welcher ohne Namen war, genannt nach dem ersten europäischen Reisenden, der 1819 Dachel besuchte, dem Engländer Sir Archibald Edmonstone. Derselbe ist auf Photogr. 7 im Hintergrunde links zu sehen.

Diesen Berg zu besteigen schien mir vor allen Dingen geboten, da man von ihm aus einen weiten Ueberblick nach Westen haben musste, der für unseren Vorgang nach dieser Himmelsgegend von Wichtigkeit sein musste. Es war auch schon deshalb nothwendig, vor dem wirklichen Abgang der Expedition die Gegend bis zum Edmonstone zu untersuchen, weil zwischen diesem Berge und dem nördlichen Steilufer der Oase ein Weg sich finden sollte, von dem aber Niemand wusste, wohin er führte.

Zittel und ich machten uns dann auch am 12. Januar zu Fusse auf den Weg mit der angenehmen Aussicht, für die Rückkehr ein Pferd zur Disposition zu haben, welches der Oberstlieutenant der Gensdarmerie unseretwegen mitbrachte. Dem steilen und zerklüfteten Ufer folgend, welches von Osten nach Westen ziehend, die natürliche Grenze der Oase nach Norden bildet, erreichten wir nach 3 Stunden den Engpass, der zwischen diesem Ufer und dem hier von N. W. nach S. O. streichenden Djebel Edmonstone liegt. Nach einem frugalen Frühstück am Fusse des Berges erkletterten wir nicht ohne Schwierigkeit die sehr zerrissenen und äusserst steilen Abhänge. Wir brauchten 1 Stunde, um die relativ 300 Meter hohe Platte zu erklimmen. Denn eine solche breitete sich, als wir oben angelangt waren, vor unseren Blicken aus, gewissermassen ein vom Ufer losgelöstes Stück Felsen von ungeheueren Dimensionen; nach W. zu sah man noch keine Begrenzung. Es handelte sich aber darum, nach dieser Richtung einen freien Blick zu gewinnen, und zu dem Zwecke machten wir uns daran, die Tafel zu durchschreiten.

Nach einer Stunde erreichten wir den Westrand, hatten aber nun (wie es uns damals schien) die tröstliche Aussicht vor uns, einen circa 1½ Kilom. breiten niederen Dünenzug und dahinter Hammadahartiges Terrain zu sehen. Eine erste grosse Etappe konnte also ohne grosse Schwierigkeit zurückgelegt werden. Auch gewannen wir die Ueberzeugung, dass der durch den Engpass führende Weg nach N., also nach Farafrah führen musste, wir bestimmten uns also für ein Vordringen südlich vom Edmonstone.

Schon etwas ermüdet erreichten wir den Ostrand wieder, kletterten oder vielmehr sprangen die Abstürze hinunter und hofften, unten uns beritten machen zu können; aber kein Pferd, kein Esel war zu sehen, erst später, nachdem wir abermals eine Stunde zurückgelegt hatten, entdeckten wir das Pferd mit seinem Wärter, welches schon am Morgen mit uns ausgezogen war, und uns abwechselnd desselben bedienend, erreichten wir allerdings lange nach Sonnenuntergang unsere Wohnung; wir waren 10 Stunden zu Fusse gewesen. Es klärte sich nun auf, dass der Mudir, der Schich-el-beled und noch andere mit Pferden und Eseln ausgeritten waren, aber in der Meinung, wir seien nach Der-el-hedjar gegangen, diesen Weg eingeschlagen hatten.

Inzwischen war auch eine Karawane aus Siut für uns eingetroffen mit neuem Proviant und den Gegenständen, welche wir als zu schwer im Kloster El-Maragh zurückgelassen hatten; auch erhielten wir am 11. Januar die zweite Post aus Europa, welche uns ausser vielen Briefen eine reiche Auswahl von Zeitschriften brachte. Ein besonderer Genuss war es für uns Álle, inmitten der Wüste den Fortgang der Ereignisse in der Heimath in der Kölnischen und Augsburger Allgemeinen Zeitung zu verfolgen, deren neueste Nummern uns nach etwa 3 Wochen erreichten.

Es wurde nun beschlossen, dass Jordan ungesäumt nach Westen aufbrechen sollte und ertheilte ich demselben folgende Instructionen:

1) Herr Prof. Jordan übernimmt die erste Vorhut des nach Kufara gehenden Detachements. Dieselbe steht unter seinem Befehle,

2) und setzt sich zusammen aus ihm, einem deutschen (Morlock) und 2 eingeborenen Dienern und 2 Kameltreibern; ferner aus 20 Kamelen.

3) Von diesen 20 Kamelen tragen 15 je 2 Wasserkisten, einen

Sack mit Futter und einen desgleichen mit Stroh. Die übrigen fünf Zelt, Geräth und Mundvorrath.

4) Die Aufgabe des Prof. Jordan besteht darin, 4 Tagemärsche in gerader westlicher Richtung von Gassr aus vorzudringen, nicht nördlich zu halten, sondern, sollten Terrainhindernisse eintreten, lieber 10—15° südlich abzuweichen. Das Aufstecken von Signalstangen, resp. das Errichten der Wegzeichen geschieht nach dem Ermessen des Führers, manchmal auf nähere, manchmal auf weitere Distance, doch so, dass man von einem Signale aus das andere erblicken kann. Ist es Professor Jordan gelungen, circa 4 Tagemärsche westlich vorzudringen, so lagert er, sucht sobald wie möglich Länge und Breite zu bestimmen, welche mit einem Rapport über die Reise dem Chef der Expedition durch die zwei Kameltreiber (mit den 18 Kamelen) zugeschickt werden. Sollte sich schon nach dem 3. Tagemarsche oder nach drei und einem halben ein sehr passender Lagerplatz finden, d. h. eine krautreiche Kamelweide, so würde es vorzuziehen sein, dort Lager zu schlagen.

5) Herr Prof. Jordan bleibt dann mit seinen ihm beigegebenen Leuten und 2 Kamelen auf dem Lagerplatze bis auf weitere Instruction und sucht während der Zeit 4—5 Stunden weit nach Westen das Terrain zu recognosciren.

6) Die übrigen 18 Kamele bleiben nur 1 Nacht nach Ankunft des Professor Jordan bei ihm und werden dann gleich am folgenden Tag nach Gassr-el-Dachel zurückgeschickt."

Sollte der Abgang der Vorhut unter Jordan am 15. Januar ausgeführt werden, so mussten die Kamele am 14. Abends da sein. Dieselben waren nämlich in der Nähe von Mut auf die Weide getrieben. Aber es wäre wunderbar gewesen, wenn die Kameltreiber pünktlich den ihnen gestellten Termin inne gehalten hätten. Das kann man nie erwarten. So waren sie denn auch nicht am 14. Abends, sondern erst am 16. Morgens zur Stelle. Einen Grund für die Verspätung gaben sie nicht an, weshalb auch?

8.

Gasr Dachel von der Südseite.

Aber während Abends vorher noch verschiedene unserer Beduinen bei Gott und dem Propheten geschworen hatten, uns überall hin zu begleiten, ja sogar behaupteten, den Weg nach „Sersura“ ganz genau zu wissen, strikten sie im letzten Augenblicke, als die Kamele beladen waren und Jordan seinen Marsch antreten wollte. Kein Bitten, kein Drohen half, Geldanerbieten hatten keine Wirkung und selbst die Rhinocerospeitsche des Mudir's, welche dem lautesten Schreier unsanft ins Gesicht fuhr, machte die Leute nicht gefügiger. Sie blieben bei ihrer Weigerung, uns ins unbekannte Jenseits zu begleiten und pochten auf ihren Vertrag mit dem Mudirat in Siut, nach welchem sie nicht nöthig hätten, ausserhalb der aegyptischen Grenze uns zu begleiten. Was war da zu thun?

Wäre es schon misslich gewesen, von Leuten begleitet zu werden, welche nicht aus freien Stücken und frohen Muthes mitzogen, was war von Solchen zu erwarten, die nur durch die Peitsche an uns gefesselt worden waren? Und doch sind die arabischen Beduinen die einzigen guten Kameltreiber, die einzigen, die gut zu „hammeln“ verstehen. Ein Entschluss musste rasch gefasst werden, andere Leute von unseren eigenen Dienern waren rasch zur Hand — und Jordan hatte den Muth, sich mit ihnen aufzumachen. Zugleich zeigte sich, dass nicht genügend Kamelfutter vorhanden war, weshalb ich Jordan auftrug, schon nach 2tägigem Marsche zu lagern.

Wir sagten unserem Freunde Lebewohl, nachdem wir ihm eine Strecke weit bis zur Grenze der Culturen von Dachel das Geleite gegeben und er die Richtung nach Westen, südlich von Edmonstone gewählt hatte.

Während wir so die Abtheilung von Jordan einstweilen verlassen, kehren wir nach Dachel zurück, wo wir eifrigst die Ausrüstungen weiter führten, nebenbei aber auch nicht versäumten, die Merkwürdigkeiten des Ortes und der Umgebung in Augenschein zu nehmen.

Gassr, oder auch Medinet-el-Gassr-el-Dachel genannt, liegt unter 25° 42′ N. B. und nach vorläufiger Berechnung 29° 7′ O. L. v. Greenwich. Die magnetische Abweichung beträgt 6,8° W. Cailliaud giebt nach seinen Beobachtungen die Breite zu 25° 41′ 32″ N. und 26° 39′ 6″ O. L. v. Paris (28° 59′ 19″ O. Gr.) an. Die Hauptquelle liegt 110 M. über dem Meere.

Die Stadt hat nach den Angaben des Mudir 6000 E., d. h. mit den drei südöstlich vom Orte gelegenen Colonien oder Ansiedelungen, „Neslat“ pl. von Neslah genannt. Diese liegen in einer Reihe von N. nach S. und heissen: Barbajah im N., die mittlere Aftimeh, die südliche Sekrīeh. Cailliaud giebt die Einwohnerzahl von Gassr zu circa 2000 Seelen an, womit er offenbar aber nur die der Stadt meint. Zwar taxirt er die ganze Bewohnerschaft von Dachel im Jahre 1820 nicht höher als 5000 Seelen, woraus auf eine erfreuliche Zunahme der Bevölkerung zu schliessen wäre, denn gegenwärtig hat Dachel nach officieller Angabe circa 17000 E., was für den mit den Verhältnissen Vertrauten eher zu niedrig als zu hoch erscheint. Edmonstone, welcher im Jahre zuvor als erster Europäer Dachel besuchte, macht keine Angaben über die Einwohnerzahl. Es ist auffallend, dass Cailliaud nichts von diesem Besuche erwähnt, denn sicher haben die Einwohner Dachel's ihm gegenüber ein solches Ereigniss nicht mit Stillschweigen übergangen.

Inmitten der Stadt, in der Nähe einer kleinen Moschee, befindet sich eine warme Sprudelquelle Ain hāmĕah (d. h. Warmquelle) genannt. Das Wasser ist stark eisen- und schwefelhaltig und mit dem Baudin'schen Pinselthermometer fand ich die Temperatur desselben zu + 36° bei einer Luftwärme von + 18° C. Cailliaud fand am 24. Februar 1820 bei einer Lufttemperatur von 21,9° das Wasser dieser Quelle zu 38° C. In der Nähe sind mehrere Bassins, ein grosses, wo Kinder baden und die Frauen das Wasser zum Trinken schöpfen, ein mittleres, ausgemauertes, im Freien, und eins in der Djemmah selbst, welches letztere besonders zu den Ablutionen der Gläubigen bestimmt ist. Warm ist das Wasser natürlich kaum trinkbar, aber in Thonkrüge (Gullah's) zur Abkühlung gegossen, ist es trotz seines metallischen Geschmackes kein unangenehmes Trinkwasser. Von diesen porösen Wasserkühlern bringen die Dachelaner hauptsächlich zwei Formen (Fig. 8 und 9) in Anwendung, von denen ich die Figur 9 dargestellte sonst nirgends angetroffen habe.

Fig. 8.

Fig. 9.

Die anderen Quellen in der Nähe von Gassr zeigen eine ähnliche Temperatur und Beschaffenheit des Wassers. So hatte der Bir-el-Schich el-Kerim bei einer Luftwärme von + 14° C. eine Wassertemperatur von + 35°, der Bir-Schahabieh hatte 33,5° C. Diese beiden letztgenannten sind vom Hassan Effendi gebohrt und haben eine Tiefe von resp. 325 und 300 Fuss. Auch die vom Hassan Effendi gebohrte Ain Chalafferlah sserhir hatte bei 18° Luftwärme 36° C. Es scheint hieraus hervorzugehen, dass alle Quellen ein- und derselben wasserführenden Schicht entstammen und dass man, wo man auch will, Wasser in gleicher Menge aus dem Boden hervorlocken kann. Denn alle die oben genannten Quellen und noch mehrere andere befinden sich in nächster Nähe von Gassr.

Der schon früher erwähnte Hassan-Effendi, ein aus dem Nilthal gebürtiger Fellach, hat sich das grosse Verdienst erworben, im Laufe der letzten 30 Jahre schon circa 60 neue Brunnen in Dachel anzulegen. Ursprünglich Diener des französischen Berg-Ingenieurs Lefèvre, welcher in den 30er Jahren in aegyptischen Diensten stand, erlernte er von demselben, der 1832 mit der Anlage von Brunnen in der Oase Chargeh beauftragt wurde, diese Kunst und es gelang ihm so mit den einfachsten Mitteln der Oase Dachel ein doppelt so grosses Stück Culturland zu gewinnen, als vorher anbaufähig war.

Die Stadt Dachel ist für eine Oasenstadt gut gebaut und die meisten Wohnungen haben ein oberes Stockwerk. Sie besitzt

4 Moscheen und eine in neuerer Zeit gegründete Sauïah der Senussi, welche jedoch in Dachel für ihren eigenen irdischen und den himmlischen Vortheil ihrer Pfleglinge keinen sehr günstigen Boden zu finden scheinen. Der städtische Charakter Dachel's offenbart sich aber am meisten in den Handwerken, welche dort vertreten sind, weniger in dem städtischen Aussehen, denn die Strassen sind schmal, krumm, oft überbaut und dunkel und namentlich voll Schmutz und Unrath. Alle hauptsächlichen Handwerker aber sind vertreten und da, wie in Aegypten, das Zunftwesen in seinem ganzen Vorrechte noch besteht, so ist jedes Handwerk in einer bestimmten Familie von jeher erblich. Verkauft darf dieses Recht nur dann werden, wenn kein männlicher Erbe mehr vorhanden ist und zwar geht das Erbschaftsrecht nicht seitlich, sondern auf den Erstgeborenen über. Auch kann die Meisterschaft nicht durch Heirath erworben werden. Stirbt ein Meister und hat überlebende Brüder und Töchter, so wird nicht etwa einer seiner Brüder Erbe der Meisterschaft, noch kann seine Tochter durch Heirath dem Geschäfte einen neuen Meister geben; in diesem Falle hat die Wittwe oder die weibliche Nachkommenschaft nur den Vortheil, die Meisterschaft verkaufen zu können. Die Zahl der Meister in jedem Handwerke ist selbstverständlich eine von Alters her bestimmte.

Um diese Handwerke und ihre Einrichtungen kennen zu lernen, machten wir eines Tages einen Rundgang durch die Stadt, begleitet vom Oberbürgermeister, vom Medicinalrath und verschiedenen anderen Persönlichkeiten, welche sich umsonst den Kopf darüber zerbrachen, aus welchem Grunde wir dem Schuhmacher oder dem Drechsler einen Besuch machen wollten. Da waren aber ausser diesen noch Tischler, mehrere Müller (es befinden sich drei grosse von Ochsen getriebene Mühlen im Orte), zwei Schmiede, ein Waffen- und ein Zeugschmied, endlich ein Destillateur, welcher sich damit beschäftigte, aus schlechten Datteln in schlechten Retorten schlechten Schnaps zu fabriciren.

Und doch machte derselbe gute Geschäfte, unter Anderen war der Bürgermeister ein guter Kunde von ihm. Schneider giebt es nicht, weil die Kleidungsstücke meist fertig aus dem Nilthal kommen, oder aber die ärmeren Leute sich solche selbst verfertigen. Eine recht sinnreiche Maschine dient zum Reinigen der Baumwolle, welche Arbeit von Frauen auf offener Strasse verrichtet wird. Durch zwei Walzen, wie nebenstehende Figur 10 zeigt, wurde die Baumwolle hindurchgezogen und so von den Kapseln befreit.

Fig. 10.

Ich wollte nicht darauf bestehen, in das Innere einer der Moscheen geführt zu werden, als ich danach begehrte, schlug man es mir ab; es hätte zwar nur des energischen Willens meinerseits bedurft, um meine Absicht durchzusetzen, aber dazu lag keine Veranlassung vor, denn alle waren neueren Datums und ganz kunstlos erbaut[1]). An vielen Gebäuden in Gassr, von denen einige 4 Stockwerk hatten, bemerkte man von alten Gebäuden herbeigeholte Quadersteine und fast alle Hausthüren waren oben mit einer hübsch geschriebenen Legende (in Holz geschnitzt) verziert.

Mehr zogen uns natürlich die alten Bauten in der Umgegend von Gassr an.

Das hervorragendste Gebäude ist der circa zwei Stunden von Gassr gelegene Tempel (Photographie 11). Als wir zum ersten Mal hinkamen, fanden wir fast alle Constructionen im Sande vergraben, namentlich die östliche Front, wo Porticus und Eingang war. Ich fand bei diesem ersten Besuche eine verwitterte Frucht der jetzt in der Oase nur sehr selten vorkommenden Dumpalme. Die Hieroglyphen und Bilder der inneren Wände

[1]) Ascherson betrat später ohne Schwierigkeit (selbstverständlich ohne Schuhe) die eine Moschee, ohne irgend etwas Bemerkenswerthes zu finden.

erwiesen sich aber als sehr gut erhalten, so dass ich es für wünschenswerth hielt, eine Ausräumung vornehmen zu lassen, die allerdings recht schwierig erschien, denn ausser mit Sand, war der Tempel mit mächtigen Steintrümmern erfüllt. Ich knüpfte dennoch Unterhandlungen mit dem Schich-el-beled (Bürgermeister) an, und derselbe versprach auch sein Möglichstes zu thun, um den Tempel ausräumen zu lassen. Remelé, den ich mit Ueberwachung dieses Geschäfts betraute, hat sich seiner Aufgabe mit bestem Erfolge zu entledigen gewusst. Ich führe Folgendes aus seinem an mich gerichteten Berichte[1]) an, um zu zeigen, mit welchen Schwierigkeiten man zu kämpfen hatte:

„Die von den Dachelanern mitgebrachten Instrumente waren sehr einfach und bestanden aus langen, aus Palmbast geflochtenen Tauen, welche sich durch allzu häufiges Reissen im Laufe des Tages als unpraktisch erwiesen; dann aus mehreren recht gut geschmiedeten Steinhämmern und Aexten, endlich aus Hacken, bestimmt zum Herausziehen des Sandes und kleinen Schuttes. Letztere, sowie auch aus Stroh geflochtene Tragkörbe waren in grosser Menge vorhanden. Für eine Reparatur der Instrumente, welche eventuell hätten brechen können, war auch gesorgt; ein alter Meister sass etwas abseits im Sande und fügte zerbrochene Hammerstiele wieder zusammen, schüttelte aber allemal bedenklich mit dem Kopfe, so oft er zu unserer Arbeit herüber sah.

„Das Wegräumen ging übrigens flott von Statten, viel schneller als ich es mir bei diesen so wenig an harte Arbeit gewöhnten Oasenbewohnern vorgestellt hatte. Zwar waren unter den 50 Leuten Mehrere, die sich zu drücken suchten und Verschiedene, die principiell nichts thaten, als Schreien und Raisonniren, indess konnte man im Allgemeinen zufrieden sein.

„Ein Hauptinstrument zum Fortschaffen grosser Lasten fehlte uns leider, ein Hebebaum, trotzdem ich den Schich-el-beled schon

---

[1]) Vergl. auch Remelé in: Zeitschrift der Gesellschaft für Erdkunde in Berlin, 9. Band S. 301 ff.

vorher darauf aufmerksam gemacht hatte. Die kolossalen Steine, welche schräg an den Mauern lagen, konnten deshalb, nachdem sie umgezogen waren, nicht anders aus dem Sande weggeschafft werden, als durch Zerschlagen und bruchstückweises Fortschleppen. In der Cella des Tempels, welche von dem oberen Schutte so gut wie möglich geräumt wurde, stellte sich beim Umwerfen der ersten grossen Steine heraus, dass dieselben (sie hatten die Decke gebildet) mit Hieroglyphen geschmückt waren. In Folge dessen musste hier die Arbeit unterbrochen werden. In dem davorliegenden Raume des Tempels dagegen, wo die riesigen Decksteine zerknickt an einander lagen und keiner derselben Spuren von Bildhauerarbeit an sich trug, musste ich der Zerstörungslust der Arbeiter freien Raum lassen. Die Steine waren, mit Ausnahme des letzten, welcher, wenngleich auch geborsten, noch auf den Mauern und zum Theil in der Seitenwand eingefügt liegt, meistens in der Mitte zerbrochen und hatten sich beim Herunterstürzen fest eingekeilt. Der durch die einzelnen Lücken übrig bleibende Raum war ausgefüllt mit Sand, den die Samum-Winde im Laufe so vieler Jahre hineingeweht hatten. Was aber die Dimensionen der im mittleren Tempelraume liegenden Sandsteinblöcke betrifft, so ist der erwähnte noch erhaltene und an seiner ursprünglichen Stelle sich befindende Stein 4,3 Meter lang, 1 Meter breit und 0,6 Meter hoch. Sein Gewicht beträgt demnach, ein Kub. M. Sandstein zu 2300 Kilogr. gerechnet 5934 Kilogr. oder 11868 Zollpfund, was mehr ist, als ein gewöhnlicher Güterwagen tragen kann.

„Sechs dieser Blöcke, in zwei Theile gebrochen, waren wegzuschaffen. Das Umwerfen ging ziemlich leicht, musste aber doch sehr vorsichtig bewerkstelligt werden, da bei ungünstigem Falle resp. Anschlagen eines so schweren Blockes ein Nachstürzen stehen gebliebener Theile zu befürchten stand, was jedenfalls für die Arbeiter schlimme Folgen nach sich gezogen hätte, abgesehen von der dadurch verursachten Zerstörung. Ausserdem waren die Leute unvorsichtig und wagehalsig, indess verlief die Arbeit ohne ernstlichen Unfall. Und wenn auch gelegentlich einmal bei allzu heftigem Anziehen ein Strick riss und die Leute rücklings übereinander schlugen, so gab dies eher Stoff zum Lachen als zum Wehklagen.

„Als die Arbeiter die leichte Spaltbarkeit der Sandsteine der Länge nach bemerkten, fingen sie an, selbe zu zerkleinern, und Abends waren die meisten Blöcke und auch eine ziemliche Quantität Sand weggeschafft. Bei dieser Arbeit stellte sich übrigens bald der Umstand störend entgegen, dass durch das Eingangsportal, welches eigentlich nicht ausgeräumt werden sollte, der Sand unaufhaltsam nachlief und kein Stopfen möglich war. Ebenso misslich war es, dass die den Sand im vorderen Raume bedeckenden Blöcke von ebenfalls bedeutenden Dimensionen durch das Weglaufen des Sandes gelockert wurden, nach der Wand hinrutschten und dort einen starken einseitigen Druck ausübten, der letztere zum Einsturz hätte bringen können, wenn im Ausräumen des Sandes fortgefahren worden wäre. Um diese Gefahr abzuwenden, liess ich im mittleren Tempelraum die Arbeit einstweilen einstellen und verwendete die freiwerdenden Kräfte zum Wegschaffen der drückenden Steine und des nachlaufenden Sandes. Hierdurch wurde die Mauer frei und zeigte an der Vorderseite des Portals ziemlich gut erhaltene Hieroglyphen. Zwei Sandsteinsäulen im vorderen Raume wurden zum Theil auch blossgelegt. Leider waren die Capitäle zerschlagen, doch gelang es, die Dimensionen des einen aus den Bruchstücken zu messen. Die obere Fläche, worauf die Decke ruhte, hatte 1,55 Meter Durchmesser.

„In den folgenden Tagen hatte der Eifer der Arbeiter schon um einiges abgenommen, das Steinumwerfen und Zerschlagen hatte so ziemlich aufgehört und die Zerstörungsarbeit, welche ja immerhin für das grosse Volk allerwärts die interessanteste ist, damit ihren Schluss erreicht.

„Das ewige Sandherauswerfen wurde auch langweilig, denn der wollte gar nicht aufhören, und als das Niveau im Tempelraum gar niedriger wurde, als draussen der denselben umgebende Sand, als der Schutt nicht mehr von selbst nachrutschte und das Schleppen begann, lichteten sich die Reihen der braunen Arbeiter immer mehr, trotzdem ihr Herr und Gebieter, der Schich-el-beled dabei war. Diesen kümmerte das aber wenig, er dampfte ruhig eine Cigarette nach der anderen.

„Am dritten Tage waren keine zwanzig Leute mehr da und am vierten bloss zehn. Letztere aber waren gerade hinreichend für die Arbeit im engen Raum der Cella. Es waren dies Tagelöhner des Schichs, alle willig und fleissig. Aber an dem Tage konnte erst Mittags mit der Arbeit begonnen werden und nun wurde ein wichtiger Theil der Ausräumung in Angriff genommen, nämlich das Herausschaffen der auf einer Seite mit Hieroglyphen versehenen Decksteine der Cella. Und auch hier ging die Arbeit im Ganzen gut von Statten. Die Leute erleichterten sich die Arbeit durch Singen, einer, in der Regel der Aelteste, sang vor, während die anderen ihren eintönigen Refrain dazu machten. Je nach den Umständen erfindet der Sänger irgend eine Phrase, welche bei etwaiger poetischer Begabung gelegentlich durch die eines anderen ersetzt oder completirt wird. Mit religiösen Sinnsprüchen durchwebt, wird ein Vers oft fünfzigmal repetirt, und an dem Tage bemerkte ich, dass ich selbst häufig Gegenstand ihres Gesanges war. Abu-Ramleh (auf deutsch Vater des Sandes) kam bei jeder Gelegenheit vor und das Wort Bakschisch hörte ich dabei nur zu oft durchtönen. Auch an Abu-Haschisch's Grossmuth wurde gesangweise appellirt.

„Die Cella des Tempels wurde im Laufe des Tages vollständig geräumt. Gegenstände von irgend einer Bedeutung wurden nicht gefunden. Mehrere kleine Holzstücken und Fetzen von Baumwolle lagen auf dem Boden. Letzterer war mit einer festen torfähnlichen braunen Schichte bedeckt und die unteren Theile der Wände waren geschwärzt, so dass es scheint, dass der innere Raum des Tempels vor der Verschüttung noch zu anderen Zwecken als zum Gottesdienst benutzt wurde."

So weit Remelé.

Was die Schwärzung anbetrifft, so ist die Möglichkeit nicht ausgeschlossen, dass spätere Geschlechter nach Zerstörung des Tempels die Cella bewohnt haben.

Die Dimensionen des Tempels giebt Remelé nach Messung seines Dieners Taubert (eines sehr aufgeweckten jungen Schlossers) wie folgt an: Das Innere der Cella hat bei einer Höhe von 3,05 M., eine Breite von 2,43 M. und Tiefe von 3,3 M. Der mittlere Tempelraum ist 5,95 M. breit, 3 M. tief und 4,35 M. hoch. Der ganze Tempel ohne die äussere noch verschüttete Vorhalle ist inclusive Mauerstärke 7,25 M. breit und 15,55 M. lang. Natürlich wurden alle Steine, welche Hieroglyphen oder Bildwerke zeigten, photographirt.

So klein in seinen Räumlichkeiten dieser Tempel nun auch ist, so zeigt er doch vollkommen die Anordnung eines ächt aegyptischen Gotteshauses. An den beiden Seiten des Adyton finden sich die correspondirenden Sanctuarien, daran der transversale Saal und endlich die Vorhalle, ein Thorweg aus Stein und mit Hieroglyphen beschrieben fehlt nicht, und das Ganze war mit einer Mauer aus Lehmziegeln, von welcher an manchen Orten noch guterhaltene Theile stehen, umgeben.

Zur Zusammenfügung der aus einzelnen Stücken bestehenden Säulen-Tambours sind keilförmige Stücke von Ssant-Holz verwandt worden.

Aus den Hieroglyphen, deren photographische Abbildung ich den hervorragendsten Aegyptologen Lepsius, Brugsch, Dümichen, Ebers, Mariette mitgetheilt habe, geht hervor, dass der Bau dieses Tempels in das erste Jahrhundert unserer Zeitrechnung fällt. Nach Lepsius[1]) sind die Sculpturen von schlechter und später Arbeit. Die Kaiser Nero, Vespasian und Titus sind auf denselben dargestellt. Auf den Inschriften erkannten Brugsch und Lepsius

---

[1]) Zeitschrift für Aegyptische Sprache und Alterthumskunde, 1874, S. 79.

den bisher unbekannten Ortsnamen Hes-ab (Mondstadt). Professor Ebers schrieb mir, dass die feineren Bildhauerarbeiten von Künstlern aus dem Nilthale herstammen, während die gröberen von eingeborenen Oasenbewohnern gefertigt seien. Ammon gilt auch hier als Hauptgott, während sonst ebenfalls das ganze aegyptische Pantheon Verehrung findet. Auch sind, wie fast in allen aegyptischen Tempeln, an der Decke astronomische Vorstellungen angebracht.

Es wird sich heute schwer entscheiden lassen, welche Kräfte bei Zerstörung dieses Tempels, des am weitesten in die Wüste hineingeschobenen, thätig gewesen sind. Menschenkräfte dürften allein ein solches Chaos nicht bewirkt haben. Am nächsten liegt es wohl an Erdbeben, welche ja in Aegypten nicht selten vorgekommen sind, als Ursache des Einsturzes zu denken. Auch durch Aenderungen in den unterirdischen Wasserzügen könnten Bewegungen im Boden entstanden sein und möglich ist es, dass dadurch die mächtigen Mauern aus dem Gleichgewichte gekommen sind.

Im und um den Tempel war im Alterthum ohne Zweifel nicht nur das Centrum des religiösen Lebens, sondern auch die weltlichen Besiedelungen scheinen sich dort concentrirt zu haben. Schon ehe man Der-el-hedjar, so heissen die Tempelruinen bei den heutigen Bewohnern, erreicht, hat man nicht nur ausgedehnte Ruinenstätten ganzer Ortschaften zu durchziehen, sondern auch Spuren vergangener Culturen und zahlreiche versiegte Quellen deuten auf die einstige Bewohntheit dieser Gegend hin. In der Nähe des Tempels giebt es fünf grosse Flächen, welche ohne Zweifel sämmtlich oder doch theilweise die Reste der alten Stadt Hes-ab darstellen.

Nur an einer Stelle, circa 1 Stunde von Gassr entfernt, in der Richtung nach Muschīeh, entdeckten wir ausserdem noch steinernes Gemäuer, welches mir ein Rest einer ehemaligen, vielleicht römischen Befestigung zu sein schien, aber sehr häufig sah man noch

Bruchstücke gut gearbeiteter steinerner Gefässe aus Sandstein, Marmor oder Granit, auch kleinere Bronce-Gegenstände und Münzen wurden von uns dort gefunden.

Grossartig waren die Hügel, Berge möchte ich sagen, von Topfscherben. Man wäre versucht, zu sagen, die alten Aegypter hätten für nichts Anderes Sinn gehabt, als für Topfsammlungen. Die Bauten der Nilthalbewohner unserer Zeit geben uns aber den Schlüssel hierzu, welchen wir in denen der heutigen Oasen-Bewohner vergebens suchen würden. Man baut nämlich im Nilthal heutzutage noch ganze Wände aus Töpfen und schmiert die Zwischenräume mit Thon aus. Sei es aus Zeitersparniss, denn mit ganzen Töpfen lässt sich natürlich schnell mauern, oder aus was immer für einem Grunde, man sieht im Nilthal Häuser, die ganz aus Töpfen errichtet sind. Gewöhnliche Wasserkrüge, 1½ Fuss hoch, mit entsprechendem Durchmesser, werden dazu genommen, manchmal sieht man auch nur Scherben mit verwendet, und ist letzteres Verfahren in den Oasen jetzt noch in Anwendung, d. h. wie in vielen thüringischen Orten durchlegt man die Zwischenräume zwischen den Ziegeln mit harten Topfscherben. Sehr interessant war es, dass an verschiedenen Bauten die Ziegel, obschon sie nie durch Feuer hart gebrannt waren, Zeichen trugen, entweder eine Fabrikmarke oder als Mittel dem Mauerwerk einen festeren Verband zu geben, z. B. eine Spirale (Fig. 12), auf dem einen Ziegel erhaben, auf dem andern vertieft.

Fig. 11.

Fig. 12.

Die Profanbauten, von denen noch sehr viele recht gut erhalten sind, bestehen aus kleinen Räumlichkeiten, mehr lang als breit, weil die Decke stets gewölbt ist. Manchmal fanden wir zwei oder drei dieser Zimmer über einander. Licht erhielten diese Wohnungen, abgesehen von der Thür durch in die Wölbung eingesetzte Töpfe, welche oben und unten offen waren und wahrscheinlich eigens zu diesem Zwecke construirt wurden. Es ist interessant genug, zu beobachten, wie alle Wohnungen gewölbt und zwar keineswegs aus gebrannten, sondern aus einfach an der Sonne getrockneten Steinen erbaut sind, was sich zum Theil nur daraus erklären lässt, dass man Holz sparen wollte. Heute wölbt man in den Oasen nicht mehr und der Holzmangel ist auch keineswegs so gross, dass diese Construction nöthig wäre, war in früherer Zeit aber auch schwerlich grösser als jetzt. Als Form der Wölbung bemerkten wir nur die Tonnengewölbe, bei manchen jedoch war eine Tendenz zum Spitzbogengewölbe vorhanden.

Wie im Nilthale bestatteten die alten Oasenbewohner ihre Todten in aus dem Felsen gehauenen Gräbern und die senkrechten Felswände des geschichteten Gesteins, welche Dachel im Norden und Osten einschliessen, boten die bequemste Gelegenheit, derartige Katakomben zu errichten. Südwestlich von Der-el-hędjar ist denn auch eine Felswand, welche eine Menge Gräber aufweist und nördlich stehen mehrere vereinzelte Felsenhügel, Zeugen, welche ganz durchlöchert sind. Meist sind aber alle Grabstätten von den Schätze suchenden Nachkommen schon durchwühlt, welche sich um so weniger scheuen, die Hypogeen und Leichen in gewinnsüchtiger Absicht zu durchstöbern, als sie sagen, es seien dies Gräber von Ungläubigen, mit denen sie nichts gemein und auf die sie keine Rücksicht zu nehmen hätten.

Eins der wenigen noch nicht zerstörten Gräber liess ich öffnen. Es hatte eine Thür oder vielmehr einen Vorschub aus Stein, welcher von oben in zwei andere Steine hiueingeschoben war. Es kostete ziemliche Mühe, das Grab mit den primitiven Instrumenten, welche die mitgenommenen Leute zur Disposition hatten, zu öffnen. Ich fand darin sieben eingewickelte Leichen.

in sitzender Stellung, zwei davon waren Kinder. In der Mitte befand sich auf einer Stange ein Kopf von Sykomoren-Holz, ziemlich roh gearbeitet, daneben ein leerer Topf und über dem Ganzen lag eine wohlgeflochtene durchsichtige Matte aus Dattelpalmblättern von hübschem Muster, (Fig. 13 nach einer Zeichnung von F. Kurtz) ,gleichsam als ein grosses gemeinsames Leichentuch, die ganze hier begrabene Familie bedeckend. Das Werthvolle, wie Schädel, Matte etc. wurde natürlich mitgenommen. [1])

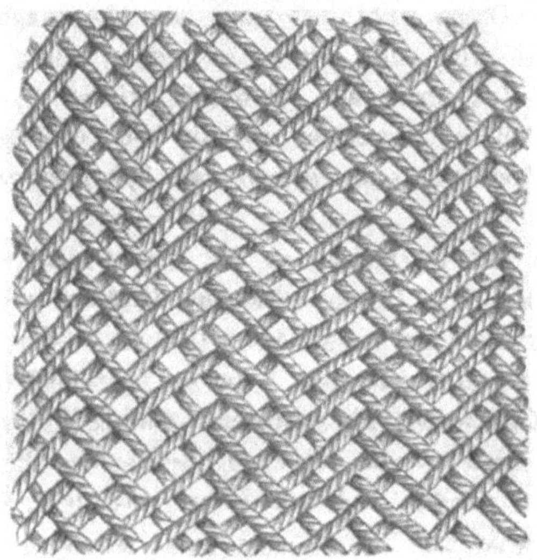

Fig. 13.

Ein bemerkenswerther Fund waren noch die in diesem Grabe vorhandenen Pflanzenreste, welche Ascherson als Früchte von *Balanites aegyptiaca* (welcher in Centralafrika verbreitete Baum, arab. Hedjelidj genannt, wohl in Oberaegypten und Chargeh, in Dachel aber nicht bemerkt wurde) und Aeste des Giftbaumes Oschar (in der westlichen Sahara Kranka genannt, *Calotropis procera*) erkannte, welcher letztere in Dachel wie am Rande des Nilthals auch jetzt noch gemein genug ist.

[1]) Vergl. Verhandlungen der Berliner Gesellschaft für Anthropologie 1874 p. 121 ff. 1875 p. 57, 58.

Leider waren die Arbeiter beim Oeffnen eines anderen Grabes so ungeschickt zu Werke gegangen, dass sie einen thönernen Mumiensarg, der darin lag, vollständig bis auf den Kopftheil zerbrachen. Derselbe zeugte von einem gewissen Luxus, wie denn auch Schweinfurth mir später in Chargeh ein reich vergoldetes Stück Grabkleid gab, welches zur Genüge darthut, wie ehemals mehr Wohlstand als heutigen Tages in den Oasen geherrscht haben muss.

An den Schädeln sowohl wie an dem Kopfe auf dem Mumiendeckel konnte ich übrigens keineswegs constatiren, dass der obere Rand des Ohres höher als das Auge war, beziehungsweise am Mumiendeckelkopf dargestellt war. Ich füge das hier ein, weil man hat behaupten wollen, dass bei den ältesten aegyptischen Mumien der obere Rand des Ohres mehr als einen Zoll höher als das Auge stände und dies „thierische“ Merkmal sich erst im Laufe der Zeit verloren habe. Möglich! Bei dem in meinen Besitz befindlichen Gypsabdruck eines Hathor-Kopfes (dessen Original sich im Bulak-Museum befindet) trifft dieses zu, die oberen Ohrränder sind in der That um einen Zoll höher, als die Augen.

In diesen Tagen unternahm Remelé einen Ausflug nach dem Negeb-el-Dachel, um die malerischsten Punkte des Felsenlabyrinths, das uns bei unserer Ankunft in der Oase entzückt hatte, photographisch aufzunehmen. Diese Excursion war keineswegs ohne Schwierigkeiten, da der ganze photographische Apparat drei Stunden weit transportirt werden musste. Wegen dieser bedeutenden Entfernung sah sich Remelé genöthigt, in dieser Einöde zu bivouakiren; sein Lagerzelt hatte er, um nicht die Lastthiere unnöthig anzustrengen, zurückgelassen. Leider war dieser erste Versuch völlig vergeblich; ein plötzlich hereinbrechender Samum schleuderte den Apparat gegen einen Felsen und die fertigen Platten wurden durch die scharfen Sandkörner mit unzähligen Löchern zerstochen. Glücklicher Weise gelang es Taubert, dessen Verhalten bei dieser Katastrophe alles Lob verdient, das photographische Zelt durch krampfhaftes Anklammern vor dem Umsturz zu schützen; aber wenige Minuten hatten ausgereicht, um die Arbeit zweier mühevoller Tage zu vernichten. Der muthvolle Künstler liess sich indess durch dies Misslingen nicht abschrecken; in einigen Tagen hatte Taubert, der sich hierbei auch als geschickter Tischler erwies, die arg mitgenommene Camera obscura wieder in Stand gesetzt und bei günstigerer Witterung zog Remelé von Neuem aus, um das Verlorene zu ersetzen. Diesmal wurde seine Ausdauer durch einen vollständigen Erfolg belohnt. Es werden indess wohl wenige Beschauer der Blätter „Bab-el-Cailliaud", „Bab-el-Jasmund", „der Berg Lüfte", „Wüstenlandschaft bei Dachel" ahnen, unter welchen Schwierigkeiten und Gefahren die Aufnahmen bewerkstelligt worden sind.

Fünftes Kapitel.

Vormarsch nach Westen.

22. Januar bis 2. Februar 1874.

Nachrichten von Jordan. Aufbruch von Zittel. „Difah“ beim Tempel Der-el-hedjar. Jordan findet Wegzeichen auf. Zittel's Vormarsch und Zusammentreffen mit Jordan. Mein Aufbruch mit arabischen Begleitern. Erzwungener Empfehlungsbrief des Senussi-Schichs. Einsames Lager beim Edmonstone Berg. Viel Lärmen um nichts. Aussenstrassen der Oasen. Jordan's erstes und zweites Depot. Für uns ungünstige Richtung der von Jordan aufgefundenen Wegzeichen. Anlage eines neuen Stapelplatzes in ausgedehnter Kamelweide. Nachrichten von Jordan's und Zittel's Weitermarsch. Vormarsch und Vereinigung mit den Reisegefährten. Vorhistorische Artefacte aus Feuerstein.

Mittlerweile war die Zeit herangekommen, wo Zittel Jordan folgen sollte, nachdem schon vorher ein Detachement mit Lebensmitteln und Wasser unter Bu-Bekr's Führung abgeschickt worden war. Jordan meldete mir indess in einem vom 18. Januar datirten Briefe mit wie grossen Schwierigkeiten er zu kämpfen gehabt hatte:

„Ich war genöthigt, meine Instruction, welche auf 2 Tage Vormarsch lautete, zu überschreiten, denn der Abend des zweiten Tages fand mich mitten in einer grossen Düne, in welcher zu bleiben wegen etwaiger Winde gefährlich war. Auch hatte ich Grund, westlich Pflanzen zu vermuthen und beschloss deshalb, noch einen halben Tagemarsch weiter vorzudringen.

„Der Zeit nach habe ich Folgendes zu berichten:

„Am ersten Tage, am 16. Januar, war ich zwar 7 Stunden 3 Minuten unterwegs, habe aber nur 4 Stunden 5 M. vorwärts gemacht. Der Rest ging mit Abwerfen der Wasserkisten, Niederstürzen der Kamele und Umpacken verloren. Ausserdem musste ich mannichfache Umwege machen zum Uebersteigen kleiner Dünen oder um Zeugen zu umgehen. Abends lagerte ich südlich vom Tafelberge (Edmonstone) 25° 37′ N. B.

„Am zweiten Tage waren zuerst die südlich vom Tafelberge sich ausdehnenden Schluchten das Verderben des Vormarsches. Es mussten schlangenartige Umwege gemacht werden und Abwerfen der Wasserkisten kam an der kleinsten Terrainfalte vor. Nach diesen Schluchten fand ich als wichtigstes Object ein verlassenes Araberlager[1]) mit verschiedenen hölzernen und irdenen Gefässen, eisernen Werkzeugen, einem hohen Kamelsattel etc. Die wichtigsten Theile dieser Beute schicke ich. Dann kam aber nach kurzem Marsche in der Ebene eine sehr grosse Sanddüne, welche meinen Weitermarsch nahezu völlig gehemmt hätte[2]), denn Niederstürzen der Kamele und Abwerfen der Wasserkisten wurde nun zur Regel und Vormarsch zur Ausnahme. Ich stak von 2 Uhr 48 Minuten bis 5 Uhr 20 M. in dieser Düne und musste daselbst Lager schlagen unter 25° 36′ N. B.

„Am 17. Januar war ich 8 Stunden 37 M. unterwegs, schätze aber mein Vordringen nur zu 4 Stunden westwärts. Bleiben konnte ich natürlich hier nicht und erreichte endlich am 18. Januar nach einem Marsche von 1 Stunde 20 M. die Ebene westlich von der Düne. Diese Ebene wurde durchzogen in 1 Stunde

[1]) offenbar auf der grossen Route von Farafrah nach Djedideh, also auf der Aussenstrasse der Oase. R.

[2]) Diese Unfälle hatten, wie aus späteren Berichten Jordan's hervorging, hauptsächlich ihren Grund darin, dass er auf meinen Vorschlag, um rascher einen grossen Wasservorrath vorwärts zu schaffen, drei Wasserkisten auf ein Kamel geladen hatte, ein Verfahren, von dem wir nach diesen schlimmen Erfahrungen abstehen mussten. R.

45 M., der einzigen Zeit, welche ohne Kistenabwerfen verlief. Westlich glaubte ich Pflanzen zu sehen, bin aber bitter enttäuscht, denn es ist nur Steingerölle da, welches den Vormarsch sehr erschweren wird. Ich sehe hier wieder in N. W. den Abd-es-Ssammad-Berg, an dem wir auf dem Marsch zwischen Farafrah und Dachel vorüberkamen.“

Am 22. war die Ausrüstung der dritten Karawane unter Zittel's Führung vollendet. Wir begleiteten ihn bis zum Tempel, den wir nochmal eingehend untersuchten und bewunderten.

Da auch der Oberbürgermeister, der Medicinalrath und eine ganze Suite der angesehensten Bewohner von Gassr mit uns dorthin gezogen waren, so veranstaltete ich eine Difah (Schmaus) nach Sitte der Eingeborenen, d. h. ein ganzer Hammel wurde an einem grossen Spiess gebraten. Den eisernen Spiess, 5 Fuss lang, sowie die Gestelle, worauf er liegen und gedreht werden musste, hatten wir uns von Gassr mitgenommen. Da wir auch einige Flaschen Wein mit uns hatten, so verlief die Festlichkeit recht heiter. Der Schich-el-beled (Oberbürgermeister) zeichnete sich nicht so sehr durch seinen Appetit als durch seine Liebe zu Spirituosen aus, namentlich verfehlte er nie das Glas des Obermedicinalrathes zu annectiren und auszutrinken und dieser junge Mensch war zu schüchtern, um diese obrigkeitlichen Eingriffe in sein Eigenthum zurückzuweisen. Uebrigens ist eine solche Difah keineswegs ein hoher Genuss, zumal wenn, wie es bei uns der der Fall war, aus Mangel an Brennholz das Lamm oder Schaf halb roh verzehrt werden muss.

Wir sassen auf eisernen Kisten. In der Mitte unseres Kreises hatte man ebenfalls auf eine Kiste das halbgebratene Thier gelegt und bemühte sich jeder mit der Rechten ein Stück Fleisch abzureissen; ein höchst unsauberes Geschäft! Zum Glück opferte Freund Zittel nach beendetem Mahle ein Stück Seife, das im Kreise herumgereicht würde, und eine Serviette, welcher wir uns annehmlicher Weise zuerst bedienen konnten, ehe die Eingeborenen ihre fetttriefenden Lippen daran trockneten.

Erst spät trennten wir uns von Zittel, welcher mit seiner kleinen Karawane dicht beim Tempel gelagert blieb, um am andern Morgen in aller Frühe Jordan's Spuren zu folgen. Es war schon völlig Nacht, als wir im starken Trabe reitend Gassr erreichten, und damit die einzelnen Glieder unserer Gesellschaft stets bei einander blieben, wurde von Zeit zu Zeit ein Gewehr- oder Revolverschuss abgefeuert. In den Ain Scherīf genannten Culturen aber, welche Gassr westwärts umgeben und die wir zum Theil zu durchreiten hatten, erweckte dies das Missfallen der zahllos während der Nacht sich daselbst aufhaltenden Wolfshunde (Dib, *Canis lupaster*): mit gellendem Gekläffe antworteten sie frech in nächster Nähe jedem Schusse und jemehr geschossen wurde, desto lauter und zahlreicher heulten sie.

Da wir wieder einem Rapport von Jordan entgegen sahen, hatte ich mit Zittel verabredet, dass, falls ein solcher noch an diesem Abend oder in der Nacht käme, ich demselben ihm sofort zur Kenntnissnahme nachsenden würde. In der That kam Abends noch eine leere Karawane von Jordan und selbstverständlich ein Brief, welcher vom 22. Januar datirt war von 25° 32′ und folgendermassen begann:

„Hurrah nach Kufara! Ich bin seit gestern zweifellos auf der älteren Kufara'er Karawanenstrasse, was durch alte Wegzeichen bewiesen wird, welchen ich folge. Ich habe dieselben erneuert und durch viele weitere ergänzt. Uebrigens habe ich dadurch 250° (Westsüdwest) statt 270° (westlich) erhalten.

„Ich melde dies sogleich, weil ich 2 Leute und ein batales[1]) (unbrauchbar gewordenes) Kamel gut entbehren kann, und im Gegentheil die faulen Gesellen, welche bloss essen und trinken

[1]) Im Verlaufe der Expedition hatten die Mitglieder derselben eine Menge arabischer auf Reisen und Kamel bezüglicher Kunstausdrücke in der Umgangssprache adoptirt.

können, los sein will. Wasser habe ich nur noch 13 Kisten für 6 Mann und westwärts sieht man gar nichts.

„Gestern habe ich jedoch mehrfach blühenden Domran, dann Excremente von Vögeln und Schakalen gefunden. Ich bin gestern um 50 Meter gestiegen.

„Ich muss offenbar die nach West südwest führende Kufarastrasse weiter verfolgen, möchte aber doch auch sobald wie möglich Lager schlagen und bleiben, um Ihrer Entscheidung wegen der Richtung nicht vorzugreifen. Mein Weg ist fast nur durch Steinzeichen, nicht durch Palmstöcke bezeichnet.“

Zittel erhielt diesen Brief noch am selben Abend, wo er von Gassr abmarschirt war. Er hat später über seinen Marsch bis zum Zusammentreffen mit Jordan folgendermassen berichtet:

„Als ich an jenem Abend des 22. Januar mich von den Freunden verabschiedet hatte und wenige Minuten später die kleine Schaar hinter einem Hügel verschwunden war, fühlte ich mich unendlich vereinsamt, obwohl ich ausser 4 Eingeborenen noch meinen treuen Diener Seckler bei mir hatte. Frühzeitig suchte ich mein Zelt auf, allein sei es, dass mich allerlei unerfreuliche Gedanken über die bevorstehende Reise oder die Ungewohntheit des harten Lagers auf einer dünnen, unmittelbar auf dem Boden liegenden Matratze nicht schlafen liessen, ich drehte mich hin und her und suchte mich vergeblich durch meine etwas zu leichte Decke vor dem kalten Westwind zu schützen, der fast unbehindert in mein Zelt herein blies. Um Mitternacht glaubte ich ferne Flintenschüsse zu vernehmen, ich sprang auf, weckte meine Genossen und liess in froher Stimmung antworten, denn jetzt musste ja die ersehnte Botschaft von Jordan eingetroffen sein. Es verging jedoch eine lange halbe Stunde, ohne dass sich etwas regte; schon glaubte ich mich geirrt zu haben und versuchte enttäuscht einzuschlafen, da knallte es in nächster Nähe. Abu-Bekr's schwarzes Gesicht, das mir niemals weniger hässlich erschienen war, als in dieser Nacht, zeigte sich in der zurückgeschlagenen Oeffnung meines Zeltes und grinste mir einen freundlichen Gruss zu, indem er mir zugleich den letzten Brief Jordan's überreichte, welchem Rohlfs einige Zeilen beigefügt hatte. Alles stand gut. Jordan war auf dem Vormarsch und wartete sehnsüchtig auf mein Nachrücken.

So wurde denn am 23. Januar die aus 14 Kamelen bestehende Karawane von meiner Mannschaft in aller Frühe marschbereit gemacht. Der kleine Neger Ssaleh, welcher den Weg bis zum ersten Depot bereits mit Jordan gemacht hatte, übernahm die Führung, wir Anderen gingen meist zu Fuss, um die schwer beladenen Kamele zu schonen. Wir hielten uns Anfangs südlich vom Berge Edmonstone in einer aus weichem Sandstein und bunten Blättermergeln zusammengesetzten Ebene, später näherten wir uns den Ausläufern des Berges und gelangten an verschiedene tief eingeschnittene Schluchten, welche nur auf Umwegen von der Karawane passirt werden konnten. Aber alles dies war Kinderspiel gegen den Marsch durch eine Zone wirr durcheinander laufender Dünen, welche wir um halb zwei Uhr erreichten. Die Spuren des von Jordan entdeckten Araberlagers befanden sich hinter den ersten niedrigen Sandwellen; erst weiter nach Westen begann das eigentliche Dünengewirr, das weniger wegen der Höhe der einzelnen Züge, als wegen der steilen Gehänge und der Nachgiebigkeit des Sandes unseren Kamelen die äusserste Anstrengung auferlegte.

„Zum Glück hatten meine Leute sorgfältig gepackt und gaben sich überdies beim Ueberschreiten der steilsten Dünen, wo jedes Thier einzeln geführt und gestützt werden musste, so viel Mühe, dass wir nur zweimal umwarfen und ziemlich rasch vorwärts kamen. Der schlimmste Theil des Marsches war bereits ohne Unfall überwunden, da erhob sich nochmals ein hoher Dünenzug, dessen westlicher Abhang aus ungewöhnlich lockerem Sande bestand. Bis über die Knie sanken die Kamele ein, eins der Thiere verlor das Gleichgewicht, stürzte nieder und war trotz aller Bemühungen nicht wieder in die Höhe zu bringen. Ich liess es liegen und schickte den anderen Morgen einen meiner Leute, einen Dachelaner, welcher sich als ganz unbrauchbar erwiesen hatte, mit dem Auftrag zurück, das Thier nach der Oase zurückzubringen. Es war jedoch auch dann noch zu erschöpft, um sich vorwärts zu schleppen und verendete elendiglich im Sande. Gegen 4 Uhr war der Höhenzug überschritten; es eröffnete sich eine fast tafelartige Ebene, deren vegetationsloser Boden aus gypshaltigem, grünen Blättermergel bestand. Wir fanden bald die tiefeingedrückten Fussspuren der Jordan'schen Karawane und erreichten noch bei Sonnenuntergang die erste Einsiedelei, auf welcher Jordan 3 Tage zugebracht hatte.

„Acht und zwanzig eiserne Wasserkisten schlossen hier auf drei Seiten einen viereckigen Raum ein, in welchem wir die Feuerstätte und Reste von Mahlzeiten unserer Vorgänger bemerkten. Ausserdem enthielt das Depot einige Säcke mit Gerste, Datteln und Stroh.

„Wir waren von dem anstrengenden Marsche Alle so ermüdet, dass wir die Herstellung unseres einfachen Abèndessens möglichst beschleunigten und uns frühzeitig zur Ruhe legten. Auch am anderen Morgen wurde keine Zeit mit Kaffeekochen verloren; ein Schluck Cognac nebst etwas hartem Brod bildete das Frühstück. Obwohl wir übrigens mit Sonnenaufgang anfingen zu laden, kamen wir doch nicht vor 8¾ zum Aufbruch. Unser Weg führte durch eine steinige sterile Hochebene, in welcher nichts Bemerkenswerthes zu sehen war. Meine ganze Aufmerksamkeit concentrirte sich auf die Beobachtung der von Jordan aufgesetzten Steinhaufen, welche mir allein als Wegweiser dienten, da ein Sturm die Kamelspuren fast vollständig verwischt hatte. Gegen 11 Uhr sahen wir eine Karawane am Horizont auftauchen, wir setzten unsere Waffen in Stand, obwohl eine Begegnung mit Arabern in diesem schwer zugänglichen Theil der Wüste kaum zu befürchten war; beim Näherkommen erkannten wir jedoch sehr bald, dass die Kamele unbeladen und von zwei im Dienste unserer Expedition stehenden Leuten geführt seien. Nach einigen Begrüssungsschüssen eilte der Neger Mabruk herbei und überlieferte mir einen Bericht von Jordan, aus welchem ich entnahm, dass er vor einer grossen Düne lagere und dort wahrscheinlich meine Ankunft abwarten wolle. Die beiden Eingeborenen sprachen mit grossem Abscheu von „Ramleh ketir" (viel Sand), welcher weiter im Westen beginne.

„Vorerst bot übrigens der Weg keine Schwierigkeiten dar. Am folgenden Tage durchkreuzten wir eine mit zahllosen Inselbergen übersäete Hochebene, in welcher nur die Auffindung der Wegzeichen grosse Schwierigkeiten verursachte. Felsenblöcke auf isolirten Hügeln sahen in der Ferne genau wie „Allamät" (als Wegzeichen aufgesetzte Steinhaufen) aus und führten mich einmal über eine Stunde weit von Jordans Spur ab. Der bezeichnete Weg war total verloren, wir irrten hin und her, ohne Wegzeichen zu sehen, bis ich endlich weiteres Suchen als nutzlos aufgab und die Karawane nach dem Kompass direct gegen Westen führte. In dieser Richtung mussten wir spätestens in einem Tagemarsche die Dünenkette erreichen und dort konnte Jordans Lager ohne allzugrosse Schwierigkeiten durch Excursionen nach Nord und Süd aufgefunden werden. Unsere Stimmung war allerdings nicht die angenehmste, als wir in dieser Weise pfadlos weiter marschirten und bemerkten, wie hinter uns der Wind unsere Spuren vollständig verwehte; es dauerte jedoch kaum mehr als eine Stunde, bis wieder eine mit lautem Jubel begrüsste Wegmarke in Sicht kam. Bald darauf hob sich das vielköpfige Profil eines gelben Dünenzugs aus der Ebene hervor; wir beschleunigten unsere Schritte, als wir gegen Abend auf einem kleinen Hügel eine schwarz-weiss-rothe Flagge wehen sahen und darauf auch ein Zelt unterscheiden konnten. Jordans Lager war also endlich erreicht und damit meine Aufgabe als Pfadfinder beendigt. Auf unsere Rufe und Willkommensalven gab jedoch Niemand Antwort;

das offene Zelt war verlassen, die Wasserkisten und Vorräthe lagen scheinbar herrenlos mitten in der Wüste. Ich liess lagern, mein Zelt aufrichten und hatte eben noch eine ungelesene Kölnische Zeitung aus meiner Kiste hervorgeholt, als von der Düne herab im schönsten Karlsruher Deutsch der Ruf erschallte: „Ah do isch jo der Professor Zittel!“ Es war Morlock. Hinter ihm erschien eiligen Schrittes Jordan, gefolgt von Beschir und dem Neger Mordjan. Sie hatten die Gegend nach Westen ausgekundschaftet und Brennholz gesammelt.

„Wer sich nie in ähnlicher Lage befunden, kann schwer die Freude ermessen, welche uns bei unserem glücklichen Zusammentreffen bewegte. Jeder von uns hatte tausend Dinge zu berichten und während wir bis tief in die Nacht im Zelte zusammen plauderten, sassen unsere deutschen Diener mit ihren afrikanischen Freunden um ein loderndes Feuer und verkürzten sich die Zeit mit Gesang und Wechselreden in dem wunderbarsten aus deutschen und arabischen Worten vermengten Kauderwelsch.

„Jordan's Bericht über den Weitermarsch lautete nicht ungünstig. Zwar lagen acht Dünenreihen vor uns, aber nur zwei davon boten erhebliche Schwierigkeiten. Hinter den Dünen hatte man eine mit Wüstenvegetation bedeckte Ebene überschaut, an welche wir die blühendsten Hoffnungen anknüpften.

Wir beschlossen am andern Morgen sofort aufzubrechen, und da uns die Aussicht auf reichliche Kamelweide winkte, so nahmen wir fast alles Gepäck mit und liessen nur einige Säcke Kamelfutter und Brennholz auf dem ungünstig gelegenen Lagerplatz.“ So weit Zittel.

Mittlerweile bekam ich indess von Jordan einen Bericht, der wenn auch nicht entmuthigend, so doch unsere Erwartungen dämpfend klang im Vergleich mit dem letzten so viel versprechenden. Er war vom 23. Januar datirt und unter 25° 24′ N. B. geschrieben und entnehme ich ihm Folgendes:

„Wie Sie aus beiliegenden Kartenskizzen ersehen, bin ich in

den zwei Tagen, am 21. und 22. Januar bedeutend nach dem Süden heruntergekommen, weil ich es nicht für gerathen hielt, von der alten Karawanenstrasse, welche durch Steinsignale bezeichnet ist, abzugehen. Denn diese Strasse schien mir nichts Anderes zu sein, als der Weg nach Kufara. Nun kommt mir aber die Richtung doch etwas bedenklich vor; sie zielt zu stark nach Süden und die Steinzeichen waren gestern viel seltener als vorgestern. Jetzt aber bin ich wieder vor einer grossen Düne, deren Ueberschreiten mit meinen abgetriebenen Thieren (drei Kamele haben Eiterbeulen) misslich ist.

„Den Weg über die Düne werde ich zu Fuss erforschen, so dass die Hauptkarawane ihn bereits erkundet finden wird, was von grossem Werth ist. Alle diese Umstände machen es mir räthlich, hier zu bleiben und Ihre Ankunft abzuwarten, damit auf Grund meines vorläufigen Dünenübergangs zu Fuss die künftige Wegrichtung ob westlich oder weiter südwestlich, mit Aufsuchung der Fortsetzung des Kufarawegs jenseits der Dünen, entschieden werden kann. Ich bin vom 20. bis 22. um etwa 100 Meter gestiegen.“

Dieser Brief war dazu angethan, meine Abreise zu beschleunigen, aber ich konnte nicht eher Gassr verlassen, als gewisse Vorräthe und die fällige Post von Siut eingetroffen waren. Die Kamele waren allerdings in der Oase und Reis hatte ich unter vielen Schwierigkeiten, fürs erste wenigstens genug, zusammen, aber es fehlte noch manches andere. Als ich endlich am 25. Januar aufbrechen wollte, waren wieder die Kamele, welche in der Nähe von Mut weideten, nicht eingetroffen. Diese Verzögerung verschaffte mir aber noch den Vortheil, dass die Post und die erwarteten Vorräthe am 25. Januar Abends eintrafen, und da auch die Kamele am selben Abend in Gassr waren, so stand meiner Abreise am folgenden Tage nichts mehr im Wege.

Das war ein wirres Durcheinander, als die Kamele am 26. Morgens beladen wurden. Die vornehmsten Einwohner hatten sich versammelt und der Mudir hielt es nicht unter seiner Würde, beim „Hammeln“ der Kamele selbst mit Hand anzulegen. Daran konnte man gleich merken, dass er kein Türke, sondern Tscherkesse war. Ein türkischer Gouverneur würde es für entehrend gehalten haben, zu helfen. Es dauerte lange, bis alle die Ladungen auf die breiten Rücken der prächtigen Thiere vertheilt waren. Ich hatte fünfzehn vollkommen frische Kamele, die ausser, dass sie von Siut gekommen waren, seit langer Zeit weiter keine Reise gemacht hatten, der wackelnde Fettbuckel bezeugte auf's Klarste ihr Wohlbefinden. Ausser Wasser, Kamelfutter und gröberem Proviant war ich so glücklich, von den eben aus Siut angelangten Waaren Schinken, Würste, Käse, Wein, Chokolade und andere Leckerbissen mitnehmen zu können, und eins der Thiere trug einen ganzen Hühnerstall, worin sich 30 Hühner befanden, oben auf seiner Ladung.

Bis Ain Scherif begleiteten mich nicht nur Ascherson und Remelé, sondern auch die Ortsbehörden. Ein kleiner Aufenthalt war hier noch erforderlich, da die hier mit Wasser gefüllten Kisten noch aufgeladen und auch die Thiere zuletzt abgetränkt werden mussten. Wann hatten sie wieder auf Wasser zu rechnen? Das konnte man damals gar nicht voraussehen; indess kann ich hier schon anführen, dass sie ohne besondere Mühe 18 Tage stets unterwegs waren (mit Ausnahme einiger für die Kamele sehr unangenehmer Ruhetage) und dann erst mit kleinen Rationen abgetränkt wurden [1]).

Besonders günstig war für mich der Umstand, dass sich zwei Araber bereit gefunden hatten, mich zu begleiten. Ich habe schon vorhin angeführt, dass es nicht möglich gewesen war, für Jordan als Begleiter Araber aufzutreiben, und ebensowenig war es mir

[1]) Hadj Madjub, ein alter bewährter Beduine, meinte, sie würden recht gut Siuah erreicht haben, ohne abgetränkt zu werden, er fügte hinzu: „er garantire für 40—50 Tage für die Kamele, ohne dass sie nöthig hätten, Wasser zu bekommen.“ Letzteres möchte ich freilich nicht vertreten.

gelungen, für Zittel Leute dieser Nation zu gewinnen, welche, wie die Berbern, Tuareg und Tebu mit den Kamelen so viel besser als die Fellachen umzugehen verstehen. Beide Herren hatten sich mit Berberinern und Negern begnügen müssen, denn die eingeborenen Dachelaner erwiesen sich sämmtlich als unbrauchbar. Wie gut aber beide Herren, trotz der mangelhaften Begleitung, sich aus der Affaire zu ziehen gewusst haben, geht hinlänglich aus ihren an mich gerichteten Berichten hervor. Ist schon das Reisen in der Wüste mit Arabern keine angenehme Sache, und an Beschwerden, Aerger und Entbehrungen mit allen anderen Arten des Reisens nicht zu vergleichen, so ist das Reisen mit Leuten, welche mit den Kamelen nicht umzugehen wissen und das Laden nicht verstehen, geradezu eine Tortur und im Stillen habe ich immer meine beiden Landsleute bewundert, dass sie allein so muthig vorwärts gingen und alle Schwierigkeiten durch ihre Energie und Thatkraft zu überwinden wussten.

Die beiden Araber, welche mit mir gingen, waren von Beni Ahdi. Der eine war der schon erwähnte Hadj Madjub, der uns nach Farafrah zu Fuss begleitet, dann gleich darauf mit Briefen bis Siut zurückgeschickt worden war, dort kaum einige Tage gerastet hatte und dann von unserem Consul abermals mit einer Sendung an uns nach Dachel gesandt war; er hatte uns die Kamele vom Consul zugeführt. Welche Energie gehörte dazu, in einer so kurzen Spanne Zeit solche Touren auszuführen — und bei seinem Alter! Der zweite war sein Schwiegersohn, Hadj Mohammed, ein hübscher strammer Bursche und von Charakter der beste und zuverlässigste von allen unseren eingeborenen Dienern. (Photogr. 12.) Als dritter hatte sich dazu gesellt ein Kopte aus dem Nilthal, Namens Ibrahim, ebenfalls kräftig gebaut und von früher her mit den beiden Obengenannten befreundet.

Alle schwuren hoch und theuer, mich hinbegleiten zu wollen, wohin ich sie führe, und dass wir an diesen Leuten, die uns später allein durch das Sandmeer geleiteten, zuverlässige Leute

12

Hadj Mohammed, ein Nilthal-Araber.

und Diener hatten, haben wir Alle erfahren. Ausserdem begleitete mich mein Diener Ernst Walther und der Dr. Abd-Allah, ferner Bu-Bekr bis zum ersten Lager. Letzterer sollte das Pferd zurückbringen, welches ich für den ersten Tag gemiethet hatte.

In Dachel blieben Ascherson und Remelé zurück. Letzterer verband mit der Meisterschaft in seiner Kunst ein hervorragendes organisatorisches Talent und eine grosse Umsicht in der Führung unseres Haushalts. Er wurde daher mit der Verwaltung des Depots in meiner Abwesenheit betraut und seine Hauptaufgabe sollte darin bestehen, uns so häufig wie möglich Karawanen mit Wasser und Lebensmitteln nachzusenden und dafür zu sorgen, dass man mit uns, so lange als es nöthig und möglich war, in steter Verbindung blieb. Herr Remelé hat sich dieser seiner Aufgabe, die ursprünglich nicht in seiner Sphaere lag, auf's beste entledigt.

Mit Ascherson hatte ich ausgemacht, dass er, sobald irgend ein reicheres Vegetationsfeld oder gar eine Oase von uns entdeckt würde, avisirt werden und nachkommen sollte. Vorläufig hatte er ja noch ein reiches Arbeitsfeld in Dachel selbst, weshalb es nicht geboten schien, den Botaniker aus der pflanzenreichen Gegend nach der vegetationslosen Einöde zu entführen. Bei dem wohlbekannten Eifer unseres Freundes brauche ich wohl nicht anzudeuten, wie nützlich derselbe im Dienste der Wissenschaft seine Zeit in der Oase Dachel verbrachte, und dass er später der Expedition durch seinen selbstständigen Zug nach der Oase Farafrah die grössten Dienste geleistet hat, ist schon während der Expedition allgemein anerkannt worden.

Es war 11 Uhr geworden, als wir von Ain-Scherif abgingen, denn die Abreise hatte sich dadurch noch etwas verzögert, dass ich vom Gouverneur von Dachel einen Empfehlungsbrief vom Chef der Senussi-Filiale an den Chef der Senussi-Sauïah in Kufara verlangte. Ich hielt dies für absolut nothwendig. Man denke sich aber die Lage und Verhältnisse, die vielfach an die in Europa erinnern, wo sich ja auch geistliches Regiment dem weltlichen schroff gegenüberstellt. In den Augen der Senussi war ich nicht nur ein Ketzer, nein, ein ungläubiger Hund, und nun verlangte ich von einem der ihrigen an einen ihrer Brüder einen Empfehlungsbrief. Ungefähr gerade so, als hätte heute in Deutschland ein Protestant und Anhänger Bismarck's von einem Stock-Ultramontanen an einen in Frankreich wohnenden Ordensbruder einen Empfehlungsbrief verlangt. Freilich würden sich unsere Jesuiten wohl leicht aus der Klemme gezogen haben, aber hier war kein Ausweg möglich; entweder musste die Sauïah der Senussi in Dachel den Brief verweigern oder ausstellen. Der Gouverneur krümmte und wand sich, aber es half nichts, ich bestand auf meiner Forderung und hatte dann auch Gelegenheit, die Wirksamkeit des Firmans zu constatiren. Der Gouverneur wusste, dass der Chedive auch die Senussi angewiesen hatte, uns in aller Weise in unserer Expedition zu unterstützen, er wandte daher Alles beim Chef der Senussi in Dachel auf, Drohungen und Versprechungen und siehe da, im letzten Augenblicke wurde der Empfehlungsbrief gebracht.

Schüsse als Abschied ertönten noch, nachdem wir uns schon längst die Hände geschüttelt und mündlich Lebewohl gesagt hatten. Fürwahr kein angenehmer Marsch an dem Tage, denn der Mittag war herangekommen und trotz der Winterzeit sandte die Sonne brennende Strahlen herab, wie bei uns im Monat Juni.

Den Rathschlägen von Jordan und Zittel folgend, zog ich nicht wie diese südlich von Edmonstone, sondern durch den Pass, welcher zwischen diesem Berge und dem vom Berg Lüfte ausgehenden Steilgebirge sich hinzieht. Wir passirten zuerst die sehr umfangreiche Ruinenstadt Istabal und längs des Steilufers uns haltend, gingen wir im 280° vor. Gegen den Pass zu steigt man schon ziemlich bedeutend und im Passe selbst kommt man auf die grosse schon früher von Zittel und mir bemerkte Karawanenstrasse, welche von Farafrah resp. Uah el-Beharîeh nach

Dachel führt. Sobald man Istabal hinter sich hat, wo allerdings auch keine Vegetation mehr ist, aber die Spuren früherer Culturen überall sichtbar sind, kommt man in absolut vegetationsloses Terrain. Jedoch gelang es uns, einiges Brennholz aufzusammeln, welches frühere Karawanen dort verloren haben mussten.

Nachdem wir um 3¾ Uhr den Pass überschritten hatten, liess ich 250° Richtung halten, indem ich den Karawanenweg verliess und über ein faltenreiches Terrain auf einen isolirten Gor losging, der gerade auf unserer Wegerichtung lag und mir eine ausgezeichnete Wegerichtung zu sein schien. Wir lagerten um 5 Uhr bei diesem Hügel, den ich Gor Abu Bekr nannte und auf dessen Spitze eine hohe Steinpyramide als Wegweiser errichtet wurde. Auch hatte ich Sorge getragen, dass an der Stelle, wo wir die Karawanenstrasse verliessen, ebenfalls ein Wegweiser gesetzt wurde; andere liess ich an dem Tage nicht errichten, da der isolirte Berg Edmonstone an sich eigentlich die beste Wegemarke war.

Dr. Abd-Allah, dieser vollendete Heuchler, welcher wieder wie gewöhnlich seine frömmelnden Gebetsübungen anstellte, wurde nun aber von Bu-Bekr selbst ernstlich in's Gebet genommen; dieser bedeutete ihn, dass ich derartige Exercitien gar nicht liebe und dass am Ende der Reise sein Bakschisch lange nicht so bedeutend ausfallen würde, als das der anderen Diener. Bu-Bekr sprach aus Erfahrung. Ich hörte von meinem Zelte aus diese sonderbare Auseinandersetzung mit an, die um so wunderlicher klang, als Bu-Bekr, der übrigens selbst auf seine Art fromm war, sehr schlecht arabisch sprach.

Nie auf meinen Reisen hatte ich mich einsamer gefühlt, als an dem Abend, obwohl wir doch erst wenige Stunden von der üppigsten Oase der libyschen Wüste entfernt waren. Selbst als ich mit nur einem Begleiter in Figig verwundet ankam, hatte mich nicht ein solches Gefühl der Verlassenheit beschlichen und später im Sandmeer tauchte hin und wieder diese Empfindung in verstärktem Masse hervor.

Im Nordwesten begrenzte den Gesichtskreis die dunkle Bergwand der Verlängerung des Lüfte, im Norden und Osten ebenfalls riesige Bergmassen, drohend schwarz. Nicht hoch in der Wirklichkeit, sondern nur, weil die Einbildungskraft sie vergrösserte und theilweise auch, weil alle Gegenstände wegen der grösseren Transparenz der Luft näher erschienen. Kein Lüftchen regte sich, kein Thierchen durchschwirrte die Luft, kein Säuseln der Halme, weil ringsum Alles, Alles todt war. Das Flimmern der Sterne war die einzige scheinbare Regung in der völlig erstorbenen Natur.

Ziehen sich nicht bei jedem Witterungswechsel die Steine zusammen oder dehnen sich aus? Sieht man nicht in den zahlreichen zertrümmerten Steinen und Felsblöcken, wie mächtig der Einfluss der atmosphärischen Veränderungen ist? Ueben nicht die Strahlen der Sonne, die schwarze Nacht ihre Einflüsse auch hier? Derartigen Betrachtungen gab ich mich noch lange hin und schlief ein, um aber bald darauf aus dem Schlafe wieder erweckt zu werden.

Das Pferd, welches ich geritten (ich hatte das Thier vom Oberst-Lieutenant der Bürgerwehr von Dachel gemiethet, es war ein sehr frommes Thier) hatte sich losgerissen, ich weiss nicht, aus welcher Ursache. Vielleicht war es durch die Einsamkeit geängstigt, da es etwas entfernt vom Lager angebunden war. Mit lautem Gewieher kam es zwischen die Kamele gestürzt, diese erhoben sich erschreckt über den unwillkommenen Eindringling, einige rissen sich los, sie brüllten, Dr. Abd-Allah griff zur Flinte, alle anderen Diener waren bestürzt, weil Niemand die Ursache des Tumultes erkannte und die Dunkelheit die Verwirrung steigerte. Ich selbst, ich gestehe es, aus dem Schlaf jäh aufgeweckt, wusste nicht gleich, wie ich die Sache nehmen sollte. Ich eilte aus dem Zelte, Dr. Abd-Allah schrie: „die Beduinen sind da, die Rharbaui haben uns überfallen, Gott und Mohammed mögen uns helfen.“ — Das sah ich gleich, dass Niemand von fremden Leuten da sei und als ich ganz in der Nähe das jetzt ruhig stehende, aber furchtsam zitternde Pferd sah, war mir Alles klar. Ich ordnete rasch das Knebeln der Kamele an, und ebenso schnell, wie wir aufgestört waren, lag auch wieder tiefe Ruhe über unserem kleinen Lager.

Am folgenden Morgen wurde es doch 8¼ Uhr, bis wir unseren Marsch antreten konnten. Bu-Bekr setzte sich gleichzeitig mit uns in Bewegung, er bestieg das Pferd, um es nach Dachel zurückzureiten. Er sollte von dort aus nach einigen Tagen mit einer Nachschubkarawane uns folgen.

Wir hielten Südwestrichtung und erreichten um 9 Uhr den ominösen Dünenzug, welcher Jordan und Zittel so grosse Schwierigkeit beim Passiren bereitet hatte. In der That kolossale Sandanhäufungen, aber was waren sie gegen die, welche wir später im Sandmeer zu überwinden hatten? Die Meinung meiner Vorgänger, dass die Düne in dieser Gegend schmäler sei oder zu umgehen sein würde, bewahrheitete sich nicht, obschon man annehmen muss, dass sie noch weiter nach dem Norden zu spitzwinklig ausläuft. Aber ich hätte, um das Ende zu erreichen, vielleicht einen Umweg von einigen Stunden machen müssen, was hin und zurück einen Tagemarsch ausgemacht hätte.

Um die Düne auf leichteste Art zu durchziehen, ging ich selbst weit voran, suchte die niedrigsten und am wenigsten steilen Stellen aus, liess dann den Hadj Madjub folgen und endlich die fünfzehn Kamele zu je fünf hintereinander gebunden durchpassiren. So gelang es uns ohne zu grosse Schwierigkeit die Sandberge zu durchziehen, wir hatten zwei Stunden gebraucht, um von der Ostseite der Düne auf die Westseite zu gelangen.. Abgeworfen hatte kein einziges Thier. Auf der anderen Seite liess ich dann scharf südwestlich halten, um die von meinen Vorgängern eingeschlagene Route zu finden. 12¾. Uhr erreichten wir auch die Spuren der früheren Karawanen. Erwähnen muss ich noch, dass wir gleich nach unserem Aufbruche um 8½ Uhr eine grosse von Norden nach Süden gehende Karawanenstrasse, an dieser Stelle aus über 30 nebeneinander sich herschlängelnden Pfaden bestehend, kreuzten. Es ist diess die grosse äussere Karawanenstrasse, welche um alle Oasen herumführt. Zittel und ich kreuzten dieselbe, als wir von Sittrah nach Farafrah kamen, später marschirte ich ein Stück Weges südlich von Farafrah auf derselben und zuverlässige Leute gaben mir eine Route von Mut, Galamūn und Machsarah nach dem südlichen Theile von Chargeh an, die Fortsetzung derjenigen, welche wir hier kreuzten und an welcher Jordan das verlassene Araberlager gefunden hatte. Uebrigens bemerkten wir ziemlich frische Kamelspuren, nach Norden führend, auf dieser Strasse, vielleicht von den Senussi herrührend. Es ist dies wohl auch derselbe Weg, auf dem von alten Zeiten her die Rhasien der Maghrebiner sich bewegen, wenn sie einen Raubzug gegen eine der Oasen planten. Ungesehen, ungehört kann man sich auf dieser grossen Strasse bei Siuah vorbeibewegen, man braucht Beharīeh oder Farafrah nicht zu berühren, wenn man nach Dachel oder Chargeh will. Dies gab dann Veranlassung für die Oasen-Bewohner von von Westen direct hergekommenen Karawanen zu fabeln, aber aus der libyschen Wüste oder doch durch das Sandmeer derselben hat meiner Meinung nach nie eine Karawane kommen können.

Als wir die Dünen hinter uns hatten, brauchten wir noch 1½ Stunden, um zum ersten von Jordan angelegten Depot zu kommen, wo er drei Tage einsam verlebt hatte, um so unangenehmer für ihn, als er Anfangs nicht einmal Brennholz hatte, sich warme Speisen zu bereiten. Erst später brachte der Nubier Beschīr einen in dieser Lage unschätzbaren Vorrath an Brennholz. Im gewöhnlichen Leben bedenkt man gar nicht, wie wohlthuend es ist, Morgens eine Tasse heissen Thee oder Kaffee, Mittags warmes Essen und wo möglich auch Abends warmes Abendbrod zu haben. Ich glaube, in der Heimath, wo man im Hause gegen alle Unbill des Wetters geschützt ist und Abends in einem Bette den wenig ermüdeten Körper ausruhen kann, würde man für einige Tage die Entbehrung warmer Nahrung kaum als ein so grosses Ungemach betrachten. Aber in der Wüste, wenn man den ganzen Tag in freier Luft zugebracht hat, wo man Nachts wohl durch das Zelt gegen feuchte Niederschläge, abes keineswegs gegen Kälte oder Zugwind geschützt ist, entbehrt man warme Nahrung um so schmerzlicher.

Der Weg war gut durch Wegzeichen vorgeschrieben und meist auch noch die Spuren der hingegangenen und zurückgekommenen Kamele sichtbar. Im Lager, welches wir Abends 5 Uhr schlugen, waren wir schon 60 Meter höher, als in Gassr. Da ich etwas Brennholz auf Jordan's Depot, das von Hadj Madjub Mehattah, d. h. die Niederlage, benannt wurde, fand, so konnten wir auch an diesem Tage abkochen; wir selbst hatten am 27. nicht die geringste Spur von Vegetation bemerkt.

Am 28. Januar legten wir 9 Stunden zurück. Die Richtung welche Jordan genommen, die südwestliche, brachte mich aber an diesem Tage zu der Ueberzeugung, dass dies unmöglich der Weg sein könne, der uns nach Kufara führe. Ein Weg war übrigens nirgends vorhanden, nirgends war im Felsboden, wo durch Karawanen sich sonst die Wege tief einschneiden und dann tausend Jahre lang Zeugniss einstigen Verkehrs ablegen, irgend eine Spur öfteren Gehens zu bemerken. Dass Jordan Wegzeichen, Allamat, gefunden hatte, daran war nicht zu zweifeln, aber vielleicht rührten sie von Beduinen her, oder wer immer nach der später aufgefundenen Kamelweide gegangen sein mochte, oder es hatten sich auch schon einmal Eingeborene von Dachel daran gemacht, einen Durchweg durch die libysche Wüste zu suchen. Uebrigens waren an dem Tage zu den alten Allamat so wenig neue hinzugesetzt, dass wir uns mehrere Male verirrten, trotzdem wir zwei Araber, alle beide ächte Beduinen, bei uns hatten, welche bekanntlich äusserst wegekundig sind und für das geringste Zeichen Fühlung haben. Namentlich später, als wir in eine Charaschafartige Gegend kamen, war das Folgen recht schwierig. Nachgehn musste ich selbstverständlich. Die Richtung aber, das war offenbar, musste, wenn wir sie beibehielten, uns direct nach Uadjanga oder Uadaï führen, und auch die Möglichkeit war nicht ausgeschlossen, dass wir uns auf der Linie befanden, welche die Karawanen genommen hatten, die Sultan Ssabūn von Uadaï direct nach Aegypten mit Vermeidung des Wegs über Darfur, geschickt hatte. Aber dann hatten wir es ebenfalls nicht mit einem öfter zurückgelegten Karawanenweg, sondern mit einer 2—3 mal begangenen Route zu thun, wenn diese und die von Mohammed Ali nach Uadaï gesandte Karawane überhaupt diesen Weg eingeschlagen haben, wovon nichts sicher bekannt ist. Die Leute wissen in Dachel nichts von einer wiederholten directen Verbindung mit Uadaï, die Karawanen nach den Sudanländern gehen alle von Chargeh aus oder im Norden von Siuah theils über Kufara nach Uadaï, theils über Fesan nach Bornu. Kein Kaufmann im Nilthal wird andere Routen kennen, kein Beduine weiss von solchen zu reden.

Selbstverständlich lag eine Reise nach Uadaï ganz ausserhalb meiner Pläne, die nur auf die wenigen Wintermonate berechnet waren, es musste also sobald als möglich westlich marschirt werden. Wir lagerten Abends um 5 Uhr in recht romantischer Gegend, da die hohen Felsblöcke in chaotischer Unordnung um uns herumlagen. Der Simum, welcher Nachmittags sehr heftig geweht hatte, liess Nachts ganz nach, wie denn überhaupt in der Sahara sehr häufig auf den heftigsten Tagwind die ruhigsten Nächte folgen.

Am folgenden Tage sollte ich aber in schreckenerregender Weise erfahren, welch unangenehme Folgen der Simum für uns gehabt hatte. Nach einem vierstündigen Marsche erreichte ich das 270 M. über dem Meer gelegene zweite Depot, Mehattah tanīah, Jordan's Einsiedel. Welch grenzenloses Durcheinander! Der Simum hatte ein Stück hierher, ein anderes dorthin geschleudert und da das Depot gerade an der Ostseite der Düne angelegt war und im Rücken einen Felsen hatte, so musste sich der von den Dünen herabgewehte Sand dort anhäufen und in der That waren einzelne Stücke schon ganz im Sande versteckt. Ich liess halten und die Sachen auf die Ostseite des Felsens transportiren, wo sie mehr Schutz hatten. Ich untersuchte die hohe Steinpyramide, welche Jordan auf dem Felsen errichtet hatte, ob nicht irgendwo ein Briefchen für mich vorhanden sei: Nichts war zu finden. Endlich sah ich ein kunstvoll aus Palmstöcken errichtetes Dreieck, welches offenbar einen Brief getragen hatte, er war vom Winde weit weggewehet worden, aber ein schriftliches Zeichen war nicht mehr vorhanden. Durch Zufall fand aber Dr. Abd-Allah, von einem Stein aufgehalten, die folgende Notiz meines Freundes:

Jordan schrieb vom 26. Januar früh Morgens: „Zittel und ich ziehen heute zusammen nach W. S. W. weiter über die westlich liegenden Dünen.

„Durch Recognosciren am 25. Januar fand ich, dass westlich acht Dünenkämme kommen, deren letzter 4 Stunden von hier entfernt ist. Vor und hinter dem letzten Dünenkamm ist gute Kamelweide und hinter den letzten Dünen kommt eine unbegrenzte Ebene mit Weide. Wir werden das Depot möglichst weit westlich zur Kamelweide verlegen. Als ich gestern (25.) Abends von Westen zurückkam, traf ich Zittel, welcher eine halbe Stunde vorher von Osten eingetroffen war."

„Die alten Steinzeichen sind auch zwischen den Dünen zu finden und auf einem derselben fand ich sogar einen irdenen Wassertopfscherben."

Um 1½ Uhr marschirten wir weiter und legten am selben Abend noch 4½ Stunde zurück. Diese Dünenketten waren bedeutend niedriger und standen weit auseinander, die Araber würden sie wegen ihrer Form Ssiuf, d. h. Schwerter nennen. Wir passirten sie ohne Schwierigkeit. Auf einer derselben fand ich auch den alten von Jordan erwähnten Topf, ein unzweifelhaftes Document, dass diese Strecke vor uns schon einmal begangen worden war. Wir lagerten inmitten der Dünenketten, aber ziemlich weit von einer solchen entfernt.

War die vorherige Nacht eine normale, ruhige gewesen, so erhob sich Abends 10 Uhr am 29. ein Sturm, der, aus S. W. kommend, während der ganzen Nacht in ununterbrochener Heftigkeit fortdauerte. Wir konnten daher am 30. Januar erst um 9 Uhr Morgens aufbrechen, ohne Hoffnung jedoch, dass der Wind fallen würde. Nachdem wir die Dünen überschritten, kamen wir in ein wirklich krautreiches Land, auch schon vor der letzten Düne waren Kräuter, breit aber war diese Kamelweide nicht.

Wir kämpften immer weiter, Wind und Staub waren aber derart, dass die Kamele kaum mehr vorwärts kommen konnten, dazu kam, dass bei der verdunkelten Luft es sehr grosse Mühe kostete, die Wegezeichen zu finden. Nachmittags drei Uhr liess ich an der Seite eines Gor's halten, da wir nicht weiter konnten. Leute und Thiere waren vollkommen erschöpft von dem Winde und feinem Staube, den wir während des ganzen Tages geradezu entgegen gehabt hatten. An Abkochen war Abends natürlich nicht zu denken, denn erst gegen 9 Uhr Abends legte sich der Sturm vollständig.

In der Furcht, Jordan und Zittel würden zu weit nach Südwesten den Weg verfolgen, beschloss ich, zu bleiben und beide Herren durch einen Boten zurückzurufen, um dann gemeinsam mit ihnen westwärts das Vordringen wieder aufzunehmen.

Zu dem Ende ging ich aber am folgenden Tage nach der Kamelweide zurück, schlug am passenden Orte Lager und schickte gleichzeitig den Hadj Madjub beritten vorwärts, um Zittel und Jordan von den getroffenen Dispositionen zu benachrichtigen. Der Schwiegersohn Madjub's aber und Dr. Abd-Allah wurden mit leeren Kamelen nach dem nächsten Depot zurückgeschickt, um alle Lebensmittel nach vorwärts zu bringen; die übrigen Kamele erfreuten sich unterdess an dem Genuss einer lang entbehrten Weide. Ernst war ganz allein bei mir geblieben und hatte den Tag über genug mit der Beaufsichtigung der Kamele zu thun, damit sie sich nicht zu weit entfernten.

Abends änderten sich aber meine Dispositionen, da eine von Jordan und Zittel abgeschickte Karawane kam, welche auf einem anderen Wege nach dem Depot gegangen war, dort meine dahin abgeschickten Leute getroffen hatte und dann mit ihnen umgekehrt war. Ich erhielt mit ihnen folgenden vom 28. Januar datirten Brief von Zittel:

„Am 25. dieses Monats Nachmittags 3 Uhr 20 Minuten erreichte ich Jordan's Lagerplatz (Einsiedel). Den andern Morgen wurde aufgebrochen, die 8 Dünen bereiteten keine sonderliche Schwierigkeiten. Hinter den Dünen findet sich etwas Vegetation, meiner Meinung nach jedoch kaum genügend[1]), um wesentlich darauf zu bauen. Auf Fortsetzung der Vegetation hoffend, hatten wir vorzugsweise Wasser und verhältnissmässig wenig Kamelfutter fortgeschafft. Heute sind wir mit Letzterem fast vollständig zu Ende und damit genöthigt, sämmtliche Kamele zurückzuschicken. Um unsere Rückkunft im Fall Ihres längeren Ausbleibens zu sichern, wird Seckler das ohnehin unzweckmässig gelegene 2. Depot räumen und sämmtliches Kamelfutter, sowie den Sack mit Kohlen mit fünf Kamelen morgen abholen. Sollte er Ihnen begegnen, so ist diese Vorsicht überflüssig und bitte ich ihn wieder mitzubringen und vielleicht Ernst an seiner Stelle zurückzusenden.

„Die Kamelweide hört schon bald westlich von den Dünen auf; es folgt eine ausgedehnte Ebene ohne alle Terrainschwierigkeiten. Gestern um 12 Uhr erreichten wir, wenn ich mich nicht täusche, den nubischen Sandstein (später hat Zittel dies selbst bestätigt) und damit beginnt eine wahrhaft trostlose Gegend. Keine Spur von Vegetation ist hier zu finden, und da die Mächtigkeit dieses Sandsteins eine enorme ist, so dürften wir viele Tagereisen ähnliche Verhältnisse behalten. Ich bitte darum, den

[1]) Von Jordan's Hand war hierbei bemerkt: „Für 50 Kamele auf mehrere Nächte" und ich möchte ihm hierin beistimmen. R.

Vorrath an Holzkohlen und Brennholz sorgfältigst aufzubewahren und möglichst zu schonen. Wir sind seit 2 Tagen auf kalte Küche angewiesen.

„Wir lagern vor einer Reihe von Dünen, deren Breite morgen erforscht werden soll.“

Ich hatte also Abends alle Leute und 5 der Kamele bei mir, welche Zittel zurückbeordert hatte, während Said, Mohammed-Achmed und Ssaleh schon mit dem Reste der Kamele und einer Steinkiste von Zittel direct nach Dachel zurückmarschirt waren; während des Simum hatten wir uns verfehlt oder waren an einander vorbeigegangen, ohne einander zu bemerken.

Ebenso kehrte am andern Tag der Hadj Madjub erfolglos wieder zurück. Er hatte die Allamat während des Sandsturms nicht verfolgen können und als er dann völlig die Richtung verloren, hatte er Verstand genug, auf seiner eigenen Spur wieder zurückzukehren.

Am 1. Februar schickte ich mit Tagesanbruch Beschir mit den übrigen Zittel'schen Kamelen nach Dachel zurück, liess Ernst und den Dr. der Theologie Abd-Allah auf dem Lager bei einem wohlassortirten Proviant-Vorrath zurück und brach selbst mit Seckler, den übrigen Leuten und all' meinen frischen Kamelen auf, um zu Zittel und Jordan zu stossen.

Ich war in grosser Sorge um meine Freunde, da sie ganz ohne Kamele waren, obschon ich dringend gerathen, unter allen Umständen immer ein oder zwei Thiere zu behalten. Wie leicht konnte irgend etwas vorfallen, wobei sie schnellen Fortkommens benöthigt gewesen wären; ich konnte mich trüber Ahnungen kaum erwehren. — Um 9 Uhr Morgens brachen wir auf und folgten so gut es ging, den spärlich gesetzten Wegweisern, diese stets vermehrend. Ich setzte an dem Tage wenigstens 50 grosse Steine aufrecht, da ich einige Tage vorher während des Simum erfahren hatte, wie dicht und nahe sie stehen müssten, um vollkommen als Leitfaden zu dienen. Abends, als ich um 5 Uhr lagern liess, hatten wir aber wieder die Wegzeichen seit einer Stunde verloren, ich war aber auf richtiger Linie, da ich die von Jordan innegehaltene Richtung W. S. W. befolgte.

Die Gegend, wenn auch ohne Schwierigkeit für die Kamele, war wieder recht trostlos und aller Vegetation bar. Keine Pflanze, kein Thier war zu sehen, nur fanden wir dicht bei unserem Lagerplatze eine todte, bereits mumificirte Gans, welche in Folge von Erschöpfung während ihres Zuges aus den Lüften gefallen. Raubthiere, welche eine solche Beute sich zu Nutze machten, gibt es nicht, weder grosse noch kleine.

Am folgenden Tage, den 2. Februar wurden zuerst die Wegzeichen wieder aufgesucht und etwas nördlich von uns fanden wir sie auch. Jordan hatte bei seinem letzten Marsch westlich gehalten und nun hätten wir auch ohne Wegzeichen auf das Lager stossen müssen, so genau war die Richtung innegehalten, was dadurch erleichtert wurde, dass gar keine Terrainschwierigkeiten zu umgehen waren. Sechs Wegstunden trennten uns noch. Man kann sich denken, mit welch fieberhafter Ungeduld ich vorwärts eilte, um meine Gefährten aus ihrer einsamen und trostlosen Lage zu erlösen. Bereits lange vorher hatte ich die Düne gesehen und dort am Fusse derselben musste nach Seckler's Aussage das Lager sein.

Schon aus grosser Entfernung fingen wir an zu schiessen, der Hadj Madjub, Mohammed und Ibrahim feuerten einen Schuss nach dem anderen aus ihren Lefaucheux-Gewehren, ich selbst revolverte dazwischen, aber nichts war zu sehen, nichts zu hören.

Erst tauchte der Gedanke in mir auf, sollten sie fort sein, einen anderen Lagerplatz bezogen haben? — Da — ganz in der Nähe hörten wir einen Schuss, jetzt rasch nach einander mehrere, dann ertönte ein Hurrah und jauchzend und jubelnd kamen mir Jordan und Zittel entgegen — ich fühlte, welche Last von ihren Herzen fallen musste.

Da ich zugleich eine ganze frische Post mit Briefen aus der

Heimath brachte, so war die Freude doppelt gross. Da ich ohne Zelt gekommen, war Zittel so freundlich, mit mir das seine zu theilen. Wir waren nun allerdings etwas eng logirt, aber mit einiger Genügsamkeit konnte man es darin schon aushalten.

Auf dem mit Jordan gemeinsam zurückgelegten Marsche zwischen der Kamelweide und unserem jetzigen Lager, hatte Zittel noch einen wichtigen Fund gemacht[1]). In einer kleinen Vertiefung im nubischen Sandstein, nahm er einige Feuersteinsplitter auf, deren Aehnlichkeit mit den in Europa und auch in Aegypten z. B. bei Heluan von Dr. Reil gefundenen Steinmessern ihm sofort auffiel, und die auf dem Stockholmer anthropologischen Congress allgemein als Artefacte anerkannt wurden. Wie kam der prähistorische Mensch in diese öde Wüstenstrecke? Das Räthsel löst sich durch die Annahme eines feuchteren Klimas, das gegen Schluss der Diluvialzeit nach dem Rücktritt des die Sahara bedeckenden Meeres in der jetzigen Wüste geherrscht haben muss, und dieselbe für Menschen bewohnbarer machen musste, als sie heut ist. Als Beweis hierfür müssen wir mit Zittel die Kalktuff- (Travertin) Bildung ansehen, mit der er den östlichen Steilrand von Chargeh übergossen fand, und welcher Pflanzenreste einschliesst, unter denen Graf Saporta eine *Arundo*-Art und Blätter der *Pistacia atlantica* (in Nordafrika, wo sie allgemein verbreitet ist, Batum genannt) erkannte. Als dieser Kalktuff sich bildete, trugen mithin die jetzt völlig nackten Felsenufer eine Vegetation, etwa wie die, die ich in den Schluchten des Gharian-Gebirges bei Tripolis antraf. Aehnliche Feuersteinsplitter hat auch Schweinfurth und zwar in Menge in der Oase Chargeh am Fusse der Omm-el-Rhenneiem angetroffen.

---

[1]) Vgl. Zittel in Deutsche Warte 1874 und in Bull. de l'institut égypt. 1874, 1875 Nr. 13, p. 147, 148.

Sechstes Kapitel.

Unüberwindliche Hindernisse des Vordringens nach Westen. Marsch durch das Sandmeer nach Siuah. Aufenthalt in der Oase des Jupiter Ammon.

2. bis 25. Februar 1874.

Recognoscirung des Sandmeers. Aenderung des Reiseplans. Rücksendung der Depots nach Dachel. Regen inmitten der libyschen Wüste. Aufbruch von Regenfeld. Eine lebende Schlange. Ammoniten-Berge. Strausseneier. Sandheim. Abtränkung der Kamele aus den Wasserkisten. Ausgang des Sandmeers. Das erste Wegzeichen. θάλαττα! 36 Tage in der Wüste. Ozongehalt der Wüstenluft. Empfang in Siuah. Schlechtes Quartier im Regierungs-Gebäude. Zwistigkeiten zwischen den Lifajah und Rharbjin. Die Karawane der Uled-Ali und der Handelsverkehr in Siuah. Dattelmagazin. Fortschreitender Verfall der antiken Baureste. Herbivore Würdenträger. Der Mudir. Depression. Frühzeitige Entwickelung der Vegetation. Ungesundes Klima.

Zittel hatte bereits vor meiner Ankunft eine Recognoscirung nach Westen gemacht und ermittelt, dass nach verschiedenen hohen Sandketten ein unabsehbares Sandmeer im Westen folge. Das waren traurige Aussichten. Sanddünen mit Sand dazwischen, also ein Sandocean, das war das Einzige, was uns das weitere Vordringen zur Unmöglichkeit machen konnte. Alle anderen Hindernisse wären zu besiegen gewesen. Gebirge hätte man übersteigen können, denn von bedeutender Höhe können sie in diesem Theile der libyschen Wüste nicht sein, weil man durch klimatische Erscheinungen ihre Existenz längst würde haben nachweisen können. Noch viel weniger war selbstverständlich an die Existenz grösserer Gewässer zu denken. Feindliche Bewohner waren in einer von allen Menschen, von allen Lebendigen entblössten Gegend überhaupt nicht zu fürchten, für Lebensmittel und Wasser war Sorge getragen — aber ein ununterbrochenes Sandmeer machte alles zu Schanden!

Indess gab ich noch nicht gleich alle Hoffnung auf, obschon die Sandkette, vor der wir lagerten, höher als alle die, welche wir bis jetzt überstiegen hatten, wenig Vertrauen einflösste. Nach vielem Hin- und Herberathen beschlossen Jordan und ich am 3. Februar nach Nordwesten hin eine Recognoscirung zu machen, da nach Zittel's Aussage es vollkommen unmöglich war, westlich vorzudringen. Und das war es auch, denn in Abständen von 2 bis 4 Kilom. folgte eine Dünenkette der anderen und jede Kette war über 100 Meter hoch. Alle liefen von Norden nach Süden mit geringer Neigung von Nordwest nach Südost. Hätten wir versucht, in gerader westlicher Richtung weiter zu gehen, so würden wir voraussichtlich am ersten Tage 20 Kilom. weit vorgedrungen sein und hätten dabei 6 Ketten zu übersteigen gehabt, am zweiten Tage wären wir vielleicht ebenso weit gekommen, am dritten Tage hätten wir sicher nicht mehr als 15 Kilom. und am vierten Tage vielleicht noch 10 Kilom. zurückgelegt. Das wäre das äusserste gewesen, was man den Kamelen hätte zumuthen können.

Wir wären dann 65 Kilom. weiter westlich gewesen; aber was dann? Die Thiere hätten vielleicht nach einer mehrtägigen Rast noch 50 Kilom. weiter machen können, das wäre aber auch sicher alles gewesen, was man ihnen hätte ansinnen können. Und wie dann wieder zurückkommen? Das Kamel, so stark, so geduldig es auch ist, hat doch nur eine bestimmte Summe von Kräften und wenn man gesehen hat, wie schwer es demselben wird, Sanddünen zu übersteigen, wird man begreifen, dass es die grösste Thorheit gewesen wäre, sich in ein solches Sandmeer hineinzuwagen. Wir hatten keinen Grund, die Thiere irgendwie zu schonen, und dass dies überhaupt nicht geschen ist, geht wohl zur Genüge daraus hervor, dass wir 20 Kamele verloren.

Aber es musste ein Entschluss gefasst werden. Unverrichteter Sache umkehren wollten wir nicht, und da unsere Recognoscirung, soweit wir gekommen, eine stets gleichbleibende Richtung der Dünen constatirt hatte, wollten wir versuchen, in der Richtung derselben nach Norden, resp. N. N. W. vorzudringen. Vielleicht erreichten wir nach einigen Tagereisen das Ende der Sandregion und konnten dann doch noch die westliche Richtung einschlagen; vielleicht war es möglich, Siuah auf noch unbekanntem Wege zu erreichen und so immerhin dem unerforschten Gebiete der libyschen Wüste einen Streifen von 5—6 Tagemärschen Breite abzugewinnen; im schlimmsten Falle, wenn ein Vordringen nach dieser Richtung nicht möglich war, konnten wir östlich abschwenkend Farafrah erreichen. Jedenfalls mussten wir auf die Verbindung mit Dachel und weiteren Nachsub verzichten, da sich unser Weg im Flugsande in keiner Weise markiren liess; die vorhandenen Vorräthe an Kamelfutter reichten noch auf reichlich 14 Tage und die zu unserer Disposition stehenden Wasserkisten gestatteten, falls wir nicht bald Wasser erreichten, die Kamele einmal abzutränken. In 14 Tagen konnte immerhin eine ansehnliche Wüstenstrecke durchmessen werden.

Die mit soviel Mühe und Geldopfern angelegten Depots waren nun freilich zwecklos geworden und mussten aufgehoben und nach Dachel zurückgeschickt werden. Ich sandte daher Morlock mit einem Kamele ab, um das von Ernst und Abd-Allah bewachte Depot aufzuheben und mit allen etwa noch unterwegs befindlichen Nachschüben nach Dachel zurückzudirigiren. Ich gab ihm Briefe an Ascherson und Remelé mit, in welchen ich diesen meinen Entschluss anzeigte und Ersteren ersuchte, eine Karawane mit frischen Kamelen und Futtervorräthen nach Farafrah zu führen, wo er jedenfalls am 24. Februar eintreffen und meine Ankunft erwarten sollte. Ich bestimmte diesen Zeitpunkt, da ich in dem ungünstigsten Falle, dass es uns nicht gelang, nach der Ammons-Oase zu kommen, ungefähr um diese Zeit in Farafrah eintreffen konnte. Natürlich musste ich diese Oase auch auf der Rückkehr von Siuah nach Dachel passiren. Ich forderte Ascherson auf, auf dem Marsche nach Farafrah den uns früher angegebenen Weg von Dachel nach Bir Keraui zu verfolgen, um auch die östliche Begrenzung der Einsenkung von Farafrah kennen zu lernen.

Es war freilich gewagt, einen mit der Behandlung des Kamels nicht übermässig vertrauten Europäer allein abzusenden, allein es blieb mir keine Wahl, da wir keinen der bei uns befindlichen 3 Araber entbehren konnten und durfte ich wohl hoffen, dass Morlock das nur 1½ Tagemärsche entfernte Depot glücklich erreichen werde, von wo er wenigstens in Gesellschaft seinen Weg fortsetzen konnte.

Diese Erwartung erfüllte sich dann auch, wie ich hier gleich, um den Leser nicht unnöthig in Besorgniss zu lassen, bemerken will. Morlock traf sogar schon eine halbe Tagereise von unserem Lagerplatze eine Nachschubkarawane unter Führung meines getreuen, mir persönlich so anhänglichen Bu-Bekr, welcher untröstlich war, so nahe am Ziele umkehren zu müssen. Sie nahmen dann Ernst und Dr. Abd-Allah auf und begegneten auf dem Wege nach Dachel noch der von Remelé mir nachgesandten, von mir so sehnlich erwarteten Karawane, welche Bohnen von Siut brachte. Diese Araber liessen es sich nicht ausreden, wir seien in der Wüste verunglückt und unsere Leute verheimlichten nur unsern Tod, um unsern Nachlass ungestört auf die Seite zu schaffen, was sie vermuthlich in solchem Falle gethan haben würden. Ascherson und Remelé hatten allerdings in meinen Briefen und Morlock's Aussage ein hinlängliches Zeugniss für den wahren Sachverhalt, der freilich auch für sie einigermassen niederschlagend war; da sie indess aus leicht begreiflichen Rücksichten sich in ihren nach Siut gerichteten Briefen über meine Absichten sehr reservirt ausdrückten, war es nicht zu vermeiden, dass dort und in Cairo nicht geringe Besorgniss um unser Schicksal entstand.

Ehe ich indess nach reiflicher Erwägung mit Zittel und Jordan den erwähnten Beschluss fasste, hatten wir Gelegenheit, ein in der libyschen Wüste wie in der Sahara überhaupt gewiss sehr selten beobachtetes meteorologisches Phänomen zu erleben, nämlich einen anhaltenden Regen. Hatte es schon am 1. Februar Abends um 9 Uhr einigen Tropfenfall gegeben und ebenso Morgens am 2. Februar um 6 Uhr, so begann eine Stunde später ein anhaltender Regen und dauerte ohne Unterbrechung bis zum 4. Februar Nachmittags 2 Uhr. Auch Nachts hörte derselbe nicht auf. Jordan, welcher einen Regenmesser hergestellt hatte, constatirte damit innerhalb der zwei Tage einen Niederschlag von 16 Mm. Höhe, in die Dünen war der Regen 17 Centimeter tief eingedrungen.

Man hat bisher angenommen, dass die Sahara eine vollkommen regenlose Zone sei, und die Oasenbewohner haben nicht wenig dazu beigetragen, diesen allgemeinen Glauben zu unterstützen. In Tuat regnet es nie oder höchstens alle zwanzig Jahre, dasselbe sagten die Eingeborenen von Fesan, obwohl M. v. Beurmann[1]), ich selbst[2]) und auch Nachtigal dort Regenfälle erlebten; von Kauar gar wird behauptet, die Eingebornen wüssten gar nicht, was Regen sei, im Nilthal von Oberaegypten soll Regen eine ungemeine Seltenheit sein. In Dachel sagten uns Eingeborene, es regne dort nie und Hassan Effendi, ein sonst zuverlässiger und gut unterrichteter Mann, es regne etwas alle 10 Jahre. Und dennoch fanden wir daselbst in unserem eigenen Hause Spuren eines Regengusses, viel bedeutender als die, welche wir bei unserer

---

[1]) Petermann und Hassenstein Inner-Afrika p. 188).

[2]) Quer durch Afrika I p. 182.

Rückkehr als von dem eben beschriebenen Regen verursacht wahrnahmen. Ganz übereinstimmend berichtet Edmonstone: Sometimes the rains are very abundant and fall in torrents; this season there had been none at all. Ganz regenlose Gebiete dürfte es also auf der Erde wohl kaum geben[1]). Am 2. Februar hatte es in der Oase des Jupiter Ammon und in Uah el-Beharîeh nicht geregnet, in Farafrah etwas, in Dachel und Chargeh ebenso stark, wie bei uns. Als wir aber von der Ammonsoase wegzogen, regnete es etwas in der Depression des Ammonium. Unbedeutende Niederschläge von einzelnen Regentropfen kamen übrigens während unserer Expedition noch öfter zur Beobachtung.

Wir waren um unsere in Dachel gebliebenen Gefährten in Sorge, denn da sich das Fallen der Tropfen auf's Zelt viel stärker anhörte, als es in Wirklichkeit war, so befürchteten wir, die aus Thonklumpen errichteten Wohnungen könnten einstürzen; glücklicher Weise waren die Häuser aber doch widerstandsfähiger, als wir glaubten. Aber für uns waren es keineswegs angenehme Tage, die wir hier verlebten. Eng zusammengedrängt lagen wir in unserem Zelte und suchten uns durch Lectüre und Plaudern die Zeit zu vertreiben, während die eingeborenen Diener sich durch Eingraben in den Sand und eine aus den eisernen Kisten errichtete Mauer einigermassen geschützt hatten. Am Schlimmsten waren unsere Kamele daran, welche den Regen ohnehin schlecht ertragen können, nun aber Tag und Nacht in der Feuchtigkeit mit zusammengeknebelten Beinen liegen bleiben mussten. Wie froh waren wir, als dieser in der Wüste so widernatürliche Zustand aufhörte.

Ehe wir unseren Lagerplatz verliessen, wurde folgendes Document in einer Flasche fest verschlossen deponirt:

„Lagerplatz der von Gerhard Rohlfs geleiteten Expedition

[1]) Dass die auf den Karten markirten und in metereologischen Handbüchern beschriebenen Gegenden an der Westküste von Südamerika ganz regenlos sind, scheint keineswegs vollkommen sicher.

in die libysche Wüste. Auf diesem Punkte, dessen Breite = 25° 11′ 10″ N. B. und dessen Länge = 14° 42′ O. von Berlin [1]) astronomisch bestimmt und dessen Meereshöhe = 450 Meter barometrisch gemessen worden ist, hat die Expedition vom 2. bis 5. Februar 1874 in der Stärke von 7 Mann mit 15 Kamelen gelagert. Wegen eines am 2. und 3. Februar gefallenen Regens, welcher 16 Mm. Wasserhöhe lieferte, wurde diese Gegend Regenfeld genannt. Regenfeld, den 5. Februar 1874. G. Rohlfs. K. Zittel. W. Jordan."

Ueber dem Platze, wo die Flasche eingesenkt worden war, wurde eine 2 Meter hohe Pyramide aus eisernen Kisten und Steinen errichtet. Ob jemals wieder der Fuss eines Menschen diese Stätte betreten wird?

Als so am 5. Februar alles vorbereitet war, traten wir am folgenden Morgen unseren Marsch durch den Sandocean an. Wir hatten auf 20 Tage Proviant und Wasser. Von ersterem liessen wir als überflüssig noch viel in Regenfeld zurück, unter anderem mehrere Centner Datteln und Zwieback. Beschlossen war N. N. W. Richtung oder 340° zu halten, welche Richtung uns von Regenfeld, falls wir keinen Durchgang nach Westen fänden, nach der Oase des Jupiter Ammon bringen musste. Immerhin ein schwieriges Unternehmen, bei dem ich allerdings durch den Umstand begünstigt wurde, dass ich vorher in Siuah gewesen und deshalb mit den topographischen Verhältnissen nicht nur der engeren Oase, sondern auch der Umgegend und namentlich des so sehr prägnant ausgedrückten Ufers bekannt war.

Auf der Strecke Dachel-Regenfeld-Siuah, wie auf der ganzen Expedition, wurde ein Itinerar nach Seegebrauch von Jordan geführt mit astronomischer Breitenbestimmung. an jedem Abend, Längenbestimmung an den Rasttagen und fortgesetzter Pei-

---

[1]) Diese Bestimmung, entsprechend 28° 6′ O. von Greenwich, war das unmittelbare Resultat einiger Monddistanzen. In der Karte ist Regenfeld auf 27° 30′ O. Länge v. Gr. gesetzt.

lung der Wegrichtung. Am Tage vor dem ersten Auftauchen von Siuah schätzte Jordan den zu fürchtenden Anschlussfehler des Itinerars auf $^1/_2$ Wegstunde in Breite und etwa $^1/_2$ Tagereise in Länge, dasselbe schloss jedoch auch in der Länge auf wenige Kilometer genau an. Das Letztere ist als ein glücklicher Zufall zu betrachten, denn da die früher angenommene Position von Siuah sich in Betreff der Länge als ziemlich ungenau erwiesen hat, so hätte sogar ein Anschlussfehler von 1—2 Tagereisen in westöstlicher Richtung vorkommen können.

Hatten wir eben mit dem Regen einen harten Strauss zu bestehen gehabt, so durchkältete uns am ersten Marschtage ein schneidend kalter aus Norden blasender Sturm, wahrlich keine Annehmlichkeit, da wir den Sandregen aus nächster Nähe bekamen und fortwährend gegen eine dicke Sandwolke anzukämpfen hatten. Mehrere hohe Dünen übersteigend, legten wir doch an dem Tage 9 Stunden zurück.

Wir waren immer noch auf nubischem Sandstein und zeigte die Gegend auch am 2. Marschtage nicht die geringste Spur von Vegetation. Es war, als ob man sich auf einem vollkommen leblosen Planeten befände. Blieb man einen Augenblick zurück, verlor man die Karawane aus dem Gesicht, so empfand man eine Einsamkeit in der unendlichen Umgebung, die beängstigend auch auf das stärkste Gemüth einwirkte. Namentlich je tiefer man in den Sandocean eindrang, desto mehr machte sich dieses Gefühl geltend. Und wenn der Wind oder Sturm doch noch ein Zeichen des Lebens ist, so machte die Abwesenheit desselben, so lästig er uns fiel, fast einen erdrückenden Eindruck. Nichts als Sand und Himmel! Auf dem Meere kräuselt sich die Oberfläche des Wassers, falls nicht absolute Windstille herrscht. Hier im Sandocean erinnert nichts als die erstarrten kleinen Wellen des letzten Simum an das grosse Allgemeinleben der Erde, sonst ist alles todt.

Am 2. Tag hatten wir nur 8 Stunden zurückgelegt; noch

waren wir keineswegs in einem so trostlosen Einerlei, wie es uns einige Tage später umgab. Denn am 8. Februar kamen wir Nachmittags um 2 Uhr in eine Einsenkung, welche im Norden durch ein steil ansteigendes mit Vorgebirgen versehenes Ufer begrenzt war. Nach Osten aber und Westen starrten uns Sanddünen entgegen und zerstörten so die Hoffnung, dass wir hier inmitten des Sandmeeres festes Land, anstehendes Gestein auf weite Strecken gefunden hätten. Bei einem einsamen Zeugen, der wie ein riesiger Wegweiser oder wie ein Fabrikschornstein von Weitem sich ausnahm, fand ich in einer Spalte des Gesteins eine mehrere Fuss lange Schlange (*Coelopeltis insignita*, eine in Nordafrika und Syrien verbreitete Art). Als ich den Zeugen, den ich Anfangs für ein Kunstproduct gehalten hatte, in der Nähe betrachten wollte, sonnte sich die Schlange auf einem Absatz, verschwand aber, sobald sie mich erblickte, in einer Felsspalte. Um ihrer habhaft zu werden, musste eine ganze Felsplatte abgehoben werden, es gelang aber mit Hülfe eines durch Revolverschüsse herbeigerufenen Dieners und die Schlange wurde dann mit Schlägen auf Kopf getödtet und später in Spiritus aufbewahrt. Wovon lebte das Thier? Vielleicht von Vögeln, welche zahlreich den Boden bedecken und vom Wandern erschöpft bald ihr Grab in der libyschen Wüste finden. Vielleicht auch sind kleine Insekten, Eidechsen, Mäuse, Springmäuse vorhanden. Denn hier, wo das Terrain eine andere Formation zeigte, war auch etwas Pflanzenwuchs, namentlich *Aristida*-Gras vorhanden. Die anatomische Untersuchung gab über die Nahrung der Schlange keinen Aufschluss. In ihrem Magen fand Zittel nur einige Sandkörner. Trotzdem besass das Thier eine reiche Fettablagerung, von dem es wohl während des Winterschlafes zehrte. Einzelne Ausläufer zeigten die sonderbarsten Steinformationen, Steine von kugelrunder Gestalt, auf einem Stiele sitzend, 2—4′ im Durchmesser haltend, bedeckten die Seiten einiger Felsausläufer.

Vor allem reich war aber diese Gegend an Austern und

Ammoniten, und der letztgenannten Fossilien wegen, auf die wir hier zum ersten Male stiessen, nannte Zittel diese Felsufer: „Ammoniten-Berge". Selbstverständlich hatten wir die Zone des nubischen Sandsteins wieder hinter uns und befanden uns in voller Kalkregion. Unbeschreiblich reich musste das Leben in einer anderen Zeitepoche hier pulsirt haben, Austernbänke von kolossaler Mächtigkeit und verschiedene andere Muscheln prähistorischer Zeit waren hier vereint zu finden. Solch' reiches Leben findet man heute nur noch in den Tropenmeeren, es frappirte hier aber der Gegensatz um so stärker, jetzt alles todt und nur noch die Zeugen des einstigen Lebens, das vor so viel tausenden von Jahren hier geherrscht hatte. Wir lagerten Abends auf einer steinigten Hammadah, aber am Fusse einer riesigen Düne.

Längs dieser über 100 M. hohen Düne gingen wir des andern Tags weiter auf anstehendem Gestein, wo hin und wieder *Aristida* sprosste, auch ein Fennek gesehen wurde und zahlreichere Spuren dieser Thiere verriethen, dass doch einige Vierfüssler bis hierher sich aus den Oasen zurückziehen. Ja die überall liegenden Trümmer von Straussenéiern [1]) deuten darauf hin, dass dieser scheue Vogel, jedenfalls um sicher brüten zu können, sich die Einsamkeit des Sandoceans zum Nisten ausersieht. Neue und alte vom Sandwehen abgeschliffene Eierscherben fanden wir überall im ganzen Sandocean. Ein vor Verfolgung sichereres Revier könnte sich allerdings der Strauss nicht erkiesen, als diese Wüste. Und um Futter zu finden, was sind da dem schnell dahineilenden Vogel Entfernungen von 50, ja 100 Meilen?

Aber es wurde noch immer schlimmer, die Einöde beängstigender. Am 10. Februar schrieb ich in mein Tagebuch: ich habe

[1]) Bereits bei Bir Keraui, dann auch zwischen Farafrah und Dachel und zwischen Dachel und Regenfeld hatten wir ähnliche Schalenreste, wenn auch nicht so reichlich angetroffen. Hassan-Effendi fand einmal bei Gassr Dachel frische Fährten vom Strauss. Vergl. Ascherson im Sitzungsbericht der Gesellschaft naturforschender Freunde zu Berlin Juni 1874 und Juni 1875.

nichts zu bemerken, als dass wir stetig abwärts schreiten und uns in einem Sandmeer befinden.

Man wird sich denken können, dass unsere Marschordnung so ziemlich immer dieselbe war und unser übriges Leben auch. Das Kamel, welches am besten marschirte, musste vorangehen und wurde von einem der Diener geführt, die anderen wurden dann das eine hinter das andere gebunden. Die Thiere, welche wir ritten, hatten alle Namen bekommen, sowohl bei uns, als auch bei den Dienern: das Kamel Zittel's hiess der Baron, das von Jordan der kleine Kelb (Hund), mein eignes das Riesenkamel, und da waren noch andere, die sich durch irgend eine Eigenschaft auszeichneten und danach benannt wurden.

Wir gingen meistentheils zu Fuss, schon um Richtung zu halten; unsere Mahlzeiten waren ungefähr wie auf dem Marsche von Siut nach Dachel vertheilt. Da wir alle Büchsen auf diese Tour aufgespart hatten, so war unser Tisch immer gut besetzt und auch Wein fehlte nicht. Einen grossen Genuss gewährten gleich nach der Ankunft ein Gläschen Hennesy-Cognac und einige Biscuits dazu. Wasser hatten wir reichlich und gut, nur fingen unsere Kohlen an, auf die Neige zu gehen, und unser Hühnerstall und einige Kisten waren ebenfalls schon zum Brande verurtheilt worden. Da entdeckten wir am 11. Februar mitten im Sandmeer Stauden von Talch *(Acacia Seyal)* darunter einige mit armdicken Stamm, nur die Spitzen der Krone ragten aus dem Sande heraus. Fleissig wurde davon gesammelt. Auch Blitzröhren und wie immer Strausseneiertrümmer wurden an dem Tage viel beobachtet.

Es war aber unumgänglich nothwendig geworden, einen Rasttag für die Thiere zu machen und so blieben wir am 12. Februar am Orte, wohin wir am Tage zuvor gekommen waren. Wir nannten diese Stelle Sandheim und Jordan bestimmte die Breite zu 26° 52′ N. B., die Länge zu 26° 32′ O. L. v. Gr. Die magnetische Declination betrug hier 7° 5 westlich, die Höhe circa

220 Meter über dem Meere. Wir waren also seit Regenfeld schon bedeutend abwärts gegangen.

Hier konnten wir es möglich machen, dass die Kamele, wenn auch nicht vollständig abgetränkt, so doch mit einer Ration Wasser aus den eisernen Kisten für ihren mühevollen Marsch belohnt wurden[1]). Wohl das erste Mal, dass Kamele in der Sahara auf diese Art abgetränkt wurden. Die leeren eisernen Kisten wurden sowohl hier, als auch anderwärts als lästiger Ballast zurückgelassen. Und noch nach Hunderten von Jahren werden leere Flaschen, Wasserkisten und Büchsen den Weg bezeichnen, den wir durch das libysche Sandmeer genommen haben.

Auch der 13. und 14. Februar wurde im trostlosen Sandocean zugebracht, bei 9stündigem Marsch an beiden Tagen stiessen wir auf kein anstehendes Gestein. Und obschon wir immer noch in Massenanhäufung von Sand waren, kamen wir endlich am 15. Februar zum ersten Mal wieder auf blossliegendes Gestein, welches sich auch an dem darauf folgenden Tage zeigte und nach Zittel zu einer Süsswasserkalkformation gehörte. Gegen Abend zeigten sich an selbem Tage auch spärliche Pflanzen und die Dünen verloren ihr kettenhaftes Aussehen, die von ihnen gebildeten Strassen oder Sandalleen hörten auf.

Am 17. Februar veränderte sich der Charakter der Gegend aber vollständig, auch waren wir am 18. Februar schon so tief, dass wir manchmal schon Aneroid-Ablesungen machten, die auf Einsenkung unter den Meeresspiegel deuteten. Die Dünen wurden bedeutend niedriger und anstatt in der einen Richtung von Norden nach Süden zu ziehen, lagen sie jetzt vielmehr chaotisch durcheinander, was allerdings keineswegs das Vorgehen erleichterte. Ueberall hatten wir jetzt auch anstehendes Gestein und zwar nach Zittel Süsswasserkalksteinformation. Auch die Vegetation wurde nun reichlicher, namentlich Belbel *(Anabasis*

---

[1]) Da die Kamele am 26. Januar zuletzt abgetränkt waren, so hatten sie seit 17 Tagen nicht getrunken.

articulata) und *Aristida.* Von Thieren bemerken wir die Spuren von Schakalen, Springmäusen und Eidechsen. Wir hatten das eigentliche libysche Sandmeer hinter uns. Aber keineswegs hatten wir damit schon den sichern Hafen, die Oase des Jupiter Ammon erreicht.

Am 19. Februar waren wir aus den Dünen ganz heraus, und in der Meinung, dass es besser sei, östlich von Siuah herauszukommen, wo wir ohnedies den etwas südlich von Beharīeh kommenden Weg kreuzen mussten, liess ich an dem Tage statt in 340° in mehr nördlicher Richtung vorgehen. Um eilf Uhr Vormittags entdeckte ich endlich das erste Allem, einen ohne Zweifel von Menschenhand errichteten Wegweiser.

Lauter Jubel ertönte, als wir jetzt, seit 14 Tagen zum ersten Mal, wieder auf Spuren menschlicher Thätigkeit stiessen. Indess hielt ich es nicht für gerathen, den Wegweisern zu folgen, da dieselben in einer mehr ostwestlichen Richtung stehend, eher zu einen von Beharīeh direct nach Audjila gehenden Weg als zu einem gerade auf die Oase des Jupiter Ammon zuführenden zu gehören schienen. Fast alle Oasen haben derartige ausserhalb um dieselben herumführenden Wege, welche von kleinen Karawanen gern gemieden werden, weil sich meistens auf ihnen die Räuberbanden und Rhasien fortbewegen.

Offenbar durch Spiegelung gehoben, sahen wir bald darauf, als wir unsern Marsch fortsetzten, den Rand des libyschen Küstenplateaus. Später jedoch entschwand er wieder unseren Blicken. Von 3 Uhr Nachmittags bis 4³/₄ liess ich mehr nordwestlich halten, da eine sehr isolirte Düne nach Norden zu den Weg versperrte. Wir marschirten immer zwischen vereinzelten Gors. An diesem Tage herrschte eine ungewöhnliche Stille, selbst unter den eingeborenen Dienern. Abends vorher hatte ich unsere Vorräthe inspicirt und gefunden, dass wir noch auf mehrere Tage mit allem versehen waren. Der Hadj Madjub aber und seine Gefährten hatten daraus böse Folgerungen gezogen. Sie hatten sich eingebildet, wir wären nicht mehr orientirt und namentlich hatte sie in Erstaunen und Zweifel gesetzt, dass wir nicht der vorhin erwähnten durch Allamat bezeichneten Strasse gefolgt waren.

Unverdrossen ging ich allein voran und einen hohen Zeugen als Ziel nehmend, erklomm ich ihn, in der Hoffnung, von dort wieder das Steilufer erblicken zu können. Ich hatte mich auch nicht getäuscht, kaum hatte ich die Höhe erstiegen, als nordwärts und nach Westen zu das ganze grossartige Ufer im bläulichen Dufte der Abendbeleuchtung vor mir lag. Unwillkürlich stiess ich einen lauten Jubelruf aus, ich schwenkte meine Mütze und meine beiden Gefährten Zittel und Jordan, den Grund meines Jubels errathend, verdoppelten ihren Schritt und waren bald oben, um ihre Blicke mit mir an einem der schönsten Landschaftsbilder zu weiden, doppelt herrlich nach so vielen Tagen in traurigster Einöde.

Scharf und doch wieder mild umhaucht lagen sie vor uns, die pittoresken Abstürze des libyschen Küstenplateau's, und im Westen senkte soeben noch die Sonne ihre letzten goldenen Strahlen in jene unvergleichlich schönen Azurseen, welche den Schmuck der Oase des Jupiter Ammon bilden. Aus dem dunklen Grün der Palmen ragten die Hochburgen der beiden Hauptorte Siuah und Agermi empor und in der Ferne zeichnete sich scharf auf klarem Himmel der sonderbare Berg von Amudeïn. Fürwahr ein prächtiges Bild, von dem ich gewünscht hätte, dass es einem Hildebrandt vergönnt gewesen wäre, es mit seinen glühenden Farben wieder zu geben.

Mit welcher Genugthuung konnte ich meine Gefährten auf die mir schon bekannten Punkte aufmerksam machen und wie froh waren wir alle, als wir jetzt menschliche Ortschaften wieder vor uns liegen sahen! So war denn der abenteuerlichste Marsch, der je in der Wüste Sahara gemacht ist, auf's Glänzendste gelungen, denn wenn wir auch einige Stunden östlich von Siuah uns befanden, so war die Oase nicht verfehlt, jede Besorgniss auf einmal gehoben. Gewiss hatten wir alle Ursache, froh zu sein, denn ein mehrere Tage anhaltender Simum, welcher vielleicht zum Stillliegen gezwungen hätte, würde uns in's Verderben gestürzt haben, ein allzuweites Abweichem vom Ziele hätte von den schwersten Folgen für die Karawane sein können, die ernstliche Erkrankung eines von uns wäre unterwegs für unsere Weiterbewegung ein gefährliches Hinderniss gewesen und hätten wir endlich den Verlust unserer Kamele zu beklagen gehabt, so wäre unser Untergang unvermeidlich gewesen. Wohl war die Einöde des libyschen Sandmeers dazu angethan, derartige Gedanken aufkommen zu lassen, aber jetzt war jede Furcht verscheucht, lag doch im Glanze der untergehenden Sonne der heilige Orakelort des Jupiter Ammon vor uns. Mit freudigerem Gefühle hat wohl Niemand vor uns die alte ehrwürdige Tempelstätte erblickt. Mochten auch frühere Pilgerschaaren dort hoffen, dass ihnen die Zukunft enthüllt würde, das Hangen und Bangen Land zu erreichen, während wir durch die Fluthen des Sandmeeres steuerten, hatte vor und bis jetzt noch Niemand mit uns getheilt. Wohl konnten wir jene glänzenden Wasserspiegel mit nicht geringerem Jubel begrüssen, als einst jene zehntausend Griechen vom pontischen Hochgebirge aus ihre geliebte Thalatta!

Wegen vieler zu umgehenden Localdünen, wegen Abtränkens der Kamele, wegen Weiden derselben im Vorgehen erreichten wir die Doppelstadt Siuah am 20. Februar erst um 5 Uhr Abends nach einem 9stündigen Marsche; in gerader Linie aber hatten wir von unserem Lagerplatz bis Siuah gewiss nicht mehr als 6 Stunden.

Am Morgen hatte ich den Hadj Madjub vorausgeschickt, um uns beim Mudir von Siuah anzumelden. Der wackere Beduine, der ohnedies poetische Ausschmückung der Wirklichkeit liebte, hatte diese Gelegenheit erwünschtermassen benutzt, um den Mudir und den anderen angesehenen Bewohnern der Oase Wunderdinge über unseren Wüstenmarsch, über unseren Reichthum und über unsere Lebensweise aufzubinden. Nach den Erzählungen des Hadj Madjub mussten die Siuahner glauben, wir führten wenigstens eine Kiste mit Maria-Theresia-Thalern und eine andere mit silbernen Uhren mit uns.

Wir hatten einen recht feierlichen Empfang. Am Rande der Palmengärten kamen uns Kawassen des Mudir entgegen und fragten, ob wir eine Wohnung wünschten, oder ob wir Zelte aufschlagen wollten. Wir entschieden uns für die erstere, zumal ich ohne Zelt war und wir mehrere Tage bleiben wollten, für welche Zeit ein Obdach dem Zelte entschieden vorzuziehen ist. Dicht vor dem Orte selbst kam dann auch der Mudir mit einem stattlichen Gefolge der Vornehmsten Siuah's. Mancher alte Bekannte von meinem ersten Aufenthalte in der Oase im Jahre 1869 war darunter, mancher aber auch war schon dahingeschieden, aber die, welche zugegen waren, drückten laut ihre Freude aus, mich wieder zu sehen. Man geleitete uns in das früher schon von mir bewohnte Gassr und trotzdem diese Räumlichkeiten sich weder vergrössert noch verschönert hatten, waren wir herzlich froh, als wir unter Dach und Fach waren.

Fünfzehn Tage waren wir von Regenfeld unterwegs gewesen und im Ganzen hatte seit Jordans Abgange aus der Oase Dachel die Expedition 36 Tage in der Wüste zugebracht, ohne auf eine menschliche Besiedelung zu stossen, ohne Brunnen oder irgendwo Wasser anzutreffen, ohne irgendwo eine ausgedehnte mit einigermassen reichen Pflanzenwuchs bedeckte Gegend zu finden. Dass eine Karawane von durchschnittlich 10 Mann und 20 Kamelen in der Sahara einen Aufenthalt von über einen Monat durchmachte, ohne einen Quell zu berühren, ist noch nie vorgekommen und wird wohl sobald nicht wieder vorkommen.

Zudem hatten wir mit den grössten Hindernissen zu kämpfen gehabt, Kälte, Regen und heftig entgegenwehenden Stürmen. Von einem Uebel blieben wir bewahrt: Sommerhitze der Sahara.

Auf dem Marsch von Regenfeld nach Siuah hatten wir 7 Tage, wo die Minimaltemperatur unter Null war, am 16. Februar sogar — 5° und selbst Nachmittags war das Thermometer nicht über 15°. Wenn das Wetter Nachts ruhig war, fror das Wasser selbst bei — 4° oder — 5° nie, sondern krystallisirte erst, wenn es Morgens berührt wurde. Die relative Feuchtigkeit war nach Ausweis des Hygrometers Nachts eine sehr bedeutende; die vom Mittelmeer kommenden Winde erklären diese Erscheinung ohne Schwierigkeit. Auffallend stark war im Sandmeer der Gehalt der Luft an Ozon. Professor Zittel, welcher denselben täglich beobachtete, sagt darüber in den Berichten der Münchener Akademie der Wissenschaften:[1]) „vergleicht man zunächst die in der Wüste enthaltenen Ozonreactionen mit jenen aus den Oasen und dem Nilthal, so ergibt sich das überraschende Resultat, dass in ersterer der Ozonreichthum der Luft ein erheblich grösserer ist, als in den bewohnten mit Vegetation und Wasser versehenen Gebieten. In der offenen Wüste zeigte sich im Januar und Februar ein mittlerer Ozongehalt[2]) von 7,3, während in den Oasen ungefähr um dieselbe Zeit als höchste Mittelzahl nur 4,9 beobachtet werden konnte. Die Wüste zeichnet sich nicht allein vor den Oasen und dem Nilthal durch ozonreiche Luft aus, sie stellt sich auch (wenigstens im Winter) den günstigsten Ozonstationen Europa's zur Seite."

An demselben Abend noch, nachdem wir es uns in den düstern und übelriechenden Zimmern des Gassr (Schlosses) in Siuah bequem gemacht hatten, mussten wir eine Deputation der Schichs oder angesehensten Einwohner des östlichen Ortes empfangen. Sie brachten uns Gastgeschenke und hiessen uns willkommen. Zittel und ich hatten ein Hinterzimmer zusammen, Jordan war im vorderen und hatte auf dem flachen Dache des Gassr sein astronomisches Observatorium errichtet. Als ich

[1]) Sitzung der phys.-mathem. Classe vom 4. Juli 1874 p. 223.

[2]) Mit der Schönbein'schen ozonometrischen Scala gemessen.

das letzte Mal dort wohnte [1]), hatte ich die ganze Etage allein und daher bessere Zimmer. Jetzt aber war der eine Theil des Gassr zur Schatzkammer hergerichtet, einen anderen Theil bewohnte der Gouverneur der Oase, sein Schreiber hatte Zimmer inne, die direct auf unsere mündeten, unten war wie früher Gefängniss, wo kettenbeladene Gefangene herumrasselten, dort wohnte endlich in einem kleinen Nebengemach der Geheimsecretär der Regierung, ein schon ziemlich bejahrter Mann, in Gesellschaft seines Söhnchens und einer schwarzen Sclavin. Was aber an Bequemlichkeit abging, ersetzte der Mudir und seine Umgebung reichlich durch den Eifer, womit sie sammt und sonders beflissen waren, alle unsere Wünsche zu erfüllen.

Am anderen Morgen kamen denn auch nicht nur die befreundeten Schichs, um uns einen übrigens sich später nur zu oft wiederholenden Besuch abzustatten, sondern auch die Schichs des eigentlichen Siuah, der sogenannten Rharbjin schickten eine geheime Botschaft zu mir, ob ich sie, da sie selbst nicht zu mir kommen könnten, nicht mit einem Besuche beehren und vor allen Dingen nicht einen Hammel als Gastgeschenk annehmen wolle. Ich war im Auftrage des Chedive in Siuah, ich war dort Gast seiner Regierung und hielt es deshalb für gerathen, nicht allein in der Sache zu entscheiden, sondern befragte den Mudir. Dieser rieth mir entschieden ab, das Geschenk anzunehmen und fügte hinzu, sie hätten die Erlaubniss, mich zu besuchen, aber nur in seiner Begleitung.

Zum näheren Verständniss dieser Verhandlungen füge ich hinzu, dass die Bewohner Siuah's sich in zwei Hauptstämme trennen. Es sind das die Lifajah und die Rharbjin [2]). Es ist wohl anzunehmen, dass die Lifajah die wahren Ureinwohner

---

[1]) Siehe Rohlfs, Von Tripolis nach Alexandrien Th. II p. 101.

[2]) Siehe Hamilton p. 256. Cailliaud I. p. 88. St. John p. 112. Rohlfs II. p. 124. Minutoli p. 90 ff. Hornemann p. 21. Browne p. 23. Petermann und Hassenstein, Inner-Afrika p. 15 u. A.

der Oase sind, während die Rharbjin, wie der Name das andeutet, von Westen einwanderten. Aber die Vermischung beider untereinander, dann mit Aegyptern und besonders mit Negern ist eine so starke und innige gewesen, dass man sie als Ein Volk betrachten kann. Die von jeher bestandene Feindschaft ist aber auch jetzt noch nicht erloschen. Alle früheren Reisenden haben davon berichtet und auch ich habe im Jahre 1869 ihre Streitigkeiten mit anhören müssen. Freilich kommt es jetzt nicht mehr zu blutigen Zusammenstössen, dafür sorgt die aegyptische Regierung, aber dennoch hatte gerade jetzt die Spannung ihren höchsten Grad erreicht. Ich habe früher schon erwähnt, wie oppositionssüchtig sich der Orden der Senussi gegen alle Neuerungen und speciell gegen christliche oder europäische Einrichtungen verhält. Indess hatte ich bei meiner Anwesenheit in Siuah im Jahre 1869 einige Beweise von Aufmerksamkeit der Senussi erhalten und dass die der Regierung feindlichen Siuahner gegen uns sich so zuvorkommend zeigen wollten, geschah doch auch gewiss nicht ohne Erlaubniss des Emkadem der Sauïah-Senussi. Aber in Siuah bestand einmal dieser Streit, die Bewohnerschaft der Stadt war von den Senussi bearbeitet worden, die Abgaben zu verweigern, was natürlich die Regierung sich nicht gefallen lassen konnte.

Der Gouverneur der Oase war mithin in einer ziemlich misslichen Lage, denn wenn er auch zwei Drittel der Einwohner auf seiner Seite hatte, so besass er doch an wirklich militärischen Apparat nur drei im Dienste schon ziemlich ergraute Kawassen. Er konnte also weiter nichts thun, als alle amtlichen Beziehungen zu dem der Regierung feindlichen Theile der Einwohnerschaft abbrechen. Es war aber vor unserer Ankunft schon so weit gekommen, dass man sich gegenseitig mit Steinwürfen angegriffen hatte. Wir hatten indess direct nichts weiter mit diesen Zwistigkeiten zu thun.

Es war ein Zeitraum von fünf Jahren verflossen, seit ich

Siuah gesehen und die Stadt machte mir den Eindruck eines im Aufblühen begriffenen Ortes, während die Oase mir nicht so „grün“, so gut cultivirt vorkam, als das letzte Mal. Beides beruhte wohl auf Täuschung. Ich besuchte Siuah das letzte Mal im Mai, wo alle Bäume grünten und blühten, ja zum Theil schon Früchte hatten, während jetzt kaum das Getreide anfing, zu sprossen und die Feigen, Mandeln, Aprikosen und andere ihr Laub abwerfende Bäume sich noch nicht in Grün gekleidet hatten. Dann war 1869 die Stadt todt, während jetzt die letzten Reste der grossen Uled-Ali-Karawane noch im Hofe des Gassr lagerten, um die erhandelten Datteln mit heimwärts zu nehmen.

In der That die Reste einer gewaltigen Karawane, denn alljährlich werden aus Siuah nach Nordaegypten ca. 30,000 Centner Datteln[1]) mit Kamelen exportirt und die Uled-Ali mit ihren echt arabischen Kamelen sind die einzigen Vermittler dieses Handels. Der Export der Datteln dauert vom October bis Anfangs März. Alltäglich kommen und gehen dann grosse Karawanen von circa 100 Kamelen. Meist bringen sie Getreide, aber auch andere Artikel, z. B. Baumwollenstoffe, Pulver, kurze und Materialwaaren, wie Spiegel, Messer, Scheeren, Feuersteine, Porzellangeschirr, Seife, Kerzen, Tabak, Zündhölzchen, Zucker, Kaffee und Thee. Häufig zahlen sie ihre erhandelten Datteln auch mit Geld. Die Uled-Ali haben fast das ganze Terrain inne, welches sich unter dem Namen des libyschen Wüstenplateau's (richtiger libysches Küstenplateau) südlich vom Mittelmeer zwischen Aegypten und Cyrenaica hinzieht. Vor nicht gar langer Zeit unabhängig und räuberisch, haben sie sich jetzt der aegyptischen Regierung unterworfen; wenigstens die Stämme, welche westlich vom Nilthale bis zum grossen Katabathmos nomadisiren, sind jetzt völlig friedliche Unterthanen des Chedive.

---

[1]) Stephan, Das heutige Aegypten p. 32.

Die Uled-Ali sind die einzigen noch echten nomadischen Araber des aegyptischen Reichs. Wenn auch im Gebirge östlich vom Nil Nomaden unter dem Namen Araber umherziehen, so sind sie doch so mit anderen Völkern und Stämmen untermischt, ihre Hautfarbe ist so nahe dem Schwarzen, ihre ganze Physiognomie so wenig dem echt arabischen Typus entsprechend, dass der Ethnograph sie unbedingt nicht zu diesem semitischen Volke rechnen würde. Von den westlich vom Nil ansässigen Arabern habe ich schon gesprochen, sie sind ziemlich unvermischt geblieben, aber sie nomadisiren nicht mehr, wie die Uled-Ali.

Nur diese haben alle Eigenschaften und Merkmale, nur sie sind, als ob sie eben erst aus ihrer Halbinsel herübergekommen wären; stolz in Haltung, waren ihre Körper zwar sehnig, aber doch von untadelhafter Form. Das kühne blitzende Auge, die nicht zu stark gebogene, aber grosse Nase,, ein ziemlich spitzes Kinn, etwas schwellende Lippen — das war der Durchschnittstypus dieser Araber. Gegen uns waren sie reservirt freundlich. Einige hatten auch Frauen und Kinder bei sich und alle waren in der Regel von ihrer ganzen Kamelheerde begleitet, auch wenn einzelne Thiere nicht befrachtet waren.

Was die Kamele anbetrifft, so fiel meinen Begleitern, Jordan und Zittel, sogleich der grosse Unterschied zwischen unseren aus Oberaegypten stammenden Thieren und diesen Kamelen der Uled-Ali auf. Es ist fast, als ob man zwei vollkommen verschiedene Arten vor sich sähe.

Der Gouverneur führte uns dann durch die Dattellager von Siuah. Hatten die Uled-Ali in diesem Jahre weniger fortgeführt, oder blieben alljährlich zum Consum für die Siuahner noch so viele übrig — aber wenigstens 30,000 Centner lagen noch an Ort und Stelle. Da der Gouverneur mir sagte, dass die Uled-Ali wie gewöhnlich exportirt hätten, so ist nur das letztere anzunehmen, obschon auch stets einige Dattelvorräthe länger als ein Jahr liegen bleiben. Der ganze Boden in diesem ungeheueren Dattelmagazin war mit Syrup durchtränkt. Da waren Hunde als Wächter — sie lebten von Datteln; da waren Tauben — sie lebten von Datteln, und wie oft kamen Schwärme von Sperlingen angeflogen und naschten von der süssen Frucht. Denn der ganze ungeheuere Raum war zwar durch eine Lehmmauer eingefriedigt, stellenweise sogar mit einem Graben umgeben, hatte aber kein Dach. Jeder Bewohner hatte hier seinen Haufen von Datteln oder deren mehrere. Da waren die feinsten Sorten Sultani und Rhaselli und da waren solche, welche nur als Viehfutter zu gebrauchen sind.

Natürlich benutzten wir nach Möglichkeit die Zeit, um uns in der Oase umzusehen. Die Tempelruinen von Ummah el-beidah wurden besucht und in dem dicht dabei liegenden Sonnenquell nahmen Zittel und Jordan ein Bad, während ich etwas später im Mosesquell meine Glieder erfrischte. Beide Quellen haben die angenehme Temperatur von 29° resp. 28° und waren, wie ich das bei meiner früheren Reisebeschreibung schon hervorgehoben habe, zur Zeit der Alten von einer Quadersteinumfassung umgeben. Was den berühmten Tempel von Ummah el-beidah anbetrifft, einst vielleicht den Ort, von welchem aus durch die ganze damals bekannte Welt Unfehlbarkeitssprüche verbreitet wurden, so zerfällt derselbe immer mehr in sich. Die Quadern, welche noch aufrecht stehen, und einst die Cella gebildet zu haben scheinen, werden von den Schätze suchenden Eingeborenen unterwühlt und die äusseren Mauern aus leicht verwitternden Sandsteinen aufgeführt, verrathen kaum noch durch flache Erhöhung des Bodens ihre Stätte. Was ist von all' der Herrlichkeit übrig geblieben?

Auch als wir Agermi besuchten, konnten wir wahrnehmen, dass die dort auf der Spitze des Berges sich befindende Akropolis immer schneller ihrem Untergange entgegengeht. Und wer sollte ihn auch hindern? Die Einwohner haben kein Verständniss für das Alterthum und seine Ruinen, im Gegentheil, sie halten es noch für etwas Verdienstliches, die Bauten der Ungläubigen zerstören zu helfen. In Agermi hielten wir bei meinem Freunde

Mohammed Djari, der mich auf meinen früheren Reisen schon so grossmüthig bewirthet hatte [1]), eine grosse Difah ab. Der Mudir war mit uns gekommen und gemeinsam mit ihm lagerten wir um mächtige Schüsseln und verzehrten die lecker bereiteten Gerichte. Auch der Postdirector von Siuah (alle Oasen haben eine Postverbindung mit dem Nilthale, wenn auch keine regelmässige) war mit uns und setzte alle in Erstaunen durch seinen gar nicht zu stillenden Appetit. Nichts war lustiger zu sehen, als wenn wir mit ihm und dem Mudir eine Promenade durch die Gärten machten, und nun beide rechts und links Kraut pflückten und assen, als ob man sie auf die Weide geschickt hätte. Auch bei meinen früheren Reisen habe ich übrigens bemerkt, wie gross der Hang der Oasenbewohner ist, Grünzeug zu essen, wobei es um so auffallender erscheint, dass dort nur wenige Gemüsearten gezogen werden. Jung aus der Erde sprossende Gerste, roh gegessen, gehört zu den grössten Delicatessen.

Auch der Djebel Muta wurde wieder bestiegen und endlich auch die Erlaubniss ertheilt, das eigentliche Siuah, die kasernenartig gebaute Burg, zu besteigen. Hier wohnten die Bewohner, die sich der Regierung gegenüber obstinat hielten,. und der Gouverneur rechnete es sich nicht zur geringen Ehre an, als er trotzdem mit uns den Einlass erzwang. Ganz oben hinauf liess man uns aber nicht vordringen.

Der Befehlshaber von Siuah war ein eigenthümlicher Mensch und jedenfalls wie gemacht, um solchen Leuten, wie die Siuahner sind, zu imponiren. Wenn man bedenkt, dass es noch gar nicht lange her ist, dass dort offene Fehde, Kampf und Empörung gegen die Regierung an der Tagesordnung war, dann muss man ihm als Administrator das höchste Lob ertheilen.

Auf Candia von christlichen Eltern geboren, war er frühzeitig nach Aegypten gekommen, hatte hier freiwillig oder gezwungen

---

[1]) Von Tripolis nach Alexandrien II. p. 133.

den Islam angenommen, und später Soldat, war er dann nach und nach in's Administrativfach übergegangen. Freilich war er noch ein Beamter aus der alten Schule. Eine Aeusserung drückte seine ganze Denkungsweise aus: „ein braver Mann: er lässt sich prügeln.“ Er hielt nämlich die Unterthanen für gut, welche sich prügeln liessen, und gleich im Portale des Gassr sah man auch verschiedene Instrumente, welche bei solchen Executionen gebraucht zu werden pflegten. Aber er hatte zwei gute Eigenschaften, die ihn als tüchtig stempelten, er schien gerecht zu sein und war unbestechlich, Eigenschaften, welche man nicht häufig bei aegyptischen Beamten antrifft, welche weit aus dem Bereiche des Chedive sich befinden.

Ob die Zahl der Einwohner erheblich grösser ist, als ich sie in meinem letzten Reiseberichte angegeben habe[1]), möchte ich nicht behaupten, aber es scheint doch mehr Handel und Wandel in der Oase zu sein als früher. Nachmittags werden am Fusse der Stadt kleine Buden errichtet, in welchen neben den Artikeln täglichen Bedürfnisses auch kleine Luxusgegenstände ausliegen. Auffallend grösser, wenn man den Angaben des Mudir trauen darf, ist in Siuah die Zahl der Frauen und wie überall in den Oasen, wohin viele Karawanen kommen, steht das weibliche Geschlecht im Rufe grosser Leichtfertigkeit. Der Mudir glaubte, dass auf ein männliches Individuum drei weibliche kämen. Ein Wasserträger wurde uns zugeführt, der mit seiner sechzigsten Frau verheirathet sein sollte.

Leidige Zustände der mohammedanischen Religion, die vor allen Dingen erst ein kräftiges Einschreiten der Regierung erheischen, damit derartigen Willkürlichkeiten bei Schliessung und Auflösung der Ehe durch ein festes Gesetz vorgebeugt werde.

Da ich in meinem Buche „Von Tripolis nach Alexandrien“ ausführlich über die Jupiter Ammons-Oase gesprochen habe, so

[1]) Von Tripolis nach Alexandrien II. p. 124 habe ich ihre Zahl auf 5600 veranschlagt.

enthalte ich mich hier weiterer Auslassungen. Aber das konnte ich constatiren, dass Aegypten selbst diese ferne Oase durch seine Verbesserungen berührt; der Sinn der Bewohner für Ordnung und Gesetz hat bedeutend zugenommen.

Unsere wichtigste wissenschaftliche Aufgabe in Siuah war natürlich die, so zahlreiche Barometer-Ablesungen zu machen, als möglich. Das grösste Verdienst gebührt hierbei Jordan, welcher, wie schon in Dachel, Einsiedel und Regenfeld den täglichen Gang des Luftdruckes durch mehrfache, Tag und Nacht fortgesetzte Beobachtungsreihen ermittelte. Es fand sich hieraus, dass der Beobachtungspunkt 57 Meter unter der meteorologischen Station in Cairo und 88 Meter unter dem Observatorium von Dr. Hogg in Siut (vergl. S. 26) liegt. Nun hat ersterer Punkt die Meereshöhe 35 Meter und letzterer 60 Meter und hiernach findet sich der Beobachtungspunct in Siuah bezw. 22 Meter und 28 Meter unter dem Meer, also im Mittel 25 Meter. Dieser Punkt lag 4 Meter über der Fläche des Karawanenhofs in Siuah, welch' letzterer also 29 Meter unter dem Meer anzunehmen ist, oder fast genau so, wie Angelot aus Cailliaud's Beobachtungen berechnete (32—34 M.) [1])

Die Position von Siuah bestimmte Jordan zu 29° 12′ N. B. und 25° 30′ O. L. Greenw., d. h. etwa 1 Tagereise westlicher als nach Cailliaud. Es ist dieses die einzige erhebliche Differenz zwischen dem Cailliaud'schen und unseren Ortsbestimmungen, da dieser die Länge zu 23° 38′ 0″ O. Paris (25° 58′ 13″ O. Gr. angiebt.

Unter dem Meeresspiegel gelegen, hat Siuah ein exceptionell warmes Klima; am deutlichsten prägt sich dies im frühzeitigen Blühen der Dattelpalmen aus, die während unseres Aufenthaltes in der Oase, Ende Februar, schon befruchtet wurden, während

---

[1]) Eine andere Neuberechnung der Cailliaud'schen Beobachtungen mit dem Resultat 28 Meter unter dem Meer findet sich von Jordan in Petermann's Geogr. Mittheilungen 1875 S. 210, 211.

Mitte März in den viel südlicher gelegenen Oasen Farafrah, Dachel und Chargeh die Palmen ihre Blüthen noch nicht entfaltet hatten. Auch zeigte das Thermometer einen ganz bedeutend erhöhten Stand. Die durch das hohe Ufer im Norden geschützte Lage trägt natürlich viel dazu bei, die Temperatur zu erhöhen.

Unsere Zeit verlief nur zu rasch. Natürlich hatten wir von hier mit einem gemietheten Kameel Briefe und Zittel's Sammlungen direct nach Alexandrien geschickt und da sie am 25. Siuah verlassen sollten, so war zu hoffen, dass man in Alexandrien von unserer Ankunft in der Oase wenigstens bis zum 10. März unterrichtet sein würde. Leider erwies sich diese Annahme, wie sich in der Folge herausstellte, als irrig; der mit der Briefbesorgung beauftragte Mann, noch dazu ein Effendi aus Alexandrien, hatte nach seiner Ankunft daselbst für gut befunden, die Briefe noch 8 Tage bei sich zu behalten. Was liegt dem Eingeborenen an Zeit; „bukrah im scha Allah“ „morgen, so Gott will“ ist die einzige Richtschnur, nach welcher das ganze Leben geregelt wird.

Am Tage vor unserer Abreise machten wir noch einen Spaziergang durch die üppigen Palmengärten. Die Blätter dieses Baumes erreichen eine Entwickelung, wie kaum anderswo, wie denn überhaupt der salzdurchtränkte Boden der Oase den Palmen in ihrem Gedeihen überaus förderlich zu sein scheint. Höchst bemerkenswerth fand ich, und noch nie habe ich dies in einer anderen Oase beobachtet, dass während die Palmbäume blühten und befruchtet wurden, es andere gab, die noch reife Früchte trugen. Wir haben alle drei, Zittel, Jordan und ich am 23. Februar in Agermi ausgezeichnete Datteln vom Baume gegessen. Bemerkenswerth ist das Vorkommen einer Abart mit dunkelbraun gefärbten Blattrippen, welche, soweit Ascherson[1]) ermittelte, sonst noch nicht bekannt ist. Der am Spalier gezogene Wein, die schon blühenden Aprikosen, Pfirsiche und Mandeln machten einen

[1]) Sitzungsbericht der naturforschenden Freunde Berlin Juli 1874.

lieblichen Eindruck. Und doch wird Siuah nie ein angenehmer Aufenthalt für Europäer sein. Mögen die blauen Seen[1]) noch so azurkrystallen sein, mögen die steilen Ufer und die vereinzelten Berge noch so pittoreske Formen haben, die beiden Orte Siuah und Agermi noch so malerisch gelegen, die Gärten mit Palmen, Granaten, Feigen, Oliven, Opuntien, Pfirsichen, Mandeln, Aprikosen und anderen Fruchtbäumen noch so üppig, die Einwohner gegen Fremde noch so zuvorkommend und gastfreundlich sein, für Europäer, ich wiederhole es, wird die Oase des Jupiter Ammon kein Aufenthaltsort sein, weil der ganze Boden versumpft ist und die gefährlichsten Miasmen aushaucht. Fieber und zwar bösartige Wechselfieber sind fast das ganze Jahr hindurch herrschend, nur die Monate December, Januar und Februar sind einigermassen gesund. Aber die fahle, gelbliche Hautfarbe der Eingeborenen, die tiefliegenden, umränderten Augen, das hippokratische Gesicht, möchte ich fast sagen, sprechen laut genug für das ungesunde Klima. Doch liesse sich gewiss eine Verbesserung durch Ziehen von Gräben und Drainage herbeiführen. Das Land ist merkwürdig billig, ein mit 50 Palmen bestandenes Stück Gartenland von der ungefähren Grösse eines Morgens kostet circa 200 Thaler.

---

[1]) Die Seen und brakischen Wasserrinnsale Siuah's sind keineswegs ohne Bewohner. Ausser Fröschen und einer Schnecke (*Cerithium*) fanden wir in einem fliessenden Graben dicht bei Siuah eine Menge kleine Fische, welche von den dort hinkommenden Arabern gebraten und genossen werden, während die Siuahner sie verschmähen. Zittel, der von den Fischen mitnahm, hatte die Güte, mir nachher mitzutheilen, dass das Fischchen (*Cyprinodon*) dasselbe sei, welche Desor in den artesischen Brunnen in Algerien gefunden hat und welches auch massenhaft bei Venedig vorkommt. Zittel ist geneigt, es als ein Relict des ehemaligen Saharameeres zu betrachten und hält auch das *Cerithium* von Siuah, wie der rühmlichst bekannte Conchyliolog Prof. v. Martens in Berlin Sitzungsb. naturf. Freunde Berlin Dec. 1874) für das im Mittelmeergebiet häufige *C. conicum*.

Siebentes Kapitel.

Reise von Siuah über den Sittrah-See und Farafrah nach Dachel.
25. Februar bis 15. März 1874.

Abreise von Siuah. Sebchah. Lager bei Sitūn. Pacho-Gebirge. Drei entflohene Sclaven. Die Aredj-Depression, eine verlassene Oase. Felsengräber und Ruinen. Lage der Oase Beharēn. Ein greiser Pilger und sein Kind vor dem Verschmachten gerettet. Der Sittrah-See. Trennung von Jordan. Sanddünen. Zeugengewirr. Wegzeichen. Besorgniss, Farafrah verfehlt zu haben. Schwieriger Abstieg. Ankunft in Farafrah. Nachrichten von Ascherson. Zittel's Eilmarsch nach Dachel. Ain Schich Mursuk. Zurückbleiben des Führers. Alte Strasse. Hornemann-Gebirge. Uadi Browne. Spuren eines Lagers. Der Edmonstone-Berg gesichtet. Regenspuren. Ankunft in Dachel.

Wir hatten in Siuah durch Vermittelung des Mudirs einen Führer gemiethet, der Jordan bis Beharīeh geleiten sollte, während Zittel und ich nur bis Sittrah mit ihm gehen, dann aber in gerader Richtung von da nach Farafrah gehen wollten. Es war die Trennung deshalb nothwendig, weil nordwestlich von Uah-el-Beharīeh noch einige Behar bela ma auf den Karten verzeichnet standen. Wenn wir nun auch nach den Erfahrungen, welche wir mit diesem Worte und seiner Bedeutung schon gemacht hatten, von vornherein überzeugt waren, dass auch bei diesen Behar bela ma an kein altes Nilbett zu denken sein würde, so mussten wir doch, um alle Zweifel darüber zu beseitigen, dieselben selbst besichtigen und Jordan ging bereitwilligst auf meinen Wunsch ein, die Reise dahin zu unternehmen.

Eigentlich wohl unnöthiger Weise hatte der Mudir und seine befreundeten Schichs beschlossen, dass wir den ersten Tag unter militärischer Escorte reisen sollten. Sie meinten, die fanatischen Senussi und die übrigen Schichs könnten leicht die Gelegenheit ergreifen, uns zu überfallen und würden dann womöglich ihnen (den anderen Schichs) die Schuld eines Ueberfalls in die Schuhe schieben. Ehe wir aber der Ammonsoase Lebewohl sagten, musste ich dem Mudir noch ein Zeugniss schreiben, dass er sowohl, wie die befreundeten Schichs und deren Clienten sich gut gegen uns benommen hätten. Ich konnte dies mit gutem Gewissen thun, denn alle, selbst die den Senussi ergebenen Einwohner hatten sich die grösste Mühe gegeben, uns den Aufenthalt angenehm zu machen. Es war fast Mittag geworden, als wir am 25. Februar dem Ammonium Lebewohl sagten.

Mit zahlreichem Gefolge zogen wir dahin und hatten bald die Grenze der Palmgärten, in denen jetzt fleissig gedukkert (befruchtet) wurde, hinter uns. Wir gelangten dann in die gefährlichen Sebchah-Gegenden von Mirtasik, durch welche nur ein schmaler hartgetretener Pfad hindurchführt und ein Abweichen rechts und links vom Wege den Menschen oder auch das Lastthier der Karawane in's Verderben ziehen würde. Denn nur eine dünne, meist zerklüftete, schollenhafte Kruste bedeckt die Oberfläche dieses oft klaftertiefen, salzigen Schlammsumpfes. Palmzweige sind rechts und links vom Wege gesteckt, um den Wanderer noch mehr vor Irrthum zu bewahren.

Wir sahen hier eine der schönsten Luftspiegelungen, die uns auf dieser Reise vorkam. Obwohl in Wirklichkeit wohl kaum der obere Rand des Felsufers den Horizont überragen mochte, erblickte man doch das ganze Ufer, durch Kimmung gehoben, mit seinem durch eine kaum bemerkbare Trennungslinie geschiedenen Spiegelbilde unter ihm scheinbar in eine Masse verschmolzen.

Die Art der Fata Morgana, bei der das Spiegelbild sich über dem Gegenstande befindet, habe ich selten bemerkt. So beobachtete ich ein derartiges Phänomen im Sandmeer (wie solches auch schon bei früherer Gelegenheit von mir gesehen worden), wobei eine Dünenkette gerade mit den Köpfen auf der anderen stand [1]). Häufig genug hat man in den Tropen auf dem Meere ja die Wahrnehmung gemacht, dass Schiffe derart sich spiegelten, dass die Masten des Spiegelbildes auf denen des Schiffes ruhten, ja manchmal wurden Seefahrer, indem sie blos das oben gespiegelte Schiff sahen, dadurch schon von Ferne auf das Vorhandensein des noch unter dem Horizonte sich befindenden Fahrzeuges aufmerksam gemacht.

Ehe wir unseren Lagerplatz erreichten, überholte uns ein äusserst elegant nach marokkanischer Art gekleideter Schriftgelehrter der Senussi. Hatte er vermuthet, wir würden nach Sitûn gehen, wollte er uns dort vor etwaigen Belästigungen der dortigen Senussi-Sclaven schützen, oder hatte er die Absicht, uns dort eine Difah zu geben? Er grüsste uns freundlich, vermied aber mit uns zu sprechen und lud uns auch nicht ein, nach Situn zu kommen. Aber ein Theil der Siuahner, unser Hadj Madjub, die eben noch, in der Meinung, uns damit einen Gefallen zu thun, weidlich auf die Senussi geschimpft hatten, stürzten auf den Taleb los und ihm Hände und den Saum seines Burnus küssend, baten sie um seinen Segen. Der fromme Mann sprach dann auch das Fatîhah (erste Korankapitel), obschon er kein Geld dafür bekam.

Nach einem 6stündigen Marsche lagerten wir Abends auf einer inselartigen Erhebung in der Mirtasik-Sebchah, ungefähr $1\frac{1}{2}$ Stunden gerade südlich von Situn, dessen weisse Sauïah wir deutlich erkennen konnten. Gern hätte ich der dort befindlichen Ruinen halber in Situn selbst gelagert, aber zu leicht hätte es zu Händeln mit den Sclaven der Senussi kommen können, trotz des Schriftgelehrten, und derartige Scenen mussten auf alle Fälle vermieden

[1]) Auch Ascherson beobachtete bei Farafrah eine ähnliche Erscheinung.

werden. Wie unangenehm wäre es gewesen, wenn nach Cairo ein Rapport gekommen wäre, welcher von Zwistigkeiten zwischen uns und den Eingeborenen gemeldet hätte. Aber während der ganzen Dauer der Expedition ging Alles auf's Beste von Statten.

Wir lagerten in sehr krautreicher Hattieh, so dass unsere Kamele gute Weide fanden. Am anderen Morgen fand dann die Trennung von unseren Freunden von Siuah statt, welche Nachts uns bewacht und denen wir Abends ein reichliches Abendmahl geschickt hatten. Den Schich Said, der sich besonders verdient um uns gemacht hatte, beschenkte ich mit einem Pierre Napoleon (kleinem Taschenrevolver) die anderen bekamen Geld und beiderseits trennten wir uns, uns das Beste wünschend. Wir zogen nach Osten, sie nach Westen. Wir hielten den ganzen Tag in 105° Richtung.

Die Sebehah war nun bald zu Ende und wir durchzogen dann eine reich bestandene Hattieh, namentlich *Nitraria* war üppig vertreten und die Spuren von Wild waren so zahlreich vorhanden, wie wir sie noch nie vorher gesehen. Freilich war ja auch das Ufer im Norden des libyschen Wüstenplateaus nur 6 oder manchmal 9 Stunden entfernt und wie oft mochten im Winter, wenn es droben regnete und kalt war, die schnellfüssigen Gazellen herabkommen, um in wärmerer Zone auf wohlbekannten Pfaden den Futterplätzen in der Wüste zuzueilen. Wir campirten bei „Bin Rharteïn" auf deutsch: „zwischen den zwei Dünen."

Sollte man es glauben, dass man inmitten dieser Einsamkeit ohne Kamel und ohne Wasser reisende Menschen findet? Und doch trafen wir solche am folgenden Tage. Zittel hatte gerade nach einem südlich von uns liegenden Berge, dem Beginne der südlich von unserem Wege dahinziehenden Kette des Pachogebirges eine Excursion gemacht, als er 3 vagabundirende Individuen bemerkte und uns Zeichen gab, welche wir Anfangs nicht verstanden, da wir die Männer noch nicht sehen konnten. Sie näherten sich uns auch nicht, nur mit einem unserer eingeborenen Diener, dem Hadj Mohammed, knüpfte der eine ein Gespräch an; er sagte, sie seien von Beharīeh entlaufene Sclaven, wollten nach Siuah und bäten um etwas Wasser und Nahrung. Ich liess ihnen ihren Schlauch (einen solchen hatten sie doch bei sich) füllen und gab ihnen Brod und Datteln; ja ich liess ihnen auch anbieten, mit uns nach Farafrah zu gehen, von wo aus sie allein oder mit uns nach dem Nil ziehen und ihre Freiheit erlangen könnten. Die Thoren, sie gingen nicht auf meinen Vorschlag ein! Im Glauben, ich ginge nach Beharīeh, würde sie dort ihrem früheren Herrn ausliefern, verweigerten sie standhaft mitzugehen, obschon sie wissen mussten, dass sie in Siuah keineswegs einen Hafen der Freiheit erreichten, sondern einfach eingesteckt und verkauft werden würden. Denn das muss man sagen, wenn auch im Nilthal und namentlich im Delta unter den unmittelbaren Augen des Chedive die Sclaverei jetzt so ziemlich ihr Ende erreicht hat, so existirt sie noch in den Oasen, und namentlich sind die Senussi die Haupt-Sclavenhalter.

Ihre Mutter-Sauïah in Sarabub besteht nur aus Fakihat, Tolbah (Professoren und Doctoren) und Sclaven, bei Siuah in Situn haben sie allein ein paar Hundert Schwarze, welche ihre Palmen pflegen und ihre Gärten bebauen müssen. In Kufara giebt es nur einige Senussi, die übrigen sind schwarze Sclaven. Mir that es später aber gar nicht leid, dass diese Hallunken ihrem unvermeidlichen Schicksal wieder entgegengingen, denn, wie wir bald sehen werden, hatten sie gleich nach Erlangung ihrer Freiheit ein paar arme Pilger ausgeplündert.

Es war dies übrigens ein sehr interessanter Marschtag, allerdings entfernten wir uns von dem grossartigen Ufer im Norden, welches im Djebel Hadora seinen südlichsten Ausbug gemacht hatte, aber dafür zogen wir jetzt längs des ebenso pittoresk geformten Pacho-Gebirges, in dem Zittel eine reiche Ausbeute von Scutellen, Clypeastern, Austern und anderen Versteinerungen machte. Von Mittag an hatten wir auch die Richtung verändert, indem wir uns mehr südöstlich hielten. Die Gegend wurde immer grossartiger und mächtig emporragende Zeugen bereiteten uns auf etwas Ausserordentliches in der Formation der Oberfläche vor. Diese Anzeichen täuschten auch nicht, denn um 3 Uhr Nachmittags blickten wir zwischen einzelnen Felsblöcken hinab in die merkwürdige Aredj-Depression und um 5 Uhr gelangten wir durch einen Engpass auf abschüssigem aber sandigen Wege in die Einsenkung selbst hinab. Nie habe ich etwas Aehnliches gesehen, wie die Wand, welche hier die Vertiefung, deren Boden hauptsächlich von Sebchah eingenommen wurde, bildet. Senkrechte 300 Fuss hohe, aus schneeweissem Nummultenkalk bestehende Felsblöcke mussten wir durchwandern, ehe wir unseren malerisch in der Nähe von Palmbäumen gelegenen Lagerplatz erreichten und fortwährend das fünffache Echo herrausfordernd, hatten wir bald unsere Zelte errichtet. Da waren Felsblöcke, welche wie der Rumpf eines riesigen Kriegsschiffes geformt waren, da waren Dome, da waren gothische Kirchthürme, Pyramiden, vollkommene Würfel. Und dazu das blendende Weiss der Felsen, grell beleuchtet von den silbernen Strahlen des hochstehenden Mondes.

Wir hatten uns am Fusse eines solchen isolirten Blockes gelagert, wo zugleich auch die Kamele reichliches Futter von Agol, Belbel und Domrān fanden. Und da wir erst am Morgen die Erfahrung gemacht hatten, dass diese Gegend von Vagabunden und Gesindel durchstreift werde, so beschlossen wir, Nachts selbst zu wachen, indem wir vier Deutsche uns gegenseitig ablösten. Gewiss jedem von uns eine unvergessliche Nacht, denn zauberischer hat sich nie der dunkle Himmel von den grossartigen Felspartien abgehoben, ruhiger hat nie der hellleuchtende Mond sein Licht über die Landschaft ergossen. Was würde Mancher darum geben, einen Augenblick ein solches Bild betrachten zu können, und wer hätte vermuthet, inmitten der libyschen Wüste eine solch köstliche Insel der Glückseligen zu finden, denn dass wir uns in einer Oase, in einer einst gut bevölkerten Oase befanden, das lehrte uns der folgende Morgen.

Früher als sonst waren wir auf, aber da die Kamele sich

immer wieder von den grünen Büschen anziehen liessen, brachen wir doch erst um 8 Uhr auf. Wir hatten nun die Aredj- oder Aradj-Oase in diagonaler Richtung nach S. O. zu durchziehen. Die 75 M. unter dem Meere liegende Depression hat eine elliptische Gestalt mit von N. W. nach S. O. gerichteter grosser Achse. Das West- und Südufer sind am meisten zerklüftet; weniger steil, aber doch auch felsig sind die übrigen Ufer. Die Längenausdehnung dürfte 3 Stunden betragen, während die grösste Breite nicht über 1½ Stunden misst. Leider sind die Palmen entsetzlich verwüstet, indem man die meisten niederbrannte. Trotzdem stehen noch einige hundert Bäume und das Palmengebüsch hat eine grosse Ausdehnung. Die Hauptausdehnung der Oase wird jetzt durch die Sebchah, welche in der nordwestlichsten Ecke einen See bildet, eingenommen. Wilde Pflanzen sind reichlich vorhanden; abgesehen von den Palmen, bemerkte ich strauch- und baumartige Tamarisken, und in den Büschen huschten unter anderen Vögeln auch Wiedehopfe umher.

Längs des Südufers gehend, bemerkten wir bald zahlreiche Grabhöhlen in den Felswänden, zum Theil mit Quader-, zum Theil mit Holzverschluss. In vielen befanden sich Zeichnungen, in vielen lagen noch Fetzen von Leinwandstreifen, wie man sie zum Einwickeln der Mumien brauchte, auch einige Knochen und Knochenfragmente, Topfscherben etc. lagen umher, nirgends aber fanden wir ein vollkommenes Skelett oder einen ganzen Schädel. Einige dieser Gräber waren sehr gross, hatten Gemächer mit ausgehauenen Grabnischen und man bemerkte im Innern deutliche Spuren künstlerischer Verzierung, theils durch plastischen Schmuck, theils durch Malereien; aber nirgends war in den Gräbern, welche wir durchsuchten, irgend eine Schrift zu entdecken, die uns verrathen hätte, unter welchem Namen diese Oase den Alten bekannt war. Einen eigenen Namen muss dieselbe, welche jetzt Aredj oder Aredg genannt wird, jedenfalls wohl gehabt haben, da wir bei etwas genauerer Durchforschung am Fusse der Felsen, welche die meisten Gräber enthielten, die Spuren eines Tempels entdeckten. Man sah nämlich den wohl erhaltenen mit Marmorplatten belegten Fussboden eines vollkommenen etwas über 20 Fuss im Durchmesser haltenden Rondels. Die Lage der das Dach tragenden Säulen, zwölf an Zahl, war durch runde Vertiefungen angedeutet und einige Stücke derselben lagen zerstreut auf dem Fussboden daneben. Möglich auch, dass dieser Bau kein Tempel, sondern ein Grabmal aus griechischer oder römischer Zeit war, aber immerhin ist durch ein solches freistehendes Denkmal bewiesen, dass auch in dieser Oase einst ein nicht geringer Wohlstand herrschte. Dass aber das Christenthum, wie ja überhaupt in allen Uah-Oasen, auch hier zur Herrschaft gelangt war, geht deutlich aus der Malerei (Fig. 14) hervor, welche ich in einem der Gräber fand und copirte. Wir finden hier bildlich dargestellt, dass der Inhaber des Grabes Palmengärten und Rinder besass und die kreuzhaltende Hand deutet an, dass derselbe ein Christ war.

Fig. 14.

Nur ungern trennte ich mich von diesen interessanten Funden, aber in der Wüste ist jeder an eine bestimmte und einmal vorgesetzte Zeit gebunden. Die Karawane zog weiter und so mussten wir auch eilen, ihr zu folgen.

Um 11 Uhr nahmen wir bei Ain-el-Aredj, auch Ainus genannt, und in der südöstlichsten Ecke der Oase gelegen, Wasser ein, d. h. wir füllten die Kisten, welche seit unserer Abreise von Siuah leer geworden waren. Ain el Aredj ist ein blosses Wasserloch, wir mussten erst den Sand entfernen und hatten dann grosse Mühe, das Nachsinken desselben zu verhüten. Die grössere Quelle, arabisch Ain kebirah, von den Siuahnern Tit-Arsut oder Titasurt [1]) genannt, liegt eine Stunde weiter nordwärts, sie ist so ergiebig, dass von ihr ein kleines Rinnsal ausströmt, welches aber durch Vernachlässigung ganz brakisches Wasser bekommen hat. Wir brachten zwei Stunden mit dem Füllen zu und weiter südöstlich vordringend, erstiegen wir bald den Rand der Oase, worauf wir in eine zeugenreiche Gegend Charafusch, d. i. das kleine Charaschaf kamen. Die beiden charakteristischen Berggipfel, welche im Norden die Oase Beharēn (zu deutsch, die beiden Seen) begrenzen, konnten wir hier deutlich wahrnehmen. Diese Oase wird auch von den arabischen Schriftstellern erwähnt, sie ist, wie Aredj, jetzt unbewohnt, doch wie dort, finden sich auch in Beharēn Ruinen und Grabdenkmäler, so sagte wenigstens der uns begleitende Führer. Cailliaud, der, wie wir, durch Aredj kam, sagt, diese Oase sei voller Kräuter, Dum- und Dattelpalmen. Wir konnten keine Dumpalmen dort wahrnehmen. Aray Abou el Bahreyn Cailliaud's (s. p. 134. Th. I seines voyage à Méroé) ist nach seiner Beschreibung sicher unser Aredj. Höchst wahrscheinlich ist Aray ein Druckfehler und soll Aradj heissen. Pacho schreibt Haradjeh ou Bahar-en. Die Oertlichkeit aber, die Cailliaud Bahreyn nennt, ist nicht das eben erwähnte el-Beharēn südlich von Aredj, sondern Sittrah. Auf Pacho's und nach ihr auf der Petermann'schen Karte ist dies übrigens auch ganz richtig angeben. In Edrisi p. 46 (mitgetheilt von Wetzstein) heisst es: „von el Bahrên bis zur Stadt Senta-keia (es ist das Rakuto Senteria, das heutige Siuah) sind 4 meharie d. h. 4 Tagemärsche. Dies stimmt vollkommen. Wir lagerten gerade nordwärts ca. 4 Stunden von Beharēn, in einer Meereshöhe von 10 M.

Wir hatten am folgenden Tage noch nicht unseren Lagerplatz verlassen, als der Slugi [2]) heftig anschlug. Wir griffen zu

---

[1]) Der Name Tit-Asurt ist echt berberisch. Tit heisst die Quelle.

[2]) Ich hatte einen echten Slugi oder Windhund der libyschen Wüste in der Oase Siuah gekauft, 'um ihn mit nach Deutschland zu bringen. Leider war ich zuletzt, nachdem ich ihn bis ins Nilthal mit mir geführt, genöthigt,

den Waffen, aber unsere Besorgniss erwies sich als unnöthig, denn ein Greis und ein kleines Kind tauchten alsbald am Horizonte auf. Ein alter Mann, fast an der Schwelle des Grabes und ein Kind, so hülflos und schwach, dass es noch nicht selbstständig in's Leben, in den Kampf um's Dasein eintreten konnte. Des einen Kräfte fast verbraucht, des andern noch gar nicht entwickelt! Woher kamen sie? Der alte Mann schwankte langsam heran, ein langer Pilgerstab, oben in ein spitzes Eisen auslaufend, war seine Waffe und seine Stütze. An den Falten seines Gewandes hielt sich der kleine barfüssige Knabe, über seiner blossen Schulter hing eine leere Gulla, während der Alte den leeren ledernen Brodsack trug.

Zitternd näherten sie sich und als sie bemerkten, dass sie von uns nichts zu fürchten hatten, kauerten sie am Feuer nieder, um ihre halberstarrten Glieder zu erwärmen. Wir erfuhren nun, dass sie Pilger und auf der Rückreise von Mekka nach der Heimath begriffen seien. Den ganzen Weg hatten sie zu Fuss zurückgelegt und was für einen Weg! Sie waren in der Nähe von Benghasi zu Hause. Natürlich waren sie nicht immer unterwegs, hatten auf der Hinreise vielleicht ein ganzes Jahr gebraucht und waren jetzt schon, seitdem sie Mekka verlassen, 9 Monate unterwegs. Aber man bedenke das Alter der Beiden: der Mann von etwa 70 Jahren, das Kind höchstens 10jährig. Und welch' schwieriger Weg stand ihnen noch westlich von Siuah bevor! Den Weg von Beharïeh hatten sie glücklich in 4 Tagemärschen bis Sittrah zurückgelegt, mit Einer Gullah Wasser! Unglaublich, aber wahr! In Sittrah waren sie von den drei früher erwähnten Sklaven beraubt worden, man hatte dem alten Manne 11 Louisd'or [1]) genommen und etwas Proviant, mit welchem er bis Siuah zu kommen hoffte.

---

ihn aufzugeben; er war gar nicht dressirt, gehorchte Niemanden und war ein unverbesserlicher Dieb.

[1]) Es schien dies keineswegs erlogen zu sein, denn häufig ziehen wohl-

Natürlich versorgten wir sie reichlich mit Proviant, füllten auch ihre Gullah und da sie in Aredj und dann in Mirtasik süsses Wasser antrafen, so war für sie bis zur bewohnten Oase Siuah gesorgt. Aber wer weiss, ob sie je die Heimath wieder erreichen werden? Sie wünschten uns einen Segen über den anderen, obgleich sie wussten, dass wir Christen waren.

Wir aber brachen auf und erreichten nach 2½ Stunden die kleine Einsenkung von Uttīah oder Uttīeh, eine Stunde lang von N. O. nach S. W. und ½ Stunde breit. Viele Kräuter, Belbel, *Calligonum*, Tamarisken, Palmen und Agol fanden wir dort, aber eine Quelle schien nicht vorhanden zu sein. Das Wasser ist zwar ganz nahe an der Oberfläche, leider jedoch brakisch. Am Ausgange der 30 M. unter dem Meere liegenden Einsenkung Uttieh fanden wir Riesennummuliten von der Grösse eines Maria-Theresia-Thalers. Mittags wurde eine hohe aber schmale Düne überstiegen und über einförmige sserirartige Hochebene weiter ziehend, erreichten wir um 4½ Uhr die köstliche kleine Oase von Sittrah. Wie entzückend lag da dieser dunkelblaue See, eingefasst im Norden durch pittoreske Felspartien, im Westen und Osten durch hohes Schilf und Palmengebüsch, aus welchem sonderbar die ungepflegten Palmen hervorragten. Die Oberfläche belebten Schwärme wilder Enten, welche dunkelgefärbt, lärmend hier auf die Fluthen sich niederliessen, dort wieder aufstiegen, um anderen Orts sich abermals auf dem klaren Spiegel zu schaukeln. Nicht minder schmückten den See Haufen schneeweisser Ibis, welche an den fernen Ufern ernste Berathungen zu halten schienen. Zahllos war ihre Gesellschaft. Welches Gebiet für einen Jagdliebhaber! Und welche Bewegung kam in das Stillleben, als sie dann plötzlich merkten, sie seien nicht mehr allein, der Erbfeind ihres Daseins, der Mensch sei gekommen. Wie das aufflog und flatterte! Wie sie rasch auf die andere Seite des Sees sich zurückzogen, die

---

habende und reiche Pilger ein dürftiges Gewand an, um Erpressungen zu entgehen oder um ihren Reichthum den Behörden zu verbergen.

Enten aber die Mitte des Wassers zu erreichen suchten, weil sie aus Erfahrung wussten, dass das tödtliche Blei ihnen dort nichts anhaben könne. Dies alles zu sehen und zu bewundern im Glühen der sinkenden Abendsonne, war ein Glanzpunkt unserer Reise.

Cailliaud beschreibt den See von Sittrah p. 138 T. 1. seiner Reise nach Meroë unter dem Namen el Bahreyn, aber ich habe schon bemerkt, dass sein Führer, der Schich Kouroum sich und ihn täuschte. Die Beschreibung, welche der französische Reisende von el Bahreyn giebt, passt so genau auf Sittrah, dass, wollte ich letztere Oase genau beschreiben, ich Cailliaud nur zu copiren brauchte. Die im Süden gelegene Quelle unberührt lassend, campirten wir vom schilfigen Ufer des Sees so weit entfernt, wie möglich, um nicht von den Milliarden von Mosquitos, welche sich Tags über darin verbergen, aber gleich nach Sonnenuntergang herauskommen, belästigt zu werden. Trotzdem wurden wir sehr von ihnen gequält und hatten die armen Kamele eigentlich gar keine Ruhe. Dumpalmen, welche hier von Cailliaud angegeben werden, konnten wir nicht finden.

Wie ganz anders ist doch der Eindruck einer Landschaft, wenn die richtige Beleuchtung fehlt. Wenn in diesen Ländern schon das zu helle Licht der glühenden Mittagssonne die Schönheit landschaftlicher Bilder beeinträchtigt, und zwar um so mehr, je heisser es ist, weil dann die ganze Luft in einer zitternden Bewegung ist und alles gewissermassen verschoben erscheint, so sahen sie hier, wo die Felsen, und sind sie noch so malerisch, alle des Baumschmuckes entbehren, ja nicht einmal grün überzogen sind, bei trüber Luft und bedecktem Himmel trostlos aus. Nur die letzten Strahlen der Abendsonne, das kurz dauernde Abendroth, mit ihren nur diesem Himmelstrich eigenthümlichen Farbentönen, vermögen der Landschaft jenen Zauber zu geben, alle Gegenständen jene wunderbare Tinten zu verleihen, welche so mächtig auf unser Gefühl einwirken. Selbst die Morgenröthe, die Morgensonne vermögen das nicht.

Als wir am 2. März früh Morgens aufbrachen[1]) und vorher noch einmal auf die Anhöhe gingen, um Abschied zu nehmen von dem Wüstensee, welcher uns am Abend vorher so sehr entzückt hatte, glaubten wir, die Landschaft kaum weder zu erkennen, so nüchtern, so grau, so farblos, ja trotz der grossen Wasserfläche, so wüstenhaft sah die ganze Landschaft aus; der ganze Himmel war bewölkt und noch dazu mit einer einförmigen Wolkenschicht überzogen.

Hier trennten wir uns nun von Jordan, er gng drect nach Beharieh, weniger um diese von Cailliaud so genau beschriebene Oase zu durchforschen, als um ihre Position und Höhe von Neuem zu bestimmen und besonders den Weg dorthin, namentlich die Behar bela ma zu untersuchen. Jordan nahm bis zur Oase den Führer von Siuah mit, einen Mann, der sich als zuverlässig und wegekundig bewährt hatte, ausserdem den Hadj Madjub und 4 Kamele, von denen das eine, bereits dienstunfähig, zum Verkauf bestimmt war. Zittel und ich dagegen mit zwei einheimischen Dienern und Seckler, sowie dem Rest der Kamele, bogen in der Richtung 150° ab, um von hier aus direct Farafrah zu erreichen.

Es war dies allerdings ein gewagtes Unternehmen, da die Wegrichtung nur auf Grund der bekannten Lage dieser Oase angenommen werden konnte. Aber da Farafrah in einem Thale von so grosser Ausdehnung gelegen ist, dessen Umrisse uns von dem früheren Besuche bekannt waren, so war so leicht an ein Verfehlen, an ein „Vorbeilaufen" nicht zu denken. Wir marschirten noch eine Zeitlang neben einander, weil uns im Süden Dünen den Weg versperrten, und wir auf einen Durchweg hofften. Als ein solcher sich nicht fand, drangen wir resolut in die Sandmassen ein, welche hier nicht, wie im früher beschriebenen

[1]) Unser Lager befand sich unter 28° 43' N. B. und 27° 2' O. L. Greenw. (vorläufige Berechnung). Die Declination betrug 7,4° W. Die Einsenkung liegt ebenfalls noch 15 M. unter dem Mittelmeere.

Sandocean, Ketten, sondern ein wirres Durcheinander bildeten. Da hatten wir harte Arbeit, um so schwieriger, als die Kamele abgetrieben waren und wir mit starkem Simum zu kämpfen hatten, der uns beständig aus nächster Nähe Unmassen von Sand und Staub in's Gesicht trieb. Zittel und ich gingen vorauf, dann kamen Seckler und nach ihm die beiden Eingeborenen mit den Kamelen, denn nur so konnten wir Richtung halten und zugleich für die Kamele, ohne dass sie allzugrosse Umwege machten, die besten Uebergänge aufsuchen. Und dennoch kamen wir an dem Tage gewiss weit aus der Richtung heraus. Abends hatten wir indess anstehendes Nummulitengestein und lagerten südöstlich von einer Hochebene.

Am anderen Morgen hatten wir zwar gleich wieder mit Dünen zu kämpfen, aber Nachmittags hatten wir sie definitiv überwunden, da die Dünen nunmehr eine nach Osten abbiegende Richtung nahmen. Mehrere Schwalbenzüge gingen an diesem Tage über uns weg, vom Süden, wo sie überwintert hatten, der nordischen Heimath zueilend. Wir lagerten Abends zwischen ziemlich hohen isolirten Bergen, von denen wir der östlichen Gruppe den Namen Ehrenberg, der westlichen den Namen Minutoli beilegten.

Diese Berge entschwanden erst spät am folgenden Morgen aus unserem Gesichtsfelde. Wir kamen nun mitunter an reich mit Kräutern bestandene Plätze, während rings umher der Boden völlig vegetationslos war. Bis jetzt hatten wir nirgends auch nur das geringste Anzeichen früherer Gegenwart des Menschen gefunden, nur die schaarenweise nach Norden ziehenden Vögel erinnerten auch an diesem Tage an freundlichere Himmelsstriche. Natürlich war das Vorgehen äusserst beschwerlich, namentlich wegen der Einförmigkeit des Terrains, da die Anhaltepunkte fehlten, nach denen man sich hätte richten können. Und am 5. März wurde der Marsch dadurch erschwert, dass wir seit dem Nachmittag vorher fortwährend in einer Charaschaf-artigen

Gegend uns befanden, wo wir zwischen dem Gewirr von Kalkzeugen fortwährend rechts und links abbiegen mussten.

Nachmittags stiessen wir auf unzweifelhafte Spuren menschlicher Thätigkeit. Wir entdeckten auf einzelnen isolirten Gors aufgesetzte steinerne Wegweiser, ja am Fusse derselben runde, aus Steinen zusammengesetzte Kreise, offenbar Betplätze. Ein zusammengesetztes Allamat-System war nicht zu entdecken, aber dennoch glaube ich, dass wir bei genauerer Untersuchung die Fortsetzung der Wegweiser gefunden haben würden, denn wahrscheinlich war dies ein alter, jetzt nicht mehr begangener Weg von Aredj oder Beharēn nach Farafrah; ein solcher existirte nach Aussage des Führers von Siuah. Genug, wir hielten uns nicht auf, sondern zogen in S. zu O. Richtung weiter, schlugen Lager, in der besten Hoffnung, am anderen Tage am Rande der Oase Farafrah zu sein. Aber wir täuschten uns in dieser Erwartung, denn wir marschirten noch den ganzen 6. März, ohne Aussicht, an den Rand zu kommen.

Das war ein peinlicher Tag für mich; abgesehen davon, dass ich, um genau die vorgeschriebene Richtung einzuhalten, während des ganzen Tages zu Fusse ging, mithin 10 Stunden auf unwegsamen Terrain marschirte, wurde ich von der Furcht gequält, über Farafrah hinausgelaufen zu sein. Ohne dessen gewahr zu werden, waren wir vielleicht zu sehr östlich gegangen, und waren mittelst der Brücke, welche später von Jordan zwischen Beharīeh und Farafrah constatirt wurde, auf das Plateau gekommen, welches das Nilthal von den Uah-Oasen trennt. Unserer Berechnung nach, die wir allerdings etwas zu sanguinisch gemacht hatten, mussten wir an dem Abend die Einsenkung von Farafrah sehen. Aber wir bedachten nicht, dass wir vielleicht am ersten Tage von Sittrah aufbrechend, nur einen Drittel Tagmarsch zurückgelegt hatten, weil wir beständig mit Dünen und Simum zu kämpfen gehabt hatten. Wir waren zum ersten Mal etwas niedergeschlagen, als wir unser gemeinsames Abendmahl einnahmen, während der Hadj Mohammed, unser treuer Araberdiener, uns vorhielt, wie unbegründet unsere Besorgniss sei, denn nach Osten hätten wir nicht über den von Beharieh nach Farafrah führenden Weg hinauskommen können, ohne ihn zu bemerken.

Wir beschlossen, am andern Morgen noch in derselben Richtung weiter zu gehen (150°), falls wir aber Mittags noch nichts von Farafrah entdecken könnten, zu halten und rechts und links Boten auf Kamelen beritten auszuschicken.

Das war indess glücklicher Weise nicht nöthig. Nach einem ¾stündigen Marsch am 7. März stand ich (ich war vorausgeeilt) mit einem Male, ohne dass vorher das leiseste Anzeichen zu bemerken gewesen wäre, in einer Meereshöhe von 250 M., vor einem jähen Steilabfall: am Rande des nordwestlichen Ufers von Farafrah. Wie athmete ich auf, als ich das grossartige Thal vor uns liegen sah, jetzt war alle Angst und Besorgniss entschwunden. Gerade im O., vielleicht 6 Stunden entfernt, erblickte ich Palmen, das konnte nur Ain-el-Uadi sein.

Auf mein freudiges Rufen kam Zittel schnell herbei, wir konnten nicht zweifeln, den Rand der Oase erreicht zu haben, aber vom Orte selbst oder den umliegenden Pflanzungen war nichts zu sehen. Mohammed kam herbei und konnten wir mit seiner Hülfe nun bald die gerade südlich von uns gelegenen Buddeli- und Gunna-Berge erkennen: alte Bekannte von unserem ersten Aufenthalte in Farafrah her. Aber wie nun herabkommen von diesem steilen Ufer? Wir suchten rechts, wir suchten links, keine Schlucht war zu finden. Andererseits durften wir uns aber keineswegs so ohne Weiteres dem ersten besten Abstieg anvertrauen, vielleicht führte derselbe in eine Lage, aus welcher die Kamele nicht vor-, nicht rückwärts gekonnt hätten. Einmal musste es aber doch gewagt werden und siehe da! es ging, wenn mitunter die Kamele auch etwas in's Rutschen kamen. Es war nicht blos Ein Rand herabzusteigen, sondern noch ein zweiter, und dann kamen wir in ein merkwürdiges Labyrinth weisser

Kreideblöcke, dasselbe, welches wir auf unserem Hinmarsche nach Farafrah schon gesehen hatten. (Vgl. S. 73.)

Etwas phantastischeres war nicht zu sehen, als dies Gewirr schneeweisser Zeugen, da waren Minarets, Tafelaufsätze, menschliche Figuren, Thiere, Portraits, alle blendend weiss, als ob man sich in einem Riesengipsfigurenkabinette befunden hätte. Etwas Aehnliches giebt es in Europa wohl nicht.

War es oben auf der Höhe selbst Mittags recht luftig gewesen, so war das Gegentheil im Thale der Fall. Und wir hatten noch einen tüchtigen Marsch, einen so starken, dass wir, trotzdem bis Sonnenuntergang marschirt wurde, Farafrah nicht mehr erreichten, sondern 2 Stunden nordwärts vom Orte campirten.

Selbstverständlich wollten wir noch am selben Abend gern Gewissheit haben, ob Ascherson, den ich, wie man sich erinnern wird, von Regenfeld aus nach Farafrah bestellt hatte, noch dort sei oder ob wenigstens Vorräthe und Lebensmittel für uns deponirt seien. Mohammed, dienstwillig, wie er immer war, war gleich bereit, Kamel-beritten nach Farafrah zu gehen und nach Verlauf von 3 Stunden war er auch schon wieder im Lager mit der frohen Kunde, es seien Vorräthe für uns da, Ascherson aber sei vor wenigen Tagen zurückgegangen und ein Brief für uns würde uns am anderen Tage durch Dr. Abd-Allah übermittelt werden. Zwei Flaschen Wein brachte er uns mit, da unser Weinvorrath zu Ende gegangen war. Leider hatten wir an diesem Abend wenig Genuss davon. Zittel litt an einer heftigen Halsentzündung (Angina tonsillaris) und auch ich wurde, nachdem ich das erste Glas getrunken hatte, von starkem Unwohlsein befallen.

Zufrieden, dass wenigstens Vorräthe für die Kamele in Farafrah seien, brachten wir noch eine Nacht zu und lagerten anderen Tages, nach einem kaum 2stündigen Marsche unter den Palmen Farafrah's. Ich war vollkommen wieder hergestellt, nicht so der arme Zittel, dessen Krankheit ein allgemeines Unwohlsein mit sich brachte. Und doch sollte er keine Ruhe finden!

In Farafrah übergab uns nämlich Dr. Abd-Allah einen Brief von Ascherson. Derselbe äusserte die lebhafteste Besorgniss um unseretwillen. Seine Unruhe war erklärlich, da der von mir bestimmte Termin schon solange verstrichen war. In seinem Schreiben sagte er, er gehe ohne Verzug nach Dachel zurück, um von da aus gemeinsam mit Remelé unsere Spur zu verfolgen. Wir beide, Zittel und ich, waren tief gerührt von diesem Beweise von Aufopferung, aber nun galt es, so schleunig, wie möglich, Ascherson nachzueilen, um den Aufbruch unserer Freunde in den Sandocean zuvorzukommen.

Zittel erbot sich bereitwilligst, auf directem Wege noch am Tage unserer Ankunft in Farafrah nach Dachel aufzubrechen. Gewiss keine Kleinigkeit, denn die Mandelbräune meines Reisegefährten hatte ihren Höhepunkt erreicht. Ich war daher Anfangs unentschlossen, ob ich ein soches Opfer seinerseits annehmen könne, aber es blieb kaum ein anderer Ausweg. Ich selbst hatte noch einen wichtigen Marsch vor, nämlich die Gegend westlich von unserer ersten Route zwischen Farafrah und Dachel zu erforschen, wo wir Gebirge gesehen hatten, von denen wir indess nicht wussten, ob sie isolirt seien oder im Zusammenhange mit dem Westufer Farafrah's ständen. Schweren Herzens sah ich Zittel noch am Mittage mit seinem treuen Diener Seckler und Dr. Abd-Allah abreisen; ein Farafrenser war gemiethet worden, um die Kamele zu beladen und zu treiben.

Ich selbst blieb auch noch am folgenden Tage und benutzte den Aufenthalt, die Gegend zu durchstreifen. So richtete ich meine Aufmerksamkeit nach den im Süden gelegenen Gärten von Schimmenadah oder Eschmenadeh, wo Ascherson eine Inschrift an einen Kalk-Gor entdeckt hatte, aber trotz eifrigen Suchens konnte ich sie nicht wiederfinden. Auch die Grabkammern untersuchte ich noch einmal, welche nordwärts von Farafrah sich befinden, fand sie aber roh gearbeitet, ohne alles Interesse und bedeutend denen von Aredj nachstehend.

Was die Einwohner von Farafrah anbetrifft, so waren sie jetzt viel zuvorkommender und liebenswürdiger, als das erste Mal. Man wird sich erinnern, dass wir ihnen damals ganz unerwartet kamen, dass sie Ursache hatten, gegen uns misstrauisch zu sein. Inzwischen war aber von Beharîeh, ihrer nächsten obrigkeitlichen Behörde der Befehl gekommen, worinnen ihnen bei schwerer Strafe angedroht wurde, uns gut aufzunehmen und uns mit allem zu versehen, dessen wir bedürften. Namentlich der Schich Abd-Allah war wieder sehr dienstbeflissen und hatte sich auch Ascherson's nach Kräften angenommen.

Ich lagerte diesmal inmitten der Gärten, vor Sonne und Staub geschützt, ein reizendes Plätzchen. Indess fiel mir auf, dass hier, 2 Grad südlicher als Siuah, die Vegetation doch noch sehr zurück war. Von den Vorräthen, welche Ascherson hergebracht hatte, liess ich soviel zurück, als Jordan bei seiner Ankunft benöthigen würde, und brach dann am 11. März auf, um auf neuer, noch nicht erforschter, Route nach Dachel zurückzukehren. Einer meiner Diener blieb bei den Vorräthen, mit den übrigen zog ich ab. Ein Führer, welcher die Route, die westlich ausserhalb der Oase laufen sollte, kannte, war mir vom Schich Abd-Allah mitgegeben worden.

Eine kleine Strecke begleitete mich letzterer und dann waren wir auf uns angewiesen. Ohne Weg ging es Anfangs südlich, die aussengelegenen Palmgärten rechts und links liegen lassend, nach einer kleinen Stunde aber hielten wir, südwestlich gleiche Richtung mit dem Westufer haltend, welches ziemlich in gleicher Entfernung von unserem Wege blieb.

Sobald man die Gärten von Djillau und Haddik passirt hat, beginnt eine bedeutende Steigung des Bodens und bei Ain Schich Mursuk ist man schon fast 100 Meter höher als Farafrah. Der Weg bis zu diesem kleinen Orte mit wohlgepflegten Gärten und starker Quelle bietet des Interessanten wenig. Allerdings bleibt das nahe Ufer malerisch, wie immer, man hat auch keineswegs nur vegetationsloses Terrain, sondern hie und da grosse Hattieh's zu durchziehen, in der Regel mit Agol und Tamarisken bestanden, aber eine eigentliche Oasenlandschaft kann man dese Gegend nicht mehr nennen.

Schich Mursuk ist eine Filiale von Farafrah, es leben her nur 3 Familien und einige Sclaven der Senussi, im Ganzen 25 Menschen. Die Wohnungen, welche vereinzelt stehen und aus Thonklumpen wie die Farafrah's gebaut sind, haben eine Umfassungsmauer, worin die Ziegen und Hühner, Esel und Puter aufbewahrt werden und welche auch einen kleinen Garten einschliesst. Zugleich dient eine solche Mauer als Schutz gegen räuberische Ueberfälle, obgleich ich eigentlich nicht einsehe, wie sich eine so kleine Anzahl Menschen gegen eine Rhasia vertheidigen will und kann. Der Quell, der alles bewässert, ist so stark, wie der von Farafrah und hatte bei einer Lufttemperatur von 24° eine Wärme von 29°. Ein anderer kleiner seitwärts gelegener Quell wurde von mir nicht besucht. An Obstbäumen haben die Bewohner ganz dieselben, wie in Farafrah selbst, die Oliven sollen aber nicht so gut sein. Auffallend war die grosse Anzahl von Putern, welche hier gezüchtet wurden, Eigenthum der geistlichen Herrn der Sauïah-Senussi.

Der Empfang Seitens der Handvoll Bewohner in Ain Schich Mursuk war fast gar zu zuvorkommend. Mit allen Ueberredungskünsten, welche ihnen und dem weiblichen Personal, die aus der Ferne ihr Ui Ui Ui Ui schrien, zu Gebote stand, wollten sie mich von Weiterreisen abhalten, durchaus sollte ich bei ihnen Lager schlagen (in Farafrah hatte ich mein Zelt wieder vorgefunden) und um mich ihrer Meinung nach auf alle Fälle sicher zu haben, beredeten sie den Führer, der aus ihrer Mitte war, dazubleiben.

Aber auch dies konnte mich nicht bestimmen, zu bleiben, denn der Weg nach Dachel war gar nicht zu verfehlen. Ich bestieg wieder mein Kamel und in S. zu O. Richtung haltend, marschirte ich noch denselben Abend 3 Stunden weiter. Sobald man Schich Mursuk hinter sich hat, kommt man in eine immer ansteigende, aller Vegetation baare Gegend. Das Ufer oder der Westrand biegt sich in der Höhe von Schich Mursuk nach W. um und verliert sich ganz allmählich. Mein Führer, der Nachts nachkommen wollte, hatte es vorgezogen, nicht zu kommen, trotzdem er schon einen Thaler Handgeld bekommen hatte.

Ohne mir deshalb Sorge zu machen, ging ich anderen Tages weiter und stiess nach 1½ Stunde auf eine grosse Strasse, von durchschnittlich 20 neben einander herlaufenden Pfaden gebildet, eine Strasse, welche sehr alt sein musste, denn an einigen Stellen waren in Hammadah-artigen Terrain die Pfade tief eingeschnitten. Die Richtung war südlich mit einigen Graden zu Ost. Der Westrand, welcher sich, wie gesagt, bei Schich Mursuk ganz nach W. umgebogen und allmählich mit dem Boden verschmolzen hatte, wurde später ersetzt durch einen von S. O. nach N. W. laufenden, jedoch nicht sehr hohen Gebirgszug. Die Steigung des Bodens ist aber so beträchtlich, dass, als wir Nachmittags das erste Gebirge (Fortsetzung des soeben erwähnten von S. O. nach S. W. streichenden Gebirgszugs) erreichten, wir uns schon höher fanden, als uns das Barometer die Höhe des Westufers von Farafrah angezeigt hatte.

Wir befanden uns noch immer auf der grossen Strasse und von Zeit zu Zeit fanden wir höchst sonderbar gelegte länglichrunde Steinreihen, wie Hadj Mohammed meinte, von den Soldaten des Omar Masseri angelegt, um darein das Futter für die Kamele zu schütten. Das Gebirge, welches wir durchzogen, nannte ich zum Andenken an den um die Kenntniss der libyschen Wüste so verdienten Reisenden Hornemann-Gebirge. Es besteht aus weisser Kreide und hat ganz dieselbe Zusammensetzung, wie el-Haischan, Gor Mor Gus etc., welche Zittel untersucht hat. Offenbar hängen alle diese Berge auch zusammen. Ich marschirte jetzt alle Tage über 10 Stunden, um so schnell als möglich nach Dachel zurückzukommen, die Kamele gingen aber bedeutend langsamer, als auf dem Hinmarsch.

Auch am 13. März verfolgten wir noch bis 1 Uhr Nachmittags die grosse öfter erwähnte Strasse. Ein grosses Uadi, welches seiner Hauptrichtung nach von W. nach O. verlief, nannte ich Uadi Browne. In der östlichen Verlängerung desselben hatten wir den Djebel Abd-es-Ssammad links vom Wege circa eine Stunde entfernt. Von einem andern Berge, den ich bestieg, konnte ich deutlich am östlichen Horizont die Dünenketten wahrnehmen, welche zwischen Bir Dikker und dem Charaschaf von Dachel sich erstrecken. Die Uadis, welche wir durchzogen, waren reichlich mit Kräutern bestanden, (*Zygophyllum coccineum* und *Zilla myagroides*) und Gazellenheerden belebten die Gegend. In einzelnen Uadis gab es Talch-Bäume, welche jedoch verkrüppelt aussahen.

Um $8^1/_2$ Morgens kam ich an eine Gegend, wo unzweifelhafte Spuren eines längeren Aufenthaltes von Menschen waren, denn grosse Gehege, künstliche aus Reisig gemachte Einfriedigungen und unglaubliche Anhäufungen von Topfscherben müssen als solche gelten.

Um 1 Uhr Nachmittags kam ich vom grossen Wege ab, der nun etwas mehr südlich lief, um das vom Edmonstone-Pass nach N. W. laufende Ufer zu vermeiden. Ich folgte einem Pfad, der ostsüdöstlich ging, gerieth aber mit meinen Kamelen über einen steilen Abhang, den ich nicht wieder hinaufkommen konnte, in ein labyrinthartiges enges Thal mit steilen, senkrechten Kalkwänden. Glücklicherweise war dasselbe nicht lang und führte uns bald zu einer Stelle, wo ich wieder in ungeheuren Haufen von Topfscherben Spuren menschlicher Niederlassungen vermuthen möchte. Vielleicht war hier eine der Etappen irgend eines Heerzuges, denn es ist wegen Mangel an Brunnen und Quellen kaum denkbar, dass hier bleibende Ansiedelungen waren. Das Thal führte auf einen Pfad zu, den wir verfolgten, und der jedenfalls noch in neuerer Zeit begangen ward, wie Kamelspuren und zerbrochene Töpfe und Gullen bewiessen. Abends hatten wir in etwa 12 Stunden Entfernung in S. S. O. Richtung den Edmonstone vor uns und lagerten in 395 Meter Meereshöhe.

Am 14. März hielt ich noch mehr S. O., um auf kürzestem Wege Gassr zu erreichen und um 2¾ Uhr Nachmittags kamen wir dann auch in bekannte Gegend, das Charaschaf von Dachel. Als wir Abends campirten, bemerkte ich noch sehr die Spuren des Regens, welcher vor 5 Wochen gefallen war, und dessen Feuchtigkeit man beim Aufwühlen des Sandes noch bemerken konnte.

Am andern Morgen wieder S. O. haltend, erreichte ich nach 2 Stunden den vom Bir Dikker kommenden Weg, der die zahlreichen Spuren der in der letzten Zeit von unserer Expedition passirten Karawanen trug. Ja an vielen Stellen sprossten durch den Regen angefeuchtete Linsen hervor, welche aus einem durchlöcherten Sack gefallen sein mochten. Bab-el-Jasmund und Bab-el-Cailliaud wurden durcheilt und als ich dann um die Ecke des Lüfte-Berges kam, liess ich das Pulver sprechen, um den Freunden meine Ankunft zu melden.

Es dauerte auch nicht lange, da kamen sie angestürzt, alle; Niemand fehlte. Allen voran der treue Bu Bekr; er machte mir die rührendsten Vorwürfe, dass ich ihn nicht mitgenommen habe. Da kamen Ascherson und Remelé, auch Freund Zittel, dessen Krankheit mich so besorgt gemacht hatte, kam in Gesundheit strahlend heraus; Seckler, Taubert, Morlock, Korb und alle die eingeborenen Diener, mit Flinten und Revolvern bewaffnet. Das war eine Freude, ein Lärmen, ein Schiessen, ein Jubeln. Da kam auch langsam und würdevoll, wie es einem Beamten aus der alten türkischen Schule ziemt, der Gouverneur, der Medicinalrath, der Oberbürgermeister und alle die übrigen Beamten der Oase. Alle waren von Herzen froh, dass die Expedition ohne Unfall ihr Ende erreicht hatte.

Und wie sinnig war das Haus decorirt, da waren in allen Gängen Palmen, auf den Fussboden waren blühende Orangenzweige gestreut, über der Thür prangte ein riesiges „Willkommen“.

Zittel war noch früh genug gekommen, um die Abreise Ascherson's und Remelé's zu verhüten, in Eilmärschen hatte er Dachel erreicht und glücklicherweise hatte sich sein Unwohlsein schon unterwegs verloren.

Einen vermisste ich nur, meinen eigenen Diener Ernst, der von Zittel, welcher meine Ankunft ungefähr vorher berechnet hatte, mit der Post nach dem Pass Edmonstone geschickt worden war, durch welchen ich ursprünglich zurückkehren wollte.

Man kann sich denken, wie viel wir uns zu erzählen hatten und wie die Post durchsucht wurde. Hatten wir doch seit unserer Abreise von Regenfeld keine Briefe und Zeitungen von Europa gehabt.

Auch Jordan langte schon am nächsten Morgen an und theilte uns über seinen Marsch Folgendes mit:

Achtes Kapitel.

Jordan's Marsch vom Sittrah-See über Uah el-Beharieh und Farafrah nach Dachel.

Bestand der Karawane. Hadj Madjub. Die Felsenthäler Amamet-el-Kadi und Hauid. Die Bebar bela ma. Regen. In den Dünen verirrt. Abstieg nach Beharieh. Ankunft in Gassr. Abu Haschisch in Farafrah! Empfang beim Mudir in Bauiti. Statistische Erkundigungen. Arabisch-europäisches Abendessen. Positions-Bestimmungen. Römische Baureste. Wette mit Hadj Madjub. El-Häss. Verkauf eines Kamels. Aufstieg zur Hochebene. Zahlreiche benannte Zeugen. Abstieg nach Ain-el-Uadi. Farafrah, ein Knotenpunkt des Itinerars. Astronomische Bestimmungen. Eilmarsch nach Dachel.

Für meine Reise nach der kleinen Oase (Beharîeh) erhielt ich als Begleitung den trefflichen Beduinen Hadj Madjub, mit dem ich mich leidlich in arabischer Sprache unterhalten konnte und den von Siuah mitgenommenen Fellachen Mohammed. An Kamelen wurden mir von den vorhandenen vier zugetheilt, drei tragfähige und ein batales, auf dem Höcker durch den Lastsattel stark zerschundenes Thier, welches ich, wo möglich, in Beharîeh verkaufen sollte, sowohl, um eine überflüssige Last los zu werden, als auch, um den ziemlich schwachen Geldvorrath zu vermehren.

Von den 3 tragfähigen trug das erste meine eigenen Effecten und streckenweise mich selbst, das zweite Wasser und Lebensmittel, das dritte Kamelfutter und Brennholz. Da somit bald das zweite und dritte ziemlich leichte Last bekam, lud ich Hadj Madjub ein, bei den nöthigen sehr starken Märschen eines davon zuweilen zum Aufsteigen zu benutzen, was er zuerst ablehnte, dann aber doch gern befolgte.

Am 2. März Morgens, $^1/_2$ Stunde nach dem Aufbruch vom Lager, bei widrigem von Ost kommendem Samum, trennten wir uns; mein Weg blieb den ganzen Tag nahezu östlich gerichtet. An geographischen Objecten wäre zwar ein nordöstlich vom See bemerkbarer Berg festzulegen gewesen, wegen des Samums war aber nichts deutlich zu sehen, nur einmal, $3^1/_4$ Stunden nach dem Aufbruch, liess sich in N. N. W. eine Bergspitze, vielleicht 1—2 Stunden entfernt, erkennen; deutlicher zu sehen war vor dem Berge, als Fortsetzung der den See nördlich begrenzenden Höhen, eine niedere Bergwand, welche der Führer Mongor-Timata nannte. Ungefähr eben so weit zog sich auch nördlich von dem Wege als Fortsetzung des Salzsees eine theilweis sumpfige Einsenkung hin, zuweilen mit Pflanzen und Gestrüpp bewachsen, weshalb hier der Führer Brennmaterial für die fünf folgenden Tage sammelte, eine nicht überflüssige Vorsicht, denn ausser einigen Domrān-Pflanzen in der am 3. März durchzogenen Senkung Hauīt zeigte sich auf der ganzen Strecke bis Beharīeh keine Spur von Vegetation mehr. Den ganzen Tag zog sich der Weg über eine einförmige mit Dünen und kleinen Hügeln begrenzte Ebene hin, aber dennoch nannte der Führer eine Menge von Localnamen; ausser dem mehrfach wiederkehrenden Timata erhielt die Ebene nach und nach den Namen Gabr Abd-en-nebbi, eine Stunde später: Surrah und Nachmittags Mafrasch Hammād. Gegen Abend bewegten wir uns in einem etwa 4 Kilometer breiten Thale zwischen Dünen, aus denen im Süden einzelne Felsen hervorragten. Hier fiel mir die ungeheuere Menge der in den Serīrboden eingetretenen Kamelpfade auf; ich versuchte sie zuerst zu zählen, dann abzuschreiten, fand aber, dass das Thal in einer Breite von wohl 1 Kilom. durchaus mit solchen Pfaden bedeckt war.

Am folgenden Tage wurde die Bodengestaltung weniger einförmig, die Sserirebene senkte sich in ein Thal, dessen nördliche Begrenzung ein 16 Meter hoher Hügelzug el-garah hamrah bildet, darauf befindet sich ein durch rechteckige Steinumfassung bezeichnetes Grab.

Zwei sehr malerische Felsenthäler folgten noch; um Mittag Amämet-el-Kadi [1]), von unterhöhlten, riesigen Pilzen vergleichbaren, durch Eisenoxyd gefärbten Felsen umsäumt und später die Senkung Hauïd, von ganz steilen 35 Meter hohen grotesken Felsen begrenzt [2]).

Der 4. März brachte endlich den wegen seines Namens lange von den europäischen Geographen mit besonderem Interesse behandelten Bahr-bela-ma. Ich wollte es kaum glauben, als bei einer schwachen Einsenkung, ähnlich der gestern durchzogenen Amämet-el-Kadi der Führer den Namen Bahr bela ma el-kebir d. h. grosser Fluss ohne Wasser, nannte. Dieses anfänglich $^1/_2$ bis 1, später 3 bis 5 Kilom. breite Thal ist theils durch steile Felsen, von höchstens 20 Meter Höhe, theils aber auch nur durch Sserir-Abhänge oder Dünen begrenzt. Von dem Sserirboden und den Felswänden nahm ich Gesteins- und Versteinerungsproben mit, ebenso wie gestern aus der Senkung Hauid.

Was schon der blosse Anblick zeigt, bestätigte auf Grund dieser Proben nachher Professor Zittel, dass nämlich der Bahr bela ma mit einem Flusse nichts gemein hat, als den Namen. Zwei und eine halbe Stunde lang dehnt sich dieser Bahr bela ma von Westen nach Osten aus, und geht dann in eine mit Nummuliten bestreute Sserirebene und schliesslich in unregelmässige Dünen über, der letzte Theil wurde von dem Führer Bahr bela ma essserhir, d. h. kleiner Fluss ohne Wasser, genannt. Für meine Reise blieb übrigens dieser Fluss doch nicht ohne Wasser. Schon

---

[1]) Bedeutet nach Wetzstein: Kopfbinde des Kadi.

[2]) Pacho bringt auf seiner Karte beide Einsenkungen mit den Behar bela ma in eine hypothetische Verbindung.

der vorhergehende Tag war sehr trüb gewesen und hätte keine Breitenmessung in der Dämmerung gestattet, auch wenn ich nicht bis fast in die Nacht hinein marschirt wäre. Auch heute beim Aufbruch hatte der ganze Himmel eine graue Regenfarbe und um 10 Uhr begann ein schwacher Regen, der etwa 1 Stunde anhielt und den Sserirboden auf ½—1 Centimeter Tiefe durchfeuchtete, weshalb die Niederschlagshöhe mit 1—2 Millimeter geschätzt werden kann.[1]). Dieses war der dritte und letzte in der Wüste von der Expedition beobachtete Regen. Der grosse Regen von Regenfeld am 2. und 3. Februar hatte nach Messung 16 Millimeter Höhe ergeben, ein schwacher Regen von 2 bis 3 Millimeter war am 25. Februar (nach dem Ausmarsche aus Siuah) gefallen. Es mag also der ganze in diesem Winter gefallene Niederschlag ungefähr 20 Millimeter betragen. Am östlichen Ende des Bahr bela ma schwenkte der Führer in den Dünen stark nach N. O. ab, was mir schon verdächtig vorkam und mich zu beständiger Beobachtung des Compasses veranlasste. Endlich nach einer Stunde erklärte er, den Weg verloren zu haben, ich musste deshalb S. O. einhalten, um nach einer weiteren Stunde den Weg wieder zu erreichen. Es scheint, dass die Veränderung der Dünen den Führer getäuscht hat. Dass die Dünen hier beträchtlich vorrücken, wurde alsbald vollständig klar. Der wiedergefundene Weg war durch sehr deutliche in den Sserirboden eingetretene Kamelpfade bezeichnet, allein auf die grosse Strecke von ¾ Stunden zeigten sich diese Pfade gesperrt durch neu angewehete Dünen. Wir zogen deshalb südöstlich auf einem Umweg um die Dünen herum, dann nordöstlich bis die unter den Dünen begrabene Strasse wieder erschien und die Hauptrichtung Ost wieder aufnehmen liess. (Vergl. die Karte.)

Nach dem Wiederfinden des Weges hatte Mohammed den Namen Lergab für die Gegend angegeben, während er den Dünen

[1]) Dieser Regenfall wurde auch, wenn auch sehr schwach, am Vormittage desselben Tages in Farafrah von Ascherson bemerkt

den sehr trivialen Namen el-rhart el-kebir d. h. „die grosse Düne“ zutheilte. Gegen Abend hatten wir noch einmal etwas Regen und über eine Ebene mit zerstreuten Zeugen, zuweilen auch mit Dünen, marschirte ich bis tief in die Nacht hinein, so dass an diesem Tage 13 Stunden zurückgelegt wurden.

Es musste mir sehr viel daran liegen, am folgenden Tage (5. März) Beharīeh zu erreichen, denn kam ich erst am Vormittag des 6. hin, so war dieser Tag doch verloren. Wenn die Karte richtig war, konnte ich hoffen, durch einen starken Marsch am folgenden Tag diesen Zweck zu erreichen, denn 75 Marschstunden waren seit Siuah zurückgelegt und 330 Kilometer gab die Karte als Entfernung beider Oasen. Unter der Annahme von 3,8 Kilom. für 1 Stunde, reichten 12 Stunden Marsch des folgenden Tages. Aber gegen Abend war noch so wenig Aussicht auf Aenderung der Sachlage vorhanden, und der Führer Mohammed erklärte so bestimmt, dass Beharīeh nicht mehr zu erreichen sei, dass ich schon nach 10 Stunden Lager schlug.

Der Weg hatte sich den ganzen Tag über eine weite Ebene mit vielen Hügeln und Zeugen hingezogen, auf der Mohammed eine Menge Namen zu nennen wusste.

Vier Polarsternhöhen in der Dämmerung gemessen gaben die Breite 28° 25′. Der seit 3 Tagen ganz trübe Himmel hatte sich aufgehellt, der Charakter der Hochebene blieb auch am folgenden Tage noch derselbe. Mohammed nannte die Gegend Mafra godrok und Felsblöcke am Wege: Masera. Bei einem Hedjar-es-Ssalām (d. h. einen Steinhaufen, dem jeder Vorbeiziehende als Gruss einen weiteren Stein beifügt) eröffnete sich der Anblick auf das Thal Beharīeh und nach 4½ Stunden, vom Aufbruch gerechnet, war der Rand erreicht.

Dieser Felsrand ist durchaus nicht so schroff, wie die Ränder von Farafrah, Dachel und Siuah. Die Gebirgsformen sind welliger und der eigentliche Abstieg ist nur etwa 20 Meter tief. Am Rande liess sich ein grosser Theil der Oase überschauen und skizziren, ich hatte um so mehr Musse dazu, als der eifrige Hadj Madjub sehr weit zurücklief um meine verlorene Semsimieh (lederne Wasserflasche) zu suchen, die er auch nach einer Stunde brachte.

Schon eine halbe Stunde vom Felsrand kommt man an einem Sumpfe vorüber und nach einer weiteren halben Stunde hat man die erste Ortschaft Gassr erreicht, mit welcher die zweite, Bauiti, eng zusammengebaut ist. Noch zwei andere Ortschaften Mendischah und Sabu liegen östlich davon.

Beim Einzug in das Dorf erhielt ich gleich durch Zufall eine angenehme Nachricht. Unter dem mich umringenden gaffenden Volke drängte sich ein Mann hervor, der mich alsbald durch Händedruck begrüsste und dabei mit grossem Wortschwall überschüttete. Obgleich ich davon nur die 2 Worte Farafrah und Abu-Haschisch verstand, so wusste ich daraus doch sofort, dass Ascherson sich bereits in Farafrah befand. Morlock war also glücklich von Regenfeld nach Dachel gelangt und alles stand gut.

Der Ueberbringer dieser Nachricht führte mich auch sofort auf meinen Wunsch in die Wohnung des Mudir's, welche in der zweiten Ortschaft Bauiti sich befindet.

Der Mudir selbst war zwar leider nicht zu Hause, so dass ich meinen Empfehlungsbrief nicht abgeben konnte, indessen nahm mich ein trefflich aussehender türkisch gekleideter Kawass sofort gastfreundlich auf, bot Kaffee und Cigarretten und liess sich einstweilen den Zweck meiner Reise erzählen. Der Mudir selbst, der später kam, war gleich gastfreundlich; meine Kamele wurden entlastet, die Kisten ins Haus gebracht, für mich und Madjub wurde Nachtlager bereitet.

Es fand sich noch Zeit zu einem Spaziergange in's Dorf und zu den Quellen und ich bestrebte mich dabei, sowohl um einen Gegenstand der Unterhaltung zu haben, als auch um der Wissenschaft zu dienen, einige statistische Resultate zu erzielen, um deren Ermittelung mich Rohlfs speciell ersucht hatte.

Die Anzahl der Oasenbewohner behauptete der Mudir nicht zu kennen; nach der Grösse der Ortschaft kann man für Bauiti und Gassr zusammen die Einwohnerzahl zu 1000—1500 schätzen, Mendischah und Sabu habe ich nicht gesehen.

Die Einwohner sind Fellachen, nicht, wie wir früher berichtet wurden, Araber. Die Steuern, welche die Oase zu zahlen hat, betragen 600 Beutel.

Grosse Heiterkeit erregte beim Mudir die Frage, ob, wie zu Siuah, die Zahl der Frauen die der Männer überwiege. Er meinte, da er 5 Frauen habe, sein Nachbar eben so viel und mehr u. s. f., so müssten freilich mehr Frauen als Männer da sein; er fasste das Resultat zusammen: Madame ketir, radjela schwoje d. h. viel Madamen, wenig Männer. Da er also den Punct mehr von der delikaten Seite betrachtete, wollte ich nicht weiter fragen.

Fieber sind hier eben so verbreitet als in den anderen Oasen.

Der Mudir von Beharîeh ist, wie die meisten Gouverneurs, Türke. Er ging im Gegensatz zu seinen Collegen von Dachel und Siuah in türkischer Soldatenkleidung. Auch seine 10 Kawassen und seine 5 schönen Pferde bewiesen seinen militärischen Rang und es ist hiernach das Mudirat Beharîeh das am besten bewaffnete in der libyschen Wüste.

Wegen des von uns in der Wüste am 2. und 3. Februar beobachteten Regens forschte ich auch hier nach etwaigem Regen aber: matar mafisch! (Kein Regen!) war die bestimmte Antwort mit Hindeutung auf die Lehmconstruction der Häuser, welche beim Regen sofort zerstört würden.

Der Spaziergang erstreckte sich noch auf die Quellen, deren viele da sind, aber alle sehr tiefliegend, so dass man 10—15 Meter hinabsteigen muss. Einzelne Quellen haben einen tiefeingeschnittenen Abfluss. Die Quellen haben alle sehr gutes reines Wasser, ohne merkbare Beimischung mineralischer Bestandtheile. Die Temperatur ist sehr verschieden, ich mass 30, 6°; 28, 7°; 23, 8°; 21, 3° C.; die kälteren Quellen sind natürlich als Trinkwasser die gesuchteren.

Eine zwischen den beiden Dörfern Bauiti und Gassr liegende Quelle treibt sogar eine kleine Mühle für Getreide, die als ganz besonderes Kunstwerk gezeigt wurde. Die Wasserkraft mag vielleicht 1/4 oder 1/3 Pferdekraft betragen.

Leider war durch diesen Spaziergang der gröste Theil dessen, was ich an arabischer Conversation aufwenden konnte, verbraucht und es war mir sehr erwünscht, dass nun Hadj Madjub die Unterhaltung zum Theil übernahm. Wenn von anderen Dingen als der Reise, Zelt, Kamel, Nahrungsmitteln etc. die Rede war, konnte ich auf manche Anrede Nichts erwidern, als: eiwa, taïb (ja, gut). Ich erzählte noch unter Assistenz des maasslos renommirenden Hadj Madjub ausführlich Zweck und Verlauf meiner Reise und auch hier wurde als das wunderbarste unser langer Marsch durch das Sandmeer aufgenommen. Mein arabischer Begleiter suchte dabei die Handhabung des Taschencompasses und das Messen einer Sternhöhe mittelst Theodolits pantomimisch darzustellen.

Zum Abendessen wurden Hühner, Reis und Milch gebracht, hierbei setzte sich der Mudir mir zur Liebe auf einen Stuhl mit an den Feldtisch, während ich meinerseits zur Vollendung des Compromisses zwischen arabischer und fränkischer Essmethode auf Messer und Gabeln verzichtete.

Am anderen Tage musste ich ernstlich an Ortsbestimmungen und sonstige Messungen denken.

Trotzdem ich an diesem Tage Höflichkeits-Conversationen nicht bloss mit dem Mudir und seinen Kawassen, sondern auch mit den vier Schich-el-beled der 4 Dörfer, mit dem arabischen Arzte und allen möglichen Aufdringlingen zu pflegen genöthigt war, brachte ich doch alle astronomischen Messungen für Breite, Länge und magnetische Declination, sowie topographische Skizzen glücklich zu Stande.

In den anderen Oasen hatte ich immer die Messungen ziemlich ungestört machen können, hier aber war ich der einzige Chawagah (Europäer) und musste wohl oder übel die Schich-el-beled sogar in das Fernrohr des Theodolits schauen lassen, wobei sie an dem bekanntlich umgekehrt sich zeigenden Bilde eines weidenden Esels eine kindliche Freude äusserten.

Die Breite ergab sich aus mehreren Sonnen- und Polarsternhöhen = 28° 21′ 20″ was ziemlich mit den schon im Jahre 1820 von Cailliaud und Letorzec gemachten Messungen stimmt. Cailliaud giebt nämlich für die ungefähr 1 Stunde östlich von meinem Standpunkte Bauiti liegende Ortschaft Sabu die Breite 28° 21′ 47.″ Die magnetische Declination fand sich 6,9° westlich gegen 12° zur Zeit Cailliauds. Dieses giebt eine jährliche Abnahme von ungefähr $^1/_{10}$ Grad, was mit sonstigen Erfahrungen stimmt.

Zur absoluten Längenbestimmung konnte ich nur am Morgen des 8. März noch vor dem Abmarsch 12 Monddistanzen erhaschen Dieselben gaben die Länge 1^h 55^m $9^{sec.}$ von Greenw., während Cailliaud 26° 43′ 36″ von Paris = 1^h 56^m $15^{sec.}$ von Greenw. giebt und zwar für Sabu. Da dieses ungefähr 1 Stunde östlich von meinem Standpunkte Bauiti liegt, ist auch hier die Uebereinstimmung eine genügende. Cailliaud und Letorzec waren im Jahre 1820 $1^1/_2$ Monate lang in der Oase und haben mehrere Tage auf Ortsbestimmung verwendet. Uebrigens ist mein Resultat noch nicht endgültig. Die Höhe von Bauiti fand sich zu 100 M.

Um für die Topographie der Oase einen erhöhten Standpunkt zu gewinnen, bat ich um Erlaubniss der Besteigung eines der höchsten Häuser von Bauiti. Die dabei genommenen Theodolitvisuren und sonstigen Aufzeichnungen gestatten ein viel sichereres Bild der Gebirgs-Verhältnisse zu entwerfen, als die Cailliaud'sche Skizze, während dieser Reisende die Dörfer und Palmengärten weit ausführlicher aufgenommen hat, als es mir möglich war.

Die zwei Dörfer Mendischah und Sabu konnte ich aber nirgends zu Gesicht bekommen, denn sie liegen von Bauiti und Gassr durch einen hohen Berg getrennt. Ihre Entfernung wurde mir genannt beziehungsweise 1 Stunde und $1^1/_4$ Stunde.

Auf dem Gassr wurde ich durch einen römischen Mauerbogen

überrascht, der als letzter Rest eines wahrscheinlich christlichen Bauwerks geschichliches Interesse hat, weshalb ich ihn sofort genau zeichnete. Jedoch ist dieser Bogen schon von Cailliaud aufgenommen und ausführlich gezeichnet in dem 2. Band seines Atlas, nämlich auf Tafel 42 in geometrischer Darstellung. Es ist aber bei weitem nicht mehr Alles vorhanden was Cailliaud vor 54 Jahren gesehen hat. Ich selbst fand nur den Bogen selbst und links einen Pilaster, während Cailliaud ausser dem Bogen noch 4 Pilaster und 2 Bogenfenster gezeichnet hat.

In Gassr wurde ich noch in das Haus eines jungen Mannes geführt, der eine Art von Schriftgelehrter sein sollte; dieser bot herrlich aussehende grosse aber bitter schmeckende Apfelsinen mit dicker rauher Schale an, sowie gelbe saure Apfelsinen.

An Hausthieren haben die Bewohner ungefähr dieselben, wie in Dachel, nämlich Esel, Schafe, Ziegen, Rinder, Hühner und ausserdem Kamele. Die 5 Pferde des Mudir werden wohl die einzigen in der Oase sein.

In culturgeschichtlicher Beziehung wäre zu erwähnen, dass der Mudir von einer vorbeigehenden Frau sagte, das sei eine „madame batal," deren viele vom Nil hierher kämen und die männliche Jugend verführten.

Hadj Madjub hatte inzwischen vergeblich versucht das batale Kamel um annehmbaren Preis loszuschlagen, es wurden nur 5 Thaler geboten, was mir genügend gewesen wäre; aber der sich sachverständig fühlende Beduine gab nicht nach, obgleich wir das Geld sehr gut hätten gebrauchen können. Dagegen hatte er einen Führer aufgetrieben der sich Jedik-el Kerim Farfarâni nannte und für 3 Thaler mitzugehen zusagte.

Der Mudir liess den in solchen Fällen üblichen Hammel schlachten und während der grössere Theil desselben, vorräthig gekocht, für meine Weiterreise eingepackt wurde, erhielt ich Leber, Herz und Nieren zum Abendessen. Auch hatte mein Wirth nicht nur während des Aufenthaltes selbst alle Oasengenüsse, wie Fleisch, Eier, Datteln, Apfelsinen verschafft, sondern alle diese Dinge sogar noch in Vorrath mitgegeben, weshalb ich meinerseits mich zu einem Geschenk verpflichtet hielt, und als solches einen schönen rothen Reiseteppich anbot, der auch gerne angenommen wurde. Auch hatte ich ein unbrauchbar gewordenes Thermometer, das als Geschenk dem Mudir Freude machte.

Am Morgen des 8. März, nach einer zweiten, auf des Mudir's Divan unter der Plage blutsaugender Insecten fast schlaflos zugebrachten Nacht konnte ich endlich, für die Gastfreundschaft dankend, und von dem Mudir zu Pferde ein Stück begleitet, mich verabschieden, um möglichst rasch nach Farafrah zu eilen.

Da ich die Punkte Beharīeh und Farafrah beide astronomisch bestimmt hatte und die in der vorläufigen Rechnung noch unsicheren geographischen Längen auf die Entfernung in diesem Falle wenig Einfluss üben, so konnte ich diese Entfernung mit Sicherheit zu 160 Kilometer aus der Karte entnehmen, als Kamelgeschwindigkeit durfte ich mindestens 3,8 K. M. pro Stunde annehmen, es waren also 42 Stunden für den Weg nöthig, wozu 4 Tage ausreichen mussten.

Nun gingen aber am ersten Tage 3 Stunden durch verspäteten Aufbruch verloren, am 2. Tag ebenso 3 Stunden durch den (nachher zu erwähnenden) Kamelverkauf in Häss, ich musste also fürchten nicht in 4 Tagen nach Farafrah zu kommen. Hadj Madjub jedoch bot, gestützt auf die Aussagen des Führers, mir eine Wette um 2 Thaler an, die er erhalten sollte, wenn wir trotz der Aufenthalte der zwei ersten Tage am 4. an's Ziel kämen. Ich nahm die Wette an und hatte das Vergnügen zu sehen, wie Hadj Madjub mit solchen Eifer die Kamele antrieb, dass wir in den zwei letzten Tagen durschnittlich 4,6 K. M. in der Stunde zurücklegten, eine Geschwindigkeit, welche sonst niemals erreicht worden ist.

Auf diese Weise gewann Madjub seine Wette und ich war am 11. März Abends in Farafrah.

Dieser viertägige Weg war in geographischer Beziehung

wichtig, denn ich hatte zwei grosse, durch die Hochebene scharf getrennte Thäler zu verzeichnen und auch noch die Felswand von Farafrah nebst den Vorbergen genau festzulegen.

Der Verlauf der Reise war im Einzelnen folgender:

Am ersten Tage (8. März) wurde ein wildromantisches Thal, zwischen hochaufgethürmten, knolligen Felsmassen durchzogen. Das Gestein war in Folge starken Eisengehaltes intensiv dunkelroth und theilweise ganz schwarz gefärbt, mit muscheligem Bruch und ausserordentlich hart. Der Führer wusste dabei eine Menge Namen anzugeben.

In der kleinen Oase Häss, zu Beharīeh gehörig, wurde in 126 M. Meereshöhe gelagert bei bedeutenden Sturm, der bei Nacht das Zelt losriss.

Von den Ruinen christlicher Kirchen, welche Cailliaud hier entdeckte, bekam ich nichts zu sehen, denn sie liegen in Uxor, etwas östlich von Häss und sie aufzusuchen war keine Zeit.

Auch in Häss selbst war am folgenden Tage nicht viel wahrzunehmen. Spärliche Palmen stehen bei den 2 oder 3 vorhandenen Brunnen und der Boden ist nur an wenigen Stellen bebaut.

Ich folgte Madjub in ein Schichs-Grabdenkmal nicht ohne zuvor seiner Weisung zu Folge die Stiefel auszuziehen. Im Innern war ein mit weisser reinlicher Leinwand bedeckter Katafalk aufgestellt, dem Madjub ein Gebet weihte.

Ausser diesem Heiligthume waren nur noch zwei Gebäude zu entdecken, von einer Lehmmauer umgeben. Es kamen zwei bewaffnete Männer, ein älterer und ein jüngerer, heraus, mit denen sich Madjub alsbald in einen Handel um das immer noch mitgeführte batale Kamel einlies. Es scheint, dass er in Beharīch erfahren hatte, dass hier vielleicht ein Käufer sei.

Nach zweistündigem Hin- und Herreden, unterstützt durch ein Mahl gegenseitiger Gastfreundschaft — der Schich, welcher Osman hiess, gab uns Milch und Brod und ich lieferte Eier, Apfelsinen und Datteln aus meinem kurz vorher in Beharīeh neugefüllten Proviantsäcken, kam endlich ein Kaufvertrag zu Stande, durch den ich das Thier um den Preis von 40 Francs losschlug. Der Schich wollte den Vertrag durchaus schriftlich haben und zwar, weil das Kamel ein chedivisches Brandzeichen am Halse trug. Der junge Mann, zu meinem Erstaunen des Schreibens kundig, schrieb also nach dem Dictat des Alten den Kaufvertrag arabisch auf das von mir gereichte Blatt und veranlasste auch mich den Vertrag arabisch, aber mit meiner Schrift niederzuschreiben, worauf beiderseitige Unterschrift und das Siegel des Schichs beigefügt wurden.

Hadj Madjub brannte dann noch in schauerlicher Weise, mit glühend gemachten Zeltnägeln das arme Thier rings um die 2 Hände breiten, bis auf den Knochen gehenden eiternden Quetschwunden, angeblich zur Cur, ohne das ich es hindern konnte.

Der Schich liess während dieser langen Verhandlung durch zwei, inzwischen herbeigekommene Kinder einen irdenen Scherben holen, den er mit vieler Wichtigkeit als etwas sehr Interessantes zeigte. Es war ein Stück einer mit hellgrüner Glasur roh bemalten Schüssel. Von der ganzen zugehörigen Erläuterung konnte ich nur soviel verstehen, dass dieser Topf nicht einheimischen Ursprungs sei, sondern hier vor Jahren gefunden, durch sein Ansehen sich als fränkisches Product zu erkennen gäbe. Zwar machen auch die Araber glasirte Thonwaaren, doch dürfte diese Reliquie vielleicht der Küche Belzoni's oder Cailliaud's entstammen. Weiteres Interesse konnte ich diesem Fragment trotz häufiger Aufforderung zur Erklärung seiner Bemalung nicht abgewinnen.

Wir schieden nach gegenseitiger Beschenkung. Ich nahm mit Dank einige Cigarretten an, da ich Nichts mehr zu rauchen hatte und gab dem schreibkundigen jungen Mann Papier und Bleistifte.

Beim Weitermarsch erhielt ich abermals durch Zufall Nachricht über Ascherson. Bei einem Brunnen Ain-chamān mit bitterem Wasser lagerten 3 Männer aus Farafrah mit einigen Eseln; sie waren auf dem Marsche von Farafrah nach Beharīeh begriffen und erzählten, Abu-Haschisch sei von Dachel mit 15 Kamelen gekommen, habe längere Zeit beim Dorfe Farafrah gelagert und sei dann wieder nach Dachel gezogen mit Zurücklassung von 5 Kamelen unter Aufsicht der Schwarzen Abd-Allah und Said. (Dieser Bericht war zum grössten Theil richtig). Von Rohlfs und Zittel wussten sie noch nichts.

Die Quelle Ain chaman ist die letzte (südlichste) in der Oasensenkung von Beharieh, sie ist von einigen Palmen umgeben und in der Nachbarschaft findet sich reichliche Weide.

Bald verengt sich das Thal und nach einem nicht schwierigen Aufstieg hat man wieder das Plateau erreicht, welches die Oasen vom Nil trennt. Das Plateau ist theils ganz eben, theilweise mit Zeugen und Hügeln besetzt. In mineralogischer Beziehung sind wunderschöne, grosse Kalkspathdrusen zu erwähnen. Ich lagerte unter 27° 44′ Breite in einer Meereshöhe von 191 M. und brach am andern Tag (10. März) früh auf.

Die Einförmigkeit der Hochebene wurde unterbrochen durch eine grössere Hügelgruppe Es-Sahabi (60 Meter hoch). Der Führer wusste eine Menge von Localnamen, darunter auch Saïme als Name eines Zeugen, an dessen Fuss vor 54 Jahren Cailliaud gelagert hat und der deswegen als einziges Object in jener Gegend in seine Karte übergegangen ist. Andere benannte Zeugen waren z. B. Hedjar-el-maharud mit einem gewölbeartigen Ueberhang, Wodatschel haffir und Aif Abu Said; der Name El Gus Abu Said kommt nach Cailliaud der ganzen Hocbebene zu, während mein Farfarani als Gesammtname zuerst Hescherädelabel, dann Schauamis, Hennene, Gara Abd-el-Meschid, Gara he suba und vieles Andere nannte. Vor dem Abstieg kam auch ein Gabr-en-Nusrani d. h. Christengrab.

Bald wurden auch schon die mir von früher her bekannten Gunna-Berge von Farafrah sichtbar, ich peilte sie wiederholt ohne indess zu ahnen dass das Ziel der Wanderung schon in Sicht sei.

Der nun folgende Abstieg gehört zu den schönsten, die wir gesehen haben, er erinnert an den vom Charaschaf nach Dachel. Ueber grosse Terrassen steigt man alsbald sehr tief und kommt in eine kleine Oase mit vielen Palmen und Gebüsch. Man braucht eine Stunde, um sie zu durchwandern, am südwestlichen Ende ist eine Quelle, Ain-arharb und später, höher gelegen die grössere sehr gute Quelle Ain-el-Uadi. Die Oase war früher bewohnt, wie einige Ruinen von Gebäuden in der Fortsetzung des Wegs beweisen. Dort war auch ein Grab, woselbst ein gewisser Abu-Hendi, durch einen Schuss gefallen, liegen soll. Uebrigens kam ich am 10. März nicht mehr bis dahin, sondern lagerte noch in der Oasensenkung selbst, welche nur 25 M. über dem Meere, also beträchtlich tiefer als Farafrah und Siut liegt.

Dass Farafrah am 11. März erreichbar war, schien jetzt zweifellos, ich konnte deswegen wohl auch eine Stunde opfern, um unterwegs einige Mal den Theodolit aufzustellen, wodurch die einzelnen Gebirgsränder sicher festgelegt wurden.

Als ich Abends in der Dämmerung beim Dorfe ankam, fand ich leider keinen Europäer, sondern nur den Araber Ibrahim, der von Rohlfs mit Briefen zurückgelassen war.

Rohlfs und Zittel waren am Morgen des 8. März von Sittrah in Farafrah eingetroffen, aber beide schon wieder fort. Mir hatte Ersterer die Instruction hinterlassen, so rasch als möglich alles etwa Nöthige fertig zu machen und auf dem kürzesten Wege über Bir Dikker nach Dachel zurückzukehren.

Farafrah war der erste Knotenpunct des Itinerars und deshalb für die geographische Längenbestimmung sehr wichtig. Bei Nacht mit Lampenbeleuchtung konnte ich ohne Gehilfen keine brauchbare astronomische Messung erhalten, ich muste also den folgenden Tag abwarten, wo ich die für den Chronometerabschluss nöthige Ortszeit sehr genau mit correspondirenden Sonnenhöhen bekam; auch stand Vormittags der Mond für Monddistanzen günstig.

Farafrah ist der Centralpunct des Itinerars und seine geographische Lage wird in der endgültigen Berechnung sich sehr genau ergeben. Die Breite ist 3 fach gemessen, im Mittel 27° 3′ 20″, Cailliaud giebt die Breite = 27° 2′ 59″ und zwar für sein Lager, das 300 Schritte südlich vom Dorfe sich befand (Band III. S. 345). Die Länge fand ich am 2. Januar aus 24 Distanzen zwischen Mond und Pollux = 1ʰ 52ᵐ 27ˢᵉᶜ· von Greenw. und am 12. März aus 20 Distanzen zwischen Mond und Sonne = 1ʰ 52ᵐ 47ˢᵉᶜ· also im Mittel 1ʰ = 52ᵐ 37ˢᵉᶜ· von Greenw.

Cailliaud und Letorzec fanden aus Monddistanzen die Länge = 25° 50′ 28″ von Paris = 1ʰ 52ᵐ 42ˢᵉᶜ· von Greenw., womit das neue Resultat gut stimmt. Bei dem letzteren ist aber der in der Ausgleichung des Chronometergangs sich aussprechende günstige Umstand, dass Farafrah einen Knotenpunct des Itinerars bildet, noch nicht verwerthet.

Ich benutzte überhaupt noch diesen Tag zur Ergänzung der bei dem ersten Aufenthalt vom 30. December bis 2. Januar gemachten Aufnahmen. Die Oase besteht aus etwa 12 mehrere Stunden weit zerstreuten Culturplätzen mit Palmen, Weizen- und Durrah-Feldern, im Ganzen einige Quadrat-Kilom. haltend. Insbesondere hat die Hauptparcelle, bei welcher das Dorf liegt, einen Palmenwald von 9 Hektaren und ungefähr eben so viel Ackerfeld, das aber stets wechselt. Das Dorf bedeckt eine Fläche von nur 1 Hektar.

Die Bewohner von Farafrah waren inzwischen aus der Zurückhaltung, die sie das erste Mal beobachtet, herausgetreten, der Schich Abd-Allah zeigte mir mit Eifer das Innere des Dorfes und des Gassr, und nannte die Namen aller in der Ferne sichtbarer Kulturplätze; nur die Sauïah der Senussi blieb wie das erste Mal verschlossen.

Bereits freute ich mich Abends auf den vor Sonnen-Aufgang des folgenden Tages festgesetzten zweiten Abmarsch von der traurigsten aller aegyptischen Oasen, als mir noch ein Unfall die Abgeschlossenheit von aller europäischen Cultur schmerzlich in Erinnerung brachte. Ein unter einen Fingernagel eingestossener 18 Millimeter langer Holzsplitter verursachte nicht nur die heftigsten Schmerzen, sondern versetzte mich auch in die höchste Besorgniss wegen der schlimmen Folgen, welche eine solche heimtückische Verletzung beim gänzlichen Mangel ärztlicher Hülfe nach sich ziehen konnte. (Erst 25 Tage nachher gelang es, den Splitter haraus zu bringen.)

Sowohl die erhaltene Anweisung, möglichst rasch nach Dachel zu eilen, als auch dieser Unfall und endlich der Wunsch, wieder in europäische Gesellschaft zu kommen, bestimmte mich, Alles daran zu setzen, den 43 Stunden langen Weg von Farafrah nach Dachel, zu dem die grosse Karawane im Januar 5 Tage gebraucht hatte, in 3 Tagen zurückzulegen. Ich machte deshalb am ersten Tage 12 Stunden, am 2. 15½ Stunden, den längsten auf der ganzen Expedition vorgekommenen Marsch, und am 3. Tag 12½ Stunden, und war damit zwar noch nicht nach Dachel, aber wenigstens an das Felsenthor Bab-el-Jasmund gekommen, an dem ich am Morgen des 4. Tags (16. März) die Karawane vor Sonnenaufgang verliess, um rasch zu Fusse hinunter zu eilen, so dass ich schon um 8 Uhr Morgens bei den Collegen daselbst eintraf, wo ich mir zum ersten Mal seit 2 Monaten einen völligen Ruhetag gönnen durfte.

Soweit Jordan. Ascherson theilte mir über seine Erlebnisse während meiner Abwesenheit Folgendes mit:

Neuntes Kapitel.

Ascherson's und Remelé's Stillleben und Ausflüge in der Oase Dachel. 26. Januar bis 15. Februar 1874.

Schwierigkeiten der Proviantlieferung. Das Beiram-Fest. Postverbindung. Stillleben in Dachel. Culturpflanzen. Wilde Vegetation. Oschar und Morgam. Schlussfolgerung aus den Unkräutern auf voraegyptischen Ursprung der Cultur in den Oasen, und Bestätigung derselben durch Brugsch's historische Nachweise. Unkräuter der Reisfelder. Dürftigkeit der Oasen-Flora. Ausflug nach Mut. Bewirthung durch Schich Mohammed in Budchulu. Raschidah. Malerische Lage von Mut. Halbeuropäischer Hausstand Hassan-Effendi's. Mlle. Ayme. Hassan's Mittheilungen über den Verkehr von Dachel mit dem Sudan. Raubzüge der Bidejät. Karawanen des Sultan Saabūn von Uadai nach den Berichten von Fresnel und Mohammed-el-Tunsi. Bei Dachel gefundenes Wurfeisen, eine mittelafrikanische Waffe. Nachrichten des Schich Hosēn über Kufara. Umgebung von Mut. Ruinen. Rückreise von dort über Galamun und Muschieh nach Gassr. Regenfall vom 2—4. Februar. Ankunft und Weitersendung der Bohnen-Karawane von Siut. Portrait-Aufnahmen.

Nachdem am 26. Januar auch Rohlfs die Oase Dachel verlassen hatte, war es zunächst die wichtigste Aufgabe für Remelé, die nach den Depots nachzuschiebenden Proviant- Colonnen auszurüsten. Die nächste sollte unter der Führung von Bu-Bekr abgehen; doch konnte dieselbe nicht vor dem 31. expedirt werden, da diesmal die Beschaffung von Reis durch den Mudir auf unüberwindliche Schwierigkeiten stiess. Die Einwohner waren es müde geworden, demselben ohne Entgelt die Vorräthe zu liefern, welche er sich von uns theuer bezahlen liess, und zogen es schliesslich vor, sie uns direct käuflich zu überlassen, nachdem Remelé durch unseren schlauen Mohammed-Daud diesem Sachverhalt auf die Spur gekommen war. Natürlich war der würdige Gouverneur anfangs über diesen Eingriff in sein so einträgliches Privilegium ergrimmt; doch blieb ihm nichts übrig, als gute Miene zum bösen Spiel zu machen.

So wurde das auf den 28. fallende Beiramfest von den Behörden Dachel's in schönster Eintracht mit den ungläubigen Gästen gefeiert. Nachdem der religiöse Theil der Feier durch nächtliche, bis zum Morgen fortgesetzte Gebete erledigt worden, holte uns der Doctor um 8 Uhr zur Staatsvisite beim Mudir und Schich-el-beled ab, für welche wir uns in die eleganteste Sommertoilette, die wir nur mit unserer für die Wüstenreise ziemlich eingeschränkten Garderobe leisten konnten, geworfen hatten. Mohammed-Daud und Bu-Bekr, welche uns als Ehrenwache begleiteten, sahen in ihren schneeweissen Festgewändern wo möglich noch feierlicher aus, als wir selbst. Die Autoritäten erwiderten selbstverständlich umgehend unseren Besuch und waren so liebenswürdig, eine Einladung zum Abendessen anzunehmen. In Vertrauen auf die kochkünstlerische Geschicklichkeit der beiden bei uns zurückgeblieben deutschen Diener erneuerten wir ein Wagniss, bei dem wir in den ersten Tagen unseres Aufenthalts in Gassr schmählich gescheitert waren, wo wir den Mudir und Hassan-Effendi mit halbrohem Geflügel und angebranntem Milchreis bewirthen mussten. Diesmal aber wurde unsere Kühnheit mit vollständigem Erfolge gekrönt. Die culinarischen Leistungen Taubert's und Korb's, um so mehr anzuerkennen, als nur der kleinere Theil unseres Kochgeschirrs zurückgeblieben war, fanden den ungetheilten Beifall unserer Gäste, welche auch nachsichtig über unser ebenfalls sehr mangelhaftes Service hinwegsahen und sich, so gut es gehen wollte, mit den Schwierigkeiten des Essens mit Messer und Gabel abfanden, was allerdings nicht ausschloss, dass sie, wo sie sich unbeobachtet glaubten, sich der Finger bedienten. Die Gabe des Bacchus wurde von dem streng religiösen Gouverneur verschmäht, der sich mit Limonade begnügte; auch der Doctor, obwohl als in Aegypten geborener Grieche keinem religiösen Verbote unterworfen, that uns nur Anstandshalber Bescheid; wogegen der Durst unseres Freundes Schich Mohammed sich durch keine Vorschrift des Propheten beschränken liess. Der Bürgermeister, dessen Capacität für geistige Getränke einen alten Corpsburschen hätte neidisch machen können, leerte mehrere Flaschen Wein; auch Cognac, welchen wir später, um unsere Vorräthe zu schonen, einschenkten, wurde nicht verschmäht und erst der landesübliche, als drittes Treffen vorgeschickte Dattelschnaps gab ihm den Rest. Schwankend und religiöse Lieder näselnd musste das Oberhaupt der Stadt nach Hause geführt werden; doch schien dieser Anblick seinen Pflegebefohlenen nichts Neues zu sein. Magnesiumbeleuchtung und Revolverschüsse von unserem Dache beschlossen das Fest.

Da ich nach der Verabredung mit Rohlfs gewärtig sein musste, demnächst zum Wüstenmarsche nach Westen berufen zu werden, war es nicht rathsam mich allzu weit von Gassr Dachel zu entfernen. Ich durfte daher die östliche Hälfte der Oase, die Orte Beled und Tenidah, nicht besuchen, obwohl die später auf der Rückreise bei flüchtigem Durchstreifen gemachten Funde darthun, dass eine genauere Untersuchung ihrer Flora lohnend gewesen wäre. Indess, hätte jene von Rohlfs zu erwartende Aufforderung mich auf einem solchen Ausfluge getroffen, so hätten leicht 3—4 Tage verloren gehen können.

Von der Langsamkeit der Verbindung in Landstrichen, die nur auf Karawanenverkehr und allenfalls auf Fussbotenpost angewiesen sind, hat man in Europa in unserem Zeitalter des Dampfes keine Vorstellung mehr. Hat man indess einige Monate in so naturwüchsigen Verhältnissen gelebt, so lernt man verstehn, weshalb der Orientale den Werth der Zeit nicht zu schätzen weiss, und beurtheilt es milder, wenn ein nach dem Nilthal ausgesandter Eilbote erst noch mehrere Tage in der Oase herumschlendert, um seine Privatgeschäfte zu erledigen, oder, wie der von Rohlfs von Siuah nach Alexandrien gesannte Courier, seine Briefschaften erst viele Tage nach der Ankunft abliefert. Es wird daher kaum auffallen, dass ich mit meinem Freunde Schweinfurth, während der $1^1/_2$ Monate, wo er in Chargeh, nur 160 Kilometer von Gassr entfernt, verweilte, nur einmal Briefe wechselte, welche 7 Tage unterwegs waren, also ungefähr so lange, als ein Brief von Berlin nach Alexandrien. Das Porto von einem Marien-Theresienthaler, welches für diese Corespondenz verausgabt wurde, erscheint hoch im Vergleich mit den 20 Pfennigen, die ein Brief von Berlin bis Cairo oder Chartum kostet, giebt indess ein anschauliches Beispiel für die niedrigen Lohnsätze in den Oasen, wenn man bedenkt, dass der Briefbote für diesen Preis, abgesehen von den Strapazen und Gefahren einer Wüstenreise, auf 14 Tage von der Heimat sich entfernte. Unsere Verbindung mit Europa war indess trotzdem eine ziemlich regelmässige; durchschnittlich erhielten wir alle 10 Tage eine Post. In den der Dattelernte zunächst folgenden Monaten findet stets ein lebhafter Karawanenverkehr zwischen Dachel und dem Nilthal statt, da diese Frucht den wichtigsten Ausfuhrartikel der Oase bildet. Die für uns in Siut angekommenen Posten blieben daher nie lange dort liegen und wir hatten in unserer Einsamkeit wenigstens die Annehmlichkeit stets frischer Nachrichten aus der Heimat und auch Musse genug, durch Zeitungs-Lectüre dem Laufe der Weltereignisse zu folgen.

Blieb ich indess auch meist an die näheren Umgebungen von Gassr-Dachel gefesselt, so hatte ich doch noch für mehrere Wochen Arbeit genug. Am Vormittage, mitunter auch noch einmal nach dem Dejeuner (wir hatten die englisch-französische Eintheilung der Mahlzeiten, welche mir bei Weitem praktischer erscheint als die in Deutschland übliche, adoptirt) pflegte ich täglich einige Stunden in den Gärten und Feldern umherzustreifen, stets von Korb begleitet, dessen scharfes Auge mir sehr zu Statten kam; die Vormittagsstunden wurden von mir bevorzugt, weil ich dadurch den täglich drohenden Besuchen, besonders des Doctors entging, von Korb namentlich, weil in diesen Stunden das Insectenleben ein ungleich regeres ist; ich will hierbei bemerken, dass mein scharfsichtiger und im Aufsuchen dieser Thierklasse geübter Gehilfe eine Sammlung von über 400 Nummern zusammenbrachte. Auch ich kehrte stets mit gefüllter Mappe und selten ohne eine oder die andere noch nicht von mir beobachtete Art zurück.

Gewöhnlich versammelte sich um uns ein mehr oder weniger zahlreicher Kreis von Zuschauern, meist der neugierigen Jugend angehörig, welche sich nicht selten eifrig und uneigenützig an unseren Nachsuchungen betheiligten. Bakschisch's von kleinen Kupfermünzen wurden zwar gern angenommen, aber fast nie verlangt. Mitunter brachte man mir auch selbst recht unscheinbare Pflanzen, die man mich hatte aufsuchen sehen, massenhaft ins Haus; noch häufiger geschah dies mit Thieren, namentlich grösseren Insecten und Eidechsen, welche letzteren in Schlingen einfachster Art gefangen wurden. Hierbei musste ich indess strenge Auslese halten, denn anfangs boten mir die eingeborenen Sammler häufig Mäuse mit zerrissenen Ohren, Eidechsen mit verstümmelten oder gänzlich verloren gegangenen Schwänzen, Heuschrecken mit 3 oder noch weniger Beinen an, welche ich indess selbstverständlich zurückwies. Man wusste sich meine Sprödigkeit nicht zu erklären, denn wozu konnte ich alles das gebrauchen als zur Arzneibereitung, und dazu waren doch verstümmelte Insekten ebenso gut als vollständige; indess ich bekam bessere Exemplare. Auch lebende Fennek's, ebenfalls in Schlingen gefangen, erhielten wir mehrere Male, sowohl in Dachel als in Farafrah. Was man uns in den Oasen als „Antika“ (Alterthümer) zum Kauf anbot, war ohne Ausnahme werthloser Kram, sogar meist von europäischer Arbeit; doch erhielt Rohlfs von Hassan-Effendi einige nicht uninteressante in den Oasen gefundene Münzen zum Geschenk.

Die Stunden, welche nicht durch die Untersuchung und die in diesem trockenen Klima sehr leichte Präparation der Pflanzen, durch die doch nicht zu vermeidenden Visiten und ärztlichen Consultationen in Anspruch genommen wurden, füllte ich dann durch Correspondenz oder andere schriftliche Arbeiten, sowie durch Lectüre aus. Die letzte Viertelstunde des Tages pflegte ich mit Remelé auf dem über Zittel's Salon gelegenen flachen Dache zuzubringen[1]) und stets von Neuem das unbeschreiblich schöne Schauspiel zu bewundern, welches das bald in rother Gluth, bald in goldenem Glanze hinter dem in dunkelblauen Tönen schwimmenden Edmonstone versinkende Tagesgestirn uns gewährte. In dieser friedlichen und einförmigen Lebensweise markirte sich das Verfliessen von Wochen fast nur dadurch, dass der Untergangspunkt der Sonne sichtlich an der langgestreckten Berg-Contour nach Norden fortrückte. Indem wir so nach Westen blickten, erinnerten wir uns sehnsüchtig der entfernten Freunde, ohne damals zu ahnen, wie lange wir der Nachricht von ihnen entbehren sollten. Der Einbruch der Nacht rief uns zu unserem bescheidenen Mahle und da eine ernsthafte Arbeit bei Kerzenbeleuchtung, der fensterlosen Oeffnungen und des stets herrschenden Windes halber fast unmöglich war, pflegten wir noch einige Stunden in traulichem Gespräch zu verweilen. Nicht selten mussten wir hierbei den Andachtsübungen oder auch profanen Gesprächen unserer farbigen Diener, die uns durch eine defecte Stelle des Fussbodens nur zu vernehmlich wurden, Schweigen gebieten.

Die Einrichtung der Gärten und Getreidefelder in der Umgegend von Gassr-Dachel, welche den gewöhnlichen Schauplatz meiner Excursionen bildeten, ist im Wesentlichen dieselbe, wie sie Rohlfs bei Beschreibung von Farafrah geschildert hat. Die Ansicht

---

[1]) Die Photographie No. 7. stellt die Landschaft dar, welche wir von diesem Standpunkte überblickten. Links sieht man den Edmonstone, vor denselben die Akazien von Ain-Scherif, rechts das sich vom Lüfte nach Westen ziehende Felsenufer.

No. 8, Gassr-Dachel von der Südseite, giebt eine gute Anschauung derselben. Der Umfang der einzelnen Grundstücke ist indess durchschnittlich beträchtlicher, als in jener kleinen Oase, in Einklang mit dem in Dachel herrschenden grösseren Wohlstande. Statt der Lehmmauern sieht man nicht selten auch Flechtzäune von langdornigen Ssant- (*Acacia nilotica*) Aesten, welcher Baum in Farafrah nur schwach vertreten, in Dachel und Chargeh aber, wie in Ober-Aegypten für die Landschaft charakteristisch ist. Doch erreicht er im Nilthal wohl schwerlich die ungeheuren Dimensionen, wie in den Oasen. (Vgl. Ansicht No. 13.) So mass ich z. B. den Umfang der etwa ¼ Stunde von unserem Hause stehenden Akazie, unter welcher, wie den Eingeborenen noch wohl erinnerlich, Cailliaud 1820 sein Zelt aufschlug, zu 4,1 M.; noch stärker ist ein in der Stadt Gassr stehender Baum (4,6 M. Umfang); der grösste von mir gemessene steht bei Beled (5,65 M.) und ist, da die Karawanenstrasse nach Siut in der Nähe vorbeiführt, vermuthlich derselbe, dessen Umfang Edmonstone zu 17′ 3″ angiebt. Der Ssant-Baum findet sich häufig bei verschütteten (mardūm) Brunnen, deren Vorhandensein er von Weitem verräth, und ist mit der Weide die einzige Art, welche auch ausserhalb der umfriedigten Gärten angepflanzt wird. Innerhalb derselben findet man fast nur Fruchtbäume und zwar überwiegt die Zahl der Dattelpalmen um das vielfache die aller übrigen Arten. Oelbäume sind zwar nicht selten, doch lange nicht so stark vertreten wie in Farafrah; in Chargeh soll dieser Baum nicht mehr recht gedeihen, Allgemein verbreitet sind ferner auch süsse und bittere Orangen, süsse Limonen und kleine, grüne, sehr sauere Citronen, Nabak, Aprikosen, Granatäpfel, Opuntien-Cactus oder Stachelfeigen (welche hier indess fast keine Stacheln entwickeln), Feigen und Maulbeeren; weniger häufig sind Weinstock, Pfirsich, Apfel, der rundblättrige, sehr fremdartig ausehende Muchēt (*Cordia Myxa*), ein Baum aus der Verwandtschaft unseres Vergissmeinicht, und Sykomore; ganz einzeln fand ich Pflaumen- und Quittenbäume, sowie Dumpalmen

(*Hyphaene thebaica*), letztere nur im Dorfe Muschîeh angepflanzt und in einer verwilderten, aber krüppelhaften, stammlosen Gruppe bei Budchulu; ich will hierbei bemerken, dass wir an der Strasse nach Chargeh, nahe jenseit Tenîdah, eine grosse Zahl verwitterter Kerne dieser Palme bemerkten, von denen ich dahin gestellt sein lasse, ob sie von Chargeh, wo der Baum häufig ist, dorthin verschleppt wurden. Das Gartenland unter den Bäumen wird in der Regel zum Anbau von Bersîm-Klee (*Trifolium alexandrinum*) benutzt, welchen man, wie in Farafrah die freiwillig in Folge der Bewässerung aufspriessenden Unkräuter, vom Vieh abweiden lässt.

Von Getreide-Arten baut man in Dachel hauptsächlich Weizen, Gerste und Reis, weniger Durrah (*Sorghum vulgare*) und Duchn (*Penicillaria spicata*). Die Erfahrung von Jahrhunderten hat die Bewohner gelehrt, den Anbau dieser Culturgewächse derart auf die Jahreszeiten zu vertheilen, dass die dem gemässigten Klima entstammenden Arten, Weizen und Gerste, in dem in der Temperatur dem mitteleuropäischen Sommer entsprechenden Monaten December bis März, die tropischen indess, Reis, Durrah und Duchn in der Tropenhitze der Sommermonate April bis November gezogen werden. Doch folgt nie Reis unmittelbar auf Weizen oder Gerste, sondern auch hier hat die Erfahrung einen nach unseren landwirthschaftlichen Theorien völlig rationellen Fruchtwechsel gelehrt. Nach der Reisernte wird in die Stoppeln Klee gesät, dem erst im nächsten Winter wieder Weizen folgt; auf den abgeernteten Reisfeldern pflegt man Indigo oder Baumwolle, welche wenig Bewässerung beanspruchen, anzupflanzen. Ein solcher Wechsel ist auch durch das verschiedene Wasserbedürfniss der genannten Feldfrüchte geboten. Weizen wird alle 10 Tage bewässert, was von der Aussaat bis zur Reife 9 mal geschieht; Reis verlangt dagegen weit mehr Wasser, während die genügsame Durrah mit weniger vorlieb nimmt, daher in dem wasserarmen Farafrah, wo Reisbau fast ganz fehlt, in ausgedehnterem Masse angebaut wird.

Ausser den genannten sind die wichtigsten Nutzpflanzen in Dachel: Bammiah (*Abelmoschus esculentus*), Meluchīah (statt des sonst gewöhnlichen *Corchorus olitorius* fand ich in den Oasen nur den ähnlichen *C. trilocularis*), Saubohne (*Vicia Faba*, Ful; wird in Dachel nur unreif gegessen und die Samen stets wieder aus dem Nilthal eingeführt), Linse, Erbse (selten wie überhaupt in Aegypten; dass sie aus Europa eingeführt ist, beweist der aus dem Italienischen pisello gebildete arabische Name Basillah), Lubia-Bohne (*Dolichos Lubia*, an Grösse und Geschmack an die Linse erinnernd), Kürbis und Wassermelonen, Dill, Koriander (Gusbarah, wird als Gemüse gegessen, ebenso wie die häufig wie wild wachsende *Malva parviflora* (Chubbesah) und eine in den Reisfeldern wachsende Cichorie (Silis, scheint aus dem griechischen σέρις entstanden); Safflor (die Samen werden gegessen), Tomate, Badingān (*Solanum Melongena*), rother Pfeffer, Tabak (*Nicotiana rustica*, wenig und mittelmässig), Zwiebel und Knoblauch. Bemerkenswerth ist, dass man die saftigen Blätter von *Aloë vulgaris* (Ssabār), die sich mitunter in und zwischen den Gärten findet, wie bei uns bei Verbrennungen für heilsam hält. Dieser Glaube ist also mit der Pflanze in Europa eingeführt worden. Als verwildert ist auch der *Ricinus* (Charua) zu betrachten, den ich nie, wie im Nilthale, angepflanzt, sondern an und zwischen den Aeckern gesehen habe; er bildet über mannshohe Sträucher mit mehreren Centimeter starken holzigen Stämmen und wird das Oel zum Brennen und als Heilmittel benutzt.

Von Zierpflanzen existiren in den Oasen nur wenige Rosensträucher in den Gärten der Reichsten. Beim Abschiede von Dachel verehrte unser Schich-el-beled Rohlfs eine eben aufgeblühte Rose als besondere Ehrengabe.

Von wildwachsenden Pflanzen dürften hier vor Allen diejenigen von Interesse sein, welche als wirklich einheimisch gelten können, und als ein meist nur schmaler, häufig unterbrochener, Vegetationsgürtel die Culturen umgeben. Am auffallendsten ist der seltsame Giftbaum Oschar, mit breiten graugrünen Blättern, (*Calotropis procera* [Taf. VIII], in der westlichen Sahara als Kranka (der Kanuri) und Tintafia (der Haussa) bekannt, dessen Reste sich, wie wir S. 132 sahen, in den Gräbern der Vorzeit finden; eine dem Baume in Chargeh nach Schweinfurth noch heut zugeschriebene, vor Zauber schützende Kraft, dürfte wohl die Veranlassung dieser Beigabe gewesen sein. Der Oschar erreicht übrigens in Dachel eine Grösse, wie sie Rohlfs sonst nirgends beobachtete; wir fanden Bäume von 5 M. Höhe und 0,77 M. Stammumfang. (Eins der grössten Exemplare ist auf der Ansicht Nr. 13 links von der Akazie zu sehen). Bei der geringsten Versetzung ergiesst dieser Baum reichlich einen dünnflüssigen Milchsaft; seine faustgrossen, kugelrunden, dünnhäutigen, aufgeblasenen Früchte sind auffälliger als die schmutzig-violetten Blüthen. Dass dieser giftige Baum die Raupe eines lieblichen Tagfalters (*Chrysippus*), welcher indess keineswegs auf diese Pflanze beschränkt ist [1]), da er sich in allen Tropengegenden und auch in den südlichsten Ländern Europas findet, ernährt, kann nicht auffallen, wenn wir an die bekannten Beispiele des Wolfsmilch- und Oleanderschwärmers denken. Ein minder verbreitetes Gewächs solcher Fundorte ist ein bei Gassr Dachel ziemlich häufiger Strauch oder kleiner Baum aus der Verwandtschaft der Kapern, *Maerua crassifolia* Forsk., mit langen, oft überhängenden Ruthenästen voll kleiner schmaler Blättchen. Er wird hier Morgam genannt; Schweinfurth, der ihn auch in Chargeh antraf, hatte diese Pflanze früher im Lande der Bischarin in weit grösseren Dimensionen beobachtet, wo sie den Eingeborenen durch ihren eigenthümlichen Wuchs, der einer nach einer Seite geöffneten Laube

[1]) Ein ähnliches Beispiel von Anpassung an verschiedene Nahrungsgewächse bietet der Distelfalter (*Vanessa Cardui*), der in den Oasen häufig ist, obwohl in Dachel nur eine distelähnliche Pflanze (*Silybum Marianum*) ziemlich selten und in Farafrah gar keine Art aus dieser Verwandtschaft vorkommt.

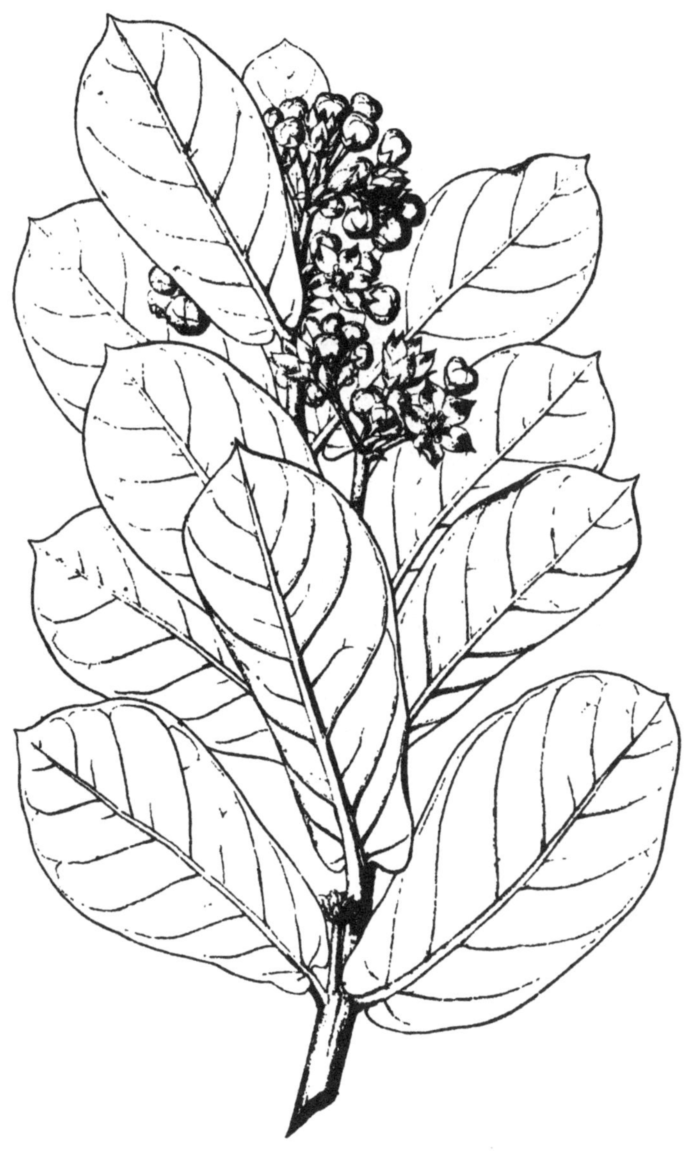

OSCHAR.
Calotropis procera R. Br.

gleicht, ein schützendes Obdach gewährt [1]). Vermuthlich ist auch der Baum der mittleren Sahara, welchen die arabisch redenden Bewohner Fesāns Serrah, die Kanūri Ingissiri nennen [2]) (*Maerua rigida* R. Br.) von dieser Art nicht wesentlich verschieden. Ein anderer stachliger Capparideen-Strauch mit grünen, fast blattlosen Aesten und fleischrothen Blumen, *Sodada decidua*, wurde von mir in Dachel nur bei Beled bemerkt, von dem mich begleitenden Nubier Said wurde er mit dem auch sonst bekannten Namen Duntup bezeichnet, und ist ohne Zweifel mit dem im nördlichen Kanem und in Tibesti vorkommenden Tumtum-Baume [3]) (Kussomo der Tibbu) identisch.

Allgemeiner verbreitet sind dagegen an den Wüstenrändern mehrere Tamarisken-Arten und die schon in Farafrah erwähnte Zwerg-Akazie *Prosopis Stephaniana*, deren entblätterte Aeste durch ihren bläulichen Schimmer lebhaft mit dem gelben Sande contrastiren. Von krautigen Gewächsen nenne ich besonders *Fagonia arabica*, das saftige dunkelgrüne *Zygophyllum coccineum*, den Agol und *Rhabdotheca chondrilloides*, eine graugrüne, krausblättrige, blassgelb-blühende Pflanze aus der Verwandtschaft unseres Löwenzahns; die sonderbarste von Allen ist indess die Koloquinte, deren liegende, mannslange, mit grauen zerschlitzten Blättern besetzte Stengel den Boden hie und da bedenken, und deren gelbe, apfelgrosse Früchte im Januar, halb im Sande vergraben, zahlreich umherliegen.

Unter den Pflanzen feuchter Standorte, besonders der Quell- und Grabenränder erwähne ich Weidenröschen (*Epilobium hirsutum*), Sellerie (*Apium graveolens*), Tausengüldenkraut (*Erythraea*), Ehrenpreis (*Veronica Anagallis aquatica*), Polei-Minze (*Mentha Pulegium*) und Bunge (*Samolus Valerandi*) als alte Bekannte aus

[1]) Vgl. über diesen Laubenbaum der Bischarin, die ihn Kamōb nennen Schweinfurth in Zeitschrift. f. allg. Erdk. N. F. XVIII p. 336.

[2]) Rohlfs, Quer durch Afrika, I. p. 286.

[3]) Rohlfs a. a. O. p. 280. Nachtigal, Zeitschr. der Gesellsch. für Erdkunde in Berlin 1870 p. 228. 1871 p. 137.

der Heimat; unter den wenigen Aegypten eigenthümlichen sind besonders bemerkenswerth der veilchenfarben-blühende, sehr giftige Sekerān (etwa mit Rauschkraut zu übersetzen, *Scopolia mutica*) [Taf. IX], unserem Bilsenkraut nahe verwandt und nicht unähnlich, aber grösser und fetter, und der Barnūf (*Conyza Dioscoridis*), ein mehr als Mannshöhe erreichender, wohlriechender Strauch, welcher unsern Saalweiden nicht unähnlich ist, nach seinen botanischen Merkmalen aber in die Nähe unserer Astern und Berufungskräuter gehört, übrigens vermuthlich aus dem Nilthale eingeführt ist.

Viel zahlreicher als diese einheimischen Oasenpflanzen sind die Unkräuter des kultivirten Bodens, welche, sobald einmal die Bestellung der Aecker aus irgend welchen Ursachen unterbleibt, sofort verschwinden, wovon wir uns auf den vielfach in den Oasen zu findenden ehemaligen Culturstätten überzeugen konnten, die falls sie überhaupt Pflanzen ernähren, nur die vorhin erwähnten Wüstenrand-Gewächse hervorbringen. Es überraschte mich gleich beim ersten Gange in die Gärten von Farafrah und bestätigte sich nach mehrwöchentlichen Untersuchungen in Dachel, dass die meisten und unter ihnen gerade die häufigsten und auffallendsten dieser Unkräuter, wie das purpurne *Erodium malacoides*, die orangeblühende *Calendula arvensis* und *Anagallis arvensis*, welche hier am häufigsten himmelblaue Blüthen trägt, der Mittelmeerflora angehören; bei Siut und Esneh habe ich dieselben nicht bemerkt, wogegen umgekehrt mehrere der häufigsten Arten des Nilthals in den Oasen entweder ganz fehlen oder nur vereinzelt und sichtlich verschleppt vorkommen. Ich hielt mich durch diese Thatsachen zu dem Schlusse berechtigt (zu dem auch Schweinfurth durch gleiche Beobachtungen in Chargeh geführt wurde), dass die erste Besiedlung der Oasen, die Einführung des Weizens, der Gerste, des Oelbaums, vielleicht auch die Pflege der Dattelpalme nicht vom Nilthale, sondern von der Nordküste von Afrika aus erfolgt sein müsse. Hat doch schon, wie ich erst nach meiner Rückkehr mich überzeugte, der unvergess-

IX.

SEKERAN.
Scopolia mutica Dun.

liche, in der alten wie neueren Geschichte Afrikas gleich bewanderte Heinrich Barth mit jenem dem Genie eigenthümlichen Ahnungsvermögen einen Hinweis auf diese Culturwanderung gegeben; die von ihm vermuthete Einführung des Oelbaums aus der Cyrenaica in die Ammons-Oase [1]) würde die erste Etappe der von uns angenommenen Uebertragung mediterraner Culturgewächse darstellen.

Diese Ansicht trifft in überraschender Weise mit den Ermittelungen unseres hochberühmten Landsmannes Brugsch zusammen, welcher in der Sitzung des aegyptischen Instituts vom 18. April 1874, in der auch wir über unsere Reise Bericht erstatteten, aus den Monumenten nachgewiesen hat, (vgl. unten) dass die Oasen ursprünglich von einer den Aegyptern fremden, libyschen Bevölkerung bewohnt waren, welche das Nilthal durch häufige von den Pharaonen öfter blutig zurückgewiesene Raubzüge belästigten, bis sie von den Beherrschern Aegyptens bezwungen und ihrem Reiche einverleibt wurden. Auf diese aegyptische Eroberung kann mit nicht geringer Wahrscheinlichkeit die Einwanderung einer zweiten, allerdings an Arten-und Individuenzahl weit hinter den Mediterrangewächsen zurückstehenden Gruppe von Unkräutern zurückgeführt werden, welche die Oasen mit dem Nilthale gemein haben, von denen ich hier nur eine in Dachel und Chargeh sehr häufige, übelriechende, aber mit schönen hellrosa Blüthen geschmückte Leimkraut-Art (*Silene villosa*), zwei in allen Oasen vorkommende Wolfsmilcharten (*Euphorbia aegyptiaca* und *arguta*) und ein zierliches Bartgras (*Andropogon annulatus*) nennen will. Von Culturpflanzen dürfte die Einführung des Ssant-Baumes, welcher, wie aus den oben (S. 128) erwähnten Einsatzstücken der Säulenschäfte des Tempels ein Dachel hervorgeht, sicher zur römischen Kaiserzeit schon in den Oasen existirte, der Dumpalme, von Durrah, Baumwolle, Indigo, *Ricinus* und Safflor

[1]) Monatsberichte der Ges. f. Erdk. zu Berlin. Neue Folge VII. 1850, p. 16.

auf diese Epoche zurückzuführen sein, welche alle, wie wir theils aus Gräberfunden, theils aus den Darstellungen der Monumente oder der Nachrichten der Schriftsteller des Alterthums wissen, im alten Aegypten bekannt waren. Keinesfalls können sie aber später gekommen sein als die nach historischen Nachrichten erst im Mittelalter erfolgte Einführung des Reisbaues in Aegypten, der sich vermuthlich bald auch nach den Oasen verbreitete und die Einwanderung einer Anzahl Unkräuter, die diese Getreideart in ihrem ganzen Verbreitungsgebiet, wenigstens in der alten Welt, von Japan bis Ober-Italien und Spanien begleiten, zur Folge gehabt hat. Ich will von den Unkräutern der Reisfelder hier nur *Ammannia aegyptiaca*, ein unscheinbares Gewächs aus der Verwandtschaft unseres Weiderichs (*Lythrum Salicaria*), *Najas graminea* und *Cyperus difformis* nennen.

Im Ganzen fand ich in Dachel ungefähr 190 wildwachsende Pflanzenarten; in Farafrah nur etwa halb so viel, während Schweinfurth in Chargeh vielleicht 30 mehr beobachtete. Allerdings würden in den Sommermonaten fortgesetzte Nachforschungen diese Zahlen wohl noch erheblich vermehren; indess glaube ich doch mindestens zwei Drittel der vorkommenden Arten gesammelt zu haben, so dass in Dachel schwerlich mehr als 300 Arten sich vorfinden dürften. Wie gering diese Zahl ist, ersieht man z. B. daraus, dass in der Flora von Berlin (mit einem Halbmesser von etwa 50 Kilometern) fast 1100 Arten höherer Gewächse gefunden sind.

Am 30. Januar unternahm ich einen schon seit längerer Zeit beabsichtigten Ausflug nach Mut, dem etwa 5 Stunden von Gassr in südlicher Richtung entfernten Wohnorte Hassan-Effendi's, bei dem ich einige Tage zu verweilen gedachte. Seit seinem Besuche in Gassr war dieser liebenswürdige Greis nicht müde geworden uns Aufmerksamkeiten zu erweisen; so beschenkte er uns mit Zucker, einem uns ausgegangenen, in der Oase nicht käuflich zu habenden Artikel; in den letzten Tagen sandte er uns sogar frisches Gemüse, das er aus dem Nilthale erhalten hatte — ein

Luxus, den sich gewiss kein eingeborener Oasenbewohner und ebensowenig der knauserige Mudir gestattete. Dasselbe bestand ausser dem in der Oase nicht gebauten Weisskohl aus Gulgäs-Knollen (*Colocasia antiquorum*), die uns freilich nicht besonders mundeten; der fade Geschmack dieser Knolle erinnert an eine recht wässerige Kartoffel.

Ich hatte für diesen Ausflug eines der wenigen in der Oase vorhandenen Pferde gemiethet; Korb begleitete mich zu Esel, und als Führer und Treiber hatten wir einen Dachelaner mit uns, nicht versäumt hatte, obwohl dazu gar keine Veranlassung vorlag, seine lange Steinschlossflinte umzuhängen; dieser der kriegerische Schmuck war indess nicht einmal zu den üblichen Salutschüssen zu gebrauchen, da mich unser Held, sobald wir Gassr hinter uns hatten, um barūd (Pulver) anbettelte, einen Wunsch, den ich, selbst wenn mir das Spielen mit Schiessgewehr nicht antipathisch gewesen wäre, nicht so leicht hätte erfüllen können, da wir nur fertige Hinterlader-Patronen bei uns hatten.

Die Gärten von Gassr Dachel bilden eine von Norden nach Süden langgestreckte, wohl eine Wegstunde messende Cultur-Insel, die aber an der breitesten Stelle in einer Viertelstunde in ostwestlicher Richtung bequem durchschritten wird. Wir verliessen sie an der Ostseite an einer Stelle, wo der grösste Theil ihrer Breite von einer Sebchah eingenommen wird, in deren Mitte sich ein Ende März noch nicht völlig ausgetrockneter Teich befindet. Aehnliche Oertlichkeiten finden sich auch in Norden der an die Nordwestecke der Gärten an- und in dieselben hineingebauten Stadt, so dass, auch abgesehen von den ausgedehnten Reisfeldern, die Häufigkeit von Fiebern in den Sommermonaten nicht befremden kann. Die Lage der Stadt Chargeh ist in hygienischer Beziehung noch ungünstiger; die Bewohner scheinen aber von den Ursachen der Plage, welche ihre Urväter schon vor Jahrtausenden dort heimgesucht hat, keine Ahnung zu haben. Mein Weg führte zunächst in genau südlicher Richtung durch wellige, meist vegetationslose Sandhügel, zwischen denen indess mehrere ebenso kahle Einsenkungen noch die Feldereintheilung einer ehemaligen Cultur erkennen liessen[1]) Ein heftiger Samum, der die Luft so stark trübte, dass ich an diesem Tage die Sonne nicht zu Gesicht bekam, machte jede Orientirung unmöglich; als ich später diesen Weg bei günstigerem Wetter noch einmal zurücklegte, bemerkte ich, dass wir uns der Bergecke, mit welcher von Gassr aus gesehen das östliche Felsenufer abschliesst (auf Ansicht No. 6 links) sichtlich näherten.

Nach etwa zweistündigem Ritt erreichte ich das ansehnliche zwischen niedrigen Mergelhügeln in wohlbewässerter Gegend gelegene Dorf Budchulu, wo meine Ankunft jedenfalls schon im Voraus gemeldet worden war. Als ich die hart an den Häusern entlang führende Landstrasse weiter verfolgen wollte wurde mir im eigentlichsten Sinne der Weg verlegt, und ich Seitens des Schich-el-beled aufgefordert, „eine Tasse Kaffee zu trinken." Man nöthigte mich in das sauber getünchte, luftige und wohnliche Haus des Dorf-Oberhauptes, wo ich in einem, eine Treppe hoch gelegenen, mit reinlichen Matten belegten Empfangszimmer auf einem sehr hohen Divan Platz nahm, während der Hausherr welcher, wie sein College in Gassr und wohl die grössere Hälfte aller männlichen Muslemin, den Namen Mohammed führte, vor demselben niederkauerte. Der Schich, dessen Portrait (Photogr. No. 14) beigegeben ist, mochte etwa ein Vierziger sein; seine nicht unschönen Züge sprachen von Wohlwollen und Intelligenz, die reich mit Silber verzierten Waffen, welche an den Wänden hingen, bezeugten ebenso wie die behäbige Einrichtung den Wohlstand des Besitzers, während einige in den als Schränke dienenden Nischen liegende gedruckte Bücher bekundeten, dass ich es mit einem litterarisch gebildeten Manne zu thun hatte. Die von mir aufgeschlagenen waren nicht

---

[1]) Bei unserer Rückreise am 18 März verfolgten wir einen auf der Westseite der Gärten von Gassr entlang führenden Weg, welcher mehr Culturterrain berührt.

14.

Mohammed, Schich-el-beled von Budchula (Dachel).

religiösen, sondern mathematischen und vielleicht auch astrologischen Inhalts.

Die „Tasse Kaffee" war übrigens in ebenso erweitertem Sinne zu verstehen als die „Tasse Thee", auf welche die Einladungen zu unseren Abendgesellschaften zu lauten pflegen. Denn nachdem ich die üblichen Finkennäpfchen des aromatischen Tranks geschlürft, erschien eine reichliche „Mangeria" (dies Wort der lingua franca [1]) hat sich in Aegypten allgemein Bürgerecht für „Essen" oder „Mahlzeit" errungen). So bekannt mir die orientalischen Sitten auch aus der Litteratur und aus den lebensvollen Erzählungen vielgereister Freunde waren, gestehe ich doch, dass mir etwas sonderbar zu Muthe war, als ich zum ersten Male, denn bei einem zweimonatlichen Aufenthalte im Lande hatten wir noch nie die Mahlzeiten der Eingeborenen getheilt, zur Seite des Mansef, einer runden, zinnernen Platte, die auf einen niedrigen Schemel, unter welchem das Tischtuch ausgebreitet wird, gesetzt die Stelle des Tisches vertritt, auf dem Boden Platz nahm und ohne Teller, Messer und Gabel den reichlich aufgetragenen, übrigens recht schmackhaften Gerichten zuzusprechen begann. Das einzige Werkzeug, dessen wir uns ausser unsern Fingern bedienten war ein hölzerner Löffel zum Ausschöpfen der mit aufgetragenen sauern Milch, welcher übrigens von Hand zu Hand ging. Schich Mohammed versäumte auch nicht, wie es die arabische Höflichkeit gebietet, dem Gaste besonders gute Bissen hinzuschieben oder — natürlich ebenfalls mit den Fingern — darzureichen. Ich konnte für diese freundliche Aufnahme vorläufig nur dadurch meinen Dank bezeugen, dass ich meinen Wirth einlud, mit mir eine Flasche Wein zu leeren, wozu er sich nach einigem Zögern recht gern verstand.

Für die Fortsetzung der Reise gab mir der gastliche Schich

---

[1]) Zwei andere allgemein adoptirte Worte italienischen Ursprungs sind „bas" (basta) genug, und „fursse" (forza) Kraft.

einen bewaffneten Geleitsmann mit, der mich bis zum nächsten 1 Stunde entfernten Dorfe Ráschidah bringen sollte. Die Strasse führt fast nur durch cultivirtes oder wenigstens mit wilder Vegetation bedecktes Terrain; der Morgam-Strauch ist hier besonders häufig und kurz vor Raschidah hat man links einen ansehnlichen Teich, welcher mit seiner mit Palmen und Ssantbäumen bewachsenen Umgebung ein anmuthiges, inmitten der Wüste um so überraschenderes Landschaftsbild bietet. Raschidah hat fast nur neu angelegte Gärten und neu errichtete Häuser, macht daher einen freundlichen Eindruck; um so mehr contrastirte damit das grimmige Aussehn des dortigen Schich's, der indess den officiell eingeführten Chawagah ebenfalls mit aller ihm zu Gebot stehenden Freundlichkeit aufnahm. Ich thue dem möglicher Weise sehr harmlosen Biedermanne vielleicht schweres Unrecht; indess hätte ich dieser ausgesprochenen Räuberphysiognomie nicht in der Einsamkeit begegnen mögen. Von Einsamkeit war hier freilich das Gegentheil; das ganze Dorf war versammelt, um sich an dem unerhörten Anblick zu weiden, wie ihr strenger Gebieter zwei Fremden aus dem fernen Beled frengi, die ja den von ihren Senussi-Heiligen so verabscheuten Christenglauben bekannten, vor seinem Hause (die gemauerte Bank wurde, wie es bei solchen Gelegenheiten Sitte, mit Matten belegt) mit Kaffee bewirthete. Obwohl es noch früh am Tage, kaum 2 Uhr Nachmittags war, wollte man mich überreden, dort zu übernachten, was ich natürlich mit Dank ablehnte. Als Ehrengarde gab mir der grimmig-freundliche Schich eine wahre Don-Quixote-Figur nach Mut mit. Saïd, so nannte sich dieser knochendürre Bursche, war als Soldat ziemlich weit in der Welt herumgekommen und hatte sich einige italienische und englische Phrasen (er hatte während des abessinischen Feldzuges in Sues 1868 als Magazinwächter gedient) zu eigen gemacht, so dass ich mit ihm eine Art Unterhaltung führen konnte, während der Verkehr mit den Eingeborenen sonst an diesem Tage meist pantomimisch stattfand.

Mut ist von Raschidah, welches übrigens keine selbstständige Gemeinde, sondern eine Neslah von Galamûn ist, etwa drei Stunden in südöstlicher Richtung entfernt. Der Weg führt anfangs noch eine erhebliche Strecke durch Culturen, namentlich Reisfelder, dann aber etwa $1^1/_2$ Stunden über kahlen Sserir-Boden, hie und da auch über kleine Sanddünen. Bereits in beträchtlicher Entfernung vor Mut beginnen die zu diesem Orte gehörigen Culturen, von denen ein guter Theil Hassan-Effendi's Eigenthum ist; kurz vor dem Orte kamen wir auch, wie mich der magere Saïd belehrte, über ein dem Chedive gehöriges Terrain. Da grosse Bodenstrecken von unfruchtbarer Sebchah eingenommen werden, hat man sich öfter genöthigt gesehen, die Quellen auf beträchtliche Entfernungen auf aufgeworfenen Wällen, die mit ihrer spärlichen Vegetation an frisch geschüttete Eisenbahndämme erinnern, fortzuleiten. Gegen Sonnenuntergang erreichte ich Mut, dessen Häuser an einen etwa 20 M. hohen Hügel von Kreidemergel angeklebt sind. Die intensiv rothe Färbung des Gesteins, welche überall zwischen den in malerischer Unordnung zerstreuten Gebäuden hervortritt und mit den umgebenden Palmengärten wirkungsvoll contrastirt, gewährte bei der matten Abendbeleuchtung, wie sie der getrübte Himmel nur zuliess, ein ebenso anziehendes als eigenthümliches Landschaftsbild; es ist zu bedauern, dass die ungünstige, bei unserer Rückreise herschende Witterung Remelé nicht gestattete diese malerische Ansicht seinem Album einzuverleiben.

Hassan-Effendi hat sein grosses, ansehnliches, von einer hohen Mauer umschlossenes Gehöft am Westfusse des Dorfhügels aufgebaut. Unser alter Freund erwartete mich vor der Thür seines Hauses, welche unmittelbar in ein grosses Empfangszimmer führte und liess mich auf dem dasselbe umgebenden, ziemlich hohen Divan Platz nehmen.

Das Zimmer zeigte, wie der ganze Haushalt des alten Herrn, ein seltsames Gemisch von europaeischer und orientalischer

Einrichtung. Neben den orientalischen Divans gemahnten ein grosser, bedenklich wurmstichiger Tisch von Kiefernholz und ein urväterlicher Schrank an eine thüringische Bauernstube; dass in der That ein Theil von Hassan-Effendi's Einrichtung von deutscher Arbeit war, bewies mir die in unserer Muttersprache ausgeführte Schrift auf einem in seinem Besitz befindlichen Thermometer. Die europaeische Färbung seines Haushalts erklärt sich wohl daraus, dass er das Brunnengraben anfangs mit einem europäischen Compagnon namens Ayme betrieb, nach dessen Tode seine Schwester bei Hassan-Effendi zurückblieb, bei dem sie erst vor wenigen Jahren in hohem Alter ihre Tage beschloss. Das erwähnte Zimmer besass grosse, auf europaeische Art vergitterte Fensteröffnungen, die aber stets durch Läden geschlossen waren, so dass doch das dem Orientalen so erwünschte Halbdunkel herrschte.

Bald nach meiner Ankunft wurde das Abendessen in ganz ähnlicher Weise wie in Budchulu auf einem Mansef servirt; doch hockten wir nicht auf dem Boden, sondern sassen auf Divan-Kissen, deren für mich sogar zwei übereinander gelegt wurden, welche unbequeme Ehrenbezeugung ich später ablehnte. Ebenso hatten wir Teller, Messer und Gabeln, sowie zwei Tischtücher, eins über und eins unter dem den Mansef tragenden Schemel. Die Auswahl und übrigens vorzügliche Zubereitung der Speisen verrieth ebenfalls einen franco-aegyptischen Geschmack.

Nach einer auf dem harten Divan nicht sonderlich verbrachten Nacht wurde uns als Morgenimbiss Café au lait in einer grossen Schüssel nebst geröstetem Brode ganz auf französische Art servirt. Nachher erschien der Wirth, um seine schon zahlreich eingetroffenen Besucher zu empfangen. Bei der grossen Ausdehnung seiner Unternehmungen, welche augenblicklich an den meisten Orten West-Dachels im Gange waren, hatte er fast fortwährend über dieselben mit den Gemeindebehörden zu verhandeln. Die Quellen, natürliche wie künstliche, sind der Regel nach Gemeinde-Eigenthum; nur ganz ausnahmsweise haben reiche Grundbesitzer, wie der Schich Mohammed in Gassr, ihnen ausschliesslich gehörende Brunnen graben lassen. Ja, was uns am wenigsten verständlich war, Hassan selbst, dem Wohlthäter der Oase, war die Erlaubniss verweigert worden, auf einem sonst wüsten Terrain für sich selbst einen Brunnen anzulegen. Wie weit die Eigenthumsrechte der Gemeinden auf eine völlig werthlose Grundfläche sich erstrecken, habe ich nicht ermitteln können.

Ausser diesen geschäftlichen Besuchen empfing unser Freund übrigens noch viele andere, welche nicht dem Ingenieur, sondern offenbar nur dem allgemein verehrten und beliebten Manne galten. Alle behandelte er mit derselben ruhigen Würde und gewinnenden Freundlichkeit; in seinem Wesen waren die guten Seiten des orientalischen und des europaeischen Naturells vereinigt.

Unvergesslich werden mir die Abende bleiben, welche ich mit dem trefflichen Greise in ungezwungener Weise verplauderte. Er sprach mit ziemlicher Geläufigkeit französisch, und so konnten wir uns recht gut verständigen. Ich habe von ihm manche werthvolle Mittheilung über die Landwirthschaft, die Naturprodukte, Sitten und Gebräuche der Oase erhalten. Am wichtigsten und interessantesten waren aber die Aufschlüsse, welche mir Hassan-Effendi über die früheren Beziehungen von Dachel zu den Ländern des Sudan gab. Während er bei seinem Besuche in Gassr auf Rohlfs' Fragen über die westlich liegenden Länder nur die gewöhnlichen mythischen Traditionen über eine westlich liegende Oase,[1]) für die er sich auch den Namen Sersura gefallen liess, vorgebracht hatte, theilte er mir jetzt unaufgefordert folgende Nachrichten mit, die, wenn auch nicht in allen Einzelheiten genau, doch gewiss im Ganzen als durchaus glaubwürdig zu betrachten sind.

[1]) U. a. erzählte Hassan-Effendi wiederholt, dass man in früheren Jahren (jetzt nicht mehr!) im Westen von Dachel mitunter habe Rauch aufsteigen sehen, der nur von einer bewohnten Oase herrühren könnte. Dieser Zug erinnert an die mythische Insel St. Barandon im atlantischen Ocean, welche wie meinem Freunde Bolle erzählt wurde, zuweilen am Horizont der canarischen Inseln als achte, noch nie betretene Insel auftaucht.

Vor etwa einem Jahrhunderte wurde die Oase Dachel öfter durch Raubzüge eines aus dem fernen Südwesten kommenden Nomadenstammes belästigt. Um diesen Angriffen ein Ende zu machen, siedelte die damalige Mamluken-Regierung eine Militär-Colonie, die Surbagi, in Galamūn an, dessen heutige Bewohner von derselben abstammen. Diese Surbagi zerstörten an dem von den Räubern benutzten Wege auf 7—8 Tagereisen Entfernung alle Brunnen und blieb diese Strasse, welche früher auch dem Verkehr mit Dar-For gedient hatte, ehe die Strasse über Chargeh dorthin eröffnet wurde, seitdem verlassen. Nur einmal noch, zu Anfang der Regierung Mohammed Ali's, kam eine Karawane aus Bornu auf dieser Strasse nach Dachel. Diese Strasse existirt übrigens noch; sie führt von Mut in die Wüste hinein. In der Entfernung von 1½ Tagereisen von diesem Orte sollen, eine halbe Stunde von einander entfernt, an dieser Strasse zwei „pilliers" stehen, welche Hassan-Effendi's Gewährsmann (er selbst hat sie nicht gesehen) mit Minarets vergleicht. In der Nähe sollen sich grossartige Steinbrüche befinden. Ebenfalls an dieser Strasse, aber noch eine halbe Tagereise weiter, wurde vor etwa 30 Jahren ein eisernes Instrument gefunden, das sich noch in Hassan's Besitz befand, welcher sich über seinen Gebrauch eine sehr wunderliche Vorstellung gebildet hatte.

Ich habe diese Nachrichten hier fast mit den Worten wiedergegeben, wie sie Hassan-Effendi mir mitgetheilt hat, habe nun aber noch die Gründe anzuführen, welche meiner Meinung nach (abgesehen von den Pfeilern, die allenfalls sonderbar geformte Zeugen sein mögen, und den Steinbrüchen) für ihre Authenticität überzeugend sprechen. Es treffen nämlich ein Name und eine Thatsache, welche mir Hassan-Effendi mittheilte, in überraschender Weise mit anderweitig nach Europa gekommenen Nachrichten zusammen, von denen Hassan gewiss keine Ahnung haben konnte. Es ist dies der Name der räuberischen Nomaden, welche mein Dachelaner Freund Bedajat nannte. Es ist dies fast genau

Barth's Auffassung[1]) des Namens der Bewohner der Oasenlandschaft Ennedi, nördlich von Uadai, deren so lange fragliche ethnographische Stellung erst in der neuesten Zeit von Nachtigal aufgeklärt worden ist. Dieser ausgezeichnete Forscher schrieb mir über dieselben Folgendes: „In Wadai und Dar-Fur heissen diese Leute nur Bidēyat, bei den Uelad Slimān immer Terrāwia, in Bornu hört man oft Bideat sagen und der Name Ennedi ist nur in Tibesti bekannt, d. h. im Tēdă'-Dialekt, während schon der Dāza-Dialekt, in dem die Einwohner „Anna" heissen, ihn nicht kennt. Auch die Wanya (Einwohner von Wanyanga) gehören dem Stamm der Bideyat (arab.) oder Anna (Daza) an und diese bilden mit den Zoghawa eine Nation."

Sehr beachtenswerth ist ferner das Zusammentreffen der Nachricht Hassan-Effendi's über Ankunft einer Karawane aus dem Sudan mit den uns von andern Seiten zugekommenen allerdings unvollständigen und zum Theil ungenauen Nachrichten über den unter dem Sultan Abd-el-Kerīm Ssabūn von Uadai stattgehabten Karawanenverkehr zwischen diesem Reiche und Aegypten. Nach dem in Djalo und Djiddah eingezogenen Erkundigungen Fulgence Fresnel's[2]), welche zuerst auf diese so lange unbekannt gebliebene Landschaft Central-Afrika's einiges Licht fallen liessen, sandte der genannte thatkräftige und einsichtsvolle Fürst, dessen Name durch die unter seinen Auspicien bewirkte Eröffnung eines directen Weges von seinen Staaten nach Benghasi für immer mit der Erforschungsgeschichte der libyschen Wüste verknüpft bleiben wird, etwa um das Jahr 1810 eine Karawane mitten durch die Wüste nach der Oase Dachel, in der Absicht, seinen Handelsverkehr mit Aegypten von der Vermittelung des feindseligen Nachbarlandes Dar-For unabhängig zu machen. Das Schicksal dieser Expedition war ein sehr trauriges; sie verirrte sich in der Wüste nördlich von Dar-For, verfehlte die Brunnen

---

[1]) Derselbe schreibt (Reisen in Afrika III. 447 ff.) Bedeyāt.

[2]) Bulletin de la soc. de géographie. III serie tome XI, p. 49, 50.

und alles ging durch Wassermangel zu Grunde, ein Loos, welches auch die mit dieser Karawane nach Mekkah pilgernde Mutter des Sultan's betraf. Die Sorhaua fanden später die Gebeine oder vielmehr die Mumien der verunglückten Menschen und Thiere und eigneten sich alles Werthvolle an. Die Bestimmtheit, mit der man in den entfernten Uadai gerade unsere Oase als Reiseziel ins Auge fasste, spricht, sowie die Erwähnung von Brunnen, dafür, dass es sich bei dieser Unternehmung nicht um die Aufsuchung eines ganz neuen, sondern um die Wiederaufnahme eines früher bereits benutzten Weges handelte, und liegt es wohl sehr nahe, an die Bidejat als Vermittler seiner Kenntniss zu denken, welche damals (wie auch noch heut) zu Uadai in einem gewissen Abhängigkeitsverhältniss standen und deren Betheiligung an den von Ssabūn nach Benghasi ausgeschickten Karawanen mehrfach bezeugt ist. Es ist wohl anzunehmen, dass bei diesen Nomaden zu Ssabun's Zeit die Kenntniss der von ihren Vorfahren zu Raubzügen nach Dachel benutzten Strasse noch nicht entschwunden war. Fresnel erfuhr nicht, ob dieser Weg später noch einmal versucht worden ist, zweifelt indess keineswegs an seiner Gangbarkeit, indem er sich ausdrücklich auf das Zeugniss mehrerer Eingeborener und namentlich eines intelligenten und wohl unterrichteten Kaufmannes in Tripolis, Namens Hadj Osmān, welcher früher (also vor 1846) Agent des Sultans von Uadai in Benghasi gewesen war, beruft. Diese Lücke in Fresnel's Informationen wird nun in sehr erwünschter Weise durch die Nachrichten des Schich Mohammed-el-Tunsi[1]) ausgefüllt, nach welchen Ssabūn eine Karawane über Aegypten nach Djalo und Benghasi schickte, und nachdem diese Aegypten „mit Leichtigkeit passirt" hatte, durch eine zweite einen Brief und Geschenke an Mohammed-Ali sandte. Ibrahim Pascha erwiderte die Sendung des schwarzen Fürsten im Namen seines Vaters durch Absendung einer gleich-

---

[1]) Cheykh Mohammed-Ibn-Omar el-Tounsy, Voyage au Ouaday, traduit de l'arabe par le Dr. Perron etc. Paris 1851. p. 218. 219.

falls Geschenke bringenden Karawane, welche indess von den Sorhaua, „in deren Nähe ihr Weg vorbeiführte," schon auf der Hinreise geplündert und deren Führer auf der Rückkehr „auf der Höhe von Dar-For" von denselben räuberischen Nomaden erschlagen wurde. Dies Ereigniss soll Anlass der Eroberung der bis dahin zu Dar-For gehörigen Provinz Kordofân durch die Aegypter gewesen sein, indem Ibrahim den Herrscher dieses Reiches für die durch die von ihm abhängigen Sorhaua begangenen Gewaltthaten, für die übrigens auch Ssabûn an den Räubern selbst Rache nahm, verantwortlich machte. In diesem, wie die meisten derartigen Mittheilungen des Schich's Mohammed, sehr ungenauen Bericht, wird allerdings über den von den erwähnten Karawanen eingeschlagenen Weg nichts Bestimmtes gesagt und Dachel nicht genannt; indess sowohl seine Ausdrucksweise als die von Fresnel dargelegten Absichten Ssabûn's machen es unwahrscheinlich, dass dieselben von Uadai etwa nach Dar-For und von dort auf der bekannten von Browne zurückgelegten, durch das Gebiet der Sorhaua führende Karawanenstrasse über Selimeh und Chargeh nach Siut gingen. Wenn wir dagegen, was wohl keine Schwierigkeit hat, annehmen, dass in Hassan-Effendi's Nachricht statt des wenig bekannten Uadai irrthümlich Bornu, das älteste und berühmteste Reich in Central-Afrika, gesetzt wurde, so würde dieselbe mit den Nachrichten Mohammed el-Tunsi's und Fresnel's im vollsten Einklang stehen und dann aus diesen drei von einander ganz unabhängigen, sich gegenseitig ergänzenden bez. bestätigenden Berichten mit Wahrscheinlichkeit zu schliessen sein, dass in der That auch die später einige Male zwischen Uadai und Aegypten gegangenen Karawanen den alten Bidejat-Weg nach Dachel benutzten, welcher allerdings in einiger Entfernung nördlich „in der Höhe von Dar-For" vorüberführen dürfte.

Was endlich jenes eiserne Instrument betrifft, so erkannte ich in demselben sofort die in ganz Mittel-Afrika gebräuchliche Wurfwaffe, welche in den oberen Nilländern Trumbadj, von den

Arabern Bagirmi's und Uadai's nach Nachtigal u. a. Korbadj, von denen Tripolitaniens Schangormangor genannt wird. Dass diese Waffe, wie Hassan ganz richtig annahm, nur direct aus dem Sudan nach der Fundstätte gelangt sein kann und dass es im höchsten Grade unwahrscheinlich ist, dass sie sich etwa aus den oberen Nilländern oder Dar-For nach Dachel verirrte und von dort in die Wüste verschleppt wurde, (höchst unwahrscheinlich schon desshalb, weil Niemand in Dachel das Object zu deuten wusste) glaubte ich damals schon annehmen zu müssen. Indess hat sich die von mir gehegte Hoffnung, dass die Form der Waffe eine Andeutung ihrer Herkunft geben werde, in überraschender Weise erfüllt. In Anbetracht der ungemeinen Mannichfaltigkeit, welche in der Gestalt dieser Wurfeisen zu herrschen pflegt, muss die Uebereinstimmung dieser in Fig. 15 dargestellten (0,59 M. langen) Waffe, welche später von Hassan-Effendi Rohlfs zum Geschenk gemacht wurde, mit einem vom Nachtigal in Zeitschr. der Ges. für Erdk. zu Berlin, 1870 p. 293 (obere Reihe zweite Fig. von links) abgebildeten hier in Fig. 16 wiedergegebenen Tibbu-Schangormangor überraschend genannt werden. Nachtigal sagt dort, dass diese Waffen meist aus Borku, Uadai und Ennedi kommen, also gerade aus den Ländern, aus denen sich vermuthlich die Karawanen des Sultans Ssabūn rekrutirten. Nach reiflicher Erwägung scheint mir wohl kaum ein Zweifel gestattet, dass jene von Jordan zuerst aufgefundenen und mehrere Tagereisen weit verfolgten Allamāt in der That den Weg bezeichnen, welchen die Raubzüge der Bidejat und vermuthlich die Karawanen Ssabun's einschlagen. Die spärlichen Wegzeichen und die mangelnden

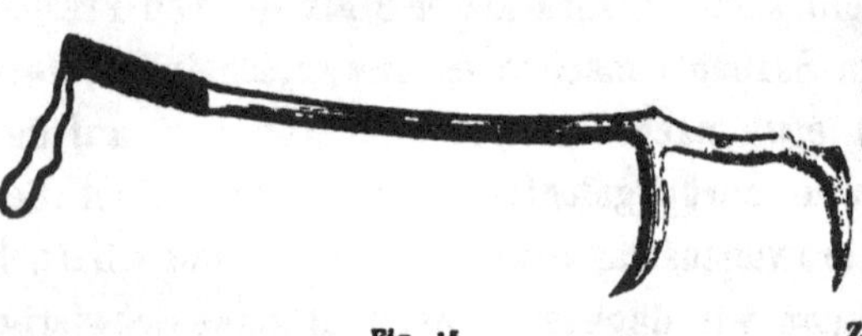

Fig. 15.

Fig. 16.

Kamelspuren erklären sich wohl bei einem meist nur von flüchtigen Räuberhorden hin und wieder, nie aber im regelmässigen Karawanenverkehr begangenen Pfade. Dass Jordan und Zittel diesen Weg schliesslich nicht weiter als bis zur Kamelweide verfolgen konnten, beweist noch nicht, dass er dort aufhört. Er konnte dort nach Süden abbiegen, um die Dünen von Regenfeld zu vermeiden und musste sich auch südlicher wenden, da die bis dahin verfolgte Richtung weit nördlich von Ennedi und selbst von Wanjanga, dessen Lage Nachtigal viel weiter nach Süden setzt, als man bisher annahm, vorbeiführen würde. Die Stelle, wo Jordan die ersten Allamāt fand, ist ungefähr 2 Tagereisen von Mut und vielleicht gar nicht weit von der Fundstelle des Wurfeisens entfernt.

Ob der auf der Lapie'schen Karte nach einer Mittheilung von Müller verzeichnete „antike Weg" nach Westen mit dieser Strasse in Zusammenhang steht, haben wir nicht ermitteln können. Fréderic Müller,[1]) über dessen Herkunft und spätere Schicksale ich nichts erfahren konnte, begab sich anfangs der 20er Jahre, nachdem er in Paris die orientalischen Sprachen studirt hatte (er wird ancien élève de l'école royale des langues orientales genannt), nach Aegypten und begleitete von dort aus den verdienstvollen Pacho sowohl auf dessen fast unbekannt gebliebener Reise nach den aegyptischen Oasen 1823 und 1824, als auf der bekannten Reise nach Marmarica, Cyrenaica und den Oasen Udjila und Maradeh, 1824 und 1825, von welcher letzteren, auf der Müller anfangs durch eine hartnäckige Dyssenterie von jeder Thätigkeit abgehalten wurde, seine einzigen mir bekannten veröffentlichten Arbeiten, das in Pacho's Rélation etc. p. 319—352 abgedruckte Vocabulaire du langage des habitants d'Audjelah und das a. a. O. p. 358—360 veröffentlichte Fragment d'un vocabu-

---

[1]) So schreibt Pacho durchgängig diesen Namen; er selbst hat auf dem Tempel Dĕr-el-hedjar und dem von Chargeh seinen Namen Muller geschrieben. Vgl. Blatt 35 des Albums: Portal des Tempels zu Dachel.

laire du langage des habitants de l'oasis de Syouah, herrühren. Sein Aufenthalt in Dachel fiel in den Hochsommer 1824. Da der Müller'sche Weg nach Westen, wie er auf der Karte verzeichnet ist, ziemlich genau mit der von Jordan und Zittel Anfangs durch bekanntlich sehr unwegsames Terrain verfolgten Richtung zusammenfällt, ist vielleicht eher anzunehmen, dass derselbe ungenau von Lapie eingetragen und mit der von Rohlfs und Zittel bereits bei ihrer Besteigung des Edmonstone-Berges am 12. Januar, wahrgenommenen später von Rohlfs eine Strecke verfolgten Strasse nördlich von diesem Berge identisch ist, welche übrigens vielleicht doch mit der von Jordan aufgefundenen „alten Strasse" irgendwie in Zusammenhang steht.

Durch Hassan-Effendi erhielt ich auch einige Nachrichten über Kufara, welche von einem damals in Dachel und zwar in Galamūn verweilenden Senussi-Schich Namens Hosēn, der zwei Jahre in der Sauïah in Kufara gelebt hatte, herrühren. Hassan nannte denselben vernünftiger (plus brave) als seine Ordensbrüder, und machte mir Hoffnung, dass er bei einer zu vermittelnden Zusammenkunft noch mehr mittheilen werde; leider ist dieselbe nicht zu Stande gekommen. Was ich von Hassan erfuhr, stimmt mit den Erkundigungen von Fresnel, aus denen wir fast ausschliesslich unsere bisherige spärliche Kenntniss dieser Oasenlandschaft geschöpft haben, vollkommen überein. Schich Hosēn nennt die Oase 4 Mal so gross als Dachel, was mit den 8 Tagereisen Fresnel's genau stimmt, da man die Entfernung von Gassr nach Tenidah etwa in zwei Tagen zurücklegt; ferner bestätigt er ihren Reichthum an Wasser, das man überall beim Graben schon in geringer Tiefe (1 Fuss) findet, und an Früchten von allerlei Art; die Angabe, dass die zahlreichen alten Tibbu-Dörfer durch die dort gefallenen Regengüsse fast ganz zerstört seien, ist mir nicht mehr so auffallend und möchte ich daraus jetzt nicht mehr auf eine ansehnliche Meereshöhe von Kufara schliessen, wie ich dies früher gethan habe;[1]) auch von den Ortschaften Dachel's würde, falls

[1]) Verhandlungen der Ges. f. Erdk. zu Berlin 1874, p. 87.

sie ein halbes Jahrhundert sich selbst überlassen blieben, nicht viel übrig bleiben. Eine so lange Periode ist aber in Kufara verflossen, seitdem die letzten Tibbu, um Rhasiėn der Tripolitaner zu entgehen, zu Anfang des zweiten Jahrzehnts dieses Jahrhunderts die Oase verliessen. Ferner bestätigt mein Gewährsmann, dass, wie Rohlfs in Udjila erkundete,[1]) die Senussi den Besitz von Kufara mit den Suajeh-Arabern von Leschkerri (in der Oasengruppe von Udjila) theilen, und giebt er noch folgende Einzelheiten an: den Suajeh gehört die Südhälfte von Kufara, wohin sie, wie bekannt,[2]) nur zur Zeit der Dattelernte ziehen, den übrigen Theil des Jahres lassen sie ihr Eigenthum durch 200 Schwarze bewachen, wogegen im nördlichen Theile Kufara's etwa 80 Senussi-Brüder, welche Hassan-Effendi als Maghrebiner bezeichnet, in einer Sau'ah angesiedelt sind.

Den grösseren Theil meines zweitägigen Aufenthalts in Mut verwandte ich natürlich darauf, die Umgegend zu durchstreifen. Einen prächtigen Ueberblick derselben hatte ich vom Dache des höchst-gelegenen Hauses im Dorfe, zu welchem eine dem Hügel umwindende Strasse hinaufführt, und in dem mir der Zutritt ohne besondere Schwierigkeit gestattet wurde. Von diesem Standpunkte konnte man den nördlichen felsigen Rand der Oasen-Einsenkung Stunden weit verfolgen; die Bergecke bei Budchulu liegt von hier aus N. N. O. Richtung etwa 3 Stunden entfernt. Dagegen bestätigte sich auch hier, was wir schon von Gassr aus wahrnehmen konnten, dass ein entsprechender Südrand, wie er auf den bisherigen Karten gezeichnet ist, nicht vorhanden ist; der Horizont war nach Süden und Südwesten überall durch niedere Sanddünen begrenzt, aus denen nur ein vereinzelter felsiger Spitzberg, der in S. W. Richtung etwa fünf Stunden weit entfernte Djebel Schich Abd-Allah hervortritt, welcher übrigens auch von dem Dache unseres

---

[1]) Von Tripolis nach Alexandrien VI. p. 53, 54.

[2]) Vergl Petermann und Hassenstein, Inner-Afrika p. (55).

Hauses in Gassr sichtbar war. Im Nordwesten überragen die Felsränder bei Gassr bis zum Edmonstone die vorliegenden Dünenzüge von Muschieh. Die Nachbarorte Hindau, Máchsarah und Sment sind von dem höchsten Punkte in Mut ebenfalls zu bemerken.

Die Gegend von Mut ist wie die von Gassr, ziemlich flach, doch erheben sich ausser dem Dorfhügel, welcher, wie bereits erwähnt, fast ringsum mit Palmengärten umgeben ist, noch mehrere andere, wenn auch niedrigere Anhöhen aus der Ebene. Eine derselben, nur wenige Minuten südwestlich von Hassan's Hause, trägt ausgedehnte Ruinen, von denen ansehnliche Mauerzüge von an der Luft getrockneten Lehmziegeln noch stehn, während einzelne im Innern liegende Trümmer mächtiger Sandsteinsäulen es sehr wahrscheinlich machen, dass dieser Bau aus dem Alterthume stammt. Diese Trümmer, schlechtweg Chárabah, d. h. Ruine, genannt, umschliessen auch eine grosse Brunnenanlage, von der ein durch den Felsen gehauener kurzer Stollen vermuthlich das Wasser zur Berieselung in die Ebene führte. Vermuthlich sind es die Reste eines römischen Castells, wie deren in Chargeh noch mehrere erhalten sind.

Ausser den Anhöhen trifft man in der Nähe von Mut auch einige kesselartige Einsenkungen, in deren Grunde sich Palmengruppen befinden und die ganz den Eindruck von Erdfällen machen.

Während die Gartengruppe von Gassr ringsum von sandigem und steinigem Boden umgeben ist, in den nur hie und da einzelne isolirte Garten- und Ackerpartien, wie die von mir mit Vorliebe besuchte bei Ain-Scherif, eingestreut sind, überwiegt bei Mut der kultivirte oder doch kulturfähige Boden; weite Strecken, welche brach liegen, sind mit wilder Vegetation, namentlich Halfagras (*Leptochloa bipinnata*) und Agol bedeckt, wesshalb unsere Kamele von Gassr hierher auf die Weide geschickt worden. Der Salzboden nimmt hier grössere Strecken ein als bei Gassr und die ihm eigenthümliche Vegetation ist weit charakteristischer entwickelt. Diese reichliche Halophyten-Vegetation erinnerte mich, wie auch die rothe Färbung des Bodens, unwillkürlich an die von Buntsandsteinhügeln umgebenen Ufer der Mannsfelder Seen zwischen Halle und Eisleben; doch gab sich der klimatische Unterschied beider Localitäten sogleich dadurch zu erkennen, dass die einjährigen Suaeden und Salicornien der Halleschen Gegend hier durch strauch- und baumartige Formen vertreten waren; eine dort häufige *Suaeda* gleicht von weitem verkrüppelten Tannen und erreicht, wenigstens bei Tenidah und in der Oase Chargeh, mitunter 5 M. Höhe.

Als eine Sonderbarkeit habe ich noch zu erwähnen, dass ich auf diesem Ausfluge an verschiedenen Orten, nämlich in Budchulu Raschidah und Mut, einzelne blondhaarige Kinder, sämmtlich weiblichen Geschlechts, antraf, welche übrigens in nichts vom gewöhnlichen Fellachen-Typus abweichen und auch dunkle Augen besassen.

Am 2. Februar Morgens verabschiedete ich mich von meinem freundlichen Wirthe, der mir einen der in seinem Dienste stehenden Schmiede als Führer für den Rückweg, den ich über Galamün und Muschîeh nehmen wollte, mitgab. Ich schied mit einem Knalleffekt im eigentlichsten Wortsinne; um ihm die Wirkung der ihm bis dahin unbekannten Revolver deutlich zu machen, schoss ich den meinigen ab, von dem diesmal kein einziger Lauf versagte. Durch die sechs unmittelbar nach einander fallenden Schüsse erschreckt, erschien Hassan-Effendi's noch recht jugendliche Gattin mit ihrem Säugling auf dem Arme, um sich zu überzeugen, dass ihrem Eheherrn kein Leid widerfahren sei. Natürlich hatte ich die bis dahin, wie es die mohammedanische Sitte gebietet, nie zu sehn bekommen; sie hätte indess nicht Eva's Tochter sein müssen, wenn sie nicht, auch nachdem sie sich überzeugt hatte, dass Hassan-Effendi keine Gefahr drohe, die Gelegenheit benutzt hätte, um die wunderbaren Fremdlinge, die sie wohl öfter von Weitem angestaunt, nun auch in der Nähe zu betrachten.

Ich verliess Mut um 8 Uhr und verfolgte zunächst etwa eine

Stunde den Weg nach Raschidah, worauf ich in West-Richtung nach Galamūn abbog; der Weg führte grösstentheils durch unkultivirtes, sandiges Terrain; erst kurz vor dem genannten Orte, welcher auf einem ziemlich hohen, sandigen Abhang, von dieser Seite nicht von Gärten eingefasst, gelegen ist, kam ich durch Felder, die meist Indigo und Baumwolle trugen.

Bald nach meiner Abreise von Mut hatte es zu regnen begonnen und hielt diese im Wüstengebiete so ungewöhnliche Erscheinung in sehr bemerkbarer Weise gegen 2 Stunden an.

Ich betrat Galamun nicht, sondern setzte meinen Weg in fast nördlicher Richtung gegen Muschieh fort. Derselbe führt auf einer Strecke von 1½ Stunden fast stets in Sicht von Palmengärten, die, von wasserreichen Quellen berieselt, in geringer Entfernung zu beiden Seiten der Strasse liegen. Bald hinter Galamūn hatte sich ein angesehener Einwohner dieses Ortes zu uns gesellt, der meinen Führer augenscheinlich mit grosser Neugier über mich ausfragte und dessen entschieden tscherkessische Gesichtsbildung mir die Mamluken-Colonie der Surbagi ins Gedächtniss rief.

Ich brauchte nahezu 20 Minuten, um die ausgedehnte Gartengruppe des ansehnlichen Dorfes Muschīeh zu durchreiten. Am nördlichen Ausgange desselben bemerkte ich einige kleine noch unverzweigte Dumpalmen, welche offenbar mit besonderer Sorgfalt gepflegt wurden.

Auch nördlich von diesem Orte hat man östlich am Wege noch einige Gartengruppen, und kommt dann ½ Stunde weiter an einem weissgetünchten Grabdenkmal und etwas weiter an den S. 129 erwähnten Ruinen vorbei, welche ich mehrere Wochen früher mit Rohlfs und Zittel besucht hatte. Bald darauf kamen die Gärten von Gassr rechts in geringer Entfernung von der Strasse in Sicht und um 3 Uhr langte ich wieder in unserem Hause an.

Ich konnte Remelé die angenehme Nachricht mittheilen, dass die von Rohlfs so lange erwartete Karawane aus Siut, die uns

Bohnen als Kamelfutter bringen sollte, bereits Tags zuvor in Beled angelangt sei; Hadj Solimân, welcher dieselben mit Briefen vom Consul begleitete, hatte mich in Mut aufgesucht; es musste mithin mein dortiger Besuch in der ganzen Oase bekannt geworden sein.

Freilich wurde die Karawane, sowie auch die am 31. nach Westen abgegangene von Bu-Bekr und die von Zittel und Rohlfs zurückgesandten von Mohammed-Achmed, (dem sogar ein Kamel durch die nasskalte Witterung zu Grunde ging) und Beschir ausserordentlich durch den Regen aufgehalten, welcher zwar in den Mittagsstunden des 2. Februar aufgehört hatte, gegen Abend aber von Neuem begann und ununterbrochen die ganze Nacht hindurch, sowie auch mit geringen Pausen den 3., die folgende Nacht und den Vormittag des 4. Februar, im Ganzen also fast 48 Stunden anhielt. Die Regenhöhe in der Nacht vom 2. zum 3., in etwa 12 Stunden, fand Remelé zu 5 Millimetern. Ich muss gestehen, dass dies unerwartete Ereigniss uns nicht wenig beunruhigte. Ich erinnerte mich der Erzählung Lamarmora's von einem sardinischen Dorfe, dessen Lehmhäuser bei einem heftigen Gewitterregen wie ein Stück Zucker sich auflösten[1]) und auch nachdem ich für mein Bett einen nicht dem Regenfall durch die durchsichtigen Stellen des Daches ausgesetzten Platz gefunden, konnte ich kaum mich ruhigem Schlafe hingeben. In der That erfolgte noch in der Dämmerung ein heftiges Krachen, und als ich schnell aufgesprungen in den trüben Morgen hinausblickte, bemerkte ich, dass das allerdings schon vorher schadhafte Dach eines unter meinem Fenster befindlichen Eselstalls eingestürzt war. Dieser Vorfall war natürlich nicht geeignet uns über die Solidität unseres Hauses zu beruhigen; doch erwies sich dasselbe widerstandsfähiger als wir erwartet hatten.

Einen eigenthümlichen Anblick gewährte die Wüstenlandschaft,

---

[1]) Itinéraire de l'ile de Sardaigne I. p. 480.

die wir stets von glühender Sonne beschienen unter tiefblauem Himmelsgewölbe zu sehen gewohnt waren, in der menlancholischen Stimmung eines echt nordischen Regentages. Der sandige Boden blieb noch Wochen lang durch den ziemlich tief eingedrungenen Regen befestigt.

Auffällig war mir, wie wenig Eindruck dies immerhin seltene Ereigniss auf die Eingeborenen machte. Die Antworten, welche ich auf meine Nachfragen über das Vorkommen von erheblichen Niederschlägen in der Oase erhielt, lauteten so verschieden, dass etwas Sicheres daraus nicht zu entnehmen war. Am glaubwürdigsten erschien mir nach der Aussage des Schich-el-beled, dass Regenfälle, wie der gegenwärtige, alle 2—3 Jahre, mitunter aber auch bedeutend stärkere vorkämen, von denen unser Haus auch deutliche Spuren trug.

Am 4. Nachmittags langte endlich die Bohnen-Karawane aus Siut an. Es handelte sich nun noch darum, diese Vorräthe mindestens zu dem vor einigen Tagen von Rohlfs angelegten, von Ernst und Abd-Allah bewachten Depot vorzuschieben, wozu unsere eigenen Kamele nicht im Entferntesten ausreichten. Nur mit grossem Aufwande von Drohung und Ueberredung Seitens des Mudir's gelang es die Beduinen vom Siuter Nilthal dazu zu bestimmen, den Transport einige Tagereisen weit in die unbekannte Wüste zu übernehmen und ihrer vortheilhaften, concurrenzfreien Position wohl bewusst, erpressten diese Wüstensöhne von uns einen exorbitanten Preis. Ihr schmutziger Eigennutz zeigte sich noch in kleinlichster Weise; einige besonders charakteristische Araberköpfe wurden von Remelé bei dieser Gelegenheit seiner Sammlung einverleibt, und diese wohlhabenden Kamelbesitzer, die eben noch ansehnliche Summen Goldes eingestrichen hatten, schämten sich nicht um wenige Francs, die unser Freund für die Erlaubniss sie portraitiren zu dürfen, zahlen musste, zu feilschen.

In diesen Tagen wurde das Portrait-Album noch auf erfreuliche Art vermehrt, indem der Schich Mohammed von Budchulu, der mich auf dem Ritt nach Mut so freundlich aufgenommen hatte, uns wiederholt besuchte und nebst einem andereren jüngeren Schich aus demselben Dorfe, Namens Abd-Allah zu einer recht gelungenen Aufnahme sass. Er lud uns zu einem erneuten Besuche ein, welchen Remelé und ich ihm dann auch am 9. abstatteten. Dieser vom schönsten Wetter begünstigte Ausflug, welchem das Album die Blätter 40—43 verdankt, gehört zu den angenehmsten Erinnerungen unseres Aufenthalts in Dachel. Ansehnliche Geschenke an Lebensmitteln verschiedener Art, die wir nur sehr unvollkommen durch Gegengaben, z. B. von Thee, erwidern konnten, besiegelten dieses neue Freundschaftsverhältniss. Freilich erregte dasselbe, wie wir bald durch den überall seine Berichterstatter besitzenden Mohammed-Daud erfuhren, den Zorn des Mudir's, welcher in seinem Beamtendünkel und im Bewusstsein seiner Besitzlosigkeit gegen den wohlhabenden Oasen-Schich ähnliche Gefühle hegen mochte, wie der Landvogt Gessler gegen den begüterten Stauffacher. Wir waren indess in der Lage dies orbrigkeitliche Missfallen an unserem neuen Umgange zu ignoriren.

Zehntes Kapitel.

Ascherson's Marsch nach Farafrah, Aufenthalt daselbst und Rückkehr nach Dachel.

16. Februar bis 12. März 1874.

Rückkehr der Karawanen. Der Führer Hassûn. Aufbruch von Gassr. Bab-el-Cailliaud. Schuschēn-Gebirge. Richtungswechsel des Führers. Scherbenfeld bei Gor-Sugāg. Rücksendung von Bu-Bekr und Hassun. Sandwehen. Bir-Dikker. Merkwürdige Luftspiegelung. Empfang in Farafrah. Lotanische Ausflüge. Religiöse Scheu, Aecker in Schuhen zu betreten. Ein neues Gemüse. Ausflug nach Ipsai. Eschmenadeh. Koptische Inschrift, erläutert von Dr. Abel. Trinithis nicht in den Oasen zu suchen. Meinung der heutigen Aegypter, dass in den Inschriften verborgene Schätze angezeigt und die Tempel christliche Bauten seien. Gewinnsucht der Farafrin. Wiedererstattung gestohlener Gegenstände. Schich Abd-Allah's Knauserei und seine Gewissenhaftigkeit in Befolgung des Koran. Geographische Erkundigungen. Lieblosigkeit der Farafrin gegen ihre Kinder. Fantasia. Der Nubier Abd-Allah als Dragoman. Sein Betrug. Besorgniss um Rohlfs und seine Gefährten. Schwieriges Dilemma. Rückkehr von Farafrah nach Dachel. Vorbereitungen zum Marsch in die Wüste. Erdbebenfurcht in Dachel. Zittel's Ankunft.

Am 11. Februar wurden wir nicht gerade angenehm durch die Rückkehr aller seit dem 31. Januar ausgesandten Karawanen, also auch der vor einigen Tagen mit so viel Aufwand von Geld und guten (wie auch bösen) Worten abgeschickten Beduinen überrascht. Morlock, der mit Ernst den Zug führte, klärte uns die

Ursache dieser rückgängigen Bewegung aut und überbrachte die Briefe von Rohlfs, welche für mich den Auftrag enthielten, ihn vom 24. an in Farafrah zu erwarten. Da ich nicht den geraden Weg über Bir-Dikker, sondern eine östliche Route über Bir-Keraui einschlagen sollte, wurde beschlossen, dass ich schon am 16. von Gassr aufbrechen sollte, und musste daher unverzüglich die Ausrüstung meiner Karawane in Angriff genommen werden. Um mich den beabsichtigten Weg zu führen, wurde ein alter Dachelaner, Namens Hassūn gemiethet, dessen erste Berührung mit unserer Expedition freilich nicht viel Gutes von seiner Ortskenntniss erwarten liess. Er hatte sich nämlich erboten, Jordan bei dessen Aufbruche am 16. Januar nach einer Kamelweide, die nur 1½ Tagereisen weit entfernt sein sollte, zu führen. Ich lasse dahingestellt, ob sich in der Oase eine dunkle Erinnerung an die krautreiche Strecke, auf der Rohlfs das von Ernst bewachte Depot errichtete, erhalten hat, jedenfalls stellte sich bald heraus, dass Hassun nie nach Westen über Dachel hinausgekommen war und sandte ihn Jordan daher von seinem ersten Lager aus zurück Jetzt wurde ihm seine Aufgabe, mich über Bir Keraui nach Farafrah zu führen, mit Hülfe unseres Dolmetschers Mohammed-Daud klar gemacht, und versprach er, sein Bestes zu thun. Am 16. Februar Vormittags brach ich mit 17, grösstentheils mit Bohnen beladenen Kamelen von Gassr Dachel auf. Ausser meinem eigenen Diener Korb nahm ich noch Morlock und Ernst mit, deren Dienste auf dem Marsche und namentlich auf der Rückreise, die ich ja mit Rohlfs, Zittel und Jordan zu machen gedachte, besser verwerthet werden konnten als in Dachel; von eingeborenen Dienern die Nubier Abd-Allah und Said und die Neger Bu-Bekr, Mabruk und Ssaleh. Ausserdem befand sich noch der ebenerwähnte Dachelaner Führer Hassun bei mir. Ich übertrug Bu-Bekr, welcher schon mehrere Proviant-Colonnen geführt hatte und sich bei Rohlfs vollen Vertrauens erfreute, das Amt eines Schich's der eingeborenen Diener, doch stellte sich bald heraus, dass ich hierin keine glückliche Wahl getroffen hatte. Zwar war dieser Kanuri fleissig, ehrlich und Rohlfs rückhaltslos ergeben; indess hatte sich bei ihm ein nicht geringer Eigendünkel entwickelt und glaubte er, wie auch mehrere der Nubier, den anderen Expeditionsmitgliedern keineswegs ebenso pünktlichen Gehorsam zu schulden, als dem Leiter der Unternehmung, dem Chawagah kebīr (grossen Herrn), wie er allgemein genannt wurde.

Remelé begleitete mich mit einigen Notabilitäten der Stadt Gassr eine Strecke weit, etwa halbwegs bis zum Fusse des Berges Lüfte. Wir bogen aus der weiten Ebene in das felsige zum Negeb-el-Dachel hinaufführende Thal ein und hatten etwa drei Stunden nach dem Aufbruche Bab-el-Cailliaud erreicht. Bei dem steilen, sandigen Anstiege, der zu diesem Engpasse leitet, stürzten einige Kamele, andere warfen ihre Ladung ab; doch konnte ich nach einigem Aufenthalte ohne ernstlichen Verlust meinen Marsch durch Bab-el-Jasmund und das Felsenlabyrinth, welches mich auf der Hinreise so lebhaft an die Adersbacher „Felsenstadt“ erinnert hatte, fortsetzen. Der Regen vom 2. Februar und die Sturmwinde, die wochenlang geherrscht hatten, hatten jede Spur von unserem und Remelé's Aufenthalte verwischt. Gegen fünf Uhr Nachmittags hatte ich die felsige Hochfläche erreicht; bald darauf machte mich Hassun auf die Stelle aufmerksam, wo der Weg nach Bir Keraui in mehr nördlicher Richtung von der grossen Strasse nach Farafrah über Bir-Dikker abbiegt. Bu-Bekr, welcher offenbar nicht begreifen konnte, weshalb ich einen weiteren und noch dazu schlechteren Weg einschlug, von dessen Schwierigkeiten ihm der Führer eine übertriebene Beschreibung gemacht haben mochte, nahm sich heraus, laut zu protestiren. Kullu ramleh, kullu hedjar, kullu mortu! (Alles Sand! Alles Steine! wir werden alle unseren Tod finden!) schrie er in seinem Kauderwelsch, und Said war vorlaut genug, ihm beizustimmen. Ich gebot den Unverschämten Schweigen und liess den von Hassun bezeichneten Weg einschlagen, an welchem ich bald darauf, da der Unfall bei Bab-el-Cailliaud Menschen und Thiere ermüdet hatte, lagern liess. Am 17. Morgens bemerkte ich in nordöstlicher Richtung eine nicht unbedeutende, ungefähr nord-südlich streichende Bergkette, welche der Führer Schuschēn nannte; nach seiner Angabe betrug ihre Entfernung 6 Stunden. In einiger Entfernung von ihrem Nordende befand sich ein eizelner, durch seine drei Spitzen sehr auffälliger Berg. Ich setzte meinen Weg über felsigen Boden mit kleinen, sandgefüllten Einsenkungen fort, allmählich erschienen beiderseits kleine und immer grössere Dünen und gegen Mittag standen wir vor einem zusammenhängenden Dünenzuge, der uns den Weg zu versperren schien. Bis hierher hatten wir eine deutlich bezeichnete Strasse verfolgt; dass wir bald aus dem Bereich der dort noch vorhandenen spärlichen Wüstenvegetation, die namentlich aus Belbel *(Anabasis articulata)* bestand, hinaus kommen würden, wurde durch den Eifer angedeutet, mit dem meine Schwarzen Brennholz einsammelten.

Nach dem Eindringen in die Dünen, wobei wir bald jede Spur eines Weges verloren, war das Benehmen des Führers Hassun ein sehr auffälliges. Offenbar war er selbst über den durch die Sandwehen verdeckten Weg im Unklaren. Er war der Karawane vorangeeilt, und wandte sich bald rechts, bald links, wobei er mit Bu-Bekr und Said, welche ebenfalls sich vorn befanden, wiederholt Zurufe wechselte. Endlich schlug er eine nordwestliche, einige Zeit sogar eine westliche Richtung ein. Bald nach ein Uhr traten wir in ein mit schwarzem Kiese bedecktes, beiderseits von hohen Dünen eingefasstes Thal ein, welches eine bedenkliche Aehnlichkeit mit der langweiligen Sandallee zeigte, in der wir vom 3.—6. Januar marschirt waren. Die sehr zahlreichen Kamelpfade und ein etwas später angetroffener Lagerplatz einer grossen Karawane waren nicht geeignet, diesen Verdacht zu entkräften; doch war es ja immer noch möglich, dass der Weg nach Bir Keraui in einem ähnlichen Dünenthale seinen Verlauf nahm.

Ich lagerte gegen Sonnenuntergang auf der Thalsohle. Nach

einer windstillen Nacht fand sich am 18. Morgens in einer Wasserkiste eine nicht unbeträchtliche Eisbildung. Ich bestieg die westliche, fast 50 M. hohe Düne, von der ich ein grossartiges Dünengewirr, mit zahlreichen Kesseln und messerscharfen Rücken überblickte. Im Südosten bemerkte ich noch deutlich die Schuschen-Kette, vor welcher die Spitze des dreigipfeligen Einzelberges aus den Sandhöhen hervorragte. Auch im Westen bemerkte ich mehrere Felsenberge, worunter den Abd-es-Ssammäd, sowie eine längere Kette, die sich später als das von Rohlfs passirte Browne-Gebirge herausstellte. Ich marschirte in diesem einförmigen Thale fünf Stunden, ohne etwas Erwähnenswerthes zu bemerken; auf ein Grab, an dem wir vorüber kamen, streute Bu-Bekr Sand, eine Sitte, die mir sonst nicht vorgekommen ist.

Um ein Uhr Nachmittags trafen wir zahlreiche Glasscherben, die von Remelé's am 5. Januar zertrümmerter Plattenkiste herrührten und somit unser Lager vom 5/6. Januar bezeichneten. Der bereits seit dem vorigen Mittage gehegte Verdacht, dass Hassun uns von der Strasse nach Bir Keraui doch wieder auf die nach Bir-Dikker geführt, wurde durch diesen Funde zur unerfreulichen Gewissheit. Zur Rede gestellt, versicherte der alte Dachelaner, falls ich ihn richtig verstanden habe (er war schwerhörig und noch schwerer von Begriffen), er werde mich noch von Bir-Dikker nach Bir Keraui führen. Nach den gemachten Erfahrungen konnte ich auf dies Versprechen keinen Werth legen, dessen Erfüllung mir auch wenig genützt haben würde, da der Zweck des beabsichtigten Marsches, den Verlauf des östlichen Felsenufers kennen zu lernen, doch grösstentheils verfehlt war. Durch das Dünengewirr hindurch den Weg nach Bir Keraui wieder aufzusuchen, war offenbar unausführbar; wäre ich umgekehrt, und hätte vom Charaschaf aus diesen Weg von Neuem aufgesucht, so hätte die Zeit kaum mehr ausgereicht, um Farafrah nach Rohlfs' Instruction vor dem 24. Februar zu erreichen. Nach reiflicher Erwägung blieb mir daher nichts übrig, als die grosse Strasse weiter zu verfolgen, welche ich auch ohne Führer nicht verfehlen konnte.

Inzwischen hatte sich die Nothwendigkeit herausgestellt, einen Boten an Remelé zurückzusenden. Das mitgenommene Futter erwies sich als nicht ausreichend, um nach dem unerwartet grossen Verbrauche meiner eigenen Kamele noch einen für die Rohlfs'sche Karawane genügenden Vorrath zu behalten. Ich musste daher von meinem Freunde in Dachel einen Nachschub erbitten. Ich beauftragte mit dieser Botschaft den widerspenstigen Bu-Bekr, dem ich zwei leergewordene Kamele mitgab, und benutzte diese Gelegenheit, den alten Hassun, der bei keiner Arbeit mit Hand anlegte, und nachdem er sich als Führer so schlecht bewährt hatte, als gänzlich unnützer Esser zu betrachten war, los zu werden. Ich lasse dahingestellt, ob er den Weg nach Keraui wirklich nicht kannte oder zu seiner Handlungsweise von Bu-Bekr verleitet wurde; jedenfalls hatte er keine Ursache, mit den Folgen seines Betragens zufrieden zu sein; nach seiner Ankunft in Dachel musste er den grösseren Theil des im Voraus bezahlten Führerlohns an Remelé zurückgeben, was ich hier erwähnen will, da in ähnlichen Fällen die Eingeborenen ihren Gewinn in der Regel durch Vergraben oder sonst vor Zurückerstattung zu sichern pflegen.

Die Entfernung von Bu-Bekr hatte auf die Disciplin der bei mir zurückgebliebenen Eingebornen den beabsichtigten vortheilhaften Einfluss. Ich machte den frommen und gelehrten Abd-Allah, der allerdings von meinen dunkelfarbigen Begleitern der Gewandteste war, zu seinem Nachfolger. Wir werden später sehen, dass ich auch hierin einen Missgriff that.

Ich hatte noch bis zum 20. Mittags in der früher geschilderten Sandallee zu marschiren, aus deren Dünenreihen nur an wenigen Stellen einzelne Kalkfelsen hervorragen. Durch ein sonderbares Zusammentreffen trägt ein in der Nähe des Scherbenfeldes befindlicher Hügel dieser Art den Namen Gor Sugāg, d. h. Glashügel.

In die Einförmigkeit des Marsches brachten kaum die prachtvollsten Erscheinungen der Luftspiegelung einige Abwechselung welche uns in dem sonst endlosen Thale die schönsten milchblauen Seen oder Ströme mit bebuschten Inseln vorzauberte. Es hatte sich übrigens das Aussehen der Gegend seit unserer Hinreise nach Dachel durch die Stürme der letzten Wochen nicht unerheblich verändert. Die Stellen, wo die schwarze, kiesige Thalsohle durch herabgewehten Sand verdeckt wurde, waren zahlreicher geworden und die damals vorhandenen hatten sich weit ausgedehnt. Im nördlichen Theile dieser Strecke, wo die Dünen sich ohnehin verflachen, bildete der herabgewehte Sand stellenweise wieder kleine Dünenzüge und da die Spuren der ohnehin hier nur selten verkehrenden Karawanen inzwischen völlig verschwunden waren, erforderte es mitunter unsere ganze Aufmerksamkeit, den richtigen Weg inne zu halten. Glücklicher Weise giebt es selbst im Flugsande, wo der leiseste Wind die Spuren der Menschen und Thiere verwischt und Wegzeichen keinen Bestand haben, untrügliche Merkmale auch wenig besuchter Verkehrswege. Alle leichten Gegenstände, die eine Karawane verliert oder absichtlich liegen lässt, bleiben stets auf der Oberfläche des Sandes und verändern verhältnissmässig wenig ihren Ort. So beweist uns ein Stückchen Strick, ein Fragment einer Matte, und als häufigstes und werthvollstes Merkmal die Loosung der Kamele und Esel schon aus beträchtlicher Entfernung, dass wir uns noch auf der besuchten Strasse befinden.

Wir waren indess doch herzlich froh, als wir am 20. Februar, nachdem wir schon am Morgen das westliche Felsufer von Farafrah erblickt, um 2 Uhr Nachmittags die Palmen von Bir-Dikker auftauchen sahen und eine Stunde später den Brunnen erreichten. Von hier an hatten wir sichere Führung an den Spuren von einigen Männern mit zwei Eseln. Diese kleine Karawane hatte kurz vor uns am Brunnen gelagert, da wir die noch warme Asche eines von ihnen angezündeten Feuers fanden, hatte dann, ohne von uns gesehen zu werden, unsere Annäherung bemerkt und war schleunigst umgekehrt, jedenfalls um die wichtige Neuigkeit unserer Ankunft zu melden. Ich marschirte noch 2 Stunden und lagerte im Angesicht der wohlbekannten Berge von Farafrah etwa eine halbe Stunde westlich von dem Zeugen Snetat, bei dem sich ein ansehnliches Palmengebüsch mit einem Nabak-Baume befindet.

Hier beobachtete ich am 21. früh kurz nach Sonnenaufgang die merkwürdigste Luftspiegelung, die mir auf dieser Expedition vorgekommen ist.[1]) (Vgl. Taf. X) Ein felsiger Hügel unweit Bir Dikker und mehrere an der Sandallee gelegene, also noch weiter entferntere Dünenköpfe, von denen ersterer nach dem Aufhören der nur etwa eine Viertelstunde andauernden Erscheinung den Horizont (dessen Lage auf der Abbildung durch eine punktirte Linie angedeutet ist) nur mit seiner Spitze überragte, während letztere gar nicht mehr sichtbar waren, erschienen, durch Kimmung gehoben, im schönsten Violett, während sich über ihnen ihre ebenso, nur blässer gefärbten Spiegelbilder gegen den hellen Morgenhimmel abhoben.

Nach zweistündigem Marsche kamen die Palmen von Farafrah in Sicht und wieder zwei Stunden später hatten wir den nur 20 Minuten vom Dorfe entfernten Garten Gefriēn erreicht. Ich sandte von dort den Nubier Abd-Allah mit einem mir vom Mudir von Dachel mitgegebenen Empfehlungsschreiben an die Schichs von Farafrah voraus, welches er unserem Freunde, dem Schich Abd-Allah übergeben sollte. Wohl durfte ich mit einigermassen gespannter Erwartung den Dingen entgegen sehen, welche die nächste halbe Stunde bringen sollte. Zwar war das Empfehlungsschreiben des Mudir's im dringendsten Tone abgefasst, doch war es ungewiss, ob der Einfluss der Schichs mächtig genug sein würde, um den Senussi-Brüdern die Wage zu halten. Mit welchen Augen diese unsere Anwesenheit betrachteten, darüber hatten

[1]) Im Sitzungsbericht der Ges. naturforsch. Freunde zu Berlin vom 16. Juni 1874 habe ich dieselbe bereits besprochen.

uns die Erlebnisse am Neujahrstage hinlänglich aufgeklärt, und meine nur noch von 8 Männern begleitete Karawane konnte ihnen nicht mehr, wie damals die unsrige, durch materielle Uebermacht imponiren. Ich fand indess eine bessere Aufnahme als ich erwarten durfte. Wie bereits erwähnt, hatte die Regierung in Cairo durch das Mudirat von Beharîeh den Bewohnern von Farafrah die strengsten Strafen androhen lassen, falls der Expedition irgend ein Leid widerfahren oder man sich nur saumselig zeigen sollte, dieselbe mit Lebensmitteln oder sonst von uns gewünschten Gegenständen zu versehen. So wenig nun auch die Farafrin eine deutliche Vorstellung von der Person ihrer Landesherrn haben, das wissen sie sehr genau, dass seine Befehle pünktlich befolgt werden müssen und dass mit ihm in solchen Dingen nicht zu scherzen ist. Hatte doch Said-Pascha vor etwa 15 Jahren eine Anzahl rebellischer Oasen-Schichs kurzweg niederhauen lassen.

So trug den die müssige Volksmenge, die sich bei meiner Ankunft, durch die unvermeidlichen Begrüssungsschüsse aufmerksam gemacht, zusammenfand, friedliche und sogar freundliche Gesinnungen zur Schau. Schich Abd-Allah war zwar gerade in einen entfernten Garten, als mein Bote das Dorf erreichte, doch kamen mir einige andere Honoratioren entgegen und boten dem alten Bekannten Abu-Haschisch die Hand. Um 2½ Uhr waren die mitgebrachten drei Zelte (Rohlfs mit seinen Gefährten hatte deren nur zwei bei sich) an unserem alten Lagerplatze wieder aufgeschlagen.

Meine nächste Sorge war die Unterbringung der Kamele. Es wurde verabredet, dass sie täglich auf eine etwa 1½ Stunden westlich von der Hauptgartengruppe gelegene, mit reichem Krautwuchs bestandene Weide, an der Ipsai genannten Oertlichkeit, getrieben werden sollten, wo sie von einem halbwüchsigen Farafri-Burschen, sowie von einem meiner farbigen Leute, die sich darin abwechselten, beaufsichtigt wurden. Das mitgebrachte Futter wurde nunmehr als eiserner Bestand für die Rohlfs'sche Karawane und unseren beabsichtigten gemeinsamen Rückmarsch betrachtet; am Abend wurden die Kamele mit Durrah, welche in Farafrah ziemlich reichlich zu haben war, gefüttert. Am 26. Abends langte übrigens bereits die von Remelé erbetene Nachschub-Karawane unter Führung von Mohammed-Achmed und Beschīr an, und wurde von mir nach einem Ruhetage wieder zurückgesandt. Mit dieser Karawane fand sich auch Bu-Bekr wieder ein, der während seines kurzen Aufenthalts in Dachel Remelé durch seine Unbotmässigkeit nicht wenig zu schaffen gemacht hatte. Zur Entschuldigung dieses übrigens sehr brauchbaren Burschen muss ich indess anführen, dass er sehr wahrscheinlich damals von einer rasch vorübergehenden Geistes-Störung befallen war; wenigstens erzählte er später von Visionen, die er in dieser Zeit gehabt habe. Ich sandte ihn am folgenden Morgen gleich aus, um die Kamele zu hüten, ein Auftrag, der seinem Hochmuthe wenig zu behagen schien; indess er fügte sich und gab mir von da an keinen Anlass zur Unzufriedenheit mehr.

Den grössten Theil meiner Zeit wandte ich natürlich zur botanischen Untersuchung der Gegend an, einer nicht unangenehmen Beschäftigung, da jetzt die Natur alle Reize, die sie unter dem glühenden Himmel der Sahara überhaupt bieten kann, entfaltete. Es ist eine schon bei einem Frühjahrs-Aufenthalt in Italien zu beobachtende Thatsache, dass unsere Bäume, soweit sie überhaupt im wärmeren Süden gedeihen, in ihrer Entwickelung lange nicht soweit gegen die gleichen Zustände bei uns vorauseilen, als die Krautgewächse. So waren Weizen und Gerste bereits vielfach in Halme geschossen und zeigten schon hier und da Aehren, während die Aprikosenbäume die Luft noch mit dem milden Dufte ihrer röthlich-weissen Blüthen erfüllten. Es musste wohl in mir und meinem deutschen Dienern die Sehnsucht nach der fernen Heimat erwachen, als Abd-Allah am 24. mit einem Zweige voll prachtvoller Apfelblüthen erschien, die er, nebenbei bemerkt, aus einem dem Senussi-Schich gehörigen Garten entnommen hatte.

Auch mir war jetzt der Eintritt in alle Gärten ausdrücklich gestattet. Am Morgen nach meiner Ankunft erschien Schich Abd-Allah mit seinen Collegen, um mich feierlich zu begrüssen und machte mit mir einen Rundgang durch die Hauptgartengruppen, um mich gewissermassen officiell einzuführen. Bemerkte ich in einem Garten irgend eine mich interessirende Pflanze, und war Niemand bei der Hand, um mir den Schlüssel zu holen, so überstieg ich einfach die Lehmmauer und trug kein Bedenken, falls dies nicht bequem ausführbar war, grössere ober kleinere Breschen zu legen. Selbst das Besitzthum St. Senussi's war mir nicht heilig. Im Interesse der Wissenschaft durfte ich mir wohl solche kleine Uebertretungen (im eigentlichen Wortsinne) gestatten und war dem Schaden ja in kurzer Zeit wieder abzuhelfen.

Bei meinen Wanderuugen durch die Aecker, welche mit den Gärten die pflanzenreichsten Fundorte bieten, bewiesen sich die Feldarbeiter meist recht zuvorkommend. Die Zaubermacht des Wortes Bakschisch überwand die religiöse Abneigung. Um einige Kupfergroschen lohnte es sich schon, sich der verunreinigenden Berührung mit einem Ungläubigen auszusetzen; galt es doch die so selten wiederkehrende Gelegenheit eines europaeischen Besuches auszunutzen. So wurden mir Pflanzen und Thiere zugebracht, soviel ich nur wünschte, und so konnte ich schon die feindseligen Blicke einiger besonders fanatischer Senussi-Brüder mir gefallen lassen. Nur einmal wagte ein solcher, mich zur Rede zu stellen, als ich gerade in einem jungen Saatfelde herumbotanisirte. Mit drohender Geberde und blitzenden Augen rief er mir zu, es sei religiös verboten (haram), anders als barfuss durch die Saat zu gehen, und ich möge augenblicklich die Schuhe ablegen, ein Verlangen, das ich natürlich mit Protest zurückwies, worauf sich der Gegner fluchend entfernte. Wie ich später von Mohammed-Daud, dessen Heimath Tomâs in Unter-Nubien ist, erfuhr, besteht diese

Scheu, eine den Menschen zur Nahrung dienende Frucht mit beschuheten Füssen zu zertreten, auch im aegyptischen und nubischen Nilthal; es gilt dort auch für sündhaft, in die Saat zu speien. Vielleicht sind diese Vorstellungen Erinnerungen aus der altaegyptischen Culturepoche, da der Islam ein derartiges Verbot nicht kennt.

Einmal benutzte ich eine botanische Excursion auch zu culinarischen Zwecken. Es ist bereits erwähnt worden, dass es in den Oasen fast kein Gemüse giebt und in Farafrah war vollends nichts aufzutreiben. Nun schien mir der dort häufig unter der Saat vorkommende schwarze Senf (*Sinapis* oder *Brassica nigra*) wohl eines Versuches werth zu sein, und in der That fand ich das junge Kraut desselben, wie Grünkohl zubereitet, recht schmackhaft.

Zu diesen Gängen, auf denen mich Korb stets begleitete, der dabei seine Insectensammlung noch um manche in Dachel nicht beobachtete Art bereicherte, verwandte ich in der Regel wie in Dachel die Vormittagsstunden, mitunter auch einen Theil des Nachmittags.

Am 23. brachte ich den grössten Theil des Tages auf einem Ausfluge nach Ipsai zu, welche Oertlichkeit mir, da sich dort fast gar keine Aecker und nur wenige angepflanzte Palmen befinden, das fast unveränderte Bild der ursprünglichen Oasen-Vegetation darbot. Man passirt die etwa 3/4 Stunden von dem Westrand der Hauptgartengruppe in westlicher Richtung gelegene Acker- und Garten-Parcelle Ain-el-Ramleh, bei der sich einige Ssant-Akazien (in Farafrah eine seltene Erscheinung) befinden. Weiterhin kam ich über eine ausgedehnte Fläche brachliegender Aecker, sodann zu einer Gruppe sandiger Hügel, die mit Tamarisken, Schillschillau (*Prosopis Stephaniana*), Agol und Halfah (*Leptochloa bipinnata*) dicht bestanden, den Kamelen reichliche Nahrung boten. Jenseit dieser Hügel entspringt eine wasserreiche Quelle, deren Abfluss einen eine beträchtliche Strecke fortrieselnden Bach, ausserdem aber ziemlich ausgedehnte, mit Schilf bedeckte Sümpfe und nicht unbedeutenden Teich bildet, der indess im Sommer austrocknen soll. Diese Wasserfläche, mit Palmen, Weidenbäumen und prachtvoll blühenden Tamarisken, deren rosa Blüthenähren weithin leuchteten, eingefasst, gewährte inmitten der gelben Sandhügel ein Landschaftsbild, das mich lebhaft an manche ähnliche in meiner Heimath, in der ja auch Sand, Sumpf und See nicht selten sich unmittelbar berühren, erinnerte. Nachdem ich diese wilde Oase durchschritten, lag das Felsenufer unmittelbar, nur noch durch eine etwa 2 Stunden breite Sserirfläche getrennt, vor mir; im Südwesten zeigte mir mein Führer die Palmen des etwa 1 Stunde entfernten Hor oder Herro.

Eine andere Excursion, deren Ziel die etwa $^3/_4$ Stunden in südwestlicher Richtung gelegene Gartengruppe Eschmenadeh war, erwähne ich hier, weil sie zu einem kleinen archäologischen Funde führte. Ich traf unterwegs einige Oasenbewohner, die mir sogleich von einem „hedjar maktūb," einem beschriebenen Steine erzählten. Ich hoffte eine Inschrift von einiger Wichtigkeit für die Geschichte dieser entlegenen Oase zu finden, war aber ziemlich enttäuscht, als meine Führer mich an Ort und Stelle gebracht hatten. Nordwestlich von den Gärten von Eschmenadeh, etwa 5 Minuten entfernt, erheben sich zwei kaum 5 M. hohe Zeugen, aus schneeweissem Kalkstein bestehend, welche unten augenscheinlich durch Steinbruch-Arbeit angegriffen sind, von der noch reichlicher Abraum liegen geblieben ist. An der Nordseite des einen dieser Zeugen befindet sich in Manneshöhe folgende Inschrift, deren Buchstaben scharf und deutlich in den Stein eingerissen sind:

Ueber diese Inschrift, welche Professor Brugsch sofort als koptisch erkannte, hat mir Dr. Abel in Berlin, einer der bedeutendsten Kenner dieser Sprache, eine Mittheilung gemacht, welche am Schlusse dieses Bandes ihre Stelle finden wird.

Was die Zeitepoche betrifft, der diese Inschrift angehört, so lässt sich nur sagen, dass sie jedenfalls aus der Zeit nach Einführung des Christenthums herstammt, vermuthlich aber vor dem Einbruch der Araber, also in der späteren Kaiserzeit oder in der byzantinischen Periode eingegraben wurde. Immerhin macht die Inschrift in Verbindung mit den von Rohlfs besuchten Felsgräbern jene von Cailliaud mitgetheilte Tradition höchst wahrscheinlich, dass Farafrah schon in vormohamedanischer Zeit bewohnt war.

Seit Berghaus (Atlas von Asia) hat man bis auf die neueste Zeit in diese Oase das alte Trinithis verlegt. Es erschien uns schon während der Expedition sonderbar, dass ein antiker Name für einen Ort dieser dürftigen Oase überliefert sein sollte die im Alterthum schwerlich bedeutender war als jetzt, während aus Dachel, wo sich doch so stattliche Gebäude aus alter Zeit erhalten haben, kein Name auf uns gekommen sein sollte. Der Name Trinithis findet sich nur an einer Stelle der Notitia Dignitatum, jenes römischen Staatshandbuches aus dem Anfange des fünften Jahrhunderts nach Chr., wo dieser Ort als Standquartier eines aus der germanischen Völkerschaft der Quaden bestehenden Truppentheils genannt wird.

In Not. Dign. Or. Cap. XXVIII §. I. B 14. p. 76. ed. Böcking. heisst es:

Ala Prima Quadorum Oasi Minore Trinitheos.

Die meisten Geographen, wie z. B. Mannert, haben auf Grund dieser Stelle Trinithis für einen Ort in der kleinen Oase (Beharîeh) erklärt, wogegen neuerdings der gefeierte Kenner des aegyptischen Alterthums, Geh. Rath Lepsius[1]), der diesen Ort mit einem sonst unbekannten Bischofssitze der Thebais, Τερένουθις

---

[1]) Trinithis und die aegyptischen Oasen. Zeitschr. für Aegypt. Sprache und Alterthumskunde, Juli, Aug. 1874 p. 80 ff.

identificirt und daher Trinuthis schreibt, mit grossem Scharfsinn wahrscheinlich zu machen sucht, dass unter Oasis Minor an dieser Stelle vielmehr Dachel zu verstehen sei, in welcher Oase Trinuthis zu suchen sei. Nach einer mir gemachten Mittheilung des Dr. Otto Seeck, eines jungen Gelehrten, der schon seit mehreren Jahren mit der Herausgabe der Notitia Dignitatum beschäftigt ist, ist indess die Auffassung, das Trinithis ein Ort in der Oasis Minor gewesen sei, mit dem Sprachgebrauche der N. D. unvereinbar; vielmehr ist die Stelle so zu verstehen, dass die Quaden, welche anfangs die Garnison der kleinen Oase gebildet hatten, später nach Trinithis, welches immerhin mit Terenuthis identisch sein mag, aber im Nilthale gelegen haben muss, verlegt wurden.

Sehr bemerkenswerth war das Verhalten der Farafrin, welche mich zu jener Inschrift geführt hatten. Sobald ich mir die Abschrift derselben verschafft hatte, fragten sie, wo denn das Geld, von dem in der Inschrift die Rede sein müsse, verborgen sei. Diese Frage würde mir unverständlich geblieben sein, hätte ich nicht eine Stelle in Carsten Niebuhr's Vorrede zu Forskal's klassischem Werke,[1]) das auf der ganzen Reise nicht von meiner Seite kam, in frischer Erinnerung gehabt, in der dieser berühmte Reisende einen Aberglauben der Araber erwähnt, dass die Europäer durch Abschreiben der Inschriften Gewalt über die ihrer Meinung nach in denselben angezeigten Schätze bekommen.

Dieser Glaube, der der dänischen Expedition vor mehr als einem Jahrhundert ihre Arbeiten erschwerte, ist also bei den heutigen Oasenbewohnern noch nicht erloschen. Offenbar steht er in Zusammenhang mit der eigenthümlichen Begriffsverwirrung, die in den Köpfen der heutigen Aegypter über die ethnographische Stellung ihrer Vorfahren herrscht. Der aegyptische Moslim ist sich seiner Abstammung von den Erbauern der Pyramiden und den Werkmeistern der Riesentempel von Theben, seiner

---

[1]) Flora Aegyptiaco-Arabica. Praefat. p. 26.

Blutsverwandtschaft mit den Kopten, die er verächtlich Achl Faraūn, das Volk Pharao's, nennt, keineswegs bewusst. In seiner Anschauung scheidet der Einbruch der Araber unter dem Chalifen Omar, durch welchen Aegypten für den Islam erobert wurde, wie eine unausfüllbare Kluft die Geschichte des rechtgläubigen Volkes von der ungläubigen Vorzeit, die für ihn in eine einzige Periode zusammenfliesst. Die allerdings fast tausendjährige griechische Herrschaft (auch unter den römischen Kaisern war die Sprache der Hellenen die officielle Sprache der Verwaltung) hat die Erinnerung an die noch viel längere Zeit nationaler Selbstständigkeit völlig ausgelöscht. Selbst für einen unterrichteten Eingeborenen, wie unsern Freund Hassan-Effendi, sind die staunenswerthen Monumente des Nilthals Werke der „Griechen" und da die arabischen Eroberer Aegypten als Provinz des christlichen byzantinischen Reiches vorfanden, gelten griechisch (oder eigentlich oströmisch, rumi) und christlich (nisrāni) beinahe als synomym. Die altaegyptischen Tempel, die mitunter gèradezu als Dēr (Kloster) bezeichnet werden, sind ihnen mithin christliche Bauten, die Mumien Leichen von Christen. Daher die fanatische Wuth, mit der die Mohammedaner, was von den Wunderwerken Alt-Aegyptens zu zerstören war, vernichtet haben, daher die Entweihung der Gräber, welche sie nicht als die ihrer Ahnen anerkennen; daher endlich der Wahn, dass wir Europaeer als Glaubensgenossen den alten Aegyptern weit näher stehen als sie, und deren geheime Weisheit ererbt haben.

Auch in meinem Zelte wurde ich oft durch Eingeborene belästigt, welche bald meine ärztliche Hülfe in Anspruch nahmen, bald mir alles Mögliche zu hohen Preisen verkaufen wollten, bald mich ohne einen solchen Vorwand anbettelten. Jeder ungewöhnliche Gegenstand gilt als „Antika," welche der über unerschöpfliche Geldmittel verfügende Chauagah gewiss brauchen kann, der ja Kamelladungen voll Unkraut und grosse Töpfe voll Mäuse und Eidechsen wegschleppt, der Kisten voll Steine sammelt, nur um sie in blanke Butir's zu verwandeln. Letzteres war nämlich nach der Meinung einiger superklugen Oasenbewohner Remelé's eigentliche Beschäftigung; das „Bildnissverfertigen," bei dem es natürlich auch nicht mit rechten Dingen zuging, hielten sie nur für ein harmloseres Aushängeschild. Als Beispiel übertriebener Forderungen, wie sie täglich an mich gestellt wurden, erwähne ich, dass der für unsere Kamele angenommene Hütejunge einen Tagelohn von einem halben Marien-Theresienthaler verlangte, sich indess mit dem vierten Theile dieser Summe begnügte. Der Eigennutz der Eingeborenen nahm übrigens noch bedenklichere Gestalt an; gleich am ersten Tage verschwand ein Esslöffel von Alfenide, den der Dieb ohne Zweifel für Silber gehalten hatte, und am folgenden Tage wurde vermuthlich derselbe Langfinger auf frischer That ertappt, als er ein Messer in seinen Aermel gleiten liess, ein bekanntlich auch unseren Dieben geläufiger Handgriff. Ich erhob nun energische Beschwerde bei Schich Abd-Allah, drohte laut mit Effendina, Stockprügeln und Gefängniss, und hatte dann auch die Genugthuung, dass der Schich bald darauf den Löffel zurückbrachte, mit der naiven Bitte, dem „Finder" ein Bakschisch zu geben, welches ich grossmüthiger Weise zwar nicht dem Diebe, aber der energischen Polizei bewilligte. So erschreckt war die hohe Obrigkeit, dass nun auch, wie bereits erwähnt, das uns zu Neujahr gestohlene Küchenmesser zum Vorschein kam. Der ertappte Dieb schämte sich übrigens seiner Handlung so wenig, dass er später noch öfter in meinem Zelte erschien, um mir Vögel und Versteinerungen anzubieten, und, als ich ihm dem Zutritt zum Lager untersagte, mich auf meinen Excursionen mit seiner Zudringlichkeit belästigte.

Schich Abd-Allah, so sehr er sich auch bestrebt zeigte, allen meinen Wünschen zu entsprechen, schien doch einiges Bedenken zu tragen, zu öffentlich mit dem ungläubigen Abu-Haschich zu verkehren, der ausserdem gewiss ein grosser Hexenmeister war, dem schon die schwarze Brille ein unheimliches Ansehen verlieh.

Er erschien gewöhnlich früh Morgens oder auch in der Nacht vor meinem Zelte, so dass ich ihn bald auffordern liess, geeignetere Stunden für seine Besuche zu wählen. Von der sonst in den Oasen allgemeinen Sitte eines anständigen Gastgeschenkes glaubte er absehen zu können, und überhob mich dadurch selbstverständlich der Verpflichtung, dasselbe durch eine weit grösseres Geldgeschenk zu erwidern. Die einzige, mir allerdings sehr willkommene Gabe, die ich von ihm erhielt, waren drei Gullah's, deren Geldwerth vielleicht 10 Pfennige betrug. Dagegen zeigte er sich sehr freigebig mit Gegenständen, die nichts kosteten. So liess er einmal, als ich ihn nach dem Vorkommen verschiedener Pflanzen befragt hatte, Zweige des Giftbaumes Oschar von dem gegen drei Stunden entfernten Hor für mich holen, und brachte mir wiederholt Mäuse, welche übrigens so gut als die Fennek's von den Farafrin gegessen werden. Als ich den Schich einmal mit einer Tasse Chocolade, die ich ihm als „amerikanischen Kaffee" bezeichnete, bewirthen wollte, war er erst dann zu bewegen, sie anzunehmen, als mein Nubier Abd-Allah, der auch bei den Farafrin als Schriftgelehrter in hohem Ansehen stand, sie vorkostete und ihm so bewies, dass dies Getränk nicht „haram" sei. Um keinen Preis war aber Schich Abd-Allah zu bewegen, einen Tropfen Wein über seine Lippen zu bringen, während die Dachelaner, wie wir gesehen haben, in diesem Punkte es mit den Vorschriften des Koran nicht genau nehmen. Dagegen wurde er durch keine religiösen Scrupel und durch kein Schicklichkeitsgefühl gehindert, einen grossen Theil des Tages bei meinen farbigen Dienern zuzubringen und sogar deren durchaus nicht leckeres Mahl zu theilen.

Ich hätte gern von dem Schich nähere Auskunft über einen directen Weg von Farafrah nach Siuah gehabt, welchen, wie wir bereits zu Neujahr gehört hatten, die Senussi benutzen, und dessen Vorhandensein auch Hassan-Effendi bekannt war, nach dessen Aussage man noch vor Siuah eine Oase mit einer Senussi-Sauïah (es ist sicher Sitūn gemeint) passirt. Schich Abd-Allah war nicht wenig überrascht, als ich ihm aus der Karte die Stationen der Strasse nach Beharīeh nannte; den geraden Weg nach Siuah indess, dessen Existenz er allerdings zugab, behauptete er nicht zu kennen. Möglicher Weise haben Rohlfs und Zittel (s. S. 202) diesen Weg zwischen Sittrah́ und Aïn-el-Uadi berührt.

Ebenso wenig konnte ich etwas über die von Cailliaud als Dēr (Kloster) bezeichneten Ruinen, die nach seinen Angaben in der Gegend von Aïn-Schich-Mursuk liegen müssten, in Erfahrung bringen. Keinem der Farafrin, die ich darüber befragte, war ihre Existenz bekannt, was freilich durchaus kein Grund ist, das Vorhandensein derselben zu bezweifeln.

Auffallend war mir die Lieblosigkeit, mit der viele Farafrin ihre Kinder vernachlässigen, und es ihnen überlassen, sich wie junge Thiere ihre Nahrung zu suchen, wo sie sie finden. In dieser Beziehung machte Schich Abd-Allah allerdings eine rühmliche Ausnahme, er schien sein etwa dreijähriges Söhnchen Chalīl, das er bei seinen Besuchen gewöhnlich an der Hand führte, zärtlich zu lieben. In den ersten Tagen unseres Aufenthalts fand sich ein etwa sechsjähriges, fast nacktes und selbstverständlich von Schmutz starrendes Mädchen bei meinem Lager ein, welches heisshungrig die uns ungeniessbar scheinenden Abfälle unserer Küche verschlang. Mitleidig begannen die deutschen Diener das arme Kind mit Datteln und Speck zu füttern. Die letztere, einem Bekenner des Islam bekanntlich verbotene Speise fand das kleine Wesen so schmackhaft, dass es täglich erschien und um die Lieblingsspeise bettelte. Den, wie erwähnt, ziemlich strenggläubigen Bu-Bekr, welcher sogar, bei einem Orientalen fast unerhört, nicht rauchte, schien dies Schauspiel zu empören; er führte das Kind gewaltsam nach dem Dorfe zurück, welches, in die äusserste Wuth versetzt, Sand auf seinen Kopf streute, eine symbolische Handlung, die mir die alttestamentarische Bestreuung mit Asche ins Gedächtniss rief.

Vom 24. bis 26. Februar war im Dorfe allnächtlich grosse

„Fantasia“, welche verbunden mit dem dadurch geweckten Geheul der grosse Schakal's oder Wolfshunde (*Canis lupaster*, arab. Dib) uns um unsern Schlaf brachte. Bis 2 Uhr Morgens währte die misstönende Musik von Tarabukah's (Trommeln) und Ssaffârah's (Pfeifen), ab und zu unterbrochen durch einen Schuss, auf den stets ein satanisches Aufjauchzen folgte, das weit mehr Aehnlichkeit mit den Lauten der Schakal's, die zwischen Hundegeheul und Katzenmiauen in der Mitte liegen, als mit menschlichen Tönen hatte. An einem dieser Abende pfiffen plötzlich einige Kugeln nahe am Zelte der deutschen Diener vorüber; ich lasse dahin gestellt, ob ein durch den Festjubel aufgeregter Fanatiker das Schicksal versuchen wollte, oder ob die gewöhnliche Unvorsichtigkeit meiner beiden Nubier die Schuld trug, die natürlich auch an der Fantasia Theil nahmen, von denen sich namentlich Abd-Allah, auch nachdem ihm zur Strafe für seinen Kamelschuss wochenlang das Gewehr abgenommen worden, durch die Virtuosität auszeichnete, mit der er seine Freuden- oder Signalschüsse stets an den Köpfen der deutschen Diener vorüber richtete. Nach Beendigung des Festes, von dem ich nicht ermittelt hatte, ob es nur dem zunehmenden Monde galt oder sonst eine Bedeutung hatte, erschien das Musikcorps, zu dem auch ein Diener des Senussi-Schich gehörte, um sich von mir Bakschisch auszubitten.

Während meines Aufenthaltes in Farafrah diente mir mein Dongolaner Abd-Allah als Dragoman, obwohl er nur einzelne deutsche Worte aufgeschnappt hatte. Seine Dolmetscherkunst erinnerte mich an eine in England erlebte Anekdote. Einige junge Deutsche, welche sich dort zu ihrer Ausbildung aufhielten und gemeinsame Wirthschaft führen wollten, suchten einen des Deutschen mächtigen Diener. Es meldete sich bald ein Individuum, das auch nicht ein Wort unserer Muttersprache verstand. Zur Rede gestellt, erwiderte der Candidat, er habe gemeint, man suche einen Mann, der das Englische, wie es die Deutschen sprechen, verstehe und dessen könne er sich rühmen. In ähnlicher Weise hatte sich Abd-Allah (einigermassen auch die übrigen farbigen Diener) an unser Arabisch gewöhnt und konnte meine Verständigung mit den Farafrin vermitteln. Sehr originell waren die Conversationen zwischen den deutschen und den farbigen Dienern, deren unfreiwilliger Zeuge ich mitunter von meinem Zelte aus wurde. Die Deutschen hatten allmählich die gewöhnlichsten arabischen Ausdrücke, die Eingeborenen einzelne Worte der deutschen Sprache erlernt und so war ein nothdürftiges Verständniss hergestellt. Mitunter gab es freilich auch arge Missverständnisse. So sprach Morlock einmal zufällig das Wort „Sakrament“ aus. Der sonst so sanftmüthige Ssaleh, welcher sich dadurch getroffen glaubte, gerieth in den heftigsten Zorn; Sakramento lasse er sich nicht nennen! Ich hatte grosse Mühe, ihn zu beruhigen, da das erwähnte Wort für einen Moslim einen grossen Schimpf zu enthalten schien.

Ich hatte Abd-Allah auch den Einkauf der Lebensmittel übertragen, da Hühner, Eier, Oel, Durrahbrot, welches uns wenig mundete, und selbst Durrah nur in kleineren Quantitäten bei einzelnen Bewohnern des Dorfes zu erhalten waren. Hierbei hatte ich aber, wie sich später herausstellte, den Bock zum Gärtner gesetzt. Der fromme Spitzbube, der den ganzen Tag betete, der nicht das geringste Geschäft ohne Bismi lahi (Im Namen Gottes) begann, der mich nicht selten nach Mitternacht mit seinen Andachtsübungen aus dem Schlafe störte, so dass ich ihm Schweigen gebieten musste, scheute sich nicht, mir die an sich nicht geringen Preise, die er wirklich zahlte mit doppelter Kreide anzuschreiben.

So waren bereits acht Tage seit dem mir von Rohlfs gesetzten Termin verstrichen und noch war keine Spur seiner Annäherung zu bemerken, so sehnsüchtig wir auch jeden Tag nach der westlichen Bergwand, von der er herabkommen musste, auslugten. Jeden Mittag, wenn ich von meinem botanischen Ausfluge heimkehrte, hoffte ich wieder fünf Zelte auf dem Lagerplatze zu erblicken, jeden Abend blickte ich nach dem Gebirgskamme, ob sich nicht die Lagerfeuer meiner Freunde entdecken liessen. Zweimal täuschte uns ein im Westen ertönender Schuss; aber stets ergab sich, dass er aus dem langen Steinschlossgewehr eines Farafri gefallen war. Meine Lage fing an, sehr unangenehm, ja bedenklich zu werden. Meine mitgenommenen Vorräthe waren grösstentheils verzehrt und die Geldmittel, um sie mit dem Wenigen, was Farafrah bietet, zu ergänzen, gingen ebenfalls zu Ende. Da ich nicht auf einen so langen Aufenthalt gerechnet hatte, hatte ich nur eine geringe Geldsumme mitgenommen und war durch Abd-Allah's Betrug um etwa 120 Fr. verkürzt worden. Um Rohlfs und seine Gefährten fing ich nun aber an, ernstlich besorgt zu werden. Da er mir einen so frühen Termin für mein Eintreffen in Farafrah gesetzt hatte, musste ich annehmen, dass er die Absicht hatte von Regenfeld aus in einem nordwestlich gerichteten Bogen diese Oase zu erreichen. Dass er nach Siuah gegangen sei, wusste ich nicht und als ich später auch diese Möglichkeit in Erwägung zog, schien mir, da ich die Schwierigkeit des Marsches nicht hinreichend in Anschlag brachte, das er auch von da aus schon hätte eintreffen können. Vor Allem aber schwebte mir die beunruhigende Möglichkeit vor, dass meine Freunde, mehrere Tagereisen von den Oasen entfernt, durch Futtermangel oder sonstige Unfälle ihre Kamele verloren hätten. In diesem Falle wären sie selbst bei der reichlichsten Verproviantirung in der misslichsten Lage gewesen, da vielleicht ein Tibbu oder Beduine, aber kaum ein Europaeer, wenn auch allenfalls Nahrung, aber schwerlich Wasser für 4—6 Tage tragen kann.

Ich befand mich mithin in einem schwierigen Dilemma. In dem letzterwähnten Falle war es Pflicht der in Dachel zurückgelassenen Expeditionsmitglieder, ohne Zeitverlust die Spuren der in die Wüste vorgedrungenen Freunde zu verfolgen, um sie aus einer so bedenklichen Lage zu befreien; ich musste mich also ungesäumt wieder nach Dachel begeben. Kam indess Rohlfs mit seinen

Gefährten wider Erwarten doch bald nach meinem Abmarsche in Farafrah an (in der That traf er mit Zittel kaum drei Tage später ein), so war es nicht nur fraglich, wie sie das dem zweifelhaften Schutze des Schichs Abd-Allah anvertraute Depot vorfinden würden, sondern sie hatten ausserdem die Aussicht, Remelé und mir in die Wüste nachzugehen. Schliesslich schien es mir indess zweckmässiger, die für den Fall eines neuen Wüstenmarsches so kostbare Zeit nicht durch längeres Warten in Farafrah zu vergeuden und entschied ich mich für die sofortige Rückkehr nach Dachel. Abd-Allah und Said liess ich mit fünf frischen Kamelen, einem ansehnlichen Vorrath an Bohnen und einem Briefe mit dem Befehle zurück, in Farafrah noch eine Woche auf Rohlfs' Ankunft zu warten.

Ich selbst brach am 5. März früh mit den drei deutschen Dienern und den beiden Negern Bu-Bekr und Ssaleh (Mabruk hatte ich mit Mohammed-Achmed zurückgesandt) von Farafrah auf. Schich Abd-Allah liess sich nicht sehen, angeblich war er krank, vermuthlich aber scheute er nur wieder das Gerede der Senussi-Partei. Ueber den Weg konnte ich diesmal nicht in Zweifel sein; waren auch meine Spuren schon wieder durch den Samum, der mich auch während meines 11 tägigen Aufenthaltes in Farafrah wiederholt belästigt hatte, grösstentheils verwischt, so waren doch die der von Mohammed-Achmed hin und zurück geführten Karawane deutlich genug; mit Einrechnung derselben wurde die Strasse zwischen Farafrah und Dachel von zu unserer Expedition gehörigen Karawanen sieben Mal zurückgelegt: zuerst von der ganzen Expedition, dann von mir und Mohammed-Achmed hin und zurück, ferner von Zittel und zuletzt von Jordan.

Von meinem Marsche habe ich nur zu erwähnen, dass sich die vorgeschrittene Jahreszeit durch das häufige Erscheinen lebender Vögel und Insecten (worunter sogar Schmetterlinge und Libellen) kund gab. Am sandigen Abstieg von Bab-el-Cailliaud fand ich diesmal mehrere grosse Hutpilze, die sich vermuthlich auf Kamelmist entwickelt hatten. Am 9. März Vormittags 11 Uhr betrat ich wieder unser Haus in Gassr Dachel.

Es war kein freudiges Wiedersehn, das ich mit Freund Remelé feierte. Derselbe hatte schon das Haus für den feierlichen Empfang der ruhmgekrönten Wüstenwanderer ausgeschmückt; über der Thür bot ein von Taubert's geschickter Hand ausgeführtes Transparent denselben ein freundliches „Willkommen.“ Ich hatte dagegen im Stillen noch gehofft, Rohlfs werde inzwischen unmittelbar nach Dachel zurückgekehrt sein. Wir waren mithin beide gleichsehr enttäuscht und in unserer niedergedrückten Stimmung, in der wir uns gern sofort ausgesprochen hätten, mussten wir noch einen stundenlangen Besuch der Autoritäten von Gassr, die es stets für ihre Pflicht hielten, uns bei der Ankunft von Karawanen mit besonders langen Visiten zu beehren, aushalten; wenig fehlte und wir hätten der überlästigen Gesellschaft die (freilich nicht vorhandene) Thür gezeigt.

Remelé hatte während meiner dreiwöchentlichen Abwesenheit die früher berichtete Ausgrabung und Aufnahme des Tempels Dēr-el-hedjar ausgeführt und neben verschiedenen Portrait-Aufnahmen nicht versäumt, die meteorologischen Beobachtungen fortzusetzen. Als einen sonderbaren Vorfall erwähne ich, dass eines Tages, während er mit Taubert im Tempel beschäftigt war, das in Jordan's Zimmer aufgehängte Thermometer gestohlen wurde. Es ist schwer zu begreifen, welche Anziehungskraft dieser einem ungebildeten Oasenbewohner werthlose Gegenstand für den Dieb gehabt haben mag. Uns hätte dieser Verlust empfindlich werden können, hätte Remelé nicht den Schaden durch Benutzung eines vortrefflichen Instruments von französischer Arbeit ersetzt, das uns Hassan-Effendi aus Missverständniss einer unserer Fragen früher geliehen hatte und das uns nun sehr gut zu Statten kam.

Remelé musste nach eingehender Berathung meiner Auffassung der Sachlage durchaus beistimmen und wir beschlossen sobald als thunlich von Dachel in die grosse Wüste aufzubrechen. Freilich lässt sich ein solches Unternehmen, das im günstigsten Falle mehrere Wochen in Anspruch genommen hätte, nicht in wenigen Stunden ins Werk setzen und so verstrichen noch mehrere Tage mit Vorbereitungen für unsere beabsichtigte Wüstenreise.

In dieser trüber Zeit erreignete sich ein charakteristischer Vorfall. Am 11. Nachmittags sandte der Mudir zu uns und liess uns auffordern, die Nacht nicht in unserem Hause zuzubringen; er habe eine Mittheilung aus Cairo erhalten, nach der in den nächsten 24 Stunden ein Erdbeben zu erwarten sei. In der That fanden wir, als wir nach dem Abendessen einen Ausgang machten, die Bewohner sämmtlich in den Höfen ihrer Häuser oder ausserhalb der Stadt, meist um angezündete Feuer gelagert und bemüht, durch eifrige Andachtsübungen das drohende Unheil anzuwenden. Dieselben bestanden im Aufsagen oder Absingen längerer Gebete, welche gewöhnlich ein Knabe begann, dessen stockendem Vortrage die Erwachsenen einhalfen und welcher dann von seinem nächsten Nachbar fortgesetzt wurde, dem wieder der nächste folgte. Bei diesem Rundgebete wurden mitunter auch lebhafte Bewegungen gemacht, die zuletzt denen der „tanzenden Derwische“ sehr ähnlich wurden. Beim trüben Scheine der lodernden Feuer machten diese Scenen auf uns einen tiefen Eindruck.

Mochte nun die Kraft der Gebete sich bewährt haben oder sonst die angedrohte Katastrophe abgewendet sein, genug in der Nacht, die wir selbstverständlich in unsern Schlafzimmern zubrachten, und am folgenden Vormittage blieb alles ruhig.

Wir haben wahrlich keinen Anlass, in unserem Civilisationsdünkel über diese unwissenden Moslemin die Nase zu rümpfen. Wie oft haben bei uns in den letzten Jahrzehnten Prophezeiungen und „Berechnungen“ des Weltunterganges Angst und Schrecken selbst in Kreisen sogenannter Gebildeter verbreitet!

Am Vormittage des 12. März hatte ich in den jetzt im

schönsten Schmucke des jungen Laubes prangenden Gärten ein besonders liebliches Plätzchen bemerkt, und forderte nach Tische Remelé, der in den letzten Tagen das Haus kaum verlassen hatte, auf, mit mir etwas Luft zu schöpfen. Kaum in diesem etwas von unserem Hause entfernten Garten angekommen, hören wir einen Schuss fallen. Ahnungsvoll will Remelé gleich wieder umkehren; ich halte ihn zurück, denn Schüsse waren ja hier durchaus kein ungewöhnliches Ereigniss; aber horch! da fällt noch ein Schuss, dann nach einigen Secunden noch zwei. Da lässt sich mein Freund nicht länger halten und noch halb ungläubig habe ich Mühe seinem ungestümen Schritt zu folgen. In der Stadt, welche wir passiren mussten, bemerken wir keine ungewöhnliche Aufregung, aber vor unserm Hause eiligen Laufes angelangt, sehen wir Taubert das Gewehr erheben, um ebenfalls einen Singnalschuss abzugeben. Jetzt können wir an der Wirklichkeit des kaum noch gehofften Ereignisses nicht mehr zweifeln, und schon zeigt sich auf dem Kamme der unmittelbar vor dem Hause aufsteigenden Düne das mir verhasste, jetzt aber hochwillkommene Gesicht Abd-Allah's: noch einige Sekunden und das zur Farbe eines Fellachen gebräunte, aber freudenstrahlende Antlitz Zittel's taucht auf. Die Worte, El hamdu lillah! (Gott sei Dank!) entringen sich unwillkürlich meiner Brust; el hamdu lillah! wiederholt neben mir der trotzige Bu-Bekr, und Freudenthränen stürzen ihm aus den Augen. Begrüssungsschüsse knattern von beiden Seiten, und in unsern Armen liegt der verloren geglaubte Freund.

Soweit Ascherson's Bericht. Ich fahre in meiner Erzählung fort.

Elftes Kapitel.

Rückreise von Dachel über Chargeh und Esneh nach Cairo.

13 März bis 15 April 1874.

Aufhebung des Hauptquartiers. Führung der einheimischen und der deutschen Diener. Aufbruch von Gassr. Einwohnerzahl der Oase Dachel. Budchulu. Raschidah. Galamun. Festliche Bewirthung bei Hassan-Effendi in Mut. Abschied von unsern Freunden in Dachel. Der Pflug in den Oasen. Der Bahr-bala-ma von Dachel. Lager bei Beled. Tenidah. Antike Ruine. Indigofabrication. Zusammenhang der Oasen Dachel und Chargeh. Klima, Thierwelt, Einwohner und Producte von Dachel. Plateau zwischen den beiden Oasen. Entlaufene Sclaven. Kaiser's Geburtstag. Abstieg nach Ain-Amur. Ankunft in Chargeh. Empfang und Bewirthung durch Dr. Schweinfurth Tempel von Heb und dessen Besucher. Nekropolis. Nadurah und andere Ruinen. Die Stadt Chargeh. Ueberbaute Strassen, ein Charakterzug der Oasenstädte. Bewohner. Abreise. Gorn-el-Gjennah. Einförmige Hochebene zwischen Chargeh und dem Nilthale. Eine Rauchsäule verkündet die Nähe des Nils. Letzte Wüstennacht. Marsch im Nilthale. Klosterruine und christliche Mausoleen. Ankunft in Esneh. Aufnahme im Palais des Chedive. Landschaftliche Reize und Handel von Esneh. Hierodulen der Hathor. Einschiffung der Expedition in zwei kleinen Dahabieh's. Abfahrt. Aufenhalt in Theben. Ueberreiche Bewirthung beim deutschen Consul in Luxor. Denderah. Siut. Ankunft in Cairo. Brugsch's Mittheilungen über die ältere Geschichte der Oasen. Die Ammons-Oase des Kambyses. Geographische Ergebnisse der Expedition.

Wir benutzten den 16. und 17. März um uns zur Rückreise zu rüsten. Manches musste zurückgelassen werden, was wir nicht brauchten, zumal der Transport bis zum Nil theurer gewesen wäre, als der Werth der Gegenstände selbst. So liessen wir über 400 eiserne Wasserkisten zurück, ca. 80 Centner Saubohnen, die abessinischen Brunnen und viele kleinere Gegenstände. Wenn auch manchmal über alle diese zu viel angeschafften Dinge ein Gefühl des Bedauerns in mir aufstieg, so tröstete mich der Gedanken, dass es immer besser ist zu viel zu haben, als an irgend etwas Mangel zu leiden. In der That während der ganzen Dauer dieser grossen Expedition trat nie ein Mangel an den nothwendigsten Bedürfnissen ein und selbst während des 36tägigen Verweilens im libyschen Sandocean lebten die Mitglieder der Karawane in verhältnissmässigem Ueberfluss.

In diesen Tagen wurden auch unter des Hadj-Madjub Führung mit 9 Kamelen die Sammlungen nach Siut abgesendet und ihm zu dem Ende Dr. Abd-Allah, den ich wegen seines unehrlichen Verhaltens gegen Ascherson entlassen musste, beigegeben. Glücklicher Weise war dieser fromme Mann das einzige entschieden schlechte Subject unter unserer eingeborenen Dienerschaft. Die Berberiner waren allerdings, den stets unermüdlichen und knauserig für uns feilschenden Mohammed-Daud ausgenommen, nicht geneigt, sich übermässig anzustrengen und wurde es meinen der Landessprache nur sehr unvollkommen mächtigen Gefährten nicht immer leicht, die Disciplin aufrecht zu erhalten; in beiden Beziehungen standen sie den stets willigen und folgsamen Siuter Negern weit nach. Dass die Ehrlichkeit dieser Leute übrigens mindestens so sehr auf Furcht vor Strafe als auf eigenem Pflichtgefühl beruhte, davon wurde ich noch nach unserer Rückkehr nach Cairo in niederschlagender Weise überzeugt. Gerade derjenige, den ich bis dahin für den allerzuverlässigsten gehalten, der würdige Mohammed-Daud, gegen dessen Rechtlichkeit von Seiten der Expedition nicht der leiseste Vorwurf erhoben werden konnte, entblödete sich nicht mit sämmtlichem Küchengeschirr, worunter kupferne Gerräthe die mehr als 10 Thaler gekostet hatten, welches er zum Besten aller Diener verkaufen sollte, zu verschwinden. Es war dies eigentlich das erste Mal, dass ich mit Eingeborenen so trübe Erfahrungen machte, auf allen früheren Reisen hatte ich stets das Glück, zuverlässige und treue Diener zu haben. Waren mithin die eingeborenen Diener nicht alle nach Wunsch, so hatten wir um so mehr Grund mit der Wahl der deutschen Diener zufrieden zu sein. Obwohl sie mit Ausnahme Morlock's, der ein bewegtes Leben als Fremdenlegionär in Algerien und päpstlicher Zuave hinter sich hatte, alle zum ersten Male in so ungewöhnliche Verhältnisse kamen, fanden sie sich doch mit Leichtigkeit hinein und thaten, jeder an seinem Platze unverdrossen ihre Schuldigkeit, so dass der Tüchtigkeit derselben ihr Antheil an den guten Erfolge der Expedition zuzuschreiben ist. Mehrere dieser braven Burschen fanden in Folge ihres Wohlverhaltens auf unserer Reise vortheilhafte Stellungen. Morlock ist jetzt Diener am Polytechnicum in Carlsruhe, Seckler am palaeontologischen Museum in Wien, Korb hat seitdem bereits eine zweite Reise nach Suakin am rothen Meere gemacht, um für die Firma Reiche in Alfeld grössere Thiere zu erwerben.

Ich selbst hatte beschlossen mit den Expeditionsmitgliedern über Chargeh zu gehen, theils weil wir wünschten, auch diese Oase kennen zu lernen, und Zittel daran lag, noch in der Gegend von Esneh die Nilthalränder zu untersuchen, theils weil ich dem seit Ende Januar in der grossen Oase verweilenden Dr. Schweinfurth Gelegenheit geben wollte, auf der Rückreise nach dem Nil sich uns anzuschliessen.

So war der 18. März herangekommen. Ich glaube der ganze Ort war versammelt um uns abreisen zu sehn und die Vornehmsten gaben uns das Geleite. Alle Pferde waren aufgeboten worden, und so von Reitern zu Pferd und Esel umgeben, verliess unsere Karawane Gassr, welches uns so lange gastlich beherbergt und fast 10 Wochen der Expedition als Hauptquartier und Ausgangspunkt gedient hatte.

Wir hatten 29 Kamele bei uns, aber wie sahen die Thiere aus! Hätten wir nicht gewusst, dass wir Chargeh nach wenigen Märschen erreichen würden und dass von da bis zum Nilthal höchstens noch ein 5tägiger Wüstenmarsch zurückzulegen sei, so wäre es gewagt gewesen, sich so heruntergekommenen Geschöpfen anzuvertrauen. — Es war ein schöner Morgen als wir den Hauptort der Oase verliessen, das jung hervorspriessende Grün, die zum Theil noch blühenden Obstbäume, die Wassergräben, umrahmt von blau blühendem Ehrenpreis, der blaue, klare Himmel, im Hintergrunde das majestätische Ufer des Lüfte gaben ein unvergleichlich schönes und liebliches Landschaftsbild. In der That ist von allen aegyptischen Oasen Dachel an Naturschönheit am meisten bevorzugt. Mag immerhin die Oase des Jupiter Ammon, von Weitem gesehen, Dachel den Preis abgewinnen, denn die Erscheinung der blauen Seen inmitten der libyschen Wüste wirkt wunderbar, in der Nähe zerstören die krautlosen Ufer, die weiten Strecken salziger Sebchah, die vernachlässigten Culturen diesen günstigen Eindruck. In Dachel aber erblickt man auf Schritt und Tritt das Streben zum Besseren. Nicht nur mahnen die zahlreichen neu erbohrten Quellen daran, dass die Bewohnerschaft bemüht ist, der Wüste neues Culturland abzugewinnen, sondern die jungen kräftigen Palmenwälder, Anpflanzungen der neuesten Zeit, die frisch entstandenen Saatfelder und vor allen Dingen die zunehmende Bevölkerung sind der beste Beweis davon.

In der That berichten die Reisenden, welche vor uns in Dachel gewesen sind, von einer Einwohnerzahl, welche 10000 nicht übersteigt, denn wenn Wilkinson auch von 6000 männlichen Bewohnern spricht, so giebt Cailliaud die Gesammtzahl der Einwohner zu 5000 Seelen an; uns wurde die Gesammtzahl der Bevölkerung vom Gouverneur auf 17000 Köpfe angegeben. Und da der Besteuerung wegen die Einwohnerzahl, namentlich der von Cairo fern gelegenen Provinzen und Städte immer zu gering angegeben wird, so werden wir wohl nicht der

Uebertreibung beschuldigt werden können, wenn wir jetzt schon die Gesammtbevölkerung auf 20000 Seelen veranschlagen, und dürfen also hierwohl von einer zunehmenden Bevölkerung sprechen.

Südlich von Gassr fortreitend erreichten wir, fast immer Palmgärten und Culturen zur Seite, nach einem 2stündigen Marsch den Ort Budchulu, dessen Ortsvorsteher Ascherson und Remelé soviel Gastfreundschaft erwiesen und uns schon mehrere Tage vorher eingeladen hatte, bei ihm wenigstens ein Frühstück einzunehmen. Der grosse Tross unserer Karawane wurde indess direct nach Mut gesandt, wo mir nächtigen wollten, während wir selbst in Budchuln abstiegen und das gastfreundliche und verhältnissmässig comfortabel eingerichtete Haus des Schich betraten. In der That gehörte der Schich von Budchulu (Edmonstone schreibt irrig Abou-daklough) zu den reichsten Grundbesitzern der Oase, schien aber mit dem Gouverneur eben nicht auf dem freundschaftlichsten Fusse zu stehen. Natürlich bemerkte man nichts von dieser Verstimmung und nachdem wir in verschiedenen Zimmern auf die Bereitung des Frühstücks gewartet hatten, welche Zeit unser eifriger Ascherson dazu benutzte, um in den nächsten Gärten zu botanisiren, wurde das Mahl im geräumigen Hofe des Hauses servirt. Der Wirth und seine Verwandten warteten auf, während wir Deutsche, der Gouverneur und Ober-Bürgermeister zuerst um die Schüsseln niederkauerten, welche dann, nachdem jeder davon genossen, einer zweiten Gesellsohaft vorgesetzt und, nachdem diese sich daran gemacht hatte, einer dritten überliefert wurden und so endlich an den Hausherrn zurückkamen. Es war überaus reichlich aufgetischt, eine Schüssel folgte der andern und selbstverständlich vertraten die Finger die Stelle von Messern und Gabeln.

Budchulu, inmitten seiner Palmengärten gelegen, hat 2400 Einwohner, die Zahl der Palmen wurde mir auf 8000 angegeben, welche jährlich einen Ertrag von 4—500 Kamelladungen abwerfen. Aber auch die Oliven geben eine Ernte, die man durchschnittlich auf 40—50 Centner Oel veranschlagt. Indess wechselt der Ertrag der Oelbäume in verschiedenen Jahrgängen, während die Palmen Jahr aus Jahr ein gleich reichlich tragen.

Als wir nach reichlichem Mahle Budchulu verliessen, gaben uns der Schich und andere Vornehme das Geleit und nach einer Stunde Wegs erreichten wir das südlich gelegene Ráschidah (Rashdie, Edmonstone). Der Weg führte durch Culturen und dicht vor dem Orte selbst bei einem hübsch gelegenen Weiher vorbei, welcher offenbar den Ueberfluss zu reichlich fliessender Quellen aufnimmt. Derartige Wasseransammlungen giebt es auch in der Nähe von Gassr. Da der Boden an vielen Stellen, fast kann man sagen überall, stark salzhaltig ist, so werden solche ursprünglich durch süsses Wasser gespeisten Lachen bald zu Salzseen. Auf dem Weiher zeigten sich Reiher und wilde Enten.

Man erzählte uns, Ráschidah sei ein neugegründetes Dorf. Es ist dies aber nicht der Fall, da der Ort schon existirte, als Edmonstone die Oase besuchte. Aber durch Bohrung neuer Quellen hat er allerdings in der Neuzeit grössere Bedeutung gewonnen. Die Zahl der Einwohner wenn man den Angaben trauen darf, dürfte sich auf 1000 Seelen belaufen. Die Zahl der Palmen wurde auf 8000 angegeben worunter aber wohl nur die jungen zu verstehen sind. Ueberhaupt machte die ganze Vegetation bei Raschidah einen ungemein üppigen Eindruck.

Von hier aus erblickt man in S. W. die Palmen des ca. 2 Stunden entfernten Kal Amun oder Galamun (Gelamoon, Edm.), welches ehemals mehr Bedeutung als jetzt besass. Aber immerhin gehört auch in unseren Tagen dieser Ort zu den wichtigeren der Oase. Und wie der eigentliche Name der Gesammt-Oase Chargeh-Dachel Ma-n-Amun war, d. h. nach Wilkinson die Wohnung des Ammon,[1]) so könnte der Name Kal-Amun eben-

[1]) Wilkinson, Topography of Thebes etc. London 1835 p. 360. It has also the name of Menamoon or perhaps Ma-n-amoon, which signifies the abode of Amoon. Wilkinson bezieht den Namen nur auf Chargeh.

falls mit Ammon in Verbindung gedacht werden. Die Stadt Galamûn wird in Jakut's geographischem Wörterbuch III. p. 166 (nach einer gütigen Mittheilung von Dr. Wetzstein) erwähnt: „Abu Obeid el-Bekri sagt: in der Wah el-dachila giebt es ein Schloss (eine Burg) Namens Galamun, dessen Wasser brakisch ist; dennoch bewässern sie damit nicht nur ihre Saaten, sie benutzen es auch als Trinkwasser, ohne es jemals gegen ein anderes zu vertauschen. Gutes, süsses Wasser ist, wie sie glauben, der Gesundheit gefährlich.“ Professor Lepsius theilte mir folgendes mit: Qalamun könnte zusammengezogen sein aus Qala amun und bedeute dann Burg des Amun. Hieroglyphisch könnte es auch mit Gel-Amun, Schwein des Ammon oder auch Quelle des Ammon zusammen gebracht werden. Dass sich Jahrtausende hindurch der Name des Ammon in einer Gegend überliefert erhalten hat, welche im Alterthume so innig mit diesem Namen verbunden war, darf uns gar nicht Wunder nehmen. Haben wir doch Hunderte von Namen in Nordafrika, welche obschon arabisirt, direct von den alten Benennungen auf uns gekommen sind. Obgleich wir gleich bei der Ankunft in Dachel von einer Deputation der vornehmsten Einwohner von Galamun aufgefordert worden waren, ihren Ort zu besuchen, konnten wir es leider nicht ermöglichen; unsere Zeit war schon fast verstrichen, so dass diese interessante Oertlichkeit unberührt bleiben musste.

Nach 2½ Stunden erreichten wir von Raschidah den Ort Mut. Leider erhob sich Nachmittags ein so starker Wind aus N. N. W., dass dadurch die Fernsicht ganz zerstört wurde, ja Nachmittags steigerte sich derselbe zu fast orkanartiger Heftigkeit und das Gebirge d. h. der steile Felsrand im N. u. O. wurde durch das Staub- und Sandtreiben ganz unserem Anblick entzogen.

In Mut fanden wir unsere Karawane schon gelagert neben dem grossen Wohnhause Hassan-Effendi's, des grössten Wohlthäters der Oase Dachel. Dies Gebäude selbst liegt westlich vom Dorfe

Mut, das auf und um einen konischen Hügel errichtet ist. Mut hat nach der Angabe von Hassan-Effendi 1500 Einwohner. In früheren Jahren wurde hauptsächlich Alaun in der Umgegend dieses Ortes gewonnen, jetzt liegen die Alaungruben verlassen.

Trotz des starken Sturmes und wenig verheissender Aussicht unterliess ich nicht Nachmittags jene merkwürdige, von Ascherson zuerst besuchte Ruinenstätte Charabah [1]) zu besichtigen, welche ungefähr 10 Minuten westlich von Mut liegt. Die grossartigen Umwallungen, die Wasseranlagen inmitten eines befestigten thurmartigen Gebäudes, das zum Theil noch vorhandene Brunnensystem, alles dies spricht dafür, dass wir es hier mitden Ueberresten einer alten Befestigung zu thun haben. Quadersteine, gut geformte Ziegel, Säulenstücke sagen ferner, dass dieser Bau aus vormohammedanischer Zeit herstammt.

Hassan-Effendi hatte uns ein grossartiges Gastmahl bereiten lassen, halb alla turca, halb alla franca. Seine Einrichtung im Innern des grossen Gebäudes hatte auch einen europäischen Anklang. Da war ein grosser langer Tisch, grosse breite Divans, Fenster. Hassan-Effendi hatte auch Porcellan, Messer und Gabeln. Da sein Service indess nicht für uns alle ausreichte, so liess ich das Fehlende aus unserer Menage herbeischaffen. Er hatte diesen Abend eine grosse Gesellschaft zu bewirthen, da die ganze Behörde uns von Gassr bis hierher begleitet hatte. Da waren nun auch eine Menge von Gängen und ein Kampf mit den verschiedensten Gerichten musste gekämpft werden. Verschiedene Suppen, verschiedene Fleischgerichte und Gemüse, wie sie mancher von uns noch nicht gesehen und gekostet hatte; endlich mehrere Halauat oder Süssigkeiten, gebacken von Madame Hassan-Effendi und zum Schlusse natürlich Tschibuks und Mokka.

Am folgenden Morgen nahmen wir feierlichen Abschied von allen unseren Dacheler Freunden. Nicht nur von dem liebens-

---

[1]) Heisst wörtlich: der verlassene Ort.

würdigen und intelligenten Hassan-Effendi, schieden wir, sondern auch vom Gouverneur, dem Oberbürgermeister und den übrigen Beamten der Oase. Der Oberbürgermeister kam vor Schluchzen nicht zu Worte. Er wollte durchaus mit nach Aegypten, nach dem Nilthal, welches er früher schon besucht und dessen anziehende Genüsse er kennen gelernt hatte. Und sei es nun, dass ihn die Kälte dazu getrieben hatte, oder dass er sich den Schmerz des Abschieds durch Betäubung erleichtern wollte, er hatte schon vor Sonnenaufgang so stark der Schnapsflasche zugesprochen, dass man nicht recht wusste, ob seine reichlich fliessenden Thränen Folge des Trennungsschmerzes oder der Trunkenheit waren. Ich vermuthe beides.

Aber wir mussten uns trennen und als die ganze Bagage auf dem Rücken der Kamele untergebracht war, gings fort, auf die Bergwand los, von welcher wir aber auch leider an diesem Tage nur verschleierte Umrisse zu sehn bekamen. Zwar hatte der Wind sich vollkommen gelegt, aber die Luft war wie immer nach einem solchen Simum noch vollständig mit Staub geschwängert, so dass alle ferneren Gegenstände wie mit einem Schleier verhangen schienen.

Aber obwohl die Fernsicht so gehindert war, hatten wir an dem Tage einen der interessantesten Märsche, weil der Boden Dachels sich in seiner wechselvollsten Gestalt zeigte.

Schon dass man sich in einer Oase des Pflugs bediente, war mir ganz neu. Weder hatte ich die Anwendung dieses Geräthes in Draa, Tafilet oder Tuat gefunden, noch in der grossen und ausgedehnten Oase Fesān, ja südlich von den sogenannten Barbaresken-Staaten kommt der Pflug überhaupt nicht vor. In ganz Central-Afrika ist er unbekannt und von den nicht weissen Völkern dieses Erdtheils haben nur die Abessinier den Pflug in Gebrauch genommen. Durch viele Felder wandernd, von denen die brach liegenden mit reizenden Blümchen und üppig hervorspriessendem Grün bestanden waren, fand ich hier den

Pflug im Gebrauch. Da derselbe weder in Gassr und den in der Nähe liegenden Culturen, noch in Beled gebraucht wird, so vermuthe ich, das ebenfalls Hassan-Effendi derjenige war, der dieses Werkzeug der Cultur nach der Oase brachte[1]).

Während wir Hindau links und Machsarah rechts liessen[2]) und den Ort S-Choali selbst passirten, nahmen wir die Richtung auf den grösseren Ort Smint oder Esmint (Hismint Edm., Sment Cailliaud). Auch die Neslah[3]) El-Auēna, zu Galamun gehörend und bei Hindau gelegen, tauchte auf und endlich waren wir Angesichts Smint's selbst. Auch hier kamen uns schon von Weitem die Spitzen der Bevölkerung entgegen, um uns in feierlicher Procession einzuholen, aber wir hatten beschlossen noch am selben Abend bei Beled (Belada Edm., Balât Cailliaud) zu lagern und schlugen deshalb das freundliche Anerbieten, einer Difah in Smint beizuwohnen, aus.

Zwischen Smint und Beled durchzogen wir dann jenen famosen Bahr-bela-ma, dessen imaginäre Verknüpfung mit den bei Beharīeh etc. gelegenen gleichnamigen Wüsten-Uadis Anlass zu jener luftigen Hypothese vom westlichen Nillauf gab, die bis jetzt auf unseren Karten gespukt hat.

Wenn man hier in Dachel an der betreffenden Oertlichkeit statt „Fluss ohne Wasser“, „See ohne Wasser“ setzen will, so würde damit der Charakter der Oertlichkeit recht gut bezeichnet sein. Denn in der That hatten wir ein muldenförmiges abgeschlossenes Becken zu durchziehen. Aber bei Betrachtung des-

---

[1]) Auch in Chargeh constatirten wir den Gebrauch des Pflugs.

[2]) Siehe die Karte.

[3]) Neslah heisst wörtlich Ausfluss, dann aber Ausbau. Es ist eine solche Neslah ein neugegründeter Ort und fast alle älteren Ortschaften der Oase haben Neslat. Der Hauptgrund der Entstehung einer Neslah ist der, dass in der unmittelbaren Nähe des Mutterortes kein hinreichender Culturboden mehr vorhanden ist, ausreichend um die wachsende Bevölkerung zu ernähren. Die Rechte der Bewohner solcher Neslat sind vollkommen dieselben, wie die der Mutterorte.

selben zerfiel der Gedanke an ein leeres Flussbett auf der Stelle in nichts. Auch ergab die von Zittel vorgenommene geologische Untersuchung, dass eine Flussbettbildung hier vollkommen unmöglich gewesen sei. Da ich anderen Ortes (in den wissenschaftlichen Ergebnissen der libyschen Expedition) ausführlicher auf die Behar-bela-ma zurückkommen werde, so beschränke ich mich hier auf diese Bemerkung.

Beled liegt etwas höher als Gassr (etwa 130 M.) und bildet eigentlich eine Oase für sich in Dachel. Ueberhaupt, wie ich dies schon angedeutet, hat man sich keineswegs vorzustellen, dass die Uah-Oasen aus durchaus zusammenhängendem Culturboden beständen. Solche Oasen giebt es allerdings, z. B. der südlichste Theil von Tafilet, mehrere Quadratmeilen gross. Dachel ist vielmehr eine Einsenkung, in welcher hier und da Culturstrecken von unfruchtbaren Boden unterbrochen sich befinden.

Das Wort Beled bedeutet „Stadt“ oder „Ort“ an und für sich; man könnte also versucht sein den Ort Oasis, den Herodot angiebt, hierher zu verlegen, wenn nicht derselbe mit grösserem Rechte in Chargeh zu suchen und zwar ohne Zweifel mit Heb zu identificiren wäre. Ausserdem ist nicht selten aus dem cultivirten Lande von einst uncultivirtes geworden, wie jetzt berieselte Felder einst Wüsteneien waren.

Beled ist der zweitgrösste Ort der Oase und hat ausserdem noch einige in nächster Nähe gelegenen Neslat oder Colonien: Djedidah [1]), Domeriah, Schich Mansur, Beschandi, Schems und Hedjar Srur. Die Einwohnerzahl incl. dieser Neslat soll 3000 Seelen betragen [2]). Viele grosse Schichgräber in N. verkünden von Weitem schon die Bedeutung der Stadt, welche von hohen Ringmauern eingeschlossen ist und 2 Moscheen besitzt. Am

[1]) Nicht zu verwechseln mit dem von Arabern bewohnten grösseren Orte Djedîdeh, südwestlich von Gassr.

[2]) Cailliaud giebt Belat 800 Einwohner und sagt es sei ein grosser von Mauern umgebener Flecken.

Ostende des Ortes erwartet den durstigen Fremden eine milde Stiftung am Grabe des Schichs Mustafa: in einem kleinen Gewölbe stehen stets gefüllte Wasserkrüge. Diese löbliche Sitte, in dem heissen Klima die Qualen des Durstes zu lindern, findet sich durch ganz Nordafrika, ja überall wo der Islam in den heissen Gegenden der Erde verbreitet ist. Zahlreiche derartige Brunnen kann jeder Reisende, der Aegypten besucht, in den Strassen Cairo's oder Alexandriens wahrnehmen.

Wir zogen um die Stadt herum und lagerten dann $^1/_4$ Stunde östlich davon. Die Schichs und andere Vornehme kamen heraus, brachten Gastgaben und wünschten, wir möchten näher der Stadt campiren. Da wir aber am folgenden Morgen in aller Frühe weiter wollten, liessen wir uns nicht darauf ein. Die Geschenke wurden durch Geld erwidert.

Am 20. März um 7 Uhr Morgens zogen wir mit unserer Karawane weiter, allerdings immer in culturfähigem Lande, das aber jetzt brach und seit Langem unbearbeitet lag. Nach $2^1/_4$ Stunden erreichten wir sodann den kleinen Ort Tenīdah (Teneyda Cailliaud, Tenida Edm.) und lagerten hier einige Stunden, um eine Ruine zu besichtigen, welche von Cailliaud als Tempel erwähnt wird, unter dem Namen, den die heutigen Aegypter Tempelruinen zu geben pflegen, nämlich Birbeh.

Der aus Quadersteinen errichtete Bau war aber schwerlich ein Tempel, sondern ein aus römischer Periode stammendes Kastell. Von viereckiger Form, bestand dasselbe aus drei Hauptgemächern und zwei Nebenkammern, deren Decke, wie deutlich zu erkennen war, ursprünglich gewölbt war. In S. S. O. Richtung ist es c. $^1/_4$ Stunde von Tenidah enfernt.

Tenidah, das zu Edmonstone's Zeit ganz von Einwohnern entblösst war, dass Cailliaud ein grosses Dorf mit einer kleinen Anzahl von Bewohnern nennt, hat jetzt etwa 600 Einwohner und ist ein im Aufblühen begriffener Ort. Vorzüglich in die Augen fallend sind hier die Indigo-Fabriken, die sich dicht beim Orte im Freien, aber unter schützendem Palmendache befinden. Die Gewinnung des Farbstoffes geschieht auf die primitivste Art. In grossen irdenen Töpfen werden die getrockneten Blätter der Pflanzen mit heissem Wasser gemischt und längere Zeit mit einem grossem Stock durchgearbeitet. Nachdem sodann durch Fermentation der Farbstoff ausgeschieden ist, wird die blaue Flüssigkeit in runde, flache Erdlöcher gegossen, das Wasser verdunstet und der blaue Farbstoff bleibt in Gestalt einer dünnen Kruste auf den Boden zurück.

In Tenidah wurden die Kisten gefüllt, denn von hier aus hatten wir auf kein Wasser zu rechnen, bis wir Chargeh erreichten, da die Quelle von Ain-Amur fast ganz versiegt ist.

Wir legten an demselben Tage noch 5 Stunden zurück und lagerten in einer Meereshöhe von 283 M. in einem tiefen Einschnitt des Gebirgssporns, welcher sich zwischen Dachel und Nord- Chargeh hinein schiebt und Veranlassung gegeben hat zu glauben, Chargeh und Dachel seien zwei von einander getrennte Depressionen. Ich werde mich an anderer Stelle ausführlicher über diesen Punkt aussprechen, da es mir nach den auf der Karte dargestellten Aufnahmen Jordan's und den damit völlig übereinstimmenden Aussagen der Eingeborenen, dass man zwischen Dachel und dem südlichen]Theil der grossen Oase kein Gebirge zu übersteigen habe, so gut wie gewiss geworden ist, dass die Depression eine zusammenhängende ist, also Dachel-Chargeh eigentlich nur Eine] Oase bildet, und führe hier nur an, dass die alten Geographen ebenfalls nur eine Oase kannten, dass Olympiodor zuerst von einer äusseren und einer inneren Oase redet,[1]) dass die arabischen Geographen diese Begriffe übernahmen und dass

[1]) Ohne Zweifel sind die heutigen Namen Dachel (eigentlich Uah el-dachil oder dachleh, die innere Oase) und Chargeh (eigentlich Uah el-charig oder chargeh die äussere Oase) einfach arabische Uebersetzung der bei der mohammedanischen Besitznahme vorgefundenen Benennung.

das heutige Gouvernement Chargeh und Dachel administrativ getrennt hat.

Die Oase Dachel, von der wir uns nunmehr verabschiedeten, dürfte, obwohl durch den steilen und hohen Nordrand geschützt, ein kälteres Klima besitzen, als die Jupiter Ammons Oase, die 4 Grad nördlicher gelegen ist. Es mag dies zum Theil dem Umstande zuzuschreiben sein, dass die Ammons-Oase im Winter an dem lauen Mittelmeer-Klima participirt, während des grösseren Theils des Jahres aber von der heissen Luft der Sahara getroffen wird. Dachel aber steht während vier bis fünf Monaten unter dem Einfluss des Sahara-Winters, der vermöge der hohen Lage der Wüste keineswegs so milde zu sein scheint, als man bisher glaubte.

So kommen denn die Bäume in dem so weit nach Süden gelegenem Dachel später zu Blüthe als in Siuah, aber die Reife im Sommer erfolgt, wenn nicht eher, so doch gleichzeitig mit der der Pflanzen Siuahs, weil im Sommer die Hitze um einige Grade höher sein mag. Dass Dachel nicht ohne Regen ist, konnte nicht nur durch unsere Expedition in Erfahrung gebracht werden, sondern die durch Regengüsse beschädigten platten Dächer der Wohnungen in Dachel waren beredte Zeugen früher stattgefundenen feuchten Niederschlags.

Indessen kommen diese Regengüsse für die Vegetation, wenigstens auf den bewässerten Boden, nicht in Betracht. Diese entwickelt sich ganz unabhängig von Niederschlägen nur durch den Einfluss des unterirdischen an die Oberfläche gelockten Wassers. Da unser Botaniker sich hinlänglich über die Flora verbreitet hat, so kann ich dieselbe hier übergehen, und zum Thierreiche kommend, nenne ich als Hausthiere Pferde (in geringer Zahl, im ganzen wohl kaum mehr als zwölf), Esel, Rinder, Schafe, Ziegen, Hunde und Katzen, ausserdem werden Puter, Hühner und Tauben gehalten. Grössere wilde Thiere giebt es nicht. Es muss offenbar auf einem Irrthum beruhen, wenn frühere Reisende von grösseren reissenden Thieren, wie Hyänen sprechen. Das grösste dürfte wohl der Wolfshund sein; Fenneks sind ebenfalls zahlreich, ebenso Gazellen, Mäuse, Springmäuse. In den Palmengärten nicht nur, sondern auch zwischen den Häusern treiben sich stets wilde Tauben umher, Raben, wilde Enten und Reiher, selbstverständlich der Sperling, Rohrsänger und der in Aegypten so häufige Bienenfresser (*Merops*), sodann die Wachtel und ein in ziemlich grossen Gesellschaften lebender Vogel, der von den Eingeborenen als Rebhuhn bezeichnet wird, sind in der Oase häufig; über das Vorkommen des Strausses ist Seite 170 Anm. gesprochen.

Die Einwohner sind vom Nilthal eingewandert. Dieselbe Gesichtsbildung (Photogr. 7, 9, 14.) diesslbe Körperform, dieselbe Hautfarbe, dieselben Sitten und Gebräuche, dieselbe Sprache finden wir hier. Und Dachel, die „innere Oase“, obwohl man eher von Aegypten aus gerechnet, die Oase die „äussere“ nennen sollte, hat seinen aegyptischen Volkscharakter am reinsten bewahrt, weil es am abgelegensten ist und am wenigsten von Karawanen berührt wird. Jedenfalls sind die Dachelaner die liebenswürdigsten und gastfreisten aller Oasenbewohner, die unter Aegyptens Herrschaft stehen. Darin stimmen sämmtliche Reisende die es besuchten überein.

Da man in Dachel durch Bohrung neuer Quellen Wasser in beliebiger Menge hervorlocken kann, so könnte eigentlich die ganze Einsenkung cultivirt werden und würde eine Bevölkerung von 100000 Seelen genügend ernähren können. Dachel führt durchschnittlich alle Jahre 4—5000 Kameladungen Datteln aus, welche, obschon von ausgezeichneter Güte, im Nilthal bleiben. Wenn Europäer sich daran machen würden sie in kleineren Kisten reinlich verpackt auf den europäischen Markt zu bringen, so würden sie jenen von Bled-el-Djerid nicht nur ebenbürtig zur Seite stehen, sondern hinsichtlich ihres köstlichen Aroms müsste man ihnen den Preis zuerkennen. An Oel werden ungefähr

500 Centner nach Oberaegypten verschickt, die übrigen Früchte bleiben im Lande.

An Abgaben zahlt das Land 1000 Kis oder Beutel, mithin ist Dachel die höchstbesteuerte Oase Aegyptens.

Am 21. März waren wir 10½ Stunden unterwegs und nach O. gehend befanden wir uns, nach steilem Aufstiege auf einem künstlich, vermuthlich schon im Alterthum angelegten Pfade, fortwährend auf einem nicht ganz vegetationslosen Kalkplateau, dessen grösste Erhebung nach vorläufiger Berechnung 538 Meter beträgt, mithin den höchsten Punkt darstellt, den wir auf dieser Reise erreichten. Ein ausgetretener Weg aus vielen Pfaden bestehend, zahlreiche Allamat (Wegweiser) deuten auf die Frequenz hin. In der That ist dies auch der kürzeste Weg zwischen Chargeh und Beled resp. Gassr Dachel. Die südlichen Orte der Oase Chargeh erreicht man jedoch von den westlichen Ortschaften in Dachel besser, indem man in der Ebene bleibt.

Tags zuvor hatten wir noch einen Zuwachs von 3 entlaufenen Sclaven bekommen, von denen zwei aus dem Sudan, der dritte aus Dachel selbst stammte. Ihre Herren wohnten in Mut. Sie gingen unter unserem Schutz bis Chargeh, aber ihre Absicht, das Nilthal zu erreichen, haben sie nicht ausgeführt, entweder entliefen sie in Chargeh selbst, weil sie in ihrer Einfalt uns nicht trauten, oder aber sie wurden von ihren Herren wieder eingefangen. Das letztere ist wohl das wahrscheinlichere und dabei mochten wohl die Bewohner von Chargeh, ja ein Theil unserer eingeborenen Diener, z. B. Hadj Mohammed mit behülflich sein. Denn in den Augen der Eingeborenen besteht gesetzlich immer noch die Sclaverei; ist sie doch durch den Koran erlaubt. Und schwerlich werden andere Begriffe unter dem Volke gang und gäbe werden, so lange die Lehrer desselben, die den Koran predigenden Geistlichen, die Hauptstütze der Sclaverei sind. Die Senussi mit ihren bis Tripolitanien und Uadaï verbreiteten Sauïahs sind die hauptsächlichsten Sclavenhändler in Aegypten.

Wie für alle Deutsche, die es redlich mit Kaiser und Reich halten, war für uns der 22. März ein grosser Festtag. In sinniger Weise hatte schon vor Sonnen-Aufgang Remelé vor der Front meines Zeltes eine grosse Pyramide aus unseren Gewehren und Fahnenstöcken errichtet und als sich die Sonne über den Horizont erhob, wurden die deutschen Flaggen gehisst und 101 Schüsse ertönten. Inzwischen versammelten sich unsere deutschen Diener und stimmten „Heil Dir im Siegeskranz“ und „die Wacht am Rhein“ an. Die kurze, erhebende Feierlichkeit wurde mit einem dreimaligen donnernden Hoch auf unseren Kaiser beschlossen. Inmitten der trostlosesten Wüste mussten wir uns hierauf beschränken, an ein Verweilen war nicht zu denken, so gerne ich auch Kaiser's Geburtstag zu einem Ruhetag für die ganze Karawane gemacht hätte.

Weiter ziehend erreichten wir nach circa 3 Stunden den Abstieg der uns zuerst zum, auf einer noch hohen Stufe gelegenen, Tempel von Ain Amūr führte. Die von einigen grösseren Palmen und Palmengebüsch umstandene Quelle ist jetzt fast versiegt, sei es, dass durch natürliche Aenderungen ihr unterirdischer Wasserlauf nicht mehr so reichlich fliesst, sei es dass durch Nachlässigkeit, vielleicht sogar absichtliche Schädigung, der Abfluss erschwert ist. Aber immerhin merkwürdig ist es, dass hier in so beträchtlicher Höhe ein Quell entspringt. Oder soll man annehmen, dass er künstlich erbohrt wurde?[1]) Jedenfalls musste es von jeher von Wichtigkeit sein, auf halbem Wege zwischen Chargeh und Dachel eine Wasserstation zu haben.

Der Tempel von Ain-Amur zeigt eine ähnliche Anlage wie der von Gassr Dachel. Edmonstone (er schreibt En amoor) sowohl als Wilkinson sind der Ansicht, der Tempel sei sehr alt.

---

¹) Olympiodor spricht von Brunnen von 2—500 Cubitus, also c. 300—750 Fuss Tiefe. Ein Cubitus = 1, 4139 Fuss rhein.

Hoskins bezweifelt indess und wohl mit Recht das hohe Alter. Man kann ebensogut die rohe Ausführung des Baus aus dem Umstande herleiten, dass der Tempel von den Oasenbewohnern erbaut ist, welche wohl weniger geschickte Steinmetzen gewesen sein mögen, als die des Nilthals, dann auch, dass man hier mitten in der Wüste nicht dieselbe Sorgfalt auf die Ausführung eines solchen Bauwerks verwenden wollte oder konnte, wie in der mit allem Nothwendigen versehenen Culturlandschaft.

Auf der hinteren Aussenwand des von N. O. nach S. W. gerichteten Tempels befinden sich einige rohe Figuren. Wilkinson will den Ammon, Kneph und Mut erkannt haben und sagt, obschon der Tempel von einen der Caesaren herzurühren scheint, ist er vermuthlich von hohem Alter. Während Edmonstone die Tempellänge zu 53′ 10″ angiebt, spricht Cailliaud von 67 Fuss. Der Unterschied erklärt sich daraus, dass Cailliaud die Eingangspforte mit berechnet hat. Rund um den Tempel, und zwar so, dass auch der Brunnen oder Quell mit eingeschlossen wird, zieht sich eine aus ungebrannten Ziegeln aufgeführte Mauer, in der selbst hier die geheimen Gänge nicht fehlten. Auch einige andere Thonbauten sind in der Nähe und die Felswände zeigen Grabhöhlen.

Von einer einen Tagemarsch östlich von Ain-Amur gelegenen unbewohnten Oase Um el-Debadeh und el-Lengeh, woselbst sich eine ähnliche Ruine befinden soll, wie in Amur, wussten unsere Führer nichts.

Wir hielten uns in der Gegend von Ain-Amur nur so lange auf als nöthig war um alles in Augenschein zu nehmen und setzten dann den Abstieg fort. Wenn wir jetzt von zwei getrennten Oasen noch reden wollen, so hat man am Fusse des Djebel Ain-Amur die Oase Chargeh erreicht, da man sich dann in der Einsenkung befindet, in der die Stadt Chargeh liegt. Bis zur Stadt hat man aber noch einen weiten und beschwerlichen Wüstenmarsch.

Das Gebirgsufer rechts, also südlich, tritt rasch zurück und schon Abends, als wir lagerten, sahen wir. dass die Einsenkung von Chargeh, so wenig wie die von Dachel, nach Westen durch einen Rand begrenzt ist.

Am 23. März hatten wir ebenfalls noch 10½ Stunden zu marschiren, ehe wir unter den Palmen der alten Pflugstadt Lager schlugen. Aber schon in der Nähe, sobald man den Dünenzug, der sich an den Dj. Tiūr lehnt, erreicht hat, wird die Landschaft wechselvoller. Da erinnert uns die Benennung einer Oertlichkeit Lab-el-cheil oder Pferdebahn daran, dass im Alterthume hier Pferde- und Wagenrennen abgehalten sein mögen und schon lange vorher, ehe man die Stadt selbst erreicht, hat man weite Ruinenfelder zu durchziehen.

Ich hatte Morgens Mohammed-Daud Kamelberitten vorausgeschickt, um Schweinfurth von unserer Ankunft zu benachrichtigen, und auf Hörweite angekommen, liessen wir unser Pulver sprechen um uns selbst anzumelden. Da kam denn auch bald eine grosse Cavalcade der Vornehmsten der Oase und auch Schweinfurth war bald an unserer Seite. Man kann sich denken, wie viel wir einander zu fragen und zu sagen hatten.

Wir lagerten dicht beim Orte in einem reichlich mit Orangen und Palmen bestandenen, ummauerten Garten. Nahe dabei, aber durch Sebchah-Sümpfe getrennt, wohnte Schweinfurth in einer ehemaligen von Ayme und Hassan-Effendi angelegten Alaunfabrik, welche aber längst nicht mehr benutzt wird. Er hatte uns zu Ehren ein splendides Diner herrichten lassen. Da er einen perfecten Koch (einen Nubier) in seinem Dienste hatte, so gab es da allerlei seit lange entbehrte Genüsse: Pics, Puddings, Compots, Ale und Rheinwein wurden herbei gebracht und wohl nie ist in diesen Räumen, wo ehedem Alaun gesotten wurde, so fröhlich getafelt worden.

Und wie sah diese Fabrik jetzt aus! In die kaminartigen Schornsteine hatte Schweinfurth Fenneks eingesperrt, welche, sobald man sich ihnen näherte, boshaft käfften, an den Wänden prangten Felle, ausgestopfte Vögel, Zeichnungen; grosse Reisekoffer, alle nur möglichen Reiseutensilien machten im Vereine mit Gläsern, Büchsen, Waffen etc. in der That den Eindruck, als befände man sich in Faust's Studirzimmer.

Natürlich gingen wir am andern Tage zuerst zum berühmten Tempel von Hibis oder Heb, welcher Herrn Remelé zwei Tage ununterbrochen mit photographischen Aufnahmen beschäftigte. Dieser grossartige Tempel mit seinem Proyplon und Hauptkörper (Photogr. 15) ist zu oft beschrieben worden, als dass ich eine Wiederholung versuchen möchte, namentlich nach so competenten Forschern, wie es Hoskins und Wilkinson waren.

Ich beschränke mich darauf zu constatiren, dass der Tempel ungefähr in demselben Zustande sich befindet, wie ihn die Reisenden beschrieben haben, die ihn vor uns besuchten. Und deren ist keine kleine Anzahl. Da stehen an der nördlichen Seite der vorderen Wand:

Cailliaud	P. W. Grey
fut le premier Européen qui prit connaissance	1843
de ce temple an 1818.	

An der südlichen Seite der vorderen Wand sind die Inschriften am zahlreichsten und ich gebe sie wieder, wie ich sie der Reihe nach geschrieben fand. Der weiche Sandstein erlaubt ein schnelles Einmeisseln oder Einschneiden der Namen:

Schweinfurth	Mathieu	F. Catherwood
1874	1836	Oct. 1832
Letorzec	J. Hyde	Drovetti
Abuchanari	Dec. 1819	Rosingana
1820	Ayme	Muller 1824
Houghton	F. C. 1832.	1819
1819		J. Carreras
J. C. 1833		1833

Wir selbst fügten natürlich auch unsere Namen hinzu,

alle in einem Rahmen an der innern südlichen Seite des Tempels.

Die Resultate der Hieroglyphen-Photographien dieses dem „Amon-Ra, Herr der Sitze Aegyptens, wohnend in Theben"[1]) gewidmeten Tempels, werden nach und nach von den Aegyptologen gebracht werden und sollen später in den wissenschaftlichen Ergebnissen dem Publicum mitgetheilt werden.

Ich möchte hier aber schon auf einen Irrthum in der Beschreibung von Hoskins aufmerksam machen, wonach die Decke des ersten innern Raumes auf nur acht unvollendeten Säulen geruht habe. Im ersten innern Raum sind indess sechszehn Säulen vorhanden, von denen die letzten vier nach Westen diesen ersten Raum mittelst einer, die Säulen verbindenden Mauer, vom zweiten Tempelraum abtrennen. Dieser zweite Raum hat sodann nur vier Säulen, durch welche derselbe, da sie in einer Reihe von N. nach S. stehen, gewissermassen halbirt wird. Durch ein westliches Thor kommt man weiter in das Heilige, welches im Innern vier (nicht, wie Edmonstone berichtet 8) Säulen hatte und aus welchem man in das Allerheiligste (Cella) trat. An beiden Seiten des Heiligen sind je 3 Kammern, von einer der südlichen führt eine steinerne, wohlerhaltene Treppe nach oben. Gleich am Eingange des Tempels sind auch noch Kammern, von denen eine oberhalb der anderen gelegen nur durch einen Stein von grosser Mächtigkeit getrennt war, der bei oberflächlicher Anschauung die Vermuthung hätte aufkommen lassen können, die Räume seien mit flachen Gewölben bedeckt gewesen, was sich aber bei näherer Besichtigung als irrig erwies. (Vergl. den Durchschnitt Fig. 17.)

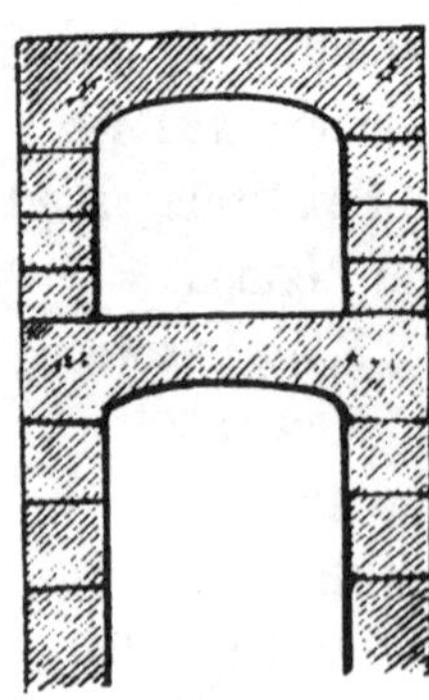

Fig. 17.

[1]) Hierolyph. Inschriften von Xarigeh und Daχileh von Lepsius. Zeitschrift für Aegypt. Sprache etc. Juli, Aug. 1784 p. 78.

Bei den Eingebornen hat der Tempel wie gewöhnlich den Namen Birbeh.

Wir besuchten dann auch die nördlich von demselben gelegene prächtig erhaltene christliche Nekropolis mit ihren aus ungebrannten Ziegeln errichteten Grabdenkmälern. An Schönheit, an sinniger Anordnung wird sie wohl nur von der Nekropole bei Cyrene übertroffen. Da giebt es tempelartige Gräber jeder Form, Rotunden, Quadrate, Octogone, mit Vorhallen, runde und cannellirte Säulen, solche mit einfachen und solche mit complicirten Capitälen. Inwendig sind Inschriften, griechische und arabische, viele mit dem altaegyptischen heiligen Tau, dem Zeichen des ewigen Lebens, versehen. Andere haben bemalte Innenwände und besitzen thierische Gestalten (Adler) oder Pflanzenschmuck (Rebenlaub). In der Mitte der Nekropolis hat auch ein aus Quadersteinen errichteter Bau gestanden, vielleicht eine zu Gottesdiensten errichtete Kapelle, vielleicht das Grabmal eines Vornehmen.

Eine Viertelstunde nordwestlich von der Nekropole liegt Gassr Mustafa Dasch, offenbar ein altes christliches Kloster. Der Haupteingang besteht aus Quadersteinen, die ganze übrige Construction ist aus Ziegeln. Nördlich davon ist ein 11 Meter langes Hypogeon, 5 M. breit und an beiden Seiten mit je drei Kammern versehen. Südlich davon sind auch noch Felsgräber, die sich unterhalb der vorhin erwähnten Todenstadt fortsetzen, die bei den Eingebornen den Namen Gabauat[1]) führt. Andere Gräber unter Fels mit tempelartiger Einrichtung findet man weiter nach Osten.

Zwischen all' den Gräbern, sowohl in der Nekropole, wie in und vor den übrigen findet man Knochen und Lumpen, letztere von den Einwickelungen herstammend und ein Beweis, dass auch hier in den Oasen noch längere Zeit nach der Einführung des Christenthums die Eingebornen die Leichname einbalsamirten.

---

[1]) Gabaouet Cailliaud; Schweinfurth und Ascherson hörten Bagauat.

Eine halbe Stunde nordnordöstlich von Chargeh erhebt sich, stolz auf einem Hügel gelegen, die von den Eingeborenen Nadūrah genannte Ruine, vielleicht die Akropolis der alten Stadt. Im Innern befand sich ein aus schönen Quadern (nach Brugsch unter Kaiser Antoninus) erbauter Tempel, dessen Bilder und Hieroglyphen zum Theil noch gut erhalten sind. Vielleicht dürfte die ehemalige Stadt, „die Pflugstadt“ hier in der Nähe gestanden haben, der durchwühlte Boden, die grossen Schutthaufen, zahlreiche „mardūme“[1]) Quellen deuten auf eine einstige Besiedelung hin Auch befindet sich dicht nordnordwestlich von Nadurah und östlich vom grossen Tempel ein anderer massiver Bau, ein grosser von Aussen achteckiger, inwendig runder Thurm, mit gewölbter Grabkammer, das Mausoleum irgend einer vornehmen Person. Eine moderne Inschrift im Innern giebt Kunde von einem gewissen Mardiros, der 1824 in Chargeh war.

Es sind das die hauptsächlichsten Ruinen in der Umgegend von Chargeh, die, wenn von einem Archäologen untersucht, immerhin noch eine reiche Ausbeute ergeben würden.[2])

Der Ort Chargeh selbst, unter 25° 26′ nördlicher Breite und 30° 40′ O. L. Gr. gelegen, bietet wenig oder gar nichts Sehenswerthes. Mitten in die Culturen hineingebaut, nimmt sich die Stadt, von Weitem gesehen, hübsch aus. Zwei das Ganze überragende Minarets, nordöstlich dicht bei der Mauer einige grosse moderne Kuppelgräber, einige hervorragende grosse Gebäude geben ein wechselvolles Bild. Aber im Innern zeigen die engen schmutzigen Gässchen das Bild der Faulheit und Armuth. Zum Theil sind die Strassen überdeckt, so dass man, wie in allen Wüstenstädten, im Dunkeln forttappen muss.

Ich möchte diese Bauart keineswegs der Sitte eines Stammes

---

[1]) Versiegte.

[2]) Prof. Brugsch, welcher vom 27.—30. Jan. 1875 mit dem Erbgrossherzog von Oldenburg in der Oase war, hat daselbst wichtige Funde gemacht. (Vergl. Petermann's Mittheilungen 1875 S. 213, 214.

zuschreiben, obschon man den Berbern von Rhadames und Siuah das Verdecken der Strassen als etwas ganz Besonderes zugeschrieben hat. Vielmehr hat überall dieselbe Ursache die gleiche Wirkung. Es liegt eben das Bedürfniss vor, sich gegen die Strahlen der Sonne zu schützen, und so finden wir mehr oder weniger diese Sitte durch die ganze Sahara verbreitet. Auch in den Tell-Ortschaften und selbst im Nilthale finden wir zum Theil verdeckte Strassen, ist doch in Cairo die Hauptstrasse, die Muski, zum Theil und sind die hauptsächlichsten Basarstrassen heute noch überdeckt.

Reizend üppig sind die Gärten in nächster Nähe, ja zwischen den Häusern. Wir besuchten einen solchen, wo wir, auf Teppichen gelagert, den süssen Duft der mit Blüthen bedeckten Orangen einsogen und man uns duftende Rosen zum Geschenk brachte.

Die Höhenlage von Chargeh bleibt beträchtlich unter der des Nilthals in gleicher Breite zurück. Nach vorläufiger Berechnung liegt die Stadt Chargeh 75, unser Lager am Fusse der östlichen Bergwand bei Gjennah 78 M. über dem Meere, während die Höhe von Esneh 105 und die von Girgeh noch 90 M. beträgt.

Die Oase Chargeh (eigentlich Uah-el-chargeh d. h. die äussere Oase s. S. 302) hat nach Hoskins 4300 Einwohner, nach Schweinfurth 6340, nach meinen eigenen Ermittelungen 6700. Hierbei nehme ich 4 Personen, Schweinfurth 10 und Hoskins 5 auf die Familie. Meine Angaben schrieb ich nach der Aussage der Schichs vom Orte Chargeh nieder und bis auf einige Hundert stimmen sie mit Schweinfurths Angabe, die übrigens die richtigere sein dürfte. An Abgaben zahlt die Oase 300 Beutel.

Die Einwohner selbst sind, soweit uns dieselben aus den Ortschaften Chargeh und Gjennah zu Gesicht gekommen, von dunklerer Hautfarbe und hässlicher als die von Dachel. Die grossen Karawanen, welche alljährlich vom Nilthal nach For ziehen, die Negerkarawanen, welche eben so oft vom Süden zurückkehren, mögen wohl nicht wenig dazu beigetragen haben, eine Vermischung herbeizuführen, so dass von relativ reinen Fellahin wie im Nilthal oder in Dachel in Chargeh nicht die Rede sein kann. Auch hat die häufige Anwesenheit grosser Karawanen, wie überall, lockere Sitten zur Folge. Auch im übrigen scheinen die Eingebornen nicht die guten Eigenschaften zu besitzen, wie sie die Dachelaner so vortheilhaft auszeichnen.

Unter den Hausthieren finden sich ausser Büffeln keine anderen als in Dachel, aber in der Pflanzenwelt tritt uns zum ersten Mal bei Chargeh die Dumpalme in grösserer Menge entgegen, die eine grosse Abwechselung in der Baumgruppirung hervorbringt. Die Dumpalmen in der Nähe des 2000 Jahre alten Tempels sind unvergleichlich schön.

Wir blieben nur 2½ Tag in Chargeh. Am 26. März Morgens nahmen wir Abschied, nachdem ein guter Führer gemiethet worden war, um uns nach Esneh zu geleiten. Eine Strecke weit begleiteten uns noch die vornehmen Bewohner, auch Schweinfurth, dann waren wir auf uns angewiesen und gingen gerade südlich auf den Berg Gorn-el-Djennah los. (Schweinfurth schreibt Gjenna, was wohl das Richtigere sein dürfte, denn hier in den Oasen wird das ج weder wie im Nilthal durch g noch wie im syrischen und maghrebinischen Dialekte durch dj wiedergegeben, sondern die Aussprache liegt in der Mitte.)

Westlich vom Berge Gorn-el-Gjennah liegt der Ort Gjennah mit 300 Einwohnern und einer so starken Quelle, dass dieselbe um diesen Berg herumfliesst, um später südlich im Culturboden Verwendung zu finden. Zwischen Gassr und dem Gornberge durchzieht man ein ansehnliches Dumgehölz.

Am Rinnsal wurden die Kamele nochmals abgetränkt, die Kisten gefüllt und dann in östlicher Richtung gegen den Rand marschirt. Man bleibt noch stundenlang in culturfähigem Boden, welcher aber zum Theil durch Uebersandung der Urbarmachung entrissen ist. Das Ufer selbst heisst hier Akabah, was nichts anderes bedeutet als Aufstieg.

W A Meyn ad nat lith

Schouwia arabica D. C.
var. Schimperi Jaub. et Spach.

Auf einer künstlich gebahnten Strasse, die sicher spätestens aus römischer Zeit stammt, erreichten wir am 27. Vormittags die Höhe. Beim Aufsteigen entdeckte der unermüdliche Zittel die S. 160 bereits erwähnte Kalktuffbildung mit Pflanzenresten. Bemerkenswerth ist, dass auch Browne[1]) beim Abstiege nach Chargeh von Siut ans, am Gebel Ramleh, „tufa“ erwähnt.

Der Charakter des Hochplateaus zwischen Chargeh und Esneh ist ganz derselbe wie der zwischen Siut und Farafrah. Aus Alveolinen-Kalk bestehend, zeigt es aber hier im Süden womöglich ein noch einförmigeres Aussehen als im Norden. Doch liegt dasselbe auch hier beträchtlich höher als auf der Strecke zwischen Mēr und Bir Keraui, durchschnittlich über 400 Meter. Der höchste Punkt wurde vorläufig zu 453 M. berechnet. Vegetation begegnete uns noch seltener als auf der im December bereisten Strecke, doch zeigte sich die vorhandene üppiger entwickelt, woran vielleicht der Regenfall zu Anfang Februar seinen Antheil hatte. *Fagonia arabica* entfaltete reichlich ihre lila Blüthen, von früher noch nicht gesehenen Pflanzen traten die frischgrüne, breitblätterige *Schouwia arabica* (Taf. XI.) und die zierliche, silberglänzende *Monsonia nivea* auf; Zwergsträucher der Ssallam-Akazie (*A. Ehrenbergiana*) wurden in einem leicht vertieften Uadi am 30. März in Menge gesehn. Ich wüsste sonst gar nichts von Interesse zu berichten, es waren die langweiligsten Märsche, welche man sich nur denken kann.

Es war in der That gut, dass die Expedition ihrem Ende entgegenging. Die Kamele waren durch die anhaltenden Märsche so heruntergekommen, dass wir gerade noch den Nil mit ihnen zu erreichen hoffen durften, damit aber auch ihre Kräfte verbraucht waren. Ausnahmslos hatten alle tiefe und stark eiternde Beulen, so dass man sich hüten musste, dicht unter dem Winde bei ihnen zn marschiren. Nach 3 grossen Märschen hatten wir die ein-

[1]) Travels in Africa etc. 1799 p. 184 (in der II. edit. 1806 p. 199.)

förmige Hochebene hinter uns, die hohe Rauchsäule eines Fabrikschornsteines verkündete uns am 30. März im fernen Osten das Nilthal und selbige Nacht lagerten wir in einer herrlichen wilden Bergschlucht, welche von der Hochebene sich zum Nil hinabzieht. Die letzte Wüstennacht war eine der schönsten, denn noch einmal umhüllte uns mit absolutester Einsamkeit eine grossartig schroffe Felspartie. Ueberhängende Wände, barocke Kegel, überall nur Natur, Menschenspuren zu entdecken nur in den alten Karawanenlagern, am Himmel der alles versilbernde Mond — das war unsere letzte Wüstennacht.

Am 31. März hatten wir noch 1 Stunde zu marschiren bis wir nach 3½ Monaten zum ersten Mal wieder den heiligen Strom erblickten.

Aber obschon wir nun im eigentlichen Nilthal uns befanden, hatten wir trotzdem am 31. März, dem letzten Tage unserer Wüstenreise ein ziemlich hartes Tagewerk, denn der Abstieg vom Felsplateau war noch circa 30 Kilometer von Esneh entfernt, der Stadt, welche num Endpunkt unserer Reise bestimmt war. Der Weg erschien uns indess nicht so lang, als uns dieselbe Strecke in der Wüste geworden wäre, da wir stets Palmen zur Seite hatten, hin und wieder auf die Fluthen des Nils blicken konnten und, in den Palmen versteckt, Ortschaften bemerkten. Auch war das von uns durchzogene Terrain keineswegs ganz ohne Interesse, wenn auch fast ohne Vegetation, da die allbefruchtenden Gewässer des Stroms dasselbe nicht mehr erreichen.

Interessant und gewiss einer Untersuchung würdig waren die grossen Steinbrüche am linken Nilufer, zum Theil werden dieselben jetzt wieder ausgebeutet, um Material für die grossartigen Neubauten zu liefern, welche der Chedive überall entstehen lässt.

Am sehenswerthesten waren aber die Ruinen, die wir Nachmittags erreichten und welche sich etwa 12 Kilom. im N. W. vom alten Latopolis befinden. So bedeutend sind sie, dass sie von Weitem gesehen, den Eindruck einer Stadt auf uns machten, eine Täuschung, der man sich um so eher überliess, als einzelne der alten Bauten sehr stattlich waren.

Das hervorragendste Gebäude ist ein grosses, angeblich vom heiligen Pachomius gestiftetes Kloster mit einer recht gut erhaltenen Kuppelkirche mit mehreren Inschriften. Pachomius war in Aepypten geboren und, wie so mancher moderner Gottesstreiter — Pio nono, Bischof Ketteler — ursprünglich Soldat und zwar unter Constantin dem Grossen.

Die Klosterkirche, sowie einige daran stossende Mönchszellen, werden zeitweise noch benutzt, insofern als einzelne Festlichkeiten und Messen hier abgehalten werden.

Viel anziehender sind aber die zierlichen Mausoleen, welche rings um das grosse Kloster, namentlich aber in Südosten desselben sich befinden. Man kann sich beim Anblick dieser kleinen Schmuckkästchen des Gedankens nicht erwehren, dass der Cultus der Verstorbenen in Aegypten von jeher mit besonderer Liebe geübt wurde und gleich sehr bei Heiden wie Monotheisten hervortrat. Die Grabdenkmäler sind um so bemerkenswerther, weil sie aus ungebrannten Ziegeln errichtet sind, und nur die berühmte Nekropole von Chargeh übertrifft an Mannichfaltigkeit der Form künstlerischer Ausbildung und namentlich an Ausdehnung die Grabgemächer dieses Klosters.

Aber beim Anblick dieser Bauten, die alle mehr oder weniger Ruinen sind, und die um so eher vollkommenen Verfall drohen, weil sie aus so leicht zerfallenden Material hergestellt wurden, fragt man sich unwillkürlich, weshalb nichts für die Erhaltung so kostbarer Zeugen der Cultur geschieht.

Der Marsch durch die vegetationslose Ebene fing doch in der Nachmittagsschwüle (das Thermometer zeigte bis 28° an) uns etwas lästig zu werden. Nachdem wir die Ruinen, die lange die Fernsicht abgeschlossen, passirt hatten erblickten wir endlich auch die Minarets von Esneh, einzelne grosse Gebäude und das dunkle buschige Grün, welches sich wie ein Mantel um die Stadt herumlegt. Mohammed-Daud, unser Factotum, hatte ich schon frühmorgens vorausgeschickt, um für unsern knurrenden Magen zu sorgen, denn mit Ausnahme des Morgenimbisses hatten wir an dem Tage nichts genossen, weil wir Esneh viel näher glaubten und uns immer mit der Aussicht auf ein städtisches Mahl vertrösteten.

An der Grenze des städtischen Gebietes kam uns dann auch eine Deputation entgegen. Der Unter-Mudir (der Mudir selbst war an dem Tage verreist) auf einem prächtigen weissen Rosse und einige andere Beamten, geleiteten uns über die hohen Dämme zur Stadt und direct zum vicekoniglichen Palast. Denn auch hier empfanden wir wieder die liebenswürdige Fürsorge des Chedive, der dem Gouverneur schon telegraphisch die Ordre hatte zukommen lassen, uns seine Residenz zur Verfügung zu stellen. Als es dunkelte waren wir dann auch, die Expeditionsmitglieder, die deutschen und einige eingeborne Diener untergebracht, die grosse Karawane aber lagerte am Nil unter herrlichen Lebbekakazien, Angesichts des Palais. Wie mundete am Abend das Bier, wie schmeckte das Mahl, welches einer der Beamten freundlichst für uns hatte herrichten lassen, wie gut sass sich's auf den Stühlen, wie comfortabel lag's sich auf den weichen Divans des grossen Salons!

Freilich erfuhren wir an diesem so angenehmen ersten Abend auch eine harte Enttäuschung: wir mussten hören, dass unser von Siuah geschickter Brief, der am 10. März in Alexandrien hätte sein sollen und müssen, erst vor einigen Tagen zu Händen des Herrn von Jasmund gekommen sei und erhielten wir so einen abermaligen Beweis, wie wenig auf das Versprechen eingeborener Boten zu geben ist, wenn man im Voraus zahlt. Trotz aller Eide und Bekräftigungen ist man dann ganz auf das „in scha Allah" angewiesen. Die verzögerte Ankunft unseres Briefes hatte aber für uns die unangenehme Folge, dass nun die Zeit zu kurz war, uns nach Esneh einen Dampfer zu schicken, resp. das Nichterscheinen des Dampfboots durch das schon sehr niedere Fahrwasser des Stromes motivirt wurde. Wir fanden die telegraphische Vertröstung, in Assuan solle eine Dahabieh für uns klar gestellt werden und diese würde am anderen Tage in Esneh eintreffen. Bukra in scha Allah hiess es — aber dies „morgen so Gott will" mussten wir noch mehr als einmal hören.

Inzwischen richteten wir uns wohnlich ein. Das Palais war so gross, dass Jeder ein eigenes Zimmer beziehen konnte und wir uns zu gemeinsamen Mahlzeiten oder auch sonst in dem grossen Saale versammelten.

Von Mohammed-Ali gebaut, der Winters mit Vorliebe einige Tage in Esneh zuzubringen pflegte, zeichnet sich dies Palais keineswegs durch Schönheit der Formen aus. Aber versteckt liegt es in einem reizenden mit Orangen, Oliven, Granatbäumen, Palmen bestandenen Garten, welche Bäume ein zusammenhängendes Dickicht bilden. Und über den Garten hinweg hat man aus den Räumlichkeiten des oberen Stockwerks entzückende Fernsichten nach allen Seiten, nur begrenzt durch die malerischen Felsränder des Nilthals, welche in ihrer Zerissenheit wie Gebirgsketten den Horizont umkränzen.

Vom Garten des Palais, der mit einer Mauer umfriedigt ist, gelangt man auf einen Platz, welcher denselben vom Nil abtrennt. Von mächtigen Lebbekakazien beschattet, bietet er einen kühlen, luftigen Spaziergang am Ufer des majestätischen Stromes.

Das chedivische Palais stand unter Aufsicht eines eigenen Intendanten. Ob derselbe aber irgend ein Inventar von den Möbeln und anderen Gegenständen, die sich im Innern befanden, besass, weiss ich nicht. Zog man die sehr grossen Wandläden aus, so fand man sie gefüllt mit kostbaren Stoffen, Bettzeug, seidenen Decken etc., angeschafft, offenbar um während der Anwesenheit des Fürsten benutzt zu werden. Aber jetzt kommt selten eine Fürstlichkeit dahin, deshalb sind auch die Gardinen, die Teppiche, denen man wohl die einstige Pracht noch anmerkt, jetzt mehr oder weniger verschossen und vergilbt. Der jetzige Chedive bleibt überhaupt, sobald er eine Reise nach Oberaegypten unternimmt, stets an Bord seines mit der äussersten Pracht und allem nur erdenklichen Comfort ausgestatteten Dampfers.

Uebrigens wurde die Zeit, welche wir in Esneh zuzubringen hatten, noch nach Kräften ausgenutzt. Zittel machte mit unermüdlichem Fleisse viele Touren, durchstreifte das entfernte steile Ostufer des Nils, während Jordan Tag und Nacht seine astronomischen Messungen machte, welche er hier mit grösserer Bequemlichkeit anstellen konnte, da das flache Dach des Gebäudes ihm als Observatorium diente. Er bestimmte die Lage von Esneh zu 25° 18′ N. Br. und 32°30′ O. L. Gr., die Declination zu 6,2° W., die Meereshöhe zu 105 M. Ascherson durchsuchte die Gärten und Felder und vermehrte seine Sammlungen noch mit mancher früher nicht angetroffenen Art. Von Culturpflanzen des oberaegyptischen Nilthals nenne ich noch den als Oelpflanze angebauten Salat, der ein treffliches, selbst als Speiseöl verwendbares Product liefert, sowie Anis. Remelé nahm gerade hier noch einige seiner gelungensten Bilder auf. Nur ich hatte wenig mehr zu beobachten und zu notiren, ohne indess meine Thätigkeit völlig einstellen zu können; lag es mir doch noch ob, die ganze Expedition bis Cairo zu führen, denn erst dort erreichte dieselbe ihr Ende.

Esneh liegt insofern günstiger als Siut, als es unmittelbar am Nilufer erbaut ist, dennoch ist letztere Stadt weit bedeutender an Einwohnerzahl und auch an Handel und Industrie. Officiell wird die Seelenzahl zu 7000 angegeben. Die Hälfte der Einwohner bekennt sich zum Christenthum, an Europäern dürften einige Hundert dort wohnen, sämmtlich griechischer Nationalität. Esneh's Handel geht haupsächlich nach dem Sudan, manchmal auf directem Wege über Kurkur und Selimah nach Dar-For, manchmal über Chargeh. Der Basar war mit einheimischen Producten spärlich besetzt, besser versehen fanden wir die von Griechen gehaltenen Boutiquen oder Funduk's, wo ausser den verschiedenen, mehr oder weniger guten spirituösen Getränken, allerlei europäische Artikel, auch Kleidungsstücke zu haben waren.

Am besten assortirt war der Stadtheil, den ein Reisender in Damengesellschaft nicht zu besuchen pflegt, nämlich das Viertel der Almeh's. Eine ganze ethnographische Musterkarte weiblicher Geschöpfe jedes Alters war hier vertreten, welche sobald sie einen Fremden in eins der am Nilufer so reizend gelegenen Kaffeehäuser eintreten sehen, Kaffeehäuser welche, wie sich Stephan decent ausdrückt, zugleich als Lupanarien dienen, sich wie Harpyien über ihn herstürzen. Aber sie alle zusammen zu sehen, war nicht ohne Interesse; da war eine schwarze Hottentottin, da war eine blendend weisse Deltabewohnerin, hier war eine goldgelbe Fellahin, hier dort braune Abessinierin, da eine rothe Dongolanerin, hier gar eine Tscherkessin. Auch alle Bekenntnisse waren in vollster Religionsfreiheit neben einander. Die eine dieser Hierodulen der Göttin Hathor bekannte sich zur Religion Mohammeds, die andere zu der Jesu Christi, eine dritte hielt das Gesetz Mose's, eine vierte hatte vielleicht irgend ein Götzenbild, dem sie im Innern ihrer Hütte Verehrung erwies.

Stephan erzählt uns, eine Anzahl von ihnen sei aus Cairo ausgewiesen und hierher verbannt worden ohne den sittlichen Zustand Cairos dadurch zu verbessern, oder den Esneh's zu verschlimmern.

Es war uns daran gelegen, eine photographische Anfnahme von dieser weiblichen Mustercolonie zu erhalten und Dank der Intervention des Mudir's, der Befehl gab, dass alle vor dem Palais des Chedive erscheinen sollten, gelang dieselbe vollkommen. Die Prostituirten dürfen nämlich, wenn sie einmal ihr nicht sehr elegant aussehendes Stadtviertel betreten haben, dasselbe nie mehr verlassen. Uebrigens scheinen sie nicht arm zu sein. Denn als sie sich einstellten, vielleicht 30 an der Zahl unter Führung des Unter-Mudir und verschiedener Polizisten, waren sie alle im höchsten Putze. Seidene buntgeblümte Kleider von schreienden Farben, goldene und silberne Spangen, ganze Schnüre aufgereihter Goldstücke, goldgestickte Schuhe, ich glaube ihre ganzen Habseligkeiten hatten sie mitgebracht, um sich in möglichst vortheilhafter Weise zu produciren. Sie wurden natürlich dafür, dass sie sich portraitiren lassen mussten, bezahlt, wie überhaupt alle Typen stets bezahlt worden waren. Es gelang Herrn Remelé zwei sehr gute Aufnahmen zu machen, deren eine (Photogr. 16) hier mitgetheilt ist.

Es liegt nicht im Bereiche unserer Erzählung hier die Beschreibung des Hypostyls des Tempels zu geben, des Theils, der überhaupt vom Schutt befreit ist. Um so weniger werde ich es versuchen, als ich höchstens die Bewunderung eines Laien vor jenem grossartigen Denkmal einer untergegangenen Cultur ausdrücken könnte, ohne Neues in Bezug auf Architectur oder Archaeologie zu bringen. Lassen wir das den Aegyptologen, welche ja jetzt mit bewunderungswürdigen Eifer daran sind, uns die Schrift, welche man in so unvergängliches Material gemeisselt hat, zu entziffern.

Es verging der zweite Tag und von Assuan kam keine Dahabieh, „bukra in scha Allah“ lautete Abends der Trost. Am dritten Tag hiess es Abends nochmals „bukra in scha Allah“. Allerdings wehte ein heftiger Nordwind, aber es schien uns auch, dass man es in der Provinz nicht allzu genau mit Ausführung der chedivischen Befehle nimmt. Wie man in der Krim sagt: „Petersburg ist weit und der Himmel ist hoch“, so denken die Bewohner Oberaegyptens: „Cairo ist weit und Allah ist hoch“. Und als wir endlich uns der Ueberzeugung nicht mehr verschliessen konnten, dass die Beschaffung einer Dahabieh von Assuan möglicherweise noch 14 Tage dauern könne, sahen wir uns an Ort und Stelle selbst um, und siehe da, es war gar nicht so schwierig Schiffe zu finden. Zwar musste man darauf von vorn herein verzichten, grosse und bequeme Passagierschiffe zu erstehen, wie solche von Touristen, welche die programmmässige Nilfahrt von Cairo bis zu den Katarrhakten machen wollen, benutzt werden, aber es gelang uns doch, zwei kleine Dahabieh's zu miethen, welche seit vielen Jahren als Passagierschiffe und Paquetboote der Fellahin fungirten. Man denke bei dem stolzen Worte Paquetboot nur nicht an jene vornehmen Segler, die einst den Verkehr zwischen den Vereinigten Staaten und Europa vermittelten, als noch nicht die Dampfboote diese Rolle übernommen hatten. Aber unsere beiden Dahabieh's waren doch auch nicht jene grossen rohen Schiffe, wie sie nur zum Waarentransport auf dem Nil benutzt werden.

Nicht ganz gleich von Tonnengehalt, war die kleinere mit einer grösseren Cajüte, die grössere mit einem grösseren Raum versehen und wir vertheilten uns daher so, dass Ascherson, Zittel und ich mit zwei deutschen Dienern die kleinere Dahabieh besetzten, während Jordan und Remelé mit drei deutschen Dienern die grössere erhielten. So klein sie waren, bestanden die Cabinen auf jedem Schiffe aus drei Theilen, dem hintersten Zimmer, in dem gerade für zwei Lagerstellen und einen Gang zwischen beiden Raum war, dem vordersten Zimmer, so geräumig, dass bequem zwei Lager darin aufgeschlagen werden und im mittleren Gange von uns gespeist werden konnte. Zwischen diesen beiden Cabinen befand sich sodann noch ein Raum, den man lieber an einer anderen Stelle gehabt hätte.

Aus dieser ganzen Einrichtung wird der einigermassen mit mohammedanischen Sitten Vertraute gleich erkennen, dass man es hier mit einer Harem-Einrichtung en miniature zu thun hatte: die vordere Cajüte für den Mann, die hintere für die weibliche Bevölkerung.

Wir richteten uns indessen so wohnlich ein, wie es eben gehen wollte, denn wenn voraussichtlich unsere kleinen Schiffe den Vortheil im Gefolge hatten, dass sie schneller dem Winde und der Strömung gehorchten, so konnten wir doch gar nicht wissen, wie lange wir am Bord bleiben würden; und wenn wir auch immerhin jetzt in einem dicht bevölkerten Lande waren und an zahlreichen Ortschaften vorbeifuhren, so war es doch gerathen, einen gewissen eisernen Bestand an Lebensmitteln von vornherein an Bord zu nehmen. Und wenn unser eigenes Feld-Ameublement während der Dauer der Expedition dem Angriffe des täglichen Gebrauchs nicht hatte widerstehen können, so hatte die Güte des Mudirs von Esneh uns eine ganze Auswahl von Stühlen zugewiesen, welche von einem bei dem Felsenriffe von Sselsseleh gescheiterten Dampfboote herrührten. An Proviant hatten wir zunächst drei Schafe, mehrere Puter, Hühner, Eier, Mehl, Butter, Reis, Linsen, Brod, Kaffee, Wein und Bier, ausserdem frisches Brod, welches wir in Esneh hatten backen lassen. Wir waren also wohl versorgt, der Proviant wurde in zwei gleiche Hälften getheilt und am 5. April konnten wir von Esneh abstossen. Ich bediene mich absichtlich dieses Ausdrucks um die Kleinheit der Schiffe, die kaum zwanzig Tonnen hielten, damit zu bezeichnen.

Herzlichen Abschied nahmen wir von unseren Freunden in Esneh, deren Dienstwilligkeit wir während unseres kurzen Aufenthalts im alten Latopolis genugsam kennen zu lernen Gelegenheit gehabt hatten. Der Mudir selbst, früher Director der Asisieh-Compagnie, ein alter Seelöwe, der selbst bis London seine Fahrten ausgedehnt hatte, war ein angenehmer Mann, er führte eine geläufige Conversation in englischer Sprache, und europäische Sitten und Anschauungen waren ihm nicht fremd. Der Schich-el-beled, der eine stattliche am Nil gelegene Wohnung besass, hatte es nie an Aufmerksamkeit fehlen lassen, der Postdirector, ein Kopte und Verwandter von Uassif-el-Chajjat, der Schlosshauptmann, der Kadhi, der Mufti, alle waren gleich liebenswürdig gegen uns gewesen. Namentlich zuvorkommend und gefällig war der Medicinalrath, der nicht unterliess uns sein „l'Egypte“ sofort zu übermitteln, ein Journal, welches man in Aegypten als officiell bezeichnet und das den Beamten, welche mit der französischen Sprache vertraut sind, gratis geliefert wird.

Ich kann gerade nicht die Ueberzeugung gewinnen, dass die chedivische Regierung hierdurch für allzu grosse geistige Nahrung sorgt. Amtliche Bekanntmachungen, Uebersetzungen oder Auszüge aus den Verhandlungen irgend einer obscuren französischen Gesellschaft, ein elender französischer Roman als Feuilleton bilden den Inhalt dieses geistreichen Blattes. Telegramme, wenn sie ganz zahmer Natur sind, werden auch manchmal gebracht, Leitartikel aber, politische Raisonnements sind in den Spalten dieses Regierungsorgans verpönt und freimüthige Besprechungen aegyptischer Zustände darf selbst ein sogenanntes unabhängiges Blatt nicht bringen.

An beiden Dahabieh's flatterten unsere deutschen Flaggen und fort ging es.

Es war Abend geworden als wir unsere Fahrt antraten Da bekanntlich, je mehr man sich dem Aequator nähert, die Dämmerung desto kürzer wird, so waren wir bald von tiefster Dunkelheit umhüllt und nur die Laternen der Schiffe verriethen unsern jeweiligen Aufenthalt. Die beiden Fahrzeuge hatten den Vortheil, dass die Ueberdachung der Cajüte zu unserem Aufenthalte benutzt werden konnte, gewissermaassen unser Quarterdeck war. Im mittleren Theile des Schiffes, wo sich der grosse Hauptmast befindet, hielten sich die Diener und Ruderer auf, und ganz vorn war eine Feuerstelle, denn Küche darf man eine solche Vorrichtung kaum nennen.

Man vertrieb sich die langen Abende so gut es gehen wollte. Man las in der Cabine, man sang, und namentlich Wechselgesänge, welche von einer Barke zur anderen hin und her ertönten, waren bald beliebt geworden. Wenn nun auch die Aussenwelt einen Zauber ohne Gleichen hatte, so war der Aufenthalt auf dem Schiffe selbst keineswegs beneidenswerth. All' das Ungeziefer, welches die Orientalen mit nur zu nachsichtiger Gastfreundschaft in ihren Wohnungen oder auch in ihren Kleidungsstücken dulden, war vorhanden, auch Ratten und Mäuse, diese wie es scheint unvermeidlichen Bewohner eines Schiffes fehlten nicht. Ja Zittel wurde durch eine äusserst freche Ratte eines Nachts auf unsanfteste Weise aus dem Schlafe gestört: sie hatte sich seinen Kopf als Ziel ihrer gymnastischen Thätigkeit ausgewählt. Für gewöhnlich machten sich diese widerlichen Thiere nur in unserem Brodkorbe zu schaffen.

Bei Tage war die Hitze schon äusserst unangenehm und wirkte desto empfindlicher, als wir des heftigen Gegenwindes wegen nur äusserst selten ein Zeltdach benutzen konnten. Zwar suchten wir die allzustarke Insolation unserer Cabine dadurch abzuschwächen, dass wir selbst die allerluftigste Kleidung anlegten, oder auch unsere fertigen Schwimmer jede passende Gelegenheit benutzten, um sich in die Fluthen des Nils zu werfen, aber im Innern der Cabine herrschte meistens eine Temperatur von über 30°, keine Annehmlichkeit, wenn ich sage, dass ausserdem die Luft mit den miasmatischen Dünsten vieljährigen Schmutzes geschwängert war.

So lange nun auch die Stromfahrt dauerte, so viel wir von der Unsauberkeit der Schiffe, kleinen Widerwärtigkeiten und hoher Temperatur zu leiden hatten, so gehört doch diese originelle Nilreise in ihrer Urwüchsigkeit zu den angenehmsten Erinnerungen unserer ganzen Expedition.

Wie pochte unser Herz, als wir am 6. Morgens von Weitem schon auf einem grossen, am rechten Ufer stehenden Gebäude die deutsche Flagge wehen sahen, ein Zeichen, dass wir uns Theben näherten. Bei Luxor, dem ansehnlichsten Orte auf der riesenhaften Trümmerstätte von Theben, legten wir an. Herr Todrus Moharb, unser deutscher Consul, war gleich darauf an Bord, um uns zu bewillkommnen und zu sich einzuladen.

Wir verwandten zwei Tage, um wenigstens von den Hauptdenkmälern der hundertthorigen Thebe einen Ueberblick zu erhalten. Und dennoch reichte diese Zeit nicht aus, denn manch' sehenswerthes Gebäude musste unbesucht bleiben.

Zuerst machten wir natürlich unseren Consul einen Besuch. Er besitzt nicht nur hübsch eingerichtete europäische Zimmer, in denen dem Deutschen die Bildnisse des Kaisers und Kronprinzen, die Darstellung unserer ruhmvollen Schlachten anheimelt, sondern hat auch eine reiche Privatsammlung von Platten mit Hieroglyphen, aegyptischen Statuetten, Scarabaeen und Münzen. Noch befindet sich in seinem Besitze das bekannte Fremdenbuch aller Nationen, worin Engländer und Franzosen sich nicht scheuten, öffentlich die Thätigkeit unseres Lepsius in den Koth zu ziehen. Engländer, die ihren Lord Elgin hatten, Franzosen, welche die Kunstschätze von halb Europa für ihr Louvre znsammenschleppten und sich heut noch beklagen, dass sie nicht lieber vernichtet wurden, statt ihren rechtmässigen Besitzern zurückgegeben zu werden! Das Fremdenbuch stammte noch aus der Zeit, wo überhaupt in Luxor nur ein Consul war, und das war eben Herr Todrus Moharb. Jetzt hat jede grössere Nation ihren Consul und Herr Moharb hat das allgemeine mit dem deutschen vertauscht.

Ob er dadurch einen Vortheil erreicht hat? Pecuniär sicher nicht, denn der französische, englische und amerikanische Consul haben eine kleine Besoldung, für dortige Verhältnisse gross genug, unser deutscher Vertreter entbehrt leider dieses Vortheils.

Selbstverständlich ist es nicht meine Aufgabe, eine Schilderung jener staunenswerthen Denkmäler, jener Riesentempel, jener unvergleichlichen Königsgräber, jener Memnons-Kolosse zu versuchen. Sie sind ja oft genug in allen Cultursprachen von den begabtesten Schriftstellern beschrieben worden, und doch! diese Ruinen spotten aller Beschreibung. Die Dimensionen sind so riesig, die Durchführung der Bauten so grossartig, dass alle Beschreibungen doch beim Leser, der Aegypten nicht kennt, keine richtige Vorstellung erwecken können.

Hatte der Consul uns Tags über schon mit Scherbet, Kaffee,

Araki, Tschibuks und Nargilehs bewirthet, war er so liebenswürdig gewesen uns selbst zum riesigen Tempel von Karnak zu geleiten, hatte er die freudliche Fürsorge gehabt uns mit einem recht tüchtigen Führer für den Ritt zum Rameseum und den Königsgräbern zu versehen, so gab er uns am letzten Abend ein feierliches Abschiedsessen, wobei wir Gelegenheit haben sollten uns aufs eingehendste mit den Bestandtheilen der koptischen Küche bekannt zu machen.

Allerdings wären wir gern der Sitte, mit den Fingern zu essen, überhoben gewesen, aber um nicht den liebenswürdigen Mann zu beleidigen, der durchaus eine Ehre darin suchte uns ebenso urkoptisch zu bewirthen, wie er unserem Kronprinzen seine Gastfreundschaft bewiesen hatte, mussten wir uns bequemen den Kampf mit den ersten Gängen mittelst des Essbestecks zu führen, welches Mutter Natur jeden Menschen schon bei der Geburt mit auf den Weg giebt.

Hernach gestaltete sich dieses umfangreichste aller Festmähler, das wir je mitgemacht hatten, zu einer wahren Schlacht, es war unmöglich, alle die Gänge mit durchzumachen und obschon wir am selben Morgen und während des ganzen Tages durch anstrengende Ritte und Spaziergänge uns einigermassen gestählt und vorbereitet glaubten, mussten wir doch schliesslich kapituliren und uns für gefechtsunfähig erklären.

Ob unser Kronprinz, der Siegreiche, auch wohl aus diesem culinarischen Kampfe, den er hier im selben Salon, an demselben grossen Messingtisch zu bestehen hatte, als Sieger hervorgegangen ist? Unser Wirth behauptete es, aber ich glaube, es sollte dies nur für uns als Anfeuerung dienen.

Die Nacht hatte sich schon über Theben herabgesenkt als wir Abschied nahmen und unsere Dahabieh's wieder bestiegen. Und als wir dann langsam unter dem Consulat-Gebäude vorbeiglitten, erleuchteten verschiedenfarbige bengalische Flammen die ehrwürdige Trümmerstätte, Flintenschüsse als Abschiedsgruss ertönten, welche Aufmerksamkeiten wir durch Magnesium-Licht und mehrere Salven aus unseren Waffen erwiderten. Dann schweigendes Dunkel und lautlos glitten unsere Schiffe, nur vom Strom getrieben, flussabwärts.

Meist kamen die Schiffe Nachts auseinander, aber am Tage war immer Zeit und Gelegenheit gegeben, uns wieder zu vereinigen.

Ein zweiter Glanzpunkt dieser für uns so denkwürdigen Nilreise war dann die Besichtigung des berühmten Hathor-Tempels von Denderah, desjenigen, welcher neben dem von Edfu am besten in seinen äusseren Umrissen erhalten ist. Und sodann ging es ohne Aufenthalt weiter nach Siut, wo wir unsere reichen Sammlungen, welche auf directem Wege dorthin von Dachel gebracht worden waren, an Bord nehmen wollten.

Siut, die Stadt, von welcher aus wir in die Wüste eingedrungen waren, erreichten wir am 13. früh. Unser liebenswürdiger Consul erwartete uns schon ungeduldig in Homrah, alle schweren Kisten lagen schon am Ufer, alles war vorbereitet, so dass wir ohne Verzug hätten weiter kommen können; aber es war für Jordan nothwendig, wenigstens über Mittag zu bleiben, um die Controle des Chronometers mit einer neuen Zeitbestimmung abzuschliessen. Herr Hennīn Uassif-el-Chajjat liess es sich nicht nehmen uns ein Frühstück anzubieten — ach! dieser hoffnungsvolle junge Mann, der unser Vaterland dort vertrat, starb kurze Zeit darauf, das Opfer einer acuten Krankheit. Hoffentlich wird die consularische Agentur auf seinen Bruder übergehen, denn in bessere Hände als in die dieser Familie (der Vater selbst ist zugleich amerikanischer Consularagent) könnte die Vetretung Deutschlands schwerlich gelegt werden.

In Siut verkaufte ich dann auch die Kamele, welche ich für die Expedition hatte kaufen lassen, während die dem Chedive gehörigen schon früher an das Mudirat von Esneh waren abgeliefert worden. Aber wie elend und abgetrieben sahen diese armen Thiere aus! Und 20 Kamele hatte wir durch den Tod verloren.

Wir trafen in Homrah einen grossen Dampfer, der an Bord einen Beamten hatte, welcher eine Inspectionsreise gemacht hatte; durch Intervention des Consuls gestattete man uns unsere Schiffe anzuhängen und so gelangten wir in einigen Stunden bis Monfalut. Aufspringender Chamsin beförderte uns dann in schnellster Weise nach Rodah, wo die Eisenbahn uns am 15. früh aufnahm.

Es giebt sentimentale oder blasirte Touristen, welche darüber klagen, dass die Romantik des Reisens, seitdem die dumpfen Postkaleschen aus der Mode gekommen sind, aufgehört habe. und denen nun gar eine Eisenbahn im Angesicht der Sphinx und zur Seite des heiligen Nilstroms als ein anachronistischer Greuel erscheint. Ich kann versichern, dass wir nach mehr als vierteljähriger Wüstenreise und nach zehntägiger Haft in den engen und unreinlichen Nilbarken, das Schienengeleise mit Jubel begrüssten und der Pfiff der Locomotive uns als die schönste Musik erschien; fühlten wir uns doch beim Anblick dieser modernsten Reisegelegenheit schon halb zu Hause.

Auf's fürsorglichste hatte der Chedive wieder einen Wagen für uns zur Disposition gestellt und in schnellster Eile dahinsausend waren wir schon Nachmittags Angesichts der Burg von Cairo und der Cheops-Pyramide. In Giseh verliessen wir den Dampfwagen.

So waren wir denn abermals in der Chalifenstadt und damit wieder der Civilisation zurückgegeben. Am 18. April wurden unter Herrn von Jasmund's Führung sämmtliche Mitglieder der Expedition vom Chedive empfangen. Er liess sich einen eingehenden Vortrag über den Verlauf der Reise halten und hatte für jeden einige anerkennende Worte.

An demselben Tage hatten wir die Ehre in einer zu diesem Zwecke berufenen Sitzung des Institut égyptien über unsere Beobachtungen zu berichten.

Diese Sitzung wurde durch einen Vortrag unseres berühmten Landsmannes Brugsch eingeleitet, welcher die Resultate seiner Forschungen über die Oasen an den Monumenten des Nilthals berichtete.

Es möge gestattet sein, diese inhaltreichen, zum Gegenstande unserer Forschungen in nächster Beziehung stehenden Mittheilungen hier einzufügen[1]).

„Die Rückkehr der Rohlfsschen Expedition aus der libyschen Wüste legt uns die Frage nahe, ob die altaegyptischen Texte nicht die Oasen erwähnen, welche unsere Reisenden so eben untersucht haben.

In der That finden wir Nachrichten über dieselben auf den Monumenten, obwohl nicht gerade sehr ausführliche, weil im Alterthum die Oasen Aegypten gegenüber als Ausland betrachtet wurden.

Zunächst haben wir festzustellen, unter welchem Namen die Oasen erwähnt werden.

Das Wort Oasis kommt aus dem Altaegypsischen, gerade wie das arabische Wort Uah, welches sich auch im Koptischen findet und eine bewohnte Station bedeutet, indess wurde dies Wort keineswegs von den alten Aegyptern auf die Oasen angewendet; sie nannten sie Otu, was einen Ort, wo man Leichen einbalsamirt, bedeutet. Dieser Name stammt aus den thebanischen Mythen von Horus, nach welchen Seth, der Mörder des Osiris, von Horus bis Koptos verfolgt, dort ergriffen und in einen Abgrund gestürzt wurde; seine Freunde fanden indess seine Leiche, brachten sie nach den Oasen uud begruben sie

---

[1]) Prof. Brugsch hatte die Güte, die folgende Uebersetzung seines im Bulletin de l'institut égyptien année 1874. 1875. Nr. 13. p. 92—96 abgedruckten Vortrages durchzusehen und mit mehreren nicht im Original enthaltenen Anmerkungen zu bereichern, welche zum Theil von seinem Besuche in Chargeh im Januar 1875 berühren.

dort [1]). Vielleicht bezieht sich der Name Otu auf diese Sage [2]). Die hieroglyphischen Texte sprechen von zwei Oasen, einer nördlichen, Mahit, und einer südlichen Ris [3]). Sie berichten nur wenig über die erstere, und zwar dass die Libyer und ein Samu genanntes Volk sich dort vereinigten, um das Fest des aegyptischen Gottes Horsiësis von Edfu zu begehen. Was die zweite betrifft, welche wir heut zu Tage unter der Bezeichnung Chargeh kennen, so nennen die Texte ihre Hauptstadt Hebe, was einen mit dem Pfluge beackerten Platz bedeutet. Bekanntlich finden wir dort einen Tempel mit zahlreichen hieroglyphischen Darstellungen und Inschriften; der Hauptgott, welcher dort verehrt wurde, ist ebenfalls Horsiësis von Edfu in der Gestalt des Orakel gebenden [4]) Ammon von Theben.

Die Oase Dachel wird auf den Monumenten nicht erwähnt, obwohl sich auch dort ein Tempel befindet, welcher von der Rohlfsschen Expedition untersucht und photographisch aufgenommen worden ist. Auf diesen Photographien habe ich den bisher noch nicht bekannten Namen ihrer Hauptstadt Se-ab, d. h. Mondstadt erkannt. Der Hauptgott ist wiederum der thebanische Ammon mit seiner Gattin Amente.

Ich erinnere hierbei an Herodot's Nachricht über das von Kambyses nach der Ammons-Oase gesandte, im Sande der Wüste begrabene Heer. Man hat bisher geglaubt dass es sich um die Oase Siuah handle; indess die von Herodot selbst angegebenen Entfernungen machen diese Annahme unzulässig. In der That, so wahnsinnig Kambyses auch gewesen sein mag, er war es schwer-

---

[1]) Die in Rede stehende Sage findet sich verzeichnet in einer Inschrift auf der Innenseite der östlichen Umfassungsmauer des Tempels von Edfu. H. B

[2]) Die Inschriften am Tempel von Hibis bezeichnen die Oasen nicht selten mit den allgemeinen Namen Set-ament, die Westländer. H. B.

[3]) Vergl. auch den Ortsnamen Berīs, altaegyptisch Pa-ris „die Stadt oder die Wohnung des Südens“ in der Oase Chargeh. H. B.

[4]) Dies sagen ausdrücklich die Inschriften am Tempel von Hibis. H. B.

lich in dem Grade, dass er von Theben aus ein Heer mitten durch die Wüste nach der viel nördlicher gelegenen Oase Siuah gesandt haben sollte. Alles stimmt dagegen sehr gut, wenn die von Herodot hier gemeinte Ammons-Oase die Oase Dachel ist, wo, wie wir so eben gesehen haben, in der That ein Tempel de Ammon sich befindet. Vivien de St. Martin (Le Nord de l'Afrique dans l'antiquité, 1863 p. 40, 41) hat diese Vermuthung auch bereits ausgesprochen [1]).

---

[1]) So gewagt es für einen Laien auch erscheinen mag, einer von zwei Koryphaeen auf dem Gebiete der alten Geographie und der Aegyptologie vertretenen Meinung zu widersprechen, so kann ich doch nicht umhin, gegen die Ansicht von Vivien de St. Martin und Brugsch über die Ammons-Oase, welche das Ziel von Kambyses Heereszuge war, einige Einwendungen zu machen. Zunächst scheint es mir in hohem Grade unwahrscheinlich, dass die Oase Dachel von der wir, ausser der dürftigen Notiz des Olympiodoros, keine Erwähnung aus dem Alterthum nachweisen können und deren Ammons-Tempel erst aus der römischen Kaiserzeit datirt, schon im sechsten Jahrhundert vor unserer Zeitrechnung ein würdiges Object für eine schwierige und gefährliche Unternehmung gewesen sein sollte, während doch die ältesten Monumente der so oft erwähnten Nachbar-Oase Chargeh erst aus der Zeit der persischen Herrschaft herrühren. Ferner hat Parthey in seiner treflichen Abhandlung „das Orakel und die Oase des Ammon" (Abhandl. der Akademie der Wissenschaften in Berlin 1862 S. 131—194) ohne das ungefähr gleichzeitig erschienene Werk von Vivien de St. Martin zu kennen, die beiden von diesem gegen Siuah erhobenen Einwände in befriedigender Weise beseitigt. Was den Aufbruch von Theben betrifft, so hat Parthey auf Tafel I. die von Ptolemaeus angegebenen Positionen kartographisch dargestellt. „Betrachtet man die Karte so wie sie ist, so findet man, dass der Ammon fast genau so weit von Memphis als von Theben (*Διὸς πόλις μεγάλη*) entfernt liegt. War dies, wie sich kaum bezweifeln lässt, die geograpische Anschauung des Alterthums schon vor Ptolemaeus, so erklärt es sich, dass Kambyses keinen Umweg zu machen glaubte, als er seinen Zug gegen die Ammonier von Theben und nicht von Memphis aus unternahm." (Parthey a. a. O. S. 148). In Bezug auf die von Herodot angegebene Entfernung von 10 Tagereisen zwischen Theben und der Ammons-Oase bemerkt Parthey Folgendes (a. a. O. S. 144 145): „In der Sandgegend, sagt er [Herodot] (4, 181 ff.) die sich von Theben bis zu den Säulen des Herkules erstreckt, trifft man ungefähr alle 10 Tage Salzhügel mit Süsswasserquellen. Von Theben sind 10 Tagereisen bis zu den Ammoniern, die den Tempel des thebanischen Zeus haben. Von da wiederum 10 Tagereisen bis Augila, ebenso viel bis zu den Garamanten, dann zu den Ataranten, dann zu den Atlanten und so fort bis in den Säulen des Herkules. Man wird diese mit naiver Symmetrie angelegten Stationen nur

Ich komme nun zu den Angaben der Monumente über die ethnographischen Verhältnisse der Oasen.

Unter den neun Völkerschaften, welche auf denselben als den Pharaonen unterworfene Nachbarn vorkommen, werden zwei im Westen, also in der Gegend der Oasen angesetzt. Die erste hiess Samu und erstreckte sich westlich vom Delta von Memphis bis Kanopos, wie auf der gegenüberliegenden Ostseite des Delta die Schasu. Die Hauptstadt der Samu, Neb-Amu oder auch Nu-Hapi (die Stadt des Stiers Apis) genannt, ist jedenfalls das an

in sofern mit der neueren Geographie in Verbindung setzen können, als man in den Ammoniern gewiss die Oase von Siwah zu erkennen hat. Ebenso wenig kann über Augila ein Zweifel bestehn, da diese Oase ihren Namen seit Herodots Zeiten bis jetzt unverändert beibehalten hat, aber es würde eine vergebliche Mühe sein, die 100 geographischen Meilen, welche zwischen Theben und Siwah liegen, auf die 10 Tagereisen Herodots vertheilen zu wollen." Wie wir sahen, hat Vivien de St. Martin, der freilich Parthey's Abhandlung noch nicht kannte, dennoch versucht, die Genauigkeit der Distanzangaben Herodot's zu retten; freilich sieht er sich zu diesem Zwecke genöthigt, den Zusammenhang des oben erwähnten dekadischen Systems durch die mehr scharfsinnige als wahrscheinliche Annahme zu zerreissen, dass die 10 Tagereisen von Theben entfernte Ammons-Oase von der 10 Tagereisen von Augila gelegenen verschieden, beide aber von Herodot bez. von seinem Gewährsmanne aus Unkenntniss identificirt worden seien. Es wird indess selbst um diesen Preis keine völlige Uebereinstimmung der Angaben Herodots mit den jetzt bekannten geographischen Verhältnissen erzielt. Nach ihm erfolgte der Untergang des persischen Heeres halbwegs zwischen der Stadt Oasis (Chargeh) und den Ammoniern. Nach der Vivien de St. Martinschen Annahme würde diese Oertlichkeit auf das Plateau zwischen Tenidah und Ain-Amur zu versetzen sein, wo erhebliche Sandanhäufungen nicht vorhanden sind, wogegen wir, falls wir den Bericht der Ammonier, welchen Herodot mittheilt, buchstäblich nehmen wollten, in den ungeheuren Dünenmassen zwischen Bir-Dikker und dem Charaschaf von Dachel wohl einen für eine derartige Katastrophe geeigneten Schauplatz vorfinden könnten, der, wenn man eine directe Strasse von Farafrah nach Sittrah oder Aredj annimmt, nicht sehr fern von der Hälfte des Weges zwischen Chargeh und Siuah liegen würde.

Da wir nun Herodot, resp. seinen Quellen in jedem Falle einen Irrthum Schuld geben müssen, so scheint es mir doch natürlicher, mit Parthey die der „naiven Symmetrie" angepassten zehn Tagereisen zwischen Theben und dem Ammoniern preiszugeben, als mit Vivien de St. Martin und Brugsch an der hauptsächlich diesen zehn Tagereisen zu Liebe angenommenen Verdoppelung der Ammons-Oase festzuhalten. P. Ascherson.

der Westseite des Mareotis-Sees gelegene Apis des Ptolemeaus. Man weiss weiter nichts von diesem Volke, indess aus den Namen der von ihm bewohnten Städte kann man auf eine halb semitische, halb indogermanische Abstammung schliessen. Vielleicht waren sie mit den Samiern identisch; Herodot erwähnt von der Stadt Oasis (Chargeh), dass ihre Einwohner eine samische Colonie seien, und dass auch sonst noch Samier in Aegypten wohnten.

Die zweite westliche Völkerschaft wird Tomahu oder Tehennu genannt, der erste Name bedeutet: Leute aus dem Nordlande der zweite: Leute von glänzender d. i. weisser Farbe. Und in der That, auf den uns überkommenen farbigen Darstellungen haben diese Völkerschaften dieselbe Färbung wie die Europäer. Wir haben sie uns als Einwanderer aus Europa vorzustellen, und wir finden in den auf den Denkmälern genannten Völker uns von den Schriftstellern des Alterthums überlieferte Stammnamen wieder. So sind die Hasa die Auscer des Herodot, die Asbata, die Asbytae oder Sabatier Strabo's, die Maschuasch die Maxyer Herodot's. Alle diese libyschen Völker haben auf den Monumenten eine sonderbare Eigenthümlichkeit, nämlich eine lange Haarflechte, welche rechts oder links herunterhängt und auch von Herodot erwähnt wird. Im Grabe des Phtah-hotep zu Sakkarah, welcher der V. Dynastie angehört, werden die Tehennu als in Aegypten aufgenommene und den Landesherrn unterwürfige Einwanderer dargestellt, man findet sie ebenfalls in den Gräbern der XII. Dynastie zu Beni-Hassan z. B. als Gaukler abgebildet. Unter der XVIII. Dynastie erscheinen sie als Feinde und unter der XIX. machen sie von Westen her einen Einfall in Aegypten und zwar mit einer Confoederation europäischer Völkerschaften, deren Mitglieder wir durch den Vicomte de Rougé als Sardinier, Etrusker, Achaeer kennen gelernt haben. Sie drangen nach den Monumenten, aus den „Gebirgen der Oasen“ nach Aegypten vor, die Oasen waren also ihr Hauptquartier.

Die wichtigsten auf den Monumenten erwähnten Producte der Oasen sind:

1) Trauben, welche stets unter den Opfergaben erscheinen.

2) Wein, welcher nach Aegypten ausgeführt und als ausgezeichnet (nefer nefer, der gute gute) bezeichnet wurde.

3) Ein Nuter[1]) genanntes Product, jedenfalls Salz oder Natron.

4) Menesch, eine Art Erde oder ein Mineral von rother Farbe, welches zur farbigen Ausführung der Hieroglyphen angewandt wurde. Prof. Zittel hat in der That in den Oasen eine rothe Erde gefunden, welche zu diesem Zwecke benutzt werden könnte.

5) Eine schwierig zu bestimmende Pflanze Namens Kaju. Sie ist wohlriechend, denn die Frauen führen sie zur Nase; sie diente zur Bereitung eines wohlriechenden Oeles, welches auf den Monumenten ebenfalls Kaju heist und womit die Frauen ihr Haar parfumirten. Das Wort Kaju findet sich noch im Koptischen wo es „Amarant" bedeuten soll; unter einer andern Form, Djeju, soll es, ebenfalls im Koptischen, malum citronatum oder Quitte bezeichnen."

Es würde zwecklos sein, hier unsere in jener Sitzung gemachten vorläufigen Mittheilungen[2]) zu wiederholen, deren Inhalt in diesen Reisebericht verwebt wurde und selbstverständlich in den fachwissenschaftlichen Abtheilungen dieses Werkes ausführlich erörtert werden wird. Ich mache nur noch einmal auf das rein geographische Ergebniss der Reise aufmerksam, dass sich kurz so fassen lässt:

---

[1]) Das Wort Nuter, der Hieroglyphenschrift angehörig, bedeutet in erster Linie reinigen und im passiven Sinne rein oder rein sein. Auf eine Art Salz angewendet, bedeutet es Natron, dessen sich die alten Aegypter, wie wir der Seife zur Reinigung des Innern der Tempel und Häuser bedienten. Es ist klar dass das griechische Wort νιτρον einfach von der aegyptischen Wurzel Nuter abgeleitet ist. H. B.

[2]) Bulletin de l'inst. ég. Nr. 13. p. 67—89.

Der Bahr-bela-ma, wie er als continuirliches leeres Flussbett zwischen Siut, Dachel und Farafrah, sowie in Dachel selbst und östlich von Beharieh auf allen Karten figurirt, existirt nicht und muss von jetzt an von der Karte verschwinden.

Die Depression beim Ammonium existirt und kann die Tiefe von Siuah unter dem Meeresspiegel zu 29 Meter angenommen werden.

Die libysche Wüste bis zu dem äussersten Punkte, der von uns erreicht wurde, nimmt nicht Theil an dieser Einsenkung und höchst wahrscheinlich gilt dies auch für den nicht von uns durchforschten Theil der libyschen Wüste.

Wir trennten uns in Cairo; während Ascherson und Jordan noch einen Abstecher nach Sues machten, Remelé über Triest der Heimath zueilte, schifften Zittel und ich uns auf dem nach Messina fahrenden Dampfer der französischen Messageries nach Europa ein. Und wie wir Abschied nahmen von einander und vom Lande der Pyramiden, so nehme ich für jetzt Abschied vom Leser, der uns auf unserer Reise im Geiste begleitete, und verweise für die speciellen wissenschaftlichen Ergebnisse der Expedition auf die folgenden Bände dieses Reisewerkes.

Anhang I.

Verzeichniss der bisher veröffentlichten wichtigeren Ergebnisse der Expedition.

Bei denjenigen Mittheilungen, deren Gegenstand in diesem Werke besprochen ist, ist auf die betreffende Stelle verwiesen).

P. Ascherson, Vorläufiger Bericht über die botanischen Ergebnisse der Rohlfsschen Expedition zur Erforschung der libyschen Wüste (Botan. Zeitung 1874 Nr. 38 Sp. 609—616, No. 39 Sp. 625—631, No. 40 Sp. 641—647 Grösstentheils übersetzt in The Gardener's Chronicle 1874 Nr. 47 p. 646, 647 und Nr. 50 p. 743 unter dem Titel: „Exploration of the Libyan Desert." (Vergl. p. 234 bis 242).

Heis, Meteorologische Beobachtungen, angestellt in der libyschen Wüste (von Dr. G. Rohlfs) Dec. 1873 und Januar (bis März) 1874. (Wochenschrift für Astronomie, Meteorologie und Geographie 1874 Nr. 52 p. 409—413).

W. Jordan, Geographische Aufnahmen in der libyschen Wüste, auf der Rohlfsschen Expedition im Winter 1873—74 ausgeführt. (Zeitschrift für Vermessungswesen 1874, p. 349—385 mit einer Uebersichtskarte.)

W. Jordan, Erläuterungen zu der Original-Karte der von Dr. Rohlfs geführten Expedition in die libysche Wüste. 1873—1874 (Petermann's Geogr. Mittheilungen 1875 p. 201—211 Taf. 11, die diesem Werke beigegebene Karte).

J. Kollmann, Ueber zehn durch Hrn. Zittel aus der libyschen Wüste mitgebrachte Mumienschädel. (Correspondenzplatt der deutschen Ges. für Anthropol., Ethnol. und Urgesch. 1875 No. 7. S. 52, 53.)

R. Lepsius, Hieroglyphische Inschriften in den Oasen von Xârigeh und Dâχileh. Zeitschrift für Aegyptische Sprache und Alterthumskunde 1874 Juli, Aug. p. 73—80). Vergl. p. 128, 310.)

R. Lepsius, Trinuthis und die ägyptischen Oasen. (Ebendas. p. 80—83. Vergl. p. 277, 278.

Ed. von Martens, Ueber die Conchylien der Expedition in die libysche Wüste. (Sitzungsber. der Ges. naturf. Freunde Berlin 1874 Juni p. 63—66.)

Ed. von Martens, Ueber einige nordafrikanische Binnen Conchylien (Ebend. Dec. p. 112—114 Vergl. p. 189.)

K. Müller Hal., die Moose der Rohlfs'schen Expedition nach der libyschen Wüste. (Flora 1874 Nr. 31, p. 481—485.)

W. Peters, Ueber die Wirbelthiere der Expedition in die libysche Wüste. (Sitzungsbericht der Ges. naturf. Freunde Berlin 1874 Juni p. 62, 63.

Max von Pettenkofer, Ueber den Kohlensäure-Gehalt der Luft der libyschen Wüste über und unter der Bodenoberfläche. (Sitzungsbericht der Königl. bayerisch. Akademie 1874 II. Math. phys. Classe 9. Dec. p. 339 bis 351).

Ph. Remelè, G. Rohlfs'sche Expedition nach der libyschen Wüste 1873—1874. In (50) Photographien.

Ph. Remelé, Photographische Erlebnisse während der Rohlfs'schen Expedition nach der libyschen Wüste. (Photographische Mittheilungen. 1874 Nov. p. 197—201, Dec. p. 222—226; 1875 Febr. p. 267—271.)

Ph. Remelé, Die Ausräumung eines verschütteten ägyptischen Tempels in der Oase Dachel. (Zeitschrift der Ges. für Erdkunde in Berlin 1874 p. 301 bis 307. Vgl. p. 124—127).

R. Virchow, Köpfe aus den Oasen Dachel und Siuah, (Verhandlungen der Berliner Ges. für Anthropologie 1874 p. 121—127).

K. Zittel, Beobachtungen über Ozon in der Luft der libyschen Wüste (Sitzungsber. der königl. bayer. Akademie. 1874 II. Math. phys. Classe 4. Juli p. 215—230. Vergl. p. 177.)

Anhang II.

Dr. Abel über die koptische Inschrift von Farafrah.

(Vergl. S. 276).

Ich lese

ϛⲱⲍϥ ⲛ ⲛⲏⲃ ⲁⲧⲉⲛⲁⲓ ⲛ ⲟⲩ·(ⲉⲓ)ⲛⲁ

ⲡϣϛ ⲛ ⲍⲏⲭⲙⲉⲟⲥ

und übersetze:

Joseph der Herr. Athen in Griechenland.

Der Sohn des Sigmaeus.

Der dritte Buchstabe ⲍ (ζ) steht im Koptischen in fremden Worten gern für ⲥ (σ) (Schwartze, Lautlehre § 78.)

Der vierte Buchstabe, koptisches ϥ (f) nicht griechisches φ (ph), wird in Fremdworten, und auch sonst manchmal fehlerhaft mit dem letzteren verwechselt (Schwartze, Lautlehre § 70, Tattam, Grammar Chapt. II.)

Der achte Buchstabe kann kein r sein, das koptisch immer als ⲣ erscheint; vielmehr entspricht die Zeichnung dem oberen Theile des ⲃ so genau, dass man dem Sinne gemäss, das Verschwinden der unteren Schleife anzunehmen berechtigt sein dürfte.

Der sechzehnte Buchstabe beginnt das Wort ⲟⲩⲛⲁ. Wenn ich ihn für ⲟ nehme, so setze ich voraus, dass der rechtseitige Strich in der Inschrift verlöscht sei. Darnach würde sich der ⁓, ⁓, (sogenannte Circumflex), der das O mit nachfolgendem ⲩ (υ) häufig verbindet, erklären.

Den achtzehnten Buchstaben kann ich nur als ⲛ (ν) nehmen, indem ich den ersten oberen Strich nach unten zu für verlöscht, und desshalb nicht tiefgehend genug halte. Griechenland heisst gewöhnlich ⲞⲨⲈⲒⲚⲒⲚ, doch kommt demotisch auch iun vor, das eine Nebenform iuna nach allgemeinen Gesetzen leicht zulässt.

Die zweite Zeile ist klar, nur dass Sigmaeus ein, so viel ich weiss bisher unbekannter Name ist.

Druck von Leopold & Bär in Leipzig.

Zeitfracht Medien GmbH
Ferdinand-Jühlke-Straße 7
99095 Erfurt, Deutschland
produktsicherheit@kolibri360.de